Musik und Migration

Musik und Migration

herausgegeben von
Wolfgang Gratzer und Nils Grosch

Band 1

Wolfgang Gratzer und Nils Grosch (Hg.)

Musik und Migration

Waxmann 2018
Münster • New York

Die Finanzierung dieses Bandes verdankt sich
budgetären Zuwendungen folgender Institutionen:

Bibliografische Informationen der Deutschen Nationalbibliothek
Die Deutsche Nationalbibliothek verzeichnet diese Publikation in
der Deutschen Nationalbibliografie; detaillierte bibliografische Daten
sind im Internet über http://dnb.d-nb.de abrufbar.

Musik und Migration, Band 1

ISSN 2569-1015
ISBN 978-3-8309-3712-8

© Waxmann Verlag GmbH, Münster 2018

www.waxmann.com
info@waxmann.com

Umschlaggestaltung: Inna Ponomareva, Düsseldorf
Umschlagbild: © nito – fotolia.com
Druck: CPI Books GmbH, Leck
Satz: Satzzentrale GbR, Marburg

Gedruckt auf alterungsbeständigem Papier,
säurefrei gemäß ISO 9706

Printed in Germany

Alle Rechte vorbehalten. Nachdruck, auch auszugsweise, verboten.
Kein Teil dieses Werkes darf ohne schriftliche Genehmigung des Verlages
in irgendeiner Form reproduziert oder unter Verwendung elektronischer
Systeme verarbeitet, vervielfältigt oder verbreitet werden.

Inhalt

Vorwort der Herausgeber 9

I Musikalische Migrationsforschung – Migrantische Musikwissenschaft: Theoretische Felder, methodische Zugänge

Melanie Unseld
Musikwissenschaft und transkulturelle Mehrfachzugehörigkeit 13

Nils Grosch
***Cultural mobility,* Alfred Einstein und die Kritik der musikalischen Verortung** 25

Wolfgang Gratzer
Musik und Migration
Vier Thesen / Vier Vorschläge 37

Sophie Fetthauer
Das Far Eastern Jewish Central Information Bureau in Harbin und Shanghai
Nachrichtensteuerung und individuelle Beratung für NS-verfolgte Musiker und Musikerinnen mit dem Fluchtziel Shanghai bzw. Ostasien 51

Ulrike Präger
Musically Negotiating Difference
Cross-Cultural Sounds of Empathy in Contemporary Germany 67

Magdalena Marschütz
Mehrfachperspektivierung als methodischer Zugang einer kritischen (musikwissenschaftlichen) Migrationsforschung 77

Sean Prieske
Musik auf der Flucht 87

Christina Richter-Ibáñez
Zur Migration von Liedern
Übersetzungen lateinamerikanischer Hits im Paris der 1950er- und 1960er-Jahre 93

II Mobilität und Identität in musikalischen Gegenwartskulturen

Anja Brunner
Afrikanische Musik in transnationalen Netzwerken
Überlegungen zur Erforschung der Musikpraxis von Musikerinnen
und Musikern aus Afrika in Europa 111

Anja K. Arend und Sandra Chatterjee
**Tanz und Migration: mehrsprachige Bewegungstexte
und hybride Choreografien**
Denken und Tanzen zwischen Choreografien und Differenzdiskursen 125

Marie Louise Herzfeld-Schild
Von Identitätsproblematik zu Identitätskonstruktion
Exilerfahrungen bei Iannis Xenakis 137

Marie-Anne Kohl
Von Umm und *umma*
Kulturelle Mobilität am Beispiel *Arabs Got Talent* 151

Saeedeh Ghazi
Migration und Identität
Wanderbewegungen in der Musik des Silk Road Ensembles 167

Paul Harm
Internationale Studierendenmobilität an der Kunstuniversität Graz 173

III Musikhistorische Perspektiven

Marko Deisinger
Soziale und ökonomische Strategien einer privilegierten Migrantengruppe
Italienische Musiker am Habsburgerhof in Wien zur Zeit des Barock 189

Daniel Brandenburg
Mobilität und Migration der italienischen Opernschaffenden um 1750 197

Mirijam Beier
**Mobilität der *operisti* um 1750: Die Karriere der Sängerin
Marianne Pirker (ca. 1717–1782)** 207

Gesa zur Nieden
Von Glückstadt nach Kopenhagen
Mobilität und kulturelle Horizonte frühneuzeitlicher Musiker im
norddeutschen Raum...213

Cristina Scuderi
**Netzwerke und Organisationssystem der italienischen Oper im
östlichen Adriaraum (1861–1918)**......................................227

Anna K. Windisch
**Hugo Riesenfeld: Kulturelle Mobilität und Strategien musikalischer
Nobilitierung in der Stummfilmbegleitung** 233

Ingeborg Zechner
**Migration als Perspektive in der Karriere des Komponisten
Franz Waxman** 245

Anna Fortunova
Russische Musikerinnen und Musiker im Berlin der 1920er-Jahre
Rezeption – Identität – Integration 255

Carolin Stahrenberg
»Such occasions form a poignant link with the past«
Die kulturelle Praxis des Konzertbesuchs als Identitätsmarker und
Erinnerungsanker im britischen Exil 263

Kyungboon Lee
Musikemigration in Japan als Kulturtransfer............................275

Kurzbiografien der AutorInnen 281

Vorwort der Herausgeber

Dieses Buch enthält Beiträge, die zwischen dem 6. und 8. Oktober 2016 bei der Salzburger Tagung »Musik und Migration« zur Diskussion gestellt wurden. Die Veranstaltung wurde als Jahrestagung der Österreichischen Gesellschaft für Musikwissenschaft an der Universität Salzburg sowie an der Universität Mozarteum Salzburg durchgeführt.

Die Tagung gehört, wie auch dieser Band und die hiermit eröffnete Schriftenreihe gleichen Namens, zu den Aktivitäten der von den beiden Herausgebern in Gang gesetzten interuniversitären ›Forschungsinitiative Musik und Migration‹. Diese hat zum Ziel, auf dem Themenfeld Musik und Migration transdisziplinäre Impulse zu setzen; zum Dialog eingeladen sind sowohl die angrenzenden Disziplinen als auch die musikwissenschaftlichen Subdisziplinen (Historische Musikwissenschaft, Systematische Musikwissenschaft, Ethnomusikologie und Popular Music Studies). Dementsprechend stark ist unsere Ambition, am Thema interessierte Forscherinnen und Forscher sowie Institutionen zu vernetzen und Kooperationsimpulse zu setzen.

Im Kern geht es uns darum, Inhalt und Relevanz von anschlussfähigen Schlüsselkonzepten und -begriffen wie Migration, Mobilität, Exil, Identität und Integration für eine musikalische Migrationsforschung zu diskutieren und für Gegenstandsbereiche unterschiedlicher Zeitabschnitte und Räume nutzbar zu machen. Umgekehrt soll aus musikwissenschaftlicher Perspektive zu einem sozial relevanten Diskurs über Mobilität und Migration beigetragen werden. Einen solchen Diskurs konstruktiv zu gestalten scheint dringlicher denn je, soll es nicht dabei bleiben, immer aufs Neue Krisenszenarien festzuschreiben.

In Salzburg existieren mittlerweile zwei einschlägige Archive: 2014 begründete Nils Grosch die *Music and Migration Collections* (Universität Salzburg); der 2016 veröffentlichte Band *Dokumente zu Musik und Migration aus Salzburger Sammlungen* (Salzburg: Artbook) erlaubt erste Einblicke. 2017 wurde nach mehrjähriger Vorbereitung im Haus der Stadtgeschichte (Stadtarchiv Salzburg) das *Migrationsarchiv* eröffnet. Das 2015/16 realisierte Buchprojekt *Salzburg: Sounds of Migration. Geschichte und aktuelle Initiativen* (Wien: Hollitzer, 2016) beleuchtet solche Initiativen – nicht um zu suggerieren, dass Salzburg eine Sonderrolle einnimmt, sondern um einzuladen, ähnliche Initiativen auch andernorts zu registrieren und mitzugestalten.

Wie im Call for Papers für die Herbsttagung 2016 ausgeführt, gehen wir der Überlegung nach, inwiefern sich in der Auseinandersetzung mit – von Perspektivenänderungen bestimmten – Phänomenen wie Migration, Ortswechsel sowie Pluri- und Multilokalität Chancen für die Musikwissenschaften ergeben. Das wachsende Interesse an Themen im Kontext der »kulturellen Mobilität« (Greenblatt, 2009) hat die These eines »new mobility paradigm« (Sheller/Urry, 2006) begünstigt. In der Tat könnte es sich erweisen, dass Annahmen von Statik, räumlicher Fixierung und Sesshaftigkeit nur für historische Sonderfälle zutreffen. Jedenfalls stehen Struktur und Methodik jener geisteswissenschaftlichen Fächer auf der Probe, deren Tun bewusst oder unbewusst auf der Vorannahme von Statik gründet. Auch in der lokalen, regionalen oder nationalen Musikhistoriografie sowie in prominenten Unternehmungen der Musikphilologie dominieren bisher identitätspolitisch relevante Narrative räumlicher Fixierung. Eine Forschungsagenda, die Migrationsphänomene als Gegenstand ernst nimmt, stellt das Fach Musikwissenschaft deshalb vor neue Herausforderungen. Diese fokussierend, soll in den Jahren 2018–2020 ein Handbuch musikwissenschaftlicher Migrationsforschung entstehen.

Unsere Forschungsinitiative wird von der Leitung beider beteiligter Universitäten, zudem vom Land Salzburg und von der Stadt Salzburg gefördert. Ihnen, den Autorinnen und Autoren, weiters Frau Ulrike D. Rapp, Christina Richter-Ibáñez und Miriam Strasser, die uns bei der Durchführung der Veranstaltung und der Redaktion des Bandes eine unverzichtbare Hilfe waren, sowie den vielen nicht einzeln genannten Helferinnen und Helfern sei an dieser Stelle ganz herzlich gedankt. Art und Form der – von den beiden Herausgebern befürworteten – geschlechtergerechten Schreibweise wurde den Autorinnen und Autoren überlassen.

Salzburg, im April 2018   Wolfgang Gratzer / Nils Grosch

I

Musikalische Migrationsforschung – Migrantische Musikwissenschaft: Theoretische Felder, methodische Zugänge

Melanie Unseld

Musikwissenschaft und transkulturelle Mehrfachzugehörigkeit

The paper discusses the concept of multiple cultural associations or polybelonging (»Kulturelle Mehrfachzugehörigkeit«, after Hans Medick and others) from a praxeological perspective and with regards to the discourse on borders and pseudo-borders (»Phantomgrenzen«). Music is described as a part of cultural polybelonging and musical practices can be seen as a practice which enables individuals to relate themselves to cultural polybelonging. Two examples are considered in closer detail (Leoš Janáček and Marianne Martines).

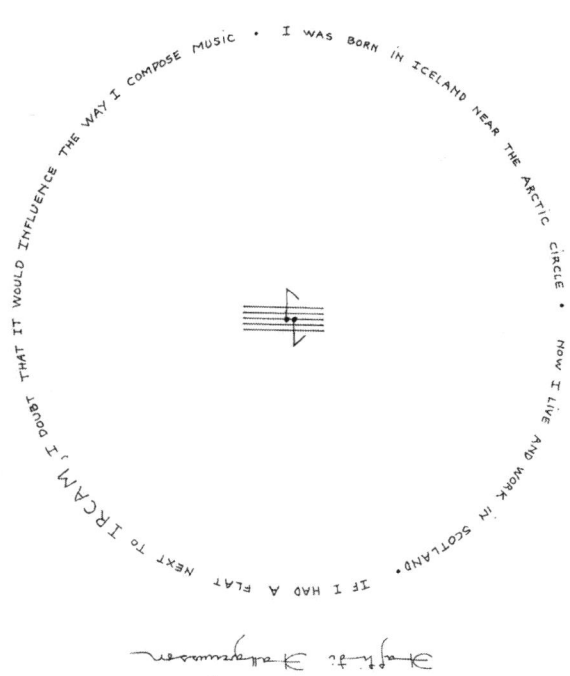

Haflidi Hallgrímsson, Musikalisches Monogramm als Selbstverortung.
Quelle: An den Rändern Europas. Wien Modern '98. Internationales Festival mit Musik des 20. Jahrhunderts (31.10.–30.11.1998), Programmbuch, Redaktion Marie Therese Rudolph und Berno Odo Polzer, Wien: Wien Modern, 1998, S. 108.

Zugehörigkeiten bestehen immer *in Relation* zu etwas; sie lassen sich z. B. institutionell, sozial, kulturell, rechtlich, historisch, medial verstehen und beschreiben. Indem Zugehörigkeiten eine hohe Relevanz für die Selbstverortung haben, sind sie Teil von Subjektivierungsprozessen, sofern Subjekt nicht als etwas Statisches, als homogen-un(ver)wandelbares Ich verstanden sein soll, sondern als Momentum eines kontinuierlichen Aushandlungsprozesses im Wechselverhältnis von Code und Aneignung bzw. Aushandlung.¹ Das Subjekt ist, so betrachtet, nicht gegeben – schon gar nicht historisch oder gar kulturell konsistent –, vielmehr wäre davon zu sprechen, dass Subjektivierung sich ereignet und gestaltet werden kann. In einem solchen Prozess spielt die Frage der Zugehörigkeit zu und Selbstverortung in, zwischen oder jenseits kultureller Konzepte, Institutionen oder Konstellationen eine wichtige Rolle, wie dies das mottogebende Beispiel eindrucksvoll auf den Punkt bringt: im Raster möglicher Zugehörigkeiten – topographischer, nationaler oder institutioneller Art – sieht sich Haflidi Hallgrímsson selbst unbeeinflusst, jenseits dieser Konzepte komponierend, und doch (den Eigennamen transformiert in zwei notierte Töne und den Kreis umgebend) mitten darin und mehrfach gespiegelt. Das Beispiel zeigt darüber hinaus, dass solche Zugehörigkeiten kaum isoliert zu denken sind, im Gegenteil ist »kulturelle *Mehrfach*zugehörigkeit als prägendes Moment personaler Identität«² auszumachen.

Zu diesen Prozessen von kulturellen Mehrfachzugehörigkeiten gehören auch Zugehörigkeiten zu *musikbezogenen* Konzepten, Institutionen und Konstellationen. In der Diskussion um transkulturelle Mehrfachzugehörigkeit spielt Musik allerdings bislang eine wenig beachtete Rolle.³ So steht es an zu überlegen, wie Musik in einem Konzept der transkulturellen Mehrfachzugehörigkeit berücksichtigt werden kann und ob sie ggf. das Konzept spezifisch konturiert? Andererseits ist zu fragen, wie eine solcherart sich ereignende Subjektivierung – auch in ihrer Prozesshaftigkeit und ihrer Historizität – sich im Musikkontext beobachten lässt. Anders gesagt: Wenn sich soziale Praktiken grundsätzlich danach befragen lassen, welche Formen des Subjekts sich in ihnen bilden: Wie gelingt dies bei musikalischen?

Zunächst sei dazu in aller Kürze das theoretische Terrain der transkulturellen Mehrfachzugehörigkeit umrissen, sodann nach der Partizipationsmöglichkeit von bzw. der Spezifizierung durch Musik gefragt, um schließlich anhand zweier knapp skizzierter Beispiele darauf zurückzukommen, welche Konsequenzen dies für die Analyse von individuellen Konzepten von Menschen hat, die sich als ›transkulturell mehrfachverortet‹ bezeichnen oder die so bezeichnet werden (können).

---

1   Vgl. dazu aus der Vielzahl derzeitiger Ansätze: Reckwitz, Andreas: *Das hybride Subjekt. Eine Theorie der Subjektkulturen von der bürgerlichen Moderne zur Postmoderne*. Weilerswist: Velbrück, 2006; *Praxis denken. Konzepte und Kritik*. Hg. von Thomas Alkemeyer, Volker Schürmann und Jörg Volbers. Wiesbaden: Springer, 2015.
2   Ulbrich, Claudia, Medick, Hans und Schaser, Angelika: *Selbstzeugnis und Person. Transkulturelle Perspektiven*. In: *Selbstzeugnis und Person. Transkulturelle Perspektiven*. Hg von dens. Köln, Weimar und Wien: Böhlau, 2012, S. 1–20, hier S. 16, Hervorhebung: M. U.
3   Neben dem bereits erwähnten Band von Ulbrich, Medick, Schaser vgl. auch *The Trans/National Study of Culture. A Translational Perspective*. Hg. von Doris Bachmann-Medick (Hg.). Berlin und Boston: De Gruyter, 2016.

Praktiken können in Anlehnung an Thomas Alkemeyer et al. nicht als routinierte Vollzüge des Immergleichen, sondern als »reflexive Prozesse des Ordnens und Umordnens der Gemengelage eines sozialen Gefüges« verstanden werden: »Sie formen sich als *je besondere Praktiken* (eine Vorlesung halten, Fußballspielen etc.) in der *situationsgebundenen Eigendynamik der Praxis* aus, in der verschiedene Partizipanten – Körper, Räume, Objekte, Regeln, Sprache usw. – in einem fortlaufenden Prozess wechselseitig sich veranlassender wie limitierender verkörperter Aktionen […] eine figurative Beziehung […] hervorbringen.«[4] Diese Gemengelage aus Ordnen und Umordnen, konkret gestaltet durch reflexive Prozesse und eine immer auch kontingente Dynamik, bilden jene Praxen, die Subjektivierung ermöglichen und zugleich beobachtbar machen. Anders gesagt: Subjektivierung ereignet sich zwischen Code und Kontingenz in jeweiligen zeit-, raum- und gegenstandsbezogenen, individuellen Praxen. Und diese sind – auch historisch – beobachtbar.[5]

Wenn sich damit Subjektivierungsprozesse entlang des Konzepts der Verortung von ›innen‹ heraus beschreiben lassen, können sie zugleich auch – und dies ist nicht als gegenläufiges Konzept, vielmehr als konturierende Ergänzung zu verstehen – von ihren ›Grenzen‹ her gedacht werden. ›Grenze‹ als heuristisches Konzept gehörte bislang kaum zu den gängigen Grundbegriffen sozialwissenschaftlicher Analysen und ihres Theorieportfolios: »Der klassische Blick auf das Soziale fragt nach den Mechanismen sozialer Integration, nach der Stabilisierung durch Normsysteme und später mit dem ›cultural turn‹ nach der Formierung von Diskursen und Hegemonien.«[6] Das heuristische Konzept ›Grenze‹ aber lässt sich als eine Denkfigur fruchtbar machen, um spezifische Fälle von Differenzbildung zu untersuchen. Dies gegenwärtig in den Fokus zu rücken, mag, bedingt durch die Aktualitäten in Politik, Wanderungsbewegungen und globalen Entwicklungen, gerade en vogue sein, wichtig scheint jenseits dieser politisch-gesellschaftlichen Aktualität in den Fokus zu rücken, dass das Verständnis von Grenze bzw. ›limite‹ (Grenze als offener Übergangsbereich) versus ›frontière‹ (als politisch-rechtlich manifeste Grenze) historischen Veränderungen unterworfen ist und damit selbst historisiert werden muss.[7] Sinnvollerweise sollten die Konzepte der ›Grenze‹ als Verstehenshorizont und der ›Verortung‹ aufeinander bezogen werden. Dabei ist die Diagnose ›Globalisierung‹ und die Entstehung entsprechender Theorien

---

4   Alkemeyer u. a.: *Praxis denken* (wie Fußnote 1), S. 29, Hervorhebung: M. U.
5   Vgl. dazu etwa Haasis, Lucas und Rieske, Constantin: *Historische Praxeologie. Dimensionen vergangenen Handelns.* Paderborn: Schöningh, 2015.
6   Paper *Durabilität – Permeabilität – Liminalität* des Forschungsbereichs B/ORDERS IN MOTION an der Europa-Universität Viadrina Frankfurt/Oder, online: https://www.borders- in-motion.de/documents/207488/0/Durabilit%C3%A4t_Permeabilit%C3%A4t_Liminalit%C3%A4t_-_Ausschnitt_Clusterantrag.pdf/9a18e63b-3f6b-4671-bd69-fe9b041ba63e [27.04.2017].
7   Für die Musik(wissenschaft) habe ich dies zu beschreiben versucht, woran ich mit dem vorliegenden Text anknüpfe, s. Unseld, Melanie: *Von Fremdem: Ländern und Menschen. Transkulturalität und Musikgeschichtsschreibung.* In: *Transkulturelle Erkundungen. Wissenschaftlich-künstlerische Perspektiven.* Hg. von Ursula Hemetek, Daliah Hindler, Harald Huber u. a. Wien: Böhlau (im Druck).

bis hin zur Sensibilisierung für eine Globalgeschichte, die auch die Musikgeschichtsschreibung erreicht hat,[8] kaum ein bloß gegenwärtiges Phänomen. Zu Recht verweist das Forschungscluster *B/orders in motion*[9] darauf, dass parallel zu historischen Entwicklungen wie der Einrichtung der Nationalstaaten in Europa, der politischen wie militärischen Befestigung von Staatsgrenzen, die damit einhergehende Festschreibung von Separierungsinstanzen (politisch-rechtlicher, ökonomischer und kultureller Art) mindestens seit der Frühen Neuzeit das Nachdenken über globale Zusammenhänge zu beobachten sind. In Relation zum Konzept ›Grenze‹ freilich ist es nicht ohne Belang, dass symbolisch-soziale Grenzen – in ihren je zeitlichen und zeitbezüglichen Dimensionen (auch was Schwellen und Übergangsphasen anbelangt) – als Grundbedingungen von Sozialität wahrnehmbar sind, dass weiters neben räumlichen Grenzen konkreten territorialen Charakters auch Scheingrenzen oder Heterotopien relevant sind.[10] Versteht man das heuristische Konzept ›Grenze‹ auf diese Weise, ist es naheliegend, dies zur kulturellen Verortung hinzuzudenken. Denn die Analysedimensionen der Durabilität, Permeabilität und Liminalität von räumlichen, zeitlichen und sozialen Differenzen beziehen sich unmittelbar auf die Praxen, die als »veranlassende wie limitierende verkörperte Aktionen«[11] gedacht sind. In Momenten transkultureller Mehrfachzugehörigkeit, so wäre daraus zu folgern, werden Praktiken der (Selbst-)Verortung mit solchen der Differenzen ausgehandelt, wobei diese nicht als Innen-/Außenhandlungen zu denken sind, sondern als Aushandlungsprozess in einer räumlichen, zeitlichen und auch heterotopen Dimension. Dafür spricht auch, worauf Claudia Ulbrich, Hans Medick und Angelika Schaser aufmerksam gemacht haben, als sie darauf hinwiesen, dass das Konzept einer kulturellen Mehrfachzugehörigkeit nicht nur als Prozesse und Praxen »zwischen Kulturen, quer durch unterschiedliche Kulturen«, sondern »auch innerhalb kultureller Zusammenhänge«[12] zu denken sind. Dies ist insofern für die Perspektive auf Selbstzeugnisse interessant, da durch dieses Verständnis nicht nur nach Spuren konkreter Wanderungserfahrung gesucht wird, sondern auch nach einer »besondere[n] Form der Personkonstituierung in und gegenüber multiplen kulturellen Zugehörigkeiten«.[13] Dadurch seien nicht nur die »hybride Subjektivität von Migranten als displaced persons« beschreibbar, sondern auch kulturelle Mehrfachzugehörigkeiten, die auf das (auch ortsgebundene) Agieren in unterschiedlichen kulturellen Zusammenhängen zurückgehen, und die im Handeln wie im Selbstverständnis des/der Handelnden integriert werden (müssen). Vor allem aber

---

8   Vgl. das Balzan Research Project *Towards a global history of music*, Leitung: Reinhard Strohm https://www.music.ox.ac.uk/research/projects/balzan-research-project/ [02.05.2017].
9   Vgl. https://www.borders-in-motion.de/ [21.06.2017].
10 Vgl. dazu u. a. das Forschungsprojekt *Phantomgrenzen* in Ostmitteleuropa: http://phantomgrenzen.eu/ [02.05.2017].
11 Alkemeyer et al: *Praxis denken* (wie Fußnote 1).
12 Ebd., S. 15.
13 Ebd., S. 18.

wird »kulturelle Mehrfachzugehörigkeit als prägendes Moment personaler Identität«[14] beschreibbar.

Das Beobachten von Verortungspraxen und Subjektivierungsprozessen kann gelingen, weil sich diese *materialisieren*: in (Erinnerungs-)Orten, Räumen, Dingen und deren Gebrauch, in der (Re-)Aktualisierung im kollektiven Gedächtnis. Dass diese Materialisierung nicht unabhängig von mentalen und sozialen Dimensionen zu denken ist,[15] ist dabei ebenso selbstverständlich wie die Prozessualität und Historizität, die mit der Materialität einhergeht.[16] Unter diesen Prämissen haben sich auch Ulbrich, Medick und Schaser mit ihrem 2012 erschienenen Band *Selbstzeugnis und Person. Transkulturelle Perspektiven* einem besonderen Genre zugewandt, den Selbstzeugnissen, die sie auf die Beobachtbarkeit von Verortungspraktiken auszuwerten vorschlagen. Egodokumente dienen ihnen als Kompass von Subjektivierungsprozessen im Feld der transkulturellen Mehrfachzugehörigkeit, wobei sie dabei von »Verflechtungen und Hybridisierungen in kulturellen Prozessen« ausgehen und »also nicht auf die Grenze zwischen Kulturen, sondern auf Prozesse und Praktiken [abzielen], die Kulturen miteinander verbinden«[17].

Geht man vor diesem Hintergrund davon aus, dass sich Praxen der Subjektivierung materialisieren und sich hieran gerade auch Prozesse transkultureller Mehrfachzugehörigkeit beschreiben lassen, sind musikbezogene Praxen davon nicht auszunehmen: (Erinnerungs-)Orte, Räume, Dinge und deren Gebrauch, (Re-)Aktualisierungen im kollektiven Gedächtnis und Egodokumente spielen auch im musikalischen Kontext jene oben skizzierte Rolle. Musik aber hält – nicht einmal exklusiv, aber doch besonders evident – ein Spezifikum bereit: das Klangliche. Wie unmittelbar – und zugleich nur mittelbar sich materialisierend – sich das Klangliche in Momenten kultureller (Mehrfach-)Zugehörigkeit ereignet, lässt sich immer wieder erfahren, etwa, als der Wahlsieger Emmanuel Macron am Tag der französischen Präsidentschaftswahl 2017 mit der ›Europahymne‹ auftrat, nicht mit dem nationalen Erinnerungsort der *Mar-*

14　Ebd. Vgl. dazu auch Unseld, Melanie: *(Nicht) verortet. Transkulturelle Mehrfachzugehörigkeiten in Charlotte Salomons Leben? Oder Theater?* In: *Transkulturelle Mehrfachzugehörigkeiten: Räume, Materialitäten, Erinnerungen.* Hg. von Dagmar Freist, Sabine Kyora und Melanie Unseld. Bielefeld: transcript (im Druck).

15　Vgl. Erll, Astrid: *Kollektives Gedächtnis und Erinnerungskulturen. Eine Einführung.* Stuttgart und Weimar: Metzler, 2005. So können bei den Praxen transkultureller Mehrfachzugehörigkeit (in Anlehnung an Astrid Erll) neben der materialen Dimension auch die sozialen und mentalen Dimensionen mitberücksichtigt werden: Und während die materiale Dimension sich sehr konkret in Umgangsweisen mit Dingen ausdrücken kann (mit verschiedenen Praktiken des Dinggebrauchs), sind soziale und mentale Bedeutungsaufladungen, -verluste oder -transformationen beobachtbar, sobald sie sich in (musikalischer) Erinnerungskultur ausprägten. Dies macht sie – auch histori(ographi)sch – beobachtbar.

16　Haasis und Rieske: *Historische Praxeologie* (wie Fußnote 5), S. 27–32.

17　Gehmacher, Johanna: Rezension zu: *Selbstzeugnis und Person. Transkulturelle Perspektiven.* Hg. von Claudia Ulbrich, Hans Medick und Angelika Schaser. Köln: Böhlau, 2012. In: H-Soz-Kult, 31.01.2013, www.hsozkult.de/publicationreview/id/rezbuecher-18020 [16.05.2017].

seillaise[18], und diese klangliche Repräsentation einer politischen Idee sich in vielfachen Medienkommentaren materialisierte, oder auch in einer verschriftlichten Selbstverortung des Komponisten Bent Sørensen: »Jemand wird vielleicht die Musik, die ich schreibe, typisch dänisch nennen, auch wenn das sicher verlangen würde, daß man sich weit von Dänemark wegbegeben müßte, um *das hören zu können.*«[19] Möglicherweise ist gerade das Klangliche ein Feld, in dem wir kulturelle Mehrfachzugehörigkeiten und die Durabilität, Permeabilität und Liminalität von (klanglichen) Differenzen besonders intensiv wahrnehmen können (was ein weiterführendes Thema wäre).

Ausgehend von der Grundannahme, dass Musik eine soziale Praxis ist – und zwar unabhängig davon, ob man Musik komponiert, etwas Komponiertes analysiert, aufführt, Musik zuhört, zu Musik tanzt, sie einstudiert, sie herunterlädt, … – lassen sich beim Umgang mit Musik Subjektivierungsprozesse beobachten. Musik ist verstehbar als ein Prozess »wechselseitig sich veranlassender wie limitierender verkörperter Aktionen« (Alkemeyer), musikbezogene Praxen sind beschreibbar im Wechselspiel zwischen Codierung und Kontingenz: etwa Kompositionsprozesse,[20] das Ereignis Musiktheater, Kirchenchorerfahrung, Klavierunterricht, das Vorbeiziehen einer Militärmusikkapelle, jeweils auch das mit der jeweiligen Partizipations- bzw. Rezeptionsform verbundene Subjektivierungspotential. Dieses aber ist verantwortlich für Selbstverortungen. Daher auch kann hieran angeknüpft werden, um (historische wie gegenwärtige) Phänomene von transkultureller Mehrfachzugehörigkeit als Selbstverortung zu analysieren, insbesondere, da es in jenen Prozessen zwischen Code und Kontingenz nicht um ein Entweder/Oder, Drinnen/Draußen, Eigenes/Fremdes…, sondern um Nuancierungen im Durablen, Permeablen und Liminalen, vor allem auch um den Moment der Beobachtung selbst geht.

Um dies nur knapp an einem Beispiel zu konkretisieren: Das Erlernen von Musikinstrumenten ist ohne Zweifel hochgradig abhängig von Praktiken des Einübens, des Routinierens, des ästhetischen aber auch konkreten, vor allem des vielfachen Abgleichens von Klangvorstellung und Spielpraxis. Solche Musikpraxen aber sind hochmobil, d. h. sie können inkorporiert ›mitgenommen‹ werden, wohin immer der Musiker oder die Musikerin geht. Hierdurch entstehen sowohl weite Räume überspannende Interpretationsschulen (Musikpraxen) als auch Musikpraktiken, die räumlich entfernt von ihren Entstehungskontexten eine Kontinuität aufweisen, wie sie im Entstehungskontext nicht gegeben ist (hier würde man davon sprechen, dass der Einfluss

---

18 Vovelle, Michel: *Die Marseillaise. Krieg oder Frieden*. In: *Erinnerungsorte Frankreichs*. Hg. von Pierre Nora. München: Beck, 2005, S. 63–112.

19 Sørensen, Bent: *Ich bin doch gerade hier! (Eine kleine Skizze in einer kleinen Sprache)*. In: *Programmbuch des Festivals Wien Modern '98*. Wien: Wien Modern, 1998, S. 121–122, hier 122 (Hervorhebung: M. U.).

20 Dazu etwa Knoth, Ina: *Paul Hindemiths Kompositionsprozess Die Harmonie der Welt: Ambivalenz als Rhetorik der Ernüchterung*. Mainz: Schott, 2016.

der Codierung stärker als der der Kontingenz ist, was für die Bedeutung des kulturellen Codes im neuen Umfeld spricht). So zielen koloniale Musikpraktiken nicht selten darauf ab, die Idee der ›eigenen‹ Musik auf diese Weise – nämlich als Musikpraxis – gegen Kontingenz und Einfluss abzuschirmen. Orale Praxen (re-)konfigurieren und konservieren auf diese Weise Musikpraktiken und können ggf. sogar wieder in materiale Quellen transformiert werden – etwa in Reiseberichten. Die Hinweise mögen verdeutlichen, dass das Spezifikum Musik dem Konzept der transkulturellen Mehrfachzugehörigkeit vielleicht nicht einen neuen Aspekt hinzufügt, aber zumindest auf einen Aspekt besonders markant hinzuweisen vermag: der Versuch, Klanglichkeit, Klangvorstellungen als ›Eigenes‹ im Fremden konservieren zu wollen und Praxen dementsprechend auszuprägen, verweist auf Klang als bedeutsame immaterielle Dimension von transkultureller Zugehörigkeit.

Mithilfe zweier Beispiele mag deutlich werden, inwiefern das Konzept der transkulturellen Mehrfachzugehörigkeit ein Analyseinstrument sein kann, um komplexe musikästhetische Fragestellungen jenseits einer an Nationengrenzen festschreibenden Historisierung[21] und auch jenseits einer klaren Grenzziehung bzw. entlang von ›Phantomgrenzen‹ zu beschreiben. Verglichen seien zwei ästhetische transkulturelle Selbst- und Fremdverortungen, die jeweils auf recht unterschiedlichen Grundprämissen aufsetzen: Leoš Janáček, der ästhetisch als ›Heimat‹-Verorteter verstanden wurde, obwohl er weltläufig wie international ausgebildet, rezipiert und aufgeführt wurde; und Marianna Martines, deren transkulturelle Mehrfachzugehörigkeit verschiedentlich wahrnehmbar ist, ohne dass sie – so ist anzunehmen – ihren Geburtsort Wien zeitlebens verlassen hätte, so dass ihre transkulturelle Mehrfachzugehörigkeit auf anderen denn lebensgeschichtlichen Prämissen fußt. Hinzu kommt, dass beide sowohl in ihren Kompositionen als auch in ihren Selbstzeugnissen Strategien einer ästhetischen Selbstverortung verfolgten, die bei Janáček als kulturelle Einkapselung, bei Martines hingegen als dezidierte transkulturelle Mehrfachverortung beschrieben werden kann. Beide Verortungen haben nichts mit der konkreten Mobilität der jeweiligen historischen Person zu tun, sondern sind erkennbar als ästhetische, bedingt auch erinnerungskulturelle bzw. historiographische Strategien.

Marianna Martines (1744–1812) stammte aus einer Familie, die väterlicherseits um 1730 aus Italien nach Wien gekommen war.[22] Die Mutter Maria Theresia stammte vermutlich aus Wien,[23] der Vater Nicolo Martines war in der Nuntiatur am Wiener Hof angestellt; mit Metastasio verband die Familie eine enge Freundschaft (und Ko-

---

21 Vgl. dazu Unseld, Melanie: *Von Fremdem* (wie Fußnote 7).
22 Zu Martines vgl. Godt, Irving: *Marianna Martines. A Woman Composer in the Vienna of Mozart and Haydn* (*ed. and with contributions by John A. Rice*). Rochester: University of Rochester Press, 2010.
23 Marianna Martines bezeichnet sie als »tedesca« und nennt später Italienisch und Deutsch ihre Muttersprachen; s. den Brief Marianna Martines' an Padre Martini vom 16. Dezember 1773, in dem sie einen kurzen Lebenslauf notiert. Vgl. Godt: *Marianna Martines* (wie Fußnote 22), S. 218.

habitation am Michaelerplatz), so dass verschiedene Sprachkulturen, Kulturkontakte und kultureller Austausch zur Lebenswelt der Familie gehörten. So nimmt es nicht Wunder, dass alle Kinder der Martines-Familie mehrsprachig aufwuchsen (neben Italienisch und Deutsch, ihren beiden Muttersprachen, wie sie betont, sprach Marianna Martines auch Französisch und Englisch[24]), genausowenig wie dass sie selbst, da sie in und zwischen verschiedenen kulturellen Feldern und Kulturkontakten aufwuchsen, diese später auch selbst pflegten, und nicht zuletzt dass transkulturelle Mehrfachzugehörigkeiten offenbar auch bei der von Metastasio getroffenen Auswahl der Musiklehrer für Marianna Martines eine Rolle spielten: Klavier und Instrumentalkomposition lernte sie bei Joseph Haydn, während ihre Gesangsausbildung auf italienischen Grundlagen fußte (Nicolò Porpora, Giuseppe Bonno). Mit dem aus Bergedorf stammenden Johann Adolf Hasse hatte sie zudem einen Lehrer, der als *divino sassone* in Italien selbst eine explizite Mehrfachverortung pflegte. Wien bot für diese transkulturellen Mehrfachzugehörigkeiten *vor Ort* insofern ein geeignetes Terrain, als die Personen, die für die unterschiedlichen kulturellen Verortungen einstehen konnten, zeitweise in Wien weilten und als Teil weitgespannter musikkultureller Netzwerke sowohl Kontakte mitbrachten als auch von Wien mitnahmen.[25] Wien war zur Zeit Maria Theresias und Josephs II. mit weiten monarchischen Interessen und Konfliktlinien ohnehin ein Regierungssitz grundsätzlich transkulturellen Zuschnitts. Dass insbesondere in der Musikkultur die Achsen Italien/Wien und Paris/Wien gepflegt wurden,[26] muss mithin als Hintergrund für das selbstverständliche Agieren Marianna Martines' in diesem transkulturellen Raum mitgedacht werden, weit über ihre Ausbildungszeit hinaus. Schon als junge Frau intensivierte (und individualisierte) sie ihr musikalisches Netzwerk, korrespondierte u.a. mit Farinelli (für den sie auch komponierte), Charles Burney u.a.,[27] so dass auch eine ästhetische Selbstverortung als Komponistin und Interpretin (Cembalo, Gesang) in einem solcherart gedachten transkulturellen Raum gleichsam selbstverständlich erscheint. Burney etwa sah sie in der italienischen Gesangstradition von Francesco Antonio Pistocchi und Antonio Bernacchi,[28] und auch die von ihr praktizierte Partimento-Technik wurde

---

24 Siehe ebd. sowie Burneys Bemerkung: »Bei diesem Besuche entdeckte ich unter den andern Vollkommenheiten der Mademoiselle Martinez auch diese, daß sie Englisch lieset und schreibt.« Burney, Charles: *Tagebuch einer musikalischen Reise [...] 1770–1772*. Nachdruck der Ausgabe Hamburg 1772. Hg. von Eberhardt Klemm. Wilhelmshaven: Florian Noetzel, 1980, S. 312.

25 Üblicherweise unternahmen Musiker und Sänger bzw. Sängerinnen Reisen nach Italien, um dort, direkt vor Ort, die Kunst der italienischen Oper zu erlernen (vgl. etwa Johann Adolf Hasse, Wolfgang Amadé Mozart u.v.a.).

26 Vgl. dazu das Forschungsprojekt *Transferprozesse in der Musikkultur Wiens, 1755–1780: Musikalienmarkt, Bearbeitungspraxis, neues Publikum* (Leitung: Martin Eybl).

27 Die überlieferten Briefe von/an Martines sind im Anhang von Godt: *Marianna Martines* (wie Fußnote 22) abgedruckt.

28 Burney: *Tagebuch einer musikalischen Reise* (wie Fußnote 24), S. 311.

vorwiegend in Neapel gelehrt, kam also durch inkorporiertes Wissen nach Wien.[29] Es ist auffallend, dass Martines in ihrer musikalischen Selbstbeschreibung Wert auf ihre transkulturelle Mehrfachzugehörigkeit legte, indem sie gegenüber Padre Martini sowohl die Wiener als auch insbesondere die neapolitanischen Wurzeln ihrer Ausbildung, sowohl die aktuelle Vernetzung als auch die Verbindung zu ästhetischen Traditionen betonte.[30]

Die Spannweite zwischen lebenswirklicher Ortsgebundenheit und vermittelter wie selbst praktizierter kultureller Mehrfachverortung spiegelt sich auch in Quellen zur Außenwahrnehmung Martines' wider, in denen sowohl nationale Zuschreibungen als auch explizite Verweise auf transkulturelle Mehrfachzugehörigkeiten anzutreffen sind. So wurde Martines vom Nürnberger Verleger Johann Ulrich Haffner unter die »celebri compositori italiani« gerechnet,[31] was nicht nur Hinweis auf eine (mögliche) verlegerische Ungenauigkeit (oder Unwissenheit) ist, sondern Hinweis auch auf eine Wahrnehmung – außerhalb Wiens – ›als italienisch‹. Wert legte das *Wiener Diarium* 1773 hingegen auf die Tatsache, dass mit Marianna Martines eine »gebohrne Wienerinn, obgleich von Spanischer Herkunft« in die Accademia Filarmonica di Bologna aufgenommen worden sei, nicht ohne zusätzlich zu betonen, dass es »den Patrioten freuen [muß], wenn er täglich mehr und mehr wahrnimmt, wie sich die deutsche Nation in allen Künsten mit so gutem Fortgange hervorzuthun bemühet!«[32] Mithin lag der Wiener Zeitung daran, die herausragend ausgezeichnete Künstlerin als Wienerin zu titulieren und an ihr den Fortschritt der eigenen Kultur zu exemplifizieren.

Am Beispiel Marianna Martines' lässt sich mithin nachvollziehen, dass eine transkulturelle Mehrfachzugehörigkeit nicht notwendigerweise mit (hoher) Mobilität verbunden sein muss, dass sie aber trotz aller Ortsgebundenheit einen zentralen Aspekt der ästhetischen Selbstverortung von Marianna Martines darstellt.

---

29 Sanguinetti, Giorgio: *The Art of Partimento: History, Theory, and Practice.* Oxford und New York: Oxford University Press, 2012.
30 Brief Marianna Martines' an Padre Martini vom 16. Dezember 1773, abgedruckt in Godt: *Marianna Martines* (wie Fußnote 22), S. 218. Godt vermutet gar, dass Martines in ihrer Selbstdarstellung den Hinweis auf Bonno schmälerte, um ihre Verortung mit der Neapolitanischen Schule deutlicher hervorzustellen: »It is noteworthy that Martines, in tracing her musical pedigree, made no mention of Bonno's study with the author of *Gradus ad Parnassum*. She evidently feared that a reference to Fux, despite the prestige that it might have brought her in the eyes of a learned musician like Padre Martini, might obscure something she valued even more highly: her direct line of descent from the Neapolitan school.« Godt: *Marianna Martines* (wie Fußnote 22), S. 23.
31 Zwei ihrer Cembalo-Sonaten wurden gedruckt in: *Raccolta musicale contenente VI. sonate per il cembalo solo d'altretanti celebri compositori italiani messi nell' ordine alfabetico co' loro nomi e titoli.* Bd. IV (um 1762). Bd. V (1765). Nürnberg: Johann Ulrich Haffner. Vgl. dazu Godt: *Marianna Martines* (wie Fußnote 22), S. 52 ff.
32 *Wiener Diarium*, 4. August 1773 (online: http://anno.onb.ac.at/cgi-content/anno?aid=wrz&datum=17730804&seite=6&zoom=53 [03.05.2017]).

Im Falle Leoš Janáčeks (1854–1928) hingegen ist ein anderer Prozess einer Verortungsstrategie zu beobachten, nachzuvollziehen entlang der historisch-politischen Grenzformationsprozesse, vor allem aber auch entlang einer Musikwissenschaft, die bisher oftmals an Janáček gerade aufgrund seiner kulturellen Einkapselung scheiterte, mehr noch: dabei ihre eigene Mehrfach- oder Einfachverortung zu erkennen gibt.[33] Die monokulturelle Selbstverortung, die Janáček aus politisch-ideologischen, wohl aber auch aus persönlichen Gründen verfolgte, zeitigte ein Außenseiternarrativ, das ihm, positiv wie negativ gewendet, einen historiographischen Ort und einen Platz im internationalen Repertoire verschaffte. Ein exkludierendes Außenseiternarrativ etwa ist in Hans Heinrich Eggebrechts *Musik im Abendland* erkennbar, wo Janáček als nationaler Sonderling beschrieben wird, dessen Gebundenheit an die nationale Herkunft ihn partikular (»spezifisch tschechisch geprägte neue Musik«) macht, während Eggebrecht Arnold Schönberg und seiner Schule universale Bedeutsamkeit (»das zentrale Neue«) zuschreibt.[34]

Das Außenseiternarrativ, das Janáček bis in die jüngste musikwissenschaftliche Literatur anhaftet, fußt – der Selbstinszenierung unkritisch, geradezu blindlings folgend – auf einem Avantgardebegriff, der mit einer transkulturellen Perspektive nur bedingt kompatibel erscheint. Die Metropolen zugeschriebene Tendenz, ihre eigenen Vorgänge als universal zu interpretieren, wie dies Raymond Williams in *The Politics of Modernism* beschrieb,[35] findet hier, in einer der Frage der transkulturellen Mehrfachverortung eher hilflos gegenüber stehenden Perspektive auf Janáček reichlich Nahrung. Ein genauerer Blick auf Janáčeks musikkulturelle Praktiken aber lohnt, um dieses Außenseiternarrativ zumindest zu befragen, wenn nicht als Teil einer musikhistoriographischen Strategie zu erkennen: Janáček setzte sich intensiv mit Musikpsychologie auseinander, ebenso – und nicht unabhängig davon – mit Gesangsästhetiken, er war Teil jenes Musik(theater)betriebes im Raum zahlreicher Phantomgrenzen, in dem qua Musik Zugehörigkeiten und Nicht-Zugehörigkeiten ausgehandelt wurden. Die Bedingungen, unter denen er komponierte, sich ästhetisch verortete, rezipiert und nicht rezipiert wurde, sprechen mithin dafür, dass das von ihm selbst gepflegte und darüber hinaus weitertradierte Außenseiternarrativ als Teil jenes Avantgarde-Diskurses verstanden werden konnte, in dem Grenzziehungen nationa-

---

33 Vgl. dazu Vladimir Karbusickys kritische Analyse des wissenschaftlichen Standorts von Hans Heinrich Eggebrecht und seiner Publikation *Musik im Abendland*. Karbusicky, Vladimir: *Wie Deutsch ist das Abendland? Geschichtliches Sendungsbewusstsein im Spiegel der Musik*. Hamburg: von Bockel, 1995.
34 Eggebrecht, Hans Heinrich: *Musik im Abendland*. München: Piper, 1996, Zitate S. 775 und 776. Die Schreibweise »neue Musik« und »Neue Musik« ist dabei nicht zufällig, sondern unterstreicht das von Eggebrecht so gesehene Normative der Avantgarde Schönbergscher Prägung.
35 Williams, Raymond: *The politics of modernism. Against the new conformists*. London: Verso, 1996.

ler wie ästhetischer Art eine immense Rolle gespielt haben.[36] An seinem Beispiel wäre daher etwa mit dem Konzept der ›Phantomgrenzen‹ plausibler zu argumentieren – wobei ›Grenze‹ als heuristisches Konzept räumlicher, zeitlicher und symbolisch-sozialer Grenzen (Letztere auch die Sozialität von Wissenschaft inkludierend) zu verstehen wäre. Dass seine transkulturelle Mehrfachverortung in der Selbstdarstellung wie in der Historiographie in eine ›monokulturelle‹ Außenseiterposition transformiert wurde, hat mithin mit Musikgeschichtsschreibung, Wissenschaftskultur und den Avantgardediskursen des beginnenden 20. Jahrhunderts mehr zu tun als mit Janáčeks ästhetischem Standort oder seiner Musik.

---

36 Vgl. dazu auch das Plädoyer von Derek Katz, der einen neuen Zugang jenseits eines »rather monolithic […] approach to Janáček« vorschlägt. In: ders.: *Janáček beyond the Borders*. Rochester: University of Rochester Press, 2009, S. 4.

Nils Grosch

Cultural mobility, Alfred Einstein und die Kritik der musikalischen Verortung

The mobility paradigm helps to appreciate and analytically detect the mobile characteristics of music throughout its history. However, it helps to sharpen the analytical view for the problematic discourse with regards to the place where music belongs. Discussing the case of the German born musicologist Alfred Einstein, an émigré himself, we can trace the process, as his own exile situation led him to reconceptualize the mobile careers of musicians (and musical genres) in history and to deconstruct the discourse about the locatability of music.

1. *Cultural Mobility* als Herausforderung für die Musikwissenschaft

Dass Musik kaum ›festzunageln‹, also räumlich zu verorten ist, da sie »entlang der Ströme von Reisenden, MigrantInnen, Medien und Waren« in ständiger Bewegung ist, hat der britische Geograph Peter Adey treffend in seinem Buch *Mobility* beschrieben.[1] Das so genannte Mobilitäts-Paradigma in der Forschung geht davon aus, dass Mobilität – auch im Bezug auf Kultur – der Normalfall, räumliche Fixierung, lokale oder nationale Zugehörigkeit ein Sonderfall, wenn nicht gar eine Fiktion ist: »The perception of fixity is an illusion, a fiction«[2]. Eine solche Positionierung läuft zusammen mit der Grundannahme, auch Migration als ›conditio humana‹ aufzufassen, da, wie die *Enzyklopädie der Migration in Europa* vermerkt, der »homo sapiens […] sich als Homo migrans über die Welt ausgebreitet«[3] hat, oder, mit den Worten des Migrations- und Medienphilosophen Vilém Flusser:

> Während der weitaus größten Zeitspanne seines Daseins ist der Mensch ein zwar wohnendes, aber nicht ein beheimatetes Wesen gewesen. Jetzt, da sich die Anzeichen häufen, daß wir dabei sind, die zehntausend Jahre des seßhaften Neolithikums hinter uns zu lassen, ist die Überlegung, wie relativ kurz die seßhafte Zeitspanne war, belehrend. Die sogenannten Werte, die wir dabei sind, mit der Seßhaftigkeit aufzugeben, also etwa den Besitz, die Zweitrangigkeit der

---

1 »Music is extremely difficult to pin down and locate from a particular place or cultural origin because it moves along the paths of travellers, migrants, communications and commodities.« Adey, Peter: *Mobility*. London u. a.: Routledge, 2010, S. 195.
2 Ebd., S. 6.
3 *Enzyklopädie Migration in Europa. Vom 17. Jahrhundert bis zur Gegenwart*. Bd. 3. Paderborn und München: Schöningh und Fink, 2010, S. 19.

Frau, die Arbeitsteilung und die Heimat, erweisen sich dann nämlich nicht als ewige Werte, sondern als Funktionen des Ackerbaus und der Viehzucht.[4]

Dies bedeutet freilich eine Provokation für ein häufig anzutreffendes Alltagsverständnis von Migration als Krisenszenario, wie sie der politischen Debatte über Wanderbewegungen schon seit dem 19. Jahrhundert als selten hinterfragte Denkfigur eingeschrieben ist, und für die als Begründung in der Regel die – wie auch immer verstandene – ›Kultur‹ und ihre ungeprüft vorausgesetzte ›Statik‹ herangezogen wird.[5] Das spiegelt sich im etablierten methodischen Handwerkszeug hochkulturell orientierter Disziplinen, die, wie Stephen Greenblatt kritisch anmerkt,

> selbstverständlich von stabilen Kulturen oder doch zumindest davon ausgehen, dass Kulturen in ihrem originalen, natürlichen Zustand fest im Boden des Blutes verwurzelt und quasi bewegungslos sind. Man preist gewöhnlich bestimmte Kulturen für ihre Tiefe, Authentizität und Organizität, während andere als oberflächlich, orientierungslos und inkohärent kritisiert werden. Oft wird ein Gefühl von Heimatverbundenheit zur Bedingung robuster kultureller Identität reklamiert.[6]

Greenblatt folgert daraus, im Kontext von Mobility Studies nicht nur Bewegung, sondern auch Fixiertheit (bei Greenblatt: »Fixity«) – und insbesondere die Gründe, die es so attraktiv machen, Kultur für etwas lokal Fixiertes zu halten – in den Fokus der Analyse zu nehmen.[7]

In der Tat finden sich in der außerwissenschaftlichen wie der wissenschaftlichen Beschäftigung mit Musik immer wieder mit aller Selbstverständlichkeit Indizien für die von Greenblatt geschilderten, meist unausgesprochenen Grundannahmen. Beispiels-

---

4   Flusser, Vilém: *Von der Freiheit des Migranten: Einsprüche gegen den Nationalismus*. Berlin: Philo, 2000, S. 16 f.

5   So formulierte im Januar 2016 angesichts der aktuell nach Europa drängenden Flüchtlingsströme der damalige österreichische Vizekanzler Reinhold Mitterlehner ganz selbstverständlich: »Unsere kulturelle Statik ist durchaus gefährdet«; Kurier vom 31.01.2016, http://kurier.at/politik/inland/zitate-der-woche-unsere-kulturelle-statik-ist-durchaus-gefaehrdet/177.872.407/slideshow [31.01.2016]. Vgl. zur Analyse und Bewertung derartiger Denkfiguren Grosch, Nils: *Exil und kulturelle Mobilität: Ernst Krenek und Kurt Weill*. In: *Zeitgenossenschaft: Weill und Krenek*. Hg. von Sara Beimdieke und Matthias Henke. Schliengen: Argus, i. Dr.

6   »The problem is that the established analytical tools have taken for granted the stability of cultures, or at least have assumed that in their original or natural state […] cultures are properly rooted in the soil of blood and land and that they are virtually motionless. Particular cultures are routinely celebrated for their depth, authenticity, and wholeness, while others are criticized for shallowness, disorientation, and incoherence. A sense of ›at-homeness‹ is often claimed to be the necessary condition for a robust cultural identity.« Greenblatt, Stephen: *Cultural mobility: an introduction*. In: ders. u. a.: *Cultural Mobility: a Manifesto*. Cambridge: Cambridge University Press, 2010, S. 1–23, hier S. 3.

7   »Mobility studies should analyze the sensation of rootedness. […] Cultures are almost always apprehended not as mobile or global or even mixed, but as local. […] one of the characteristic powers of a culture is its ability to hide the mobility that is its enabling condition.« Greenblatt, Stephen: *Cultural Mobility: a Manifesto*. In: ebd., S. 250–253, hier S. 252.

weise charakterisierte Udo Bermbach in seinem Text über *Richard Wagner und das Exil* es als »eines der erstaunlichsten Geheimnisse dieses an Erstaunlichem nicht eben armen Komponistenlebens, dass er es fertigbringen konnte, trotz dieser ständigen Reisen ein Werk zu schaffen, das in seiner Zeit und bis heute seinesgleichen sucht.«[8] Ohne Begründungsnot wird in dieser von mir hier exemplarisch herausgegriffenen Formulierung Mobilität selbstverständlich als Gegensatz zu kreativer Entfaltung ins Feld geführt, statt Mobilität als Disposition von Wagners Lebensweg – Bermbach spricht gar von »gleichsam ›angeborener‹ Unruhe« (S. 17) – wenigstens potenziell auch als Voraussetzung der Vielseitigkeit und Komplexität seiner schöpferischen Produktion zu sehen. Vermutlich würde es niemand erstaunlich finden, dass Komponisten wie Franz Schubert oder Karl Amadeus Hartmann so kreativ sein konnten, wo sie doch so wenig gereist sind.

2. Mobilität als Chance für einen Perspektivwechsel im Exil: Ein Blick auf den Musikhistoriker Alfred Einstein

Claudia Maurer Zenck hat einmal die Exilierten der Nazizeit als die Vorreiter im reflektierenden Umgang mit Heimatverlust und Emigration bezeichnet, und zwar in einem Aufsatz zu Ernst Kreneks Konstruktion von Heimat im Exil – ein Komponist, der, so Maurer Zenck, das Exil »als Muster seines Lebens« erkannt habe.[9] Der Fall des aus NS-Deutschland geflohenen Musikwissenschaftlers Alfred Einstein ist ein besonders anschauliches Beispiel dafür, wie gerade in der Exilsituation die Auseinandersetzung mit Mobilität und »Fixity« zum Überdenken musikgeschichtlicher Entwürfe führen konnte. Einstein wurde im Juli 1933 – damals 53-jährig und in Berlin ansässig – zu einem musikwissenschaftlichen Kongress nach Cambridge eingeladen, von dem er nicht nach Berlin zurückkehrte. Stattdessen entschied er, mit seiner Familie ins Exil zu gehen. Die Wahl fiel zunächst auf Florenz, wo ihm Quellen zur Verfügung standen, die er auswerten wollte, um sein damaliges großes Buchprojekt über das italienische Madrigal abzuschließen.

1880 in München geboren, hatte Einstein Musikwissenschaft an der Münchener Universität studiert und 1903 promoviert. Seine Ambitionen für eine wissenschaftliche Laufbahn wurden allerdings deutlich ausgebremst. Hintergrund war, wenngleich oft unausgesprochen, seine jüdische Religion.[10] So begann Einstein 1909 eine steile Kar-

---

8   Bermbach, Udo: »*Ich kann nur in Extremen leben*«: *Wagner und das Exil*. In: *Exil als Daseinsform. Die Schauplätze Richard Wagners. Zürcher Festspiel-Symposien 2013.* Hg. von Laurenz Lütteken. Kassel u. a.: Bärenreiter, 2014, S. 16–36, hier S. 16.
9   Maurer Zenck, Claudia: *Kreneks künstlerische Konstruktion von Heimat*. In: *Echoes from Austria – Musik als Heimat. Ernst Krenek und das österreichische Volkslied im 20. Jahrhundert.* Hg. von Matthias Schmidt. Schliengen: Argus, 2007, S. 147–173.
10 Potter, Pamela M.: *From Jewish Exile in Germany to German Scholar in America*. In: *Driven into Paradise. The Musical Migration from Nazi Germany to the United States.* Hg. von Rein-

riere als Musikkritiker, als er einen Posten bei den *Münchener Neuesten Nachrichten,* ab 1917 bei der *Münchener Post* und ab 1927 schließlich beim *Berliner Tageblatt* annahm. Spätestens zu diesem Zeitpunkt einer der anerkanntesten deutschen Musikkritiker, hatte er den Vorsitz des Verbandes Deutscher Musikkritiker inne.[11] Auch ohne einen akademischen Posten schulterte er leitende Stellungen in musikwissenschaftlichen Projekten. So übernahm er die Herausgeberschaft der neunten bis elften Auflagen des Riemann-Musiklexikons, des seinerzeit bedeutendsten deutschsprachigen wissenschaftlichen Musiklexikons (1919, 1922 und 1929), und gab 1919–1933 die *Zeitschrift für Musikwissenschaft* heraus. Im Jahr von Hitlers Machtantritt verlor er all diese Posten und Funktionen und entschloss sich zügig zur Auswanderung. Er begab sich, wie erwähnt, zunächst nach Italien, dann über die Schweiz und England schließlich in die USA, wo er 1939 im Alter von 59 Jahren einen Lehrstuhl für Musikwissenschaft am Smith College in Northhampton antrat. Auf dem Posten, nach dem er ein Leben lang gestrebt hatte, arbeitete er hier elf Jahre bemerkenswert produktiv. Nach seiner Pensionierung zog er 1950 aus gesundheitlichen Gründen an die kalifornische Westküste nach El Cerrito am Ostufer der San Francisco Bay, wo er zwei Jahre später verstarb. Einstein kann als einer der einflussreichsten Mozart-, Gluck- und Madrigalforscher der ersten Hälfte des 20. Jahrhunderts gelten. In zynischer Ironie schrieb Einstein 1947 einem Freund: »Im Grunde kann ich meinem Führer nicht dankbar genug sein.«[12] Im Nachhinein schilderte Einstein die erzwungene Auswanderung als entscheidenden Befreiungsschlag, der ihn gegen Ende seines Lebens zu der Stellung führte, die ihm schon längst vor Machtantritt der Nazis in seiner Heimat verwehrt war. Zitate in einem Artikel des *Time Magazine* klingen erneut zynisch:

> When he found his German colleagues had become nonentities in brown uniforms, he decided he ›couldn't stand it any longer.‹ … Now Einstein looks on his years as a music critic as a ›nightmare‹ when he had time to be ›only a bricklayer in musicology.‹ By chasing him out of his rut and back to work as a master mason in music scholarship, Adolf Hitler, he says, became ›my greatest benefactor.‹[13]

Eine solche Rhetorik lässt sich als Indiz dafür lesen, dass die Entfaltung seines wissenschaftlichen Potenzials auf der einen Seite schon längst vor 1933 durch den herrschenden Antisemitismus entscheidend behindert worden war, dass aber auf der an-

---

hold Brinkmann und Christoph Wolff. Berkeley, Los Angeles, London: University of California Press, 1999, S. 298–321, hier S. 302–305.

11 Zur Biografie Einsteins siehe Gehring, Melina: *Alfred Einstein.* In: *Lexikon verfolgter Musiker und Musikerinnen der NS-Zeit.* Hg. von Claudia Maurer Zenck, Sophie Fetthauer und Peter Petersen. Hamburg: Universität Hamburg, 2006 (https://www.lexm.uni-hamburg.de/object/lexm_lexmperson_00001417) [Abruf: 01.05.2017]; sowie dies.: *Alfred Einstein. Ein Musikwissenschaftler im Exil.* Hamburg: von Bockel, 2007.

12 Brief von Einstein an Erwin Kroll, 21. Dezember 1947, Alfred Einstein papers: Archives Einstein Coll. 1, Music Library, University of California, Berkeley, Box 6, Folder 567. Mein herzlicher Dank für die Unterstützung bei den Archivrecherchen in Einsteins Nachlass geht an John Shepard von der Music Library.

13 *Music. A Store of Knowledge.* In: *Time,* 24. April 1950.

deren Seite erst die Lebensbedrohung durch den Holocaust zur Konsequenz der Auswanderung führte. Das »chasing out of his rut«, das erzwungene Verlassen der vertrauten Bahn, wie Einstein es formulierte, kann als Kehrseite der Medaille dessen verstanden werden, was Flusser als »Kreativität des Exils« verstand, bei der es darum ging, »Gewohntes zu überdenken«:

> Die Behauptung rechtfertigt keinesfalls die Vertreiber, sondern sie zeigt im Gegenteil die Vulgarität der Vertreiber: Die Vertriebenen waren störende Faktoren und wurden entfernt, um die Umgebung noch gewöhnlicher als vorher zu machen. Hingegen stellt diese Behauptung anheim, ob die Vertreiber dem Vertriebenen nicht gegen die Absicht beider Teile einen Dienst geleistet haben?[14]

Ein bemerkenswertes Experiment, Musikgeschichte neu, anders, mobil zu konzeptualisieren, nahm Einstein in einem paradigmatischen Publikationsprojekt des Exils vor, seiner Ausgabe der *Briefe deutscher Musiker*.[15] Die Ausgabe ›verdankte‹ ihre Entstehung einem Projekt, das unmittelbar auf das Publikationsverbot jüdischer Autoren in Deutschland und, infolge des ›Anschlusses‹, in Österreich reagierte.

Am 7. Mai 1938 schrieb ihm der mit ihm befreundete Stefan Zweig aus London nach Florenz: »Wir haben mehr als Österreich selbst verloren. Unsere ganze Wirkung im deutschen Sprachgebiet ist damit zu Ende.« Wie Zweig weiter berichtete, hatte »gerade Salzburg, die Lieblingsstadt meiner Familie, auf dem Residenzplatz das erste Autodafé in Österreich veranstaltet, bei dem meine Bücher lustig mitbrannten«.[16] Nur wenige Wochen später berichtete Zweig Einstein von einem Plan, der dieser Gefahr des ›Wirkungsverlustes‹ entgegentreten sollte:

> Die drei Verleger Berman-Fischer, Querido, Allert de Lange haben sich auf meine Inspiration hin zusammengetan, eine <u>billige</u> Serie [...] zu machen, die uns [also: unsere Texte, die Werke der Reihenherausgeber: Thomas Mann, René Schickele, Franz Werfel und Stefan Zweig, N.G.] enthält aber auch Standardwerke deutscher Vergangenheit. (große, <u>wichtige</u> Sache) Könnten Sie prompt und verlässlich, wie Sie sind, Folgendes übernehmen – einen Band ›<u>Deutscher Musikerbriefe</u>‹ zusammenzustellen. Cca. 300 Seiten. Natürlich brauchen Sie nicht die Texte zu copieren, [...] ein bißchen Commentierung und vertiefender Text, wo es nötig ist, eine Einleitung von Ihrer Meisterhand.[17]

Mit Nachdruck suchte Zweig Einstein zur Herausgabe einer solchen Briefedition zu drängen, die ein »Standardwerk von Schütz bis Brahms oder Mahler« werden sollte und die für Einstein ein »Kinderspiel« sei. Einstein sagte unmittelbar zu und Zweig antwortete:

---

14 Flusser (wie Fußnote 4), S. 103–109, Zitat: S. 104.
15 *Briefe deutscher Musiker*. Hg. von Alfred Einstein. Amsterdam: Querido u. a., 1938.
16 Brief von Stefan Zweig an Alfred Einstein vom 7. Mai 1938. Die im folgenden zitierten Briefe Zweigs an Einstein befinden sich in den Alfred Einstein papers: Archives Einstein Coll. 1. (wie Fußnote 12).
17 10. Juli 1938, Alfred Einstein papers (wie Fußnote 12).

> Sehr freue ich mich auf Ihre Musikerbriefe. Trotz aller Erbitterung [sic] möchte ich Ihnen raten, nichts Aggressives in die Vorrede hineinzutun. Halten wir wenigstens die Welt der Musik rein von diesen Kakophonien der Politik![18]

Dabei hatte schon das gesamte Publikationsprojekt eine politische Komponente, die sehr wahrscheinlich auch Einstein darin sah: Eine in Holland und Schweden veröffentlichte deutsche Schriftenreihe, in der Hand eines Herausgebergremiums, das aus vier der herausragenden Schriftsteller der deutschen Literatur, allesamt Emigranten, bestand. Auch dass die Reihe in jenem für die Entwicklung des billigen Taschenbuchdrucks wegweisenden Verlagshaus eine deutschsprachige Massenleserschaft außerhalb des NS-beherrschten deutschsprachigen Mitteleuropa adressierte, darf als kulturpolitisches Statement, ja als eine explizite Form institutionalisierter Exilpublikation gesehen werden. Dies umsomehr dort, wo es nicht um Exilliteratur im engeren Sinne, sondern vielmehr dezidiert um Klassiker der deutschen Kultur ging.[19] Denn gerade die als ›deutsch‹ etikettierten Klassiker galt es, so eine im hochkulturellen Exil der 1930er- und 1940er-Jahre etablierte und folgenreiche Argumentationsstrategie, dem Nazideutschland zu entreißen – deutsche Kultur selbst quasi als mobile Kultur, in Konkurrenz zu einer räumlich fixierten Kulturvorstellung, zu etablieren. »Ich denke, dass nur die grossen deutschen Musiker berücksichtigt werden sollen; das liegt ja im Sinn der Sache«[20], schrieb Einstein an Zweig.

Einstein, der durchaus Wechselbeziehungen zwischen Musik und Politik sah, berichtete indes nach Vorlage der Briefauswahl: »Sie werden inzwischen gesehen haben, dass ich keine Politik hereingebracht habe, ich habe nur bei der Auswahl der Wagner-Briefe einige Bosheit an den Mann gebracht«[21]. So wählte er zunächst freundschaftliche Briefe Wagners an Mendelssohn und Meyerbeer, sodann den Brief Wagners an Mathilde Wesendonk mit dem Ausspruch: »Meine Rückkehr nach Deutschland hat mir dagegen den Todesstoß gegeben: Es ist ein elendes Land«[22] und

---

18   Brief von Zweig an Einstein vom 27. August 1938, Alfred Einstein papers (wie Fußnote 12).
19   Andringa, Els: *Deutsche Exilliteratur im niederländisch-deutschen Beziehungsgeflecht*. Berlin u. a.: De Gruyter, 2014, S. 137.
20   Brief von Einstein an Zweig vom 13. Juli 1938. Einsteins im Folgenden zitierte Briefe an Zweig befinden sich in der Stefan Zweig Collection, Daniel A. Reed Library, The State University of New York at Fredonia. Mit bestem Dank an Kim Taylor für die freundliche Unterstützung und an Matthew Werley für wichtige Hinweise zu diesem Bestand.
21   Brief von Einstein an Zweig vom 24. August 1938. In einem anderen Brief vom 24. August 1938 ist von »Lust u. Heimtücke« bei der Briefauswahl die Rede.
     Aufgrund verschiedener Überschneidungen und Bezüge kann man vermuten, dass der undatierte und erst posthum veröffentlichte Aufsatz *Krieg, Musik, Nationalismus und Toleranz* etwa zur gleichen Zeit entstanden ist, ja dass evtl. bestimmte politische Überlegungen, die sich in diesem Kontext ergeben haben, in diesen Artikel gewissermaßen ausgelagert wurden. Einstein, Alfred: *Krieg, Musik, Nationalismus und Toleranz*. In: Ders.: *Nationale und universale Musik: Neue Essays*. Zürich: Pan, 1958; erneut als ebook: Berlin: consassis.de, 2003, S. 255–264, hier S. 260.
22   *Briefe deutscher Musiker* (wie Fußnote 15), S. 247.

schließlich Wagners Worte an Hans von Wolzogen: »Gelingt mir nichts, so gehe ich nach Amerika, sorge für meine Familie und – denke an nichts weniger als an eine Rückkehr nach Deutschland.«[23]

Den im ›Dritten Reich‹ als Antisemiten gefeierten Wagner inszenierte Einstein genüsslich als Freund jüdischer Kollegen, den als nationalen Meister gepriesenen, als deutschenfeindlichen Flüchtling, den mit Blut und Boden Assoziierten, als ohne Blick zurück zum Absprung in die USA bereiten Migranten. In dem Essay *Krieg, Musik, Nationalismus und Toleranz*, der vermutlich als Nebenprodukt der Briefedition entstand, kommentierte Einstein dieses Zitat folgendermaßen: »Nein, mit dem Wagner, der emigrieren wollte, hat Herr Hitler nichts zu tun.«[24]

In der Ausgabe *Briefe deutscher Musiker* setzt Einstein bemerkenswerte Pointen zur Frage von Zugehörigkeit und Mobilität, und zwar nicht nur durch die Briefauswahl, sondern auch in seiner Einleitung. Im Hinblick auf Repräsentativität hatte er gezielt Komponisten ausgewählt, die als »grosse deutsche« galten, um gerade hier die Denkfigur des »Deutschtums« einer dekonstruierenden Analyse zu unterziehen. Einstein verknüpfte diese direkt mit der damaligen Gegenwart und legitimierte diesen Schritt aus dieser Anbindung heraus: »Über das Maß des Deutschtums der dreizehn großen Meister zu sprechen, mag doppelt schwierig erscheinen in Tagen und Zeiten, da dieser Begriff verengt ist auf Anschauungen der Verfertiger von Pedigrees.«[25] Einstein distanzierte sich von der in Deutschland damals stark betriebenen Ahnen- und Stammesforschung in der Kultur durch den englischen, meist mit der Tierzucht assoziierten Begriff ›Pedigree‹ für Stammtafeln. Er betonte, dass die dreizehn Komponisten kulturell gemischt und mobil waren und weder räumlich, kulturell noch national fixierbare Zugehörigkeit nach Biografie, Herkunft und künstlerischer Produktion besaßen. So argumentierte er im Falle von Händel und Gluck:

> Was soll man vollends über das Deutschtum von Händel und Gluck sagen! Händel, den Sohn des Chirurgus aus Halle, haben Persönlichkeit und Schicksal früh aus der Hamburger Enge nach Italien und England geführt, und haben ihn zum größten italienischen Komponisten der Zeit gemacht, der damals in England tätig war. [...] Und Gluck? Gluck hat in seiner ersten Schaffenshälfte nicht nur italienische Opern geschrieben, sondern war schlechthin ein italienischer Opernkomponist, auch in Wien; und in seiner zweiten war er ein französischer. Deutsch, oder besser Wienerisch hat er zum Privatgebrauch gesprochen und geschrieben.[26]

Und er ließ ein Zitat Johann Adam Hillers von 1768 folgen, das er schon 1936 seiner Gluck-Biografie als Motto vorangestellt hatte:

> Glucks Einbildungskraft ist ungeheuer. Daher sind ihm die Schranken aller Nationalmusiken zu enge: er hat aus der wälschen, aus der französischen, aus den Musiken aller Völker eine

---

23 Brief von Richard Wagner an Hans von Wolzogen, 2. Juli 1877. In: ebd., S. 260.
24 Einstein: *Krieg* (wie Fußnote 21), S. 260.
25 *Briefe deutscher Musiker* (wie Fußnote 15), S. 9.
26 Ebd., S. 9.

Musik gemacht, die seine eigne ist; oder vielmehr: er hat in der Natur alle Töne des wahren Ausdrucks aufgesucht und sich derselben bemächtigt.[27]

Bedeutend rückte so die (bei Einstein freilich noch nicht so benannte) Mobilitätsidee ins Zentrum der musikhistorischen Betrachtung, auch über die produktionspragmatischen Notwendigkeiten hinaus, dass »Mobilität der Opernkünstler (und -handwerker) konstitutiver Bestandteil der Verbreitung, formalen Definition, ästhetischen Entwicklung und Werkhaftigkeit der italienischen Oper«[28] sei. Einstein ging es darum, die Selbstverständlichkeit, ja die Vorteilhaftigkeit der Mobilität für kreative Praktiken herauszuarbeiten, während heimatliche Milieus als begrenzt, ja unbequem, und zu eng für künstlerische Entfaltung dargestellt werden. Einstein erweist sich hier als eben jener ›Vertriebene‹, der, wie es Flusser auch im Hinblick auf die eigene Exilierungsgeschichte dargelegt hat, das aus der Trennung von der Heimat resultierende »Leiden kennt, das jedes Exil kennzeichnet. Und auch die Schatten, den dieses Leiden wirft«, und der »trotzdem, oder gerade deshalb, das Vertriebensein loben« wird.[29]

Doch auch die Kehrseite der Medaille, die »Fixity« (Greenblatt), wird von Einstein in Bezug auf Musikhistorisches diskutiert; dies mit dem Ziel zu verdeutlichen, wie problematisch nationale oder regionale Zuschreibungen in musikalischen Zusammenhängen sind. Dies hat zum einen mit der Vielschichtigkeit von Einflüssen, Traditionen oder anderen Formen von Herkunft zu tun, die eben einer lokalen Zuschreibung, einer Zuordnung zu einer »kulturellen Kugel«[30] entgegensteht (die Ethnologie spricht von »Containern«[31]). Zum anderen, so Einsteins Position, sind die als möglich akzeptierten räumlichen Attribuierungen nicht von der Herkunft, sondern vom Ort der Tätigkeit sowie der Wirkungsentfaltung und Aushandlung der jeweiligen ästhetischen Matrix vorzunehmen: In Italien, so Einstein, war Gluck italienischer Komponist, in Frankreich französischer. Entschieden delegitimierte Einstein somit die Denkfigur einer lokalen Zuschreibung durch Herkunft.

Dies war zugleich ein deutliches Statement gegen jene im Nazi-Deutschland bestärkte Forschungsrichtung der kulturellen Stammesforschung. In seinem Essay *Krieg, Musik, Nationalismus und Toleranz* nahm er noch prononcierter Bezug darauf. Wieder sprach er von »Pedigrees« und erwähnte den österreichischen Germanisten Josef

---

27 Hiller, Johann Adam: »*Wöchentl. Nachr.*«, *24. Oktober 1768*, zit. nach Einstein, Alfred: *Gluck: Sein Leben – seine Werke*. Zürich: Pan, 1954, S. 8. Das Buch erschien zuerst in englischer Übersetzung unter dem Titel *Gluck*. London: J. M. Dent, 1936.
28 Brandenburg, Daniel: *Mobilität und Migration der italienischen Opernschaffenden um 1750*, in diesem Band.
29 Flusser (wie Fußnote 4), S. 104.
30 Welsch, Wolfgang: *Was ist eigentlich Transkulturalität?* In: *Hochschule als transkultureller Raum*. Hg. von Lucyna Darowska, Thomas Lüttenberg und Claudia Machold. Bielefeld: transcript, 2010, S. 39–66.
31 Siehe Brunner, Anja: *Afrikanische Musik in transnationalen Netzwerken: Überlegungen zur Erforschung der Musikpraxis von Musikerinnen und Musikern aus Afrika in Europa*, in diesem Band.

Nadler, der dieses Forschungsparadigma schon während des Ersten Weltkriegs entwickelt hatte. Es ging, mit Einsteins Worten, darum, »die Geschichte der Dichtung als Stammesgeschichte zu betrachten«, so dass »Kunst-Geschichte« zur »Feststellung von Pedigrees – von Stammbäumen« herabsinke »und die Musik-Geschichte des Dritten Reiches ist diesem Vorbild, natürlich, sofort gefolgt.«[32] Mit spitzem Unterton fragte er: »Wie weit soll die Spezialisierung der Kunst, die Verengung zu einer lokalen Eigenart gehen?« Aus einer historischen Perspektive argumentierend hob Einstein die »Angst vor dem ›Internationalismus‹, die frühere, erleuchtetere Jahrhunderte nicht gekannt«[33] hätten, hervor, und hinterfragte so die Möglichkeit einer lokalen oder nationalen Zuschreibung von Kunst:

> Monteverdi hat niemals danach gefragt, ob er italienische Musik mache, Bach keinen Augenblick danach, ob seine Musik auch gut deutsch sei, Rameau niemals danach, ob die seinige auch vollkommen »dem französischen Charakter« entspreche. Nicht Thüringen, Sachsen oder Esterhaz oder Wien hat die »deutsche« Musik Bachs, Haydns oder Beethovens geformt, sondern umgekehrt Bach, Haydn, Beethoven den Begriff der deutschen Musik.[34]

Indem er mit Komponisten des Barock und der Frühklassik von Monteverdi bis Gluck argumentierte, lenkte er den Blick auf jene Phase vor der proto-nationalistischen Periode und der Zeit der Forcierung des Herkunftsdiskurses in der Kultur. Durch Verweis auf die Geschichte der Musik und die Entstehung der Denkfigur des Herkunftsnachweises drehte Einstein die Idee, Musik sei vom Ort ihrer Herkunft geprägt oder durch diesen zu verorten, ins Gegenteil und dekonstruierte sie überzeugend. Er nutzte das Mittel der historischen Analogie, um eine Argumentation zu entwickeln, die wir heute in der Nähe der kulturellen Mobilität verorten würden.

3. Musikgeschichte und Verortung: Kommt es darauf an, »wo einer herkommt«?

Musik ist, wie anfänglich gezeigt, kaum zu verorten. Sie ist ihrem Wesen nach mobil, zu verschiedenen Zeiten an verschiedenen Orten wiederholbar, ihre Fixierung erfolgt in denkbar transportablen Speichern – vom individuellen Gedächtnis über Musikbücher bis zum mobilen mp3-Player. So lässt sie sich in vielen Fällen leicht ›mitnehmen‹, wohin auch immer. Partituren sind in der Regel Prä- oder Postskripte aufgeführter Musik und somit Teil des kommunikativen Gedächtnisses (so Jan Assmann[35]), zunächst in Bezug auf aufzuführende Musik, nicht auf etwas anderes, etwa einen Ort oder eine Nation. Das unterscheidet sie grundlegend von Kunstgegenstän-

---

32 Einstein: *Krieg* (wie Fußnote 21), S. 257 f.
33 Ebd., S. 262.
34 Ebd., S. 256.
35 Assmann, Jan: *Das kulturelle Gedächtnis: Erinnerung und politische Identität in frühen Hochkulturen.* München: Beck, 1992.

den mit starker Gedächtnisfunktion und ortsbezogener Zuschreibung, wie Denkmäler oder Gebäude, die dem kulturellen Gedächtnis angehören.

Musikgeschichtsschreibung ist hingegen, von ihrer Geschichte her gesehen, so macht Silke Leopold deutlich, »seit ihren Anfängen eine nationale Angelegenheit«. Wenn auch heute niemand mehr mit der nationalen Emphase eines Forkel oder Spitta argumentiere, so habe sich, so Leopold, gleichwohl innerhalb der Musikwissenschaft die Idee erhalten,

> dass die Beschäftigung mit Musik dann am ergiebigsten sei, wenn es die Beschäftigung mit der vermeintlich ›eigenen‹ Musik sei. Unser Musikleben ist bis heute in hohem Maße von der Frage geprägt, wo einer herkommt.

Leopold verweist dabei auf »Gedenkstätten großer Musiker«, »Gesellschaften zur Pflege des kompositorischen Erbes« (Mozart in Salzburg, Händel in Halle etc.) und moniert, dass dabei aus dem Blick gerät, »dass diese Komponisten, aus welchen Gründen auch immer, ihre Heimatstädte so schnell wie möglich verließen«. »Die Aufteilung nach Ländern oder zumindest nach Regionen gehört zu den bis heute am häufigsten gewählten Dispositionen musikhistorischer Überblicksdarstellungen«[36] – eine weit mehr als bloß pragmatische Entscheidung, da sie die scheinbare Alternativlosigkeit der Kategorienbildung folgenreich in die strukturelle Wahrnehmung von Musik einschreibt und perpetuiert.

Das Priorisieren des Herkunftsnachweises ist indes keine Selbstverständlichkeit. Im Falle musikalischer Zuschreibung wurde es, wie Matthew Gelbart aufgezeigt hat, im späten 18. Jahrhundert im Kontext des musikalischen Nation-Building bedeutsam, indem man etwa Lieder und Melodien statt wie bisher aufgrund ihrer performativen Funktion nunmehr primär über ihre Herkunft kategorisierte und so innerhalb dessen verortete, was man als das national Eigene erfand.[37] Es handelt sich also um die Phase, in der Ideen geschlossener und anhand stilistischer Eigenarten erkennbarer national attribuierter Kulturen diskursiv ausgehandelt werden. Ihre nationale Zuschreibung bedeutet zugleich ihre Verortung im politischen, geografischen und sozialen Raum.

Musik hingegen scheint sich für derartige Verortungsstrategien nicht gut zu eignen. Sie in Form von musikalischen Gesamtausgaben und Denkmälerausgaben in nationale Monumente zu verwandeln, war indes eine der zentralen, legitimierenden Aufgaben des Fachs Musikwissenschaft in der zweiten Hälfte des 19. Jahrhunderts, als deren nobelste Subdisziplin lange Zeit die musikalische Philologie galt. Ein solches

---

36 Leopold, Silke: *Musikwissenschaft und Migrationsforschung. Einige grundsätzliche Überlegungen*. In: *Migration und Identität. Wanderbewegung und Kulturkontakte in der Musikgeschichte* (Analecta musicologica 49). Hg. von Sabine Ehrmann-Herfort und Silke Leopold. Kassel: Bärenreiter, 2013, S. 30–39, hier S. 32 f.

37 Gelbart, Matthew: *The Invention of ›Folk Music‹ and ›Art Music‹*. Cambridge: Cambridge University Press, 2007.

Konzept setzte die ideologische Einbettung im nationalen Diskurs voraus. Dass diese nicht zuletzt dazu diente, eine Finanzierung solch monumentaler Ausgaben zu legitimieren, war keine rein äußerlich wirksame Bedingung, sondern wirkte folgenreich in die Begrifflichkeit der Sache selbst hinein, indem sie, mit den Worten Michael Custodis', »den kompilierten Werken eine gemeinsame kulturelle Identität unterstellte[n] und sie im Sinne einer musikhistorischen Ahnenreihe kanonisierte[n]«[38]. Custodis hat deutlich gemacht, wie die Legitimierung der Gluck-Gesamtausgabe in Rudolf Gerbers Argumentation von 1940 »nicht […] mit dem immensen, philologisch anspruchsvollen Forschungsbedarf des Themas« begründet wurde, sondern mit »der besonderen Bedeutung des Komponisten für die Vorherrschaft der deutschen Musik«[39]. Gluck stehe, so argumentierte Gerber, »unter den Führerpersönlichkeiten der deutschen Musik, die in leidenschaftlicher Hingabe an ihre geschichtliche Aufgabe deutschen Geist und deutsche Seele in vorbildhafter Weise geformt haben, […] in vorderster Reihe«[40]. Was hier auf den ersten Blick als NS-typischer Versuch erscheint, mit den Worten Ian Kershaws gesprochen, »dem Führer entgegen [zu] arbeiten«[41], zeigt sich letztlich als folgenreiche Zuschreibung im Kontext national oder regional gesteuerter Förder- und Subventionsstrukturen, wie sie sich, freilich mit jeweils anderer Rhetorik, schon längst vor dem ›Dritten Reich‹ und weit darüber hinaus als prägend für Forschungsstrategien erwiesen hat.

Die Zuschreibung Glucks als ›Deutscher‹ bedarf freilich einer gewagten narrativen Anstrengung, hatte sich doch der an unterschiedlichen Orten Europas wirkende Komponist verschiedenen urbanen (und somit nicht nationalen) Traditionen musikalischer Dramaturgien zugewandt. Die nationale Zuschreibung geht hier mit einer anderen narrativen Figuration des Mobilen in der Musik einher, die Leopold als Aspekt der »Eroberung« (S. 33) umreißt: Sie zitiert hierfür Hugo Riemanns Annahme einer »Weltherrschaft der Italiener«, wohl nicht zufällig 1912 im zeitlichen Umfeld eines Weltkrieges formuliert. In der 1936 erschienenen Londoner Ausgabe seiner Gluck-Biografie fragte Einstein:

> Ist es nicht höchst unzeitgemäß – oder ist es höchst zeitgemäß? – in einer Zeit, in der der Nationalismus paroxistische Formen angenommen hat, einen großen Musiker in den Mittelpunkt der Betrachtung zu stellen, der gleichermaßen der italienischen, französischen und der deutschen Musikgeschichte angehört, und den in früheren Tagen des Paroxismus auch der tschechische Nationalstolz hat als Eigentum ansprechen wollen?[42]

---

38 Custodis, Michael: *Rudolf Gerber und die Anfänge der Gluck-Gesamtausgabe* (Akademie der Wissenschaften und der Literatur, Abhandlungen der geistes- und sozialwissenschaftlichen Klasse 6). Mainz, Stuttgart: Franz Steiner, 2015, S. 3.
39 Ebd., S. 13.
40 Denkschrift von Rudolf Gerber »betr. die Veranstaltung einer Gesamtausgabe der Werke Christoph Willibald Glucks« vom 6. Dezember 1940. Gluck-Forschungsstelle Universität Salzburg. Vollständige Transkription bei Custodis (ebd.), S. 42–48.
41 Kershaw, Ian: *Hitler 1889–1945*. München: Pantheon, 2009, S. 345.
42 Einstein: *Gluck* (wie Fußnote 27), S. 11.

Während im NS-Deutschland, dies zeigt Gerbers Argumentation zu Gluck beispielhaft, örtliche Fixierung und nationale Zugehörigkeit der Etablierung und staatlichen Finanzierung einer wissenschaftlichen Ausgabe dienen sollten, charakterisierte Einstein im Exil das – auf kulturelle Mehrfachzugehörigkeit und Mobilität hin zu konturierende – Oeuvre Glucks als Indiz der Zeitgemäßheit, sich mit Person und Werk zu befassen. Einstein setzte im Exil einer auf nationale Zugehörigkeit und Verortung gerichteten Argumentationsstruktur in der deutschen Musikforschung ein kontrastierendes Modell entgegen.

Ein aus der Perspektive der kulturellen Mobilität konturierter Blick auf Musikgeschichte bedeutet, so zeigt das Beispiel Einsteins im Exil, eine erhöhte Sensibilität und Wertschätzung für die mobilen und nomadischen Eigenschaften von Musik. Einhergehen sollte damit, so meine ich, ein diskursanalytisches Überdenken von Antworten auf die bis heute omnipräsenten, für Kulturprogrammierung wie für lokale, nationale und regionale Förderstrategien von Musik und Musikwissenschaft wichtigen und folgenreichen Fragen, ›welche Musik an einen bestimmten Ort‹ und ›an welchen Ort eine bestimmte Musik gehört‹.[43]

---

43 Siehe hierzu Grosch, Nils: *Exkurs Mobilität und Migration*. In: *Orte und Räume der Musik* (Handbuch Musik der Klassik und Romantik 4). Hg. von Anna Langenbruch und Gesa zur Nieden. Laaber: Laaber (im Druck).

Wolfgang Gratzer

Musik und Migration
Vier Thesen / Vier Vorschläge

This paper addresses the extent to which Valérie Anex's short film *Herbstgesang* (CH 2016) could be the subject of musicological questions. Four controversial reflections on the development of a musical migration research are subsequently provided. It is »difficult to speak of migration research as a firmly institutionalized and clearly defined knowledge and science context« (Julia Reuter/Paul Mecheril 2015). Therefore, a discursive understanding of subjects and methodological implications of the conceptual inventor is necessary (thesis 1); it is also necessary to establish a transparent communication about basic concepts concerning Othering phenomena (thesis 2), about the reflection of fundamental understanding and learning concepts (thesis 3), and, last but not least, about the self-assurance of musical ethics.

Suggestions deal with a differentiated understanding of ›migration‹. It is proposed to speak of »people with migratory experiences« instead of »refugees«, and to reflect possible relations between projects of musical migration research and forms of committed social participation.

Inwiefern geht die Musikwissenschaft dieses Filmdokument etwas an? Der 9-minütige Kurzfilm *Herbstgesang* (CH 2016, Dalva Films / *Kollektif »Recherche«*) von Valérie Anex (*1983 Lausanne) wurde im August 2015 in der Teske-Schule, Berlin-Schöneberg[1] gedreht. Zu begegnen war diesem Film u. a. im Rahmen des Festivals *Shortynale* (19. August 2016[2]). Anders als bei etlichen anderen dort präsentierten Wettbewerbsfilmen war hier eine Zuordnung zu einem bestimmten Genre erschwert, zumal das Verhältnis zwischen fiktionalen und nichtfiktionalen Gestaltungsmitteln nicht

---

[1] Luise-und-Wilhelm-Teske-Schule, am Tempelhofer Weg 82 in Berlin-Schöneberg: 1908 gegründet, wurde das Gebäude seit 2013 nicht mehr für Unterrichtszwecke genützt. Seit 18. August 2015 wurden dort asylsuchende Menschen untergebracht. Pikant: Bis 1998 hieß diese Einrichtung Fritz-Haber-Schule, benannt nach jenem deutschen Chemie-Nobelpreisträger, der während des 1. Weltkrieges an der Entwicklung von Giftgas erheblichen Anteil hatte und deren Einsatz leitete. Luise und Wilhelm Teske nahmen in der NS-Zeit das Risiko auf sich, Menschen jüdischer Herkunft im Keller zu verstecken. Laut einem Bericht der Berliner Zeitung vom 18. Juni 1998 kam die Umbenennung auf Initiative von Schulgremien mit Stimmen der SPD und der Grünen gegen die Stimmen der CDU zustande. Vgl. Kopietz, Andreas: *Teltower Damm wird zur Baustelle*. In: *Berliner Zeitung* (18. Juni 1998), online: http://www.berliner-zeitung.de/16050610 [10.09.2016].

[2] Vgl. http://www.shortynale.at/?page_id=6118 [10.09.2016].

auf Anhieb erkennbar war. Anex, Teil des *Kollektif »Recherche«*, kreierte mit *Herbstgesang* eine prototypische Situation, die sich bei der Wahrnehmung von musikalischen Handlungen in Migrationskontexten in Form mehrdeutiger Szenarien spiegelt. Wer das Programmheft der *Shortynale* gelesen hatte, konnte dort einen knappen Kommentar finden:

> Während 230 Flüchtlinge in einer ehemaligen Berliner Schule auf die Anerkennung ihres Flüchtlingsstatus [sic] warten, hallen Melodien aus der Heimat gleich einem Echo in ihren Köpfen wider.[3]

Dieser Kommentar, der anders als ein Kommentar auf der Festivalhomepage die zu hörende Musik erwähnt, lässt mich nochmals die Eingangsfrage aufwerfen: Inwiefern geht die Musikwissenschaft dieses Filmdokument etwas an? Diese Frage zu diskutieren, bedarf m. E. einiger Vorüberlegungen, die mich zunächst zu einem kurzen Rückblick auf die Entwicklungen der Musikwissenschaften und anschließend zu vier Thesen und vier Vorschlägen führen.

Es braucht nicht die Rede von einem ›turn‹, um doch allmähliche Veränderungen der Musikwissenschaften festzustellen. 2016 erschien die 2. Auflage von *Musicology. The Key Concepts*[4]. David Beard und Kenneth Gloag, beide als Musikwissenschaftler an der walisischen Cardiff University tätig, verstehen ihren Reader als »point of entry […] to ›ideas, texts, music‹« (S. IX): Wortwahl und Reihenfolge dieser Formulierung zeigen ein Verständnis wissenschaftlichen Handelns an, das der Auseinandersetzung mit »ideas« prioritäre Bedeutung beimisst. Beard und Gloag widmen sich in Summe 95 »key concepts«, wobei die etwas freie Assoziation zu Luthers vor etwa fast 500 Jahren veröffentlichten 95 Thesen *Disputatio pro declaratione virtutis indulgentiarum* (dt. Disputation zur Erläuterung der Kraft des Ablasses) insofern nicht ganz abstrus ist, als da wie dort weltanschauliche Überzeugungen zum Tragen kommen und mehr oder weniger explizit bisher dominierende Überzeugungen verabschiedet werden. Wie auch immer, Beard und Gloag arbeiten eine recht lange Liste von »key concepts« ab. Dass dabei »ideas« eine prominente Rolle spielen, braucht nicht zu verwundern, sind doch Konzepte ihrer etymologischen Bestimmung nach – lat. conceptus bedeutet wörtlich ›Zusammenfassung‹ – die komprimierte Formulierung von auf Umsetzung zielenden Handlungsideen.

Ganz anders fünf Jahrzehnte zuvor: Ab 1967 brachte der – übrigens auch künstlerisch aktive – Philosoph Manfred Thiel eine *Enzyklopädie der geisteswissenschaftlichen Arbeitsmethoden* (München: Oldenbourg) auf den Weg. Dabei wurden u. a. die Musikwissenschaften bedacht: Im Band der 6. Lieferung, 1970 veröffentlicht, fand sich ein Bei-

---

3   Programmheft *Kurzfilmfestival Klosterneuburg 2016. Shortynale*. Klosterneuburg 2016, S. 13.
4   Beard, David und Gloag, Kenneth: *Musicology. The Key Concepts*, London und New York: Taylor and Francis, 2016.

trag von Walter Wiora über *Methodik der Musikwissenschaft*.[5] Der doppelte Singular war wohl einerseits Sprachkonventionen der Zeit geschuldet: Dieser Konvention folgend, hielt es Wiora im selben Gedankengang noch für vorstellbar, »den Stand des Gesamtunternehmens Wissenschaft« (S. 96) zu erheben. Andererseits kam in diesem Text Wioras Überzeugung zur Geltung, dass es im Kern den Musikwissenschaften darum gehe, »eine Methodik musikalischer Werkbetrachtung« (S. 96) zu entwickeln. Wiora plädierte im Weiteren für »Konzentration« (S. 98) und gegen »Beschäftigung mit unreifen Problemen« (S. 98). Woran solche zu erkennen wären, blieb an dieser Stelle offen. Musikwerke als gesellschaftliches Phänomen zu begreifen, war Wiora immerhin im letzten, kurzen Abschnitt eine Überlegung wert. Seine Rede von Musik als »Zweig der Kultur« (S. 133) korrespondierte mit einer knappen, mahnenden Bemerkung gegen »Fachprovinzialismus« (S. 96 und S. 133). Trotzdem hätte sich Wiora bei der Durchsicht der Lemmata im Band *Musicology. The Key Concepts* wohl nur gewundert, hatte doch die von ihm favorisierte »musikalische Werkbetrachtung« im Band von Beard und Gloag ihre Hauptrolle verloren; »Work« hat da in einem Ensemble mit thesenhaft vorgestellten, teils ideengeschichtlich kontextualisierten Begriffskonzepten wie »Discourse«, »Ethics«, »Listening« oder »Subject position« zu bestehen.

Um kein »key concept« handelt es sich, wenn es nach Beard und Gloag geht, im Falle von »migration« bzw. »migration research«. (Die Begriffe fehlen auch im Glossar.) Dies scheint in fachgeschichtlicher Hinsicht verstehbar und dennoch erklärungsbedürftig, hätten doch neuere Impulse wie der 2002 herausgegebene Tagungsbericht *Probleme der Migration von Musik und Musikern im Zeitalter des Barock*[6] oder die Texte des 2005 publizierten Sammelbands *Musik und Migration in Ostmitteleuropa* reichlich Anlass hierfür gegeben. Ähnlich verhält es sich mit Barbara Lorenzkowskis Studie *Sounds of Ethnicity* (2010)[7], mit dem 2013 veröffentlichten Symposion-Bericht *Migration und Identität. Wanderbewegung und Kulturkontakte in der Musikgeschichte*[8] oder dem 2015 von Nils Grosch und Rolf Kailuweit herausgegebenen Sammelband *Italian Migration and Urban Music Culture in Latin America*[9] und einer zuneh-

---

5   Wiora, Walter: *Methodik der Musikwissenschaft*. In: *Methoden der Kunst- und Musikwissenschaft* (Enzyklopädie der geisteswissenschaftlichen Arbeitsmethoden), 6. Lieferung. München: Oldenbourg, 1970, S. 93–139.
6   *Probleme der Migration von Musik und Musikern im Zeitalter des Barock. 15. Arolser Barock-Festspiele 2000, Tagungsbericht* (Arolser Beiträge zur Musikforschung 9). Hg. von Friedhelm Brusniak u. a. Sinzig: Studio, 2002.
7   Lorenzkowski, Barbara: *Sounds of Ethnicity. Listening to German North America 1850–1914*. Winnipeg / Man.: University of Manitoba Press, 2010.
8   *Musik und Migration in Ostmitteleuropa* (Schriften des Bundesinstituts für Kultur und Geschichte der Deutschen im östlichen Europa 23). Hg. von Heike Müns. München, 2005; *Migration und Identität. Wanderbewegung und Kulturkontakte in der Musikgeschichte* (Analecta musicologica 49). Hg. von Sabine Ehrmann-Herfort und Silke Leopold. Kassel u. a.: Bärenreiter, 2013.
9   *Italian Migration and Urban Music Culture in Latin America* (Populäre Kultur und Musik 14). Hg. von Nils Grosch und Rolf Kailuweit. Münster u. a.: Waxmann, 2015.

menden Anzahl an verstreuten Vorträgen bzw. Aufsätzen wie Ricardo Eichmanns über frühgeschichtliche Deportationen von und nach Ägypten handelnder Beitrag »Musik und Migration« zu der von ihm mitherausgegebenen Dokumentation der Berliner Tagung *Migration und Kulturtransfer* (1999)[10] oder Danièle Lipps Vortrag »Italienische Musiker am Wiener Kaiserhof zwischen 1712 und 1740. Ursachen und Verläufe der Migration nach Wien« im Rahmen der 2011 stattgefundenen Wiener Ringvorlesung *Italienische Anteile am multikulturellen Wien*.[11] 2016 ist Christian Glanz' Beitrag »Musikalische Wiener Jahrhundertwende mit Migrationshintergrund. Über den problematischen Zusammenhang zwischen Migration, Innovation und kultureller Vielfalt« erschienen.[12]

Die 10-bändige *The Garland Encyclopedia of World Music* (1998–2002) enthält zahlreiche diesbezügliche Einzelhinweise und Sammeldarstellungen.[13] Dass dagegen in den Neuausgaben der großen Lexika *nMGG* (1994–2008) und *nGrove* (2001) für ›Migration‹ keine eigenständigen Artikel vorgesehen wurden, erscheint beachtlich. Dies deshalb, weil die Entwicklung der Historischen Migrationsforschung auf dem Gebiet der Sozialgeschichte doch mindestens in die frühen 1960er Jahre zurückreicht, als verstärkt das Anwerbe-Phänomen sog. Gastarbeiter Aufmerksamkeit fand. Hiervon einmal abgesehen fanden musikalische Aktivitäten von im Ausland geborenen ArbeitnehmerInnen etwa im Rahmen der im deutschen Sprachraum seit den 1960er Jahren verstärkt zu bemerkenden Kulturvereine die längste Zeit relativ wenig musikwissenschaftliches Echo.[14] Erst recht gilt dies für frühere Wanderbewegungen, wie diese im Bereich der Wirtschaftswissenschaften bereits im frühen 19. Jahrhundert Gegenstand von statistischen Analysen wurden.[15]

---

10   Eichmann, Ricardo: *Musik und Migration*. In: *Migration und Kulturtransfer: Der Wandel vorder- und zentralasiatischer Kulturen im Umbruch vom 2. zum 1. vorchristlichen Jahrtausend. Akten des internationalen Kolloquiums. Berlin, 23. bis 26. November 1999*. Hg. von Ricardo Eichmann und Hermann Parzinger. Bonn: Habett, 2001, S. 473–483.
11   Lipp, Danièle: *Italienische Musiker am Wiener Kaiserhof zwischen 1712 und 1740. Ursachen und Verläufe der Migration nach Wien*. In: *Italienische Anteile am multikulturellen Wien*. Hg. von Josef Ehmer und Karl Ille. Innsbruck u. a.: Studienverlag, 2009, S. 152–167.
12   Röhrlich, Elisabeth: *Migration und Innovation um 1900. Perspektiven auf das Wien der Jahrhundertwende*. Wien: Böhlau, 2016, S. 357–374.
13   Vgl. u. a. Kubik, Gerhard: *Intra-African Streams of Influence*. In: *Africa* (The Garland Encyclopedia of World Music 1). Hg. von Ruth M. Stone. New York u. a.: Routledge, 1998, S. 293–326; Reyes, Adelaida: *Identity, Diversity, and Interaction*. In: *The United States and Canada* (The Garland Encyclopedia of World Music 3). Hg. von Ellen Koskoff. New York u. a.: Routledge, 2002, S. 504–518; Miles, Elizabeth J.: *Immigrant Music in Europe*. In: *Europe* (The Garland Encyclopedia of World Music 8). Hg. von Timothy Rice, James Porter und Chris Goertzen. New York u. a.: Routledge, 2000, S. 231–243.
14   Zu den Ausnahmen zählt Eichmann: *Musik und Migration* (wie Fußnote 10); Greve, Martin: *Musik nach Migration: Türkische Musik in Deutschland*. In: *Musiksoziologie* (Handbuch der systematischen Musikwissenschaft 4). Hg. von Helga de la Motte-Haber und Hans Neuhoff. Laaber: Laaber, 2007, S. 518–533.
15   Vgl. Hahn, Sylvia: *Historische Migrationsforschung*. Frankfurt a. M.: Campus, 2012, S. 30.

These 1

Musikalische Migrationsforschung bedarf der diskursiven Verständigung über distinkte Gegenstände bzw. Vorgänge. Solche Verständigung verlangt die systematische Entwicklung eines geeigneten Begriffsinventars und der Reflexion seiner methodischen Implikationen.

Dies gilt zunächst für den Begriff ›Migration‹ selbst. Entgegen der von Fredric Jameson diskutierten Annahme, wonach »wir in einer Zeit der Synchronie und nicht der Diachronie leben«[16], sollte die Begriffsgeschichte nicht ganz übersehen bleiben. Dass 1904 in *Meyers Großem Konversationslexikon* die deutsche Übersetzung von lat. migratio mit dem illustrierenden Zusatz »Wanderung besonders der Zugvögel«[17] versehen wurde, ist etymologisch erklärlich. Die Karriere dieses Begriffs nahm unterdes eine Entwicklung, die abseits von Biologie (Siedelbewegung von Populationen) auch in der Geologie (Verlagerung von Erdöl und Erdgas aus dem Muttergestein in das Speichergestein), der Demographie (Zu- und Abwanderung von Menschen), der Informatik (Datentransfer) auch in den Sozial- bzw. Kulturwissenschaften zu beobachten ist.

In der 2006 zu lesenden Brockhaus-Kurzformel, Migration sei »ein Begriff, der Prozesse räumlicher Bewegung bezeichnet«[18], hat diese Karriere kaum Spuren hinterlassen. Nicht auf Anhieb zu erkennen ist dort beispielsweise jene realpolitische Dimension, die 1990 in Art. 2.1 der *International Convention on the Protection of the Rights of All Migrant Workers and Members of Their Families* anklang. Diesem UNESCO-Dokument zufolge ist in folgenden Fällen von ›Migration‹ zu sprechen, wo »any person who lives temporarily or permanently in a country where he or she was not born, and has acquired some significant social ties to this country«[19]. In neueren kulturwissenschaftlichen Bestimmungsversuchen fällt eine Zunahme an kontextorientierten Merkmalen auf. Trotzdem kamen Julia Reuter und Paul Mecheril 2015 zu dem

---

16 Jameson, Fredric: *Postmodernism, or, The Cultural Logic of Late Capitalism* (1991), online: https://www.marxists.org/reference/subject/philosophy/works/us/jameson.htm [01.09.2016], dt. *Postmoderne. Zur Logik der Kultur im Spätkapitalismus*. In: *Postmoderne. Zeichen eines kulturellen Wandels*. Hg. von Andreas Huyssen und Klaus R. Scherpe. Reinbek bei Hamburg: Rowohlt, 1986, S. 45–102, hier S. 60f.
17 »Migration (lat.), Wanderung (s. d.), besonders der Zugvögel; migrieren, wandern, wandernd umherziehen; migratorisch, wandernd, ziehend.« In: *Meyers Großes Konversationslexikon. Ein Nachschlagewerk des allgemeinen Wissens*. Sechste, gänzlich neubearbeitete und vermehrte Auflage Bd. 6 (1904). Leipzig – Wien: Brockhaus, 1905–1909, Sp. 782.
18 [Anon.:] Art. *Migration*. In: *Brockhaus, Enzyklopädie in 30 Bänden*, Bd. 18, 21., völlig neu bearbeitete Auflage. Leipzig – Mannheim: wissenmedia, 2006, S. 424–428.
19 United Nations General Assembly, [Resolution 45/158 / 18.12.1990]. *International Convention on the Protection of the Rights of All Migrant Workers and Members of Their Families*. Online: http://www.ohchr.org/Documents/ProfessionalInterest/cmw.pdf [03.09.2016].

Schluss, es falle »schwer, von Migrationsforschung als einem fest institutionalisierten und klar umrissenen Wissens- wie Wissenschaftszusammenhang zu sprechen«[20].

Vorschlag 1

betrifft das Verständnis von ›Migration‹ als Sammelbegriff für Prozesse der Verlagerung des Lebensmittelpunktes (im Unterschied zu Phänomenen der Bleibe bzw. Sesshaftigkeit sowie kurzfristigen beruflichen und privaten Reiseaktivitäten). Dabei gehe ich davon aus, dass

- Formen
- Funktionen
- geographische Distanzen
- Dauern bzw. Konstanz
- Bedingungen
- Auswirkungen

variieren können und unterschiedliche Ausprägungen von Dynamik im Sinne einer skalaren Unterscheidung zwischen Fluiditäts- bzw. Viskositätsmerkmalen zulassen.

Entsprechend schlage ich des Weiteren vor, in der gegenstandsbedingt interdisziplinär ausgerichteten Migrationsforschung typologisch zu differenzieren zwischen nicht selten hybride Gestalt annehmenden

(1.) Migrationsformen (u. a. Arbeitsmigration, Armutsmigration, Bildungsmigration, Glaubensmigration, Fluchtmigration, Heiratsmigration, Karrieremigration, Kettenmigration, Wirtschaftsmigration und Zwangsmigration), und

(2.) Anreizfaktoren (darunter demographische, kulturelle, ökonomische, politische und soziale Faktoren, die entsprechend dem *Push-and-pull*-Modell auf Angebot- und Nachfragefaktoren zu reduzieren eine Simplifizierung wäre).

Nicht zuletzt inkludiert der Vorschlag die Frage nach empirisch fassbaren (Wechsel-) Wirkungen in den betroffenen Herkunfts- und Zielsystemen. Dies hieße, den Fragekatalog zu erweitern und neben so genannten Assimilierungsphänomenen auch Handlungen in den Blick zu nehmen, die als Ausdruck auszubalancierender »multipler Zugehörigkeit und komplexer Identitäten«[21] diskutierbar sind.

---

20 Reuter, Julia und Mecheril, Paul: *Einleitung*. In: *Schlüsselwerke der Migrationsforschung. Pionierstudien und Referenztheorien* (Interkulturelle Studien). Hg. von dens. Wiesbaden: Springer, 2015, S. 1–10, hier S. 2.
21 Bozdag, Cigdem und Möller, Johanna: *Transkulturalität, Migration und Diaspora*. In: *Handbuch Cultural Studies und Medienanalyse*. Hg. von Andreas Hepp u. a. Wiesbaden: Springer, 2015, S. 333–342, hier S. 337.

In letzterer Hinsicht kämen als Forschungsgegenstand beispielsweise Radiostationen wie das vom WDR und von Radio Bremen unterhaltene *Funkhaus Europa* in Betracht, deren stark musikalisch bestimmte, mehrsprachige Sendungen als Weiterentwicklungen jener zwischen 1964 und 2002 ausgestrahlten »Gastarbeiterprogramme« verstanden werden können, die 2011 von Robert Sala dokumentiert und analysiert wurden.[22] (Dem Begriff ›Gastarbeiter‹ haften übrigens mehrere Probleme an, darunter ein durch seine Genese während der Zeit des Nationalsozialismus bedingter Euphemismus: ›Gastarbeiter‹ wurden in den letzten Kriegsjahren jene genannt, die in Arbeitslagern Zwangsarbeit zu verrichten hatten.[23]) Diesen Vorschlag bedenkend, spricht einiges für die Anlage eines Begriffsinventars (Anhang). Die bisherigen Einträge sind seit 2014 zustande gekommen. Die Liste ist aus mehreren Gründen als vorläufig anzusehen, beispielsweise weil hier nur deutsche Substantive vermerkt wurden und der Abgleich mit anderen Sprachen eine signifikante semantische Differenzierung verspricht. Die Vorläufigkeit ist auch daran zu erkennen, dass Klärungen zum Wortgebrauch fehlen, es sich also noch um eine Liste großteils vager – in der Sichtweise von Ilana Löwy: »unscharfer«[24] – Begriffe handelt.

Nicht zuletzt angeregt durch Überlegungen der Diskursforscherin Ruth Wodak[25] und Louisa Hadleys diskriminierungskritische These *The language of othering*[26] wurden Substantive wie »Flüchtling« oder »Migrant« in eckige Klammern gesetzt, da es sich hierbei m.E. um ideologisch problematische, weil anmaßend verkürzende Festschreibungen biographisch komplexer Verläufe handelt. Weniger problematisch erscheint es mir, statt von ›Flüchtlingen‹ beispielsweise von ›Menschen mit Fluchterfahrung‹ zu sprechen. Der Unterschied verspricht weniger marginal zu sein, als dies auf den ersten Blick erscheinen könnte: Die bahnende Wirkung zeigt sich erfahrungsgemäß u.a. in differenzierteren Fragestellungen und erweiterter Methoden-

---

22 Sala, Roberto: *Fremde Worte. Medien für »Gastarbeiter« in der Bundesrepublik im Spannungsfeld von Außen- und Sozialpolitik*. Paderborn u.a.: Schöningh, 2011.
23 Vgl. Schiller, Thomas: *NS-Propaganda für den Arbeitseinsatz*. Hamburg: LIT, 1997, S. 6.
24 Vgl. Müller, Ernst und Schmieder, Falko: *Begriffsgeschichte und historische Semantik. Ein kritisches Kompendium*. Berlin: Suhrkamp, 2016, S. 611, bzw. Löwy, Ilana: *Unscharfe Begriffe und föderative Experimentalstrategien. Die immunologische Konstruktion des Selbst*. In: *Die Experimentalisierung des Lebens. Experimentalsysteme in den biologischen Wissenschaften 1850/1950*. Hg. von Hans-Jörg Rheinberger und Michael Hagner, Berlin: Akad.-Verl., 1993, S. 188–206.
25 Wodak, Ruth: *Sprache und Ideologie*. In: *Sprache und Macht – Sprache und Politik*. Hg. von Gertraud Diem-Wille und Rudolf Wimmer. Wien: Österr. Bundesverlag, 1989, S. 79–87. Vgl. in diesem Zusammenhang die Fallbeispiele in: *Europe and its Others. Proceedings of the Essex Conference on the sociology of literature, July 1984*, 2 Bde. Hg. von Francis Barker u.a. Colchester: University of Essex, 1985.
26 Hadley, Louisa: *The Language of Othering* (2013). In: *Inspire Solutions*, online: https://inspire.dawsoncollege.qc.ca/2013/11/13/the-language-of-othering/ [02.10.2016]. Vgl. auch Dittrich, Marie-Agnes: *»Othering« Schubert? Zur Rezeption der frühen Streichquartette*. In: *Schubert: Perspektiven 10*, Heft 1 (2010), S. 87–91.

wahl. Beispielsweise erscheint so die alleinige Fokussierung auf fluchtkontextuelle Faktoren der musikalischen Handlungen in Anex' Film *Herbstgesang* als arg simplifizierende Perspektivierung. Eine Formulierung Ian Hackings variierend: Begriffe bahnen das Interesse für Ereignisse, die wir vergessen haben.[27]

These 2

Musikalische Migrationsforschung bedarf der Entwicklung von Vorannahmen bzw. Theorien zu Phänomenen des »Otherings« bzw. »Fremd-Machens«.

Das nunmehr auch in den Musikwissenschaften verstärkt bemerkbare Interesse an Migrationsforschung könnte dazu führen, dass in verschiedener Hinsicht von Erfahrungen anderer Fächer profitiert wird. Dies betrifft auch und besonders diskursförderliche Maßnahmen, wie die aktive und explizite Bezugnahme auf Theorien. Vom Historiker Jürgen Kocka stammt der m. E. immer noch bedenkenswerte Vorschlag, Theorien zu verstehen als »explizite und konsistente Begriffs- und Kategoriensysteme, die der Identifikation, Erschließung und Erklärung von bestimmten zu untersuchenden historischen Gegenständen dienen sollen und sich nicht hinreichend aus den Quellen ergeben«[28]. Kann die aktive Bezugnahme auf solcherart verstandene, im Einzelfall durchaus unterschiedliche Theorien in den Kulturwissenschaften als einigermaßen standardisiert gelten, so bleibt diese Praxis auch für die Musikwissenschaften zu diskutieren und jedenfalls Kenntnis einzufordern, um interdisziplinäre Diskurse nicht nur zu rezipieren, sondern auch mitgestalten zu können. Ob etwa auf postkoloniale Positionen rekurriert wird, wie diese beispielsweise 2000 in dem vieldiskutiertem Entwurf *Provincializing Europe* (dt. *Europa als Provinz. Perspektiven postkolonialer Geschichtsschreibung*)[29] des indischen Historikers Dipesh Chakrabarty vorgestellt werden, ist nicht unerheblich: Das von Chakrabarty und weiteren Mitgliedern der Subaltern Studies Group kritisierte, duale, wissenschaftsideologisch folgenreiche »The West and the Rest«-Modell spiegelt sich in den Musikwissenschaften in Form der lange Zeit unbedachten, noch im *Neuen Handbuch der Musikwissenschaft* nachwirkenden Unterscheidung zwischen »Europäischer Musik« (Bde. 1–7 und 11/12) und »Außereuropäischer Musik« (Bde. 8/9). Konzepte wie diese zu hinterfragen hieße, um eine Formulierung von Chakrabarty zu übernehmen, »sich von den

---

27 Hacking, Ian: *Vom Gedächtnis der Begriffe*. In: *Was ist ein »philosophisches« Problem?*. Hg. von Joachim Schulte und Uwe Justus Wenzel. Frankfurt a. M.: Fischer TB, 2001, S. 72–86, hier S. 84: »Begriffe haben Erinnerungen, die wir vergessen haben.«
28 *Theorien in der Praxis des Historikers. Forschungsbeispiele und ihre Diskussion*. Hg. von Jürgen Kocka. Göttingen: Vandenhoeck und Ruprecht, 1977, S. 10.
29 Chakrabarty, Dipesh: *Provincializing Europe*. Princeton, NJ: Princeton University Press, 2000, dt. *Europa als Provinz. Perspektiven postkolonialer Geschichtsschreibung* (Theorie und Gesellschaft 72). Frankfurt a. M. u. a.: Campus, 2010.

Gewissheiten zu entfernen, [welchen zufolge] das wissende, urteilende, wollende Subjekt bereits vor jeder Untersuchung schon weiß, was für jeden gut ist«[30].

Vorschlag 2

betrifft die systematische Sichtung und kritische Bezugnahme u. a. auf folgende drei auf Othering-Phänomene[31] beziehbare Theorien bzw. Vorannahmen:

(1.) Ich denke an Judith Butlers im Anschluss an Michel Foucault formulierte, diskriminierungskritische Subjektivationstheorie, wonach als Ausdruck hegemonialer Interessen deutbare Festschreibungen und Diskurse dazu prädestiniert sind, etwas oder jemanden paradoxerweise zeitgleich »zum eigenen« und »zum anderen« zu machen.[32] Auch wären u. a. die vom Ethnologen Arjun Appaduraj als heikel erkannten Phänomene sog. Ethnochronologie als Spielart ethnozentristischer Prämissen methodologische Überlegungen wert.[33] Als besonders tragfähig erachte ich in solchen Zusammenhängen neuere Formen der sog. Konstellationsanalyse, eines interdisziplinär nutzbaren Brückenkonzepts, wie dieses 2016 aus soziologischem Blickwinkel von Peter Gostmann beschrieben wurde.[34]

(2.) Ich denke weiters an sog. Polymedia-Theorien, die zunächst in der anthropologischen Auseinandersetzung mit Diaspora-Phänomenen des Umgangs mit Medien – und also auch mit Musik – entstanden; dieses Theoriefeld hat 2009 durch den von Uwe Hunger und Kathrin Kissau auf den Weg gebrachten Sammelband *Internet und Migration. Theoretische Zugänge und empirische Befunde*[35] entscheidende Impulse verliehen bekommen; 2012 thematisierten vor diesem Hintergrund Mirca Madianou und Daniel Miller ihre Vorstellung von »transnational families« als »mediated relationships«.[36]

---

30 Chakrabarty: *Europa als Provinz* (wie Fußnote 29), S. 109, hier zit. nach Kerner, Ina: *Postkoloniale Theorien zur Einführung*. Hamburg: Junius, 2013, S. 80.
31 Vgl. u. a. *Zur Unüberwindbarkeit kultureller Differenz. Grundlagentheoretische Reflexionen*. Hg. von Jochen Dreher und Peter Stegmaier. Bielefeld: transcript, 2007.
32 Butler, Judith: *Excitable Speech. A Politics of the performance*. New York: Routledge, 1997, dt. *Hass spricht. Zur Politik des Performativen*. Berlin: Berlin, 1998 sowie Frankfurt a. M.: Suhrkamp, (^{1}2006) ^{5}2016.
33 Appaduraj, Arjun: *Modernity at Large. Cultural Dimensions of Globalization*. Minneapolis: University of Minnesota Press, 1996, S. 30.
34 Vgl. Gostmann, Peter: *Einführung in die soziologische Konstellationsanalyse*. Wiesbaden: Springer, 2016, Kap. 2; sowie Ohlhorst, Dörte u. a.: *Handbuch Konstellationsanalyse: Ein interdisziplinäres Brückenkonzept für die Nachhaltigkeits-, Technik- und Innovationsforschung*. München: oekom, 2007.
35 *Internet und Migration. Theoretische Zugänge und empirische Befunde*. Hg. von Uwe Hunger und Kathrin Kissau. Wiesbaden: VS Verlag für Sozialwissenschaften, 2009.
36 Madianou, Mirca und Miller, Daniel: *A theory of mediated relationships*. In: *Migration and new media. Transnational families and polymedia*. Hg. von dens. London: Routledge 2012, Kap. 9.

(3.) Nicht zuletzt plädiere ich für eine Auseinandersetzung mit Thickening-Theorien bzw. Theorien des Dichten Beschreibens, die von den Grundannahmen aktiv hergestellter, unterschiedsbasiert deutbarer Mehrperspektivik bzw. Verdichtung handeln; Clifford Geertz' von Ludwig Wittgenstein und Gilbert Ryle beeinflusste Theorie des Dichten Beschreibens[37] etwa verdiente eine Weiterentwicklung mit Blick auf musikalische Handlungen. Der 2016 von Josh McDermott in *Nature* veröffentlichten Vergleichsstudie zum Konsonanz-Dissonanz-Verstehen der Tsimane in Bolivien, Stadtbewohnern in Bolivien und US-Amerikanern[38] stünde eine solche Reflexion gut an.

These 3

Musikalische Migrationsforschung verlangt nach Reflexion grundierender Verstehens- und Lernkonzepte.

Jegliche Theoriereflexion hat erfahrungsgemäß ihrerseits Voraussetzungen: Bedeutsam erscheint mir in diesem Zusammenhang ein erneutes explizites Nachdenken über jene Verstehens- und Lernkonzepte, die bewusst oder unbewusst jeglicher wissenschaftlichen Auseinandersetzung und Theoriebildung, also auch der musikwissenschaftlichen Beschäftigung mit Fragestellungen zu Musik und Migration, zugrunde liegen. Mit anderen Worten: Es gilt mögliche Bedingungen solcher Auseinandersetzung Augenmerk zu schenken und Alternativen abzuwägen.

Vorschlag 3

zielt darauf, (1.) ›Verstehen‹ als potentiell mehrpoligen Prozess des Sich-mit-etwas-in-Beziehung-Setzens zu sehen und (2.) sich hierbei auf einen zu modifizierenden Vorschlag von Gregory Bateson zu besinnen. (Bateson gehörte neben Heinz von Förster und Paul Watzlawick der sog. Schule von Palo Alto an.) Sein Beitrag bestand u.a. in seiner als Lerntheorie rezipierten Rede von der Möglichkeit eines »Lernens höherer Ordnung«[39]. Ich spreche lieber von einem Lernen verschiedener Ordnung. Wie auch immer: Gemeint war die stufenweise Bewusstwerdung von Handlungsbedingungen bis hin zum Nachdenken über die voraussetzungsvolle Konfiguration von

---

37 Geertz, Clifford: *Thick Description: Toward an Interpretive Theory of Culture*. In: ders.: *The Interpretation of Cultures: Selected Essays*. New York: Basic Books, 1973, S. 3–30, dt. *Dichte Beschreibung. Beiträge zum Verstehen kultureller Systeme*. Frankfurt a. M.: Suhrkamp, 2003, S. 7–43.

38 McDermott, Josh u. a.: *Indifference to dissonance in native Amazonians reveals cultural variation in music perception*. In: *Nature* 535 (2016), S. 547–550, online: http://mcdermottlab.mit.edu/papers/McDermott_etal_2016_consonance.pdf [10.09.2016].

39 Vgl. Bateson, Gregory: *Die logischen Kategorien von Lernen und Kommunikation* [1964]. In: *Ökologie des Geistes* […] (engl. *Steps to an Ecology of Mind. Collected Essays* […], 1972). Hg. von dems. Frankfurt a. M.: Suhrkamp, 1981, S. 362–399.

Diskursen. Dieses Lernmodell zu einem der Migrationsforschung zuträglichen, dynamischen Modell initiativen Lernens umzufunktionieren hieße, wenn ich es recht sehe, im Wesentlichen viererlei: (1.) Unbedacht verallgemeinernde Beschreibungen und unbedacht verallgemeinernde Deutungen als solche zu erkennen; (2.) durch Reflexion ihrer Voraussetzungen über das Erkennen solcher Verallgemeinerung hinauszugehen; (3) durch die experimentelle Änderung solcher Voraussetzungen eine unterschiedsbasierte Wahrnehmung von Alternativen anzustreben, um (4.) beweglich mit Varianten und Invarianten der eigenen Grundannahmen umzugehen.

Ein Beispiel: Sobald klar geworden ist, welche Diskursinteressen die Wahl des Eingangsbeispiels oder die Bewertung desselben beförderten, so kann der Versuch unternommen werden, dieses Beispiel im Weiteren anders, etwa in interkulturell veränderten Voraussetzungen, wahrzunehmen und zu verstehen versuchen.

Für eine Diskussion des eingangs gezeigten Filmausschnitts hieße dies u. a. zugunsten relationaler Perspektiven jene Modelle binärer sozialer Beziehung (Forschende vs. beforschte Personen) zurückzustellen, die in Adäquatheit suggerierende Festschreibungen münden. Hierzu rechnete Herders von pauschalen Festschreibungen abgeleitetes und pauschale Festschreibungen provozierendes Verständnis von ›Volk‹ bzw. ›Nation‹ als »eine Pflanze der Natur«[40]. Wiewohl als ›Kultur-Container-Modell‹ angreifbar, erinnert beispielsweise noch Samuel Huntingtons – ursprünglich mit einem Fragezeichen versehene – Annahme eines *Clash of Civilizations* (1993f.[41]) an diese Denkfigur. Solche Modelle der Homogenisierung zu überwinden, könnte im Fall von *Herbstgesang* gelingen, würde mindestens versucht werden, aktiv Formen des Selbstverstehens der gefilmten Menschen in Erfahrung zu bringen, diese in Relation zur Verstehensleistung von Valérie Anex zu sehen und dialogisch ein eigenes Verstehen dieser Konstellation derart zu entwickeln, dass geänderte Rahmenbedingungen solcher voraussetzungsreicher Handlungen Erwägung finden und damit Chancen veränderten Verstehens entstehen. Hierzu ein knapper Hinweis: Das gehörte Lied trägt den Titel *Lola El Mama* und stammt von der populären algerischen Sängerin وردة الجزائرية Warda al-Dschaza'iriya (1939–2012); dieses Lied hat nach Auskunft von Carolin Adwani, der Sängerin im Film *Herbstgesang*, durch die Interpretation der libanesischen Sängerin Elissa neue Popularität erfahren. In Berlin sei ihr dieses Lied in den Sinn gekommen, denn »it's old but gold«[42].

---

40 von Herder, Johann Gottfried: *Ideen zur Philosophie der Geschichte der Menschheit* (vö. 1784–1789, 4 Teile) (Herder Werke 6). Hg. von Martin Bollacher. Frankfurt a. M.: Deutscher Klassiker-Verlag, 1989; vgl. hierzu Große, Rudolf: *Zur Verwendung des Begriffs Volk bei Herder*. In: *Herder-Kolloquium 1978*. Hg. von Walter Dietze und Hans-Dietrich Dahnke. Weimar: Böhlau, 1980, S. 304–314, hier S. 308.

41 Hier zit. nach der Ausgabe Huntington, Samuel Phillips: *The Clash of Civilizations and the Remaking of World Order*. New York: Simon & Schuster, 2011.

42 Facebook-Nachricht an Valérie Anex (Oktober 2016). Ich danke Valérie Anex für die Vorführmöglichkeit im Rahmen der Tagung *Musik und Migration* sowie für das Einholen von Informationen von Carolin Adwani.

These 4

Auch und besonders Musikalische Migrationsforschung bedarf der Selbstvergewisserung über musikwissenschaftlichem Handeln inhärente ethische Grundsätze.

Der seit 1835 sprichwörtliche Tour d'ivoire (Elfenbeinturm)[43] wird nicht selten abschätzig mit wissenschaftlichem Handeln in Verbindung gebracht. Abseits aller Indizien, die derlei Assoziationen rechtfertigen mögen, stellte sich die Frage nach der gesellschaftlichen Positionierung von Wissenschaft über die Jahrhunderte und über die Wissenschaftszweige hinweg immer neu. Zur Diskussion stand und steht das aristotelische Ideal (*Met. a 993 b 20*) einer wertneutralen, ja wertefreien wissenschaftlichen Tätigkeit[44], wie dieses u. a. in Karl Poppers Text *Die moralische Verantwortlichkeit des Wissenschaftlers*[45] als Paradoxon erkannt wurde: Der »Wert der Wertfreiheit« lässt sich erheblich leichter behaupten als praktizieren, zumal bereits basale Selektionsentscheidungen für oder gegen eine Fragestellung bzw. einen Forschungsgegenstand Erkenntnisinteresse und damit unweigerlich ein Wertesystem voraussetzen. In der resümierenden Formulierung von Clemens Sedmak:

> Der Wert der angezielten Wertfreiheit ist ethisch ähnlich relevant wie der regulative Wert einer Sicht von Nirgendwo, die – auch wenn nicht erreichbar – im Sinne der abendländischen Wissenschaftstradition angestrebt werden soll.[46]

Dies betrifft auch und besonders Migrationsforschung, damit nicht zuletzt musikalische Migrationsforschung.

---

43 Die heute meist abschätzige Rede vom Elfenbeinturm geht auf biblische Formulierungen (u. a. *Hoheslied* 7,5) zurück und findet sich in einer frühen Quelle bei Charles Augustin de Saint-Beuve: *Réception de M. le Compte Alfred de Vigny* [1835]. In: ders.: *Oeuvres. Bibliothèque de la Pléiade*, Bd. 2. Hg. von Maxime Leroy. Paris: Gallimard, 1960, S. 858–873, hier S. 872.

44 Vgl. Braun, Edmund: *Forschung vor Ethik. Zur Wertfreiheit der Wissenschaft*. Köln: Karl-Rahner-Akademie, 2000.

45 Popper, Karl: *Die moralische Verantwortlichkeit des Wissenschafters* (1968). In: *Probleme der Erklärung sozialen Verhaltens*. Hg. von Klaus Eichner und Werner Habermehl. Meisenheim: Hain, 1977, S. 294–304. Ähnliche Positionen finden sich in Poppers *Die offene Gesellschaft*. Vgl. hierzu Salamun, Kurt: *Wertfreiheitsprinzip und Verantwortungsprinzip der Wissenschaft: Ein unüberbrückbarer Gegensatz?* In: *Ethica: Wissenschaft und Verantwortung* 4 (1996), S. 63–73.

46 Sedmak, Clemens: *Wissenschaft als Lebensform?* In: *Wissenschaft, Wertfreiheit, Lebensform* (Working Papers [der University of Salzburg/Austria Poverty Research Group] 3). Salzburg 2003, S. 7–20, hier S. 20; vgl. ebd. Döhring, Daiva: *Werte in der Wissenschaft, das Wertfreiheitsprinzip und Verpflichtungen der WissenschafterInnen*, S. 22–58, online: https://www.uni-salzburg.at/fileadmin/multimedia/Zentrum_fuer_Ethik_und_Armutsforschung/documents/Working_Papers/Theories_And Commitments/ D%C3%B6ring-WissenschaftWert-freiheitLebensform.pdf [15.06.2016].

Vorschlag 4

zufolge tun wir gut daran, angedachten Forschungsprojekten inhärente Wertesysteme explizit zu reflektieren. Dabei geht es um konventionelle wissenschaftsethische Ideale wie jene methodischer Transparenz und Objektivität[47] (im Sinne Francis Bacons, auf den die Rede von Objektivität zurückgeht, verstanden als gleichsam neutrale Distanz zum Forschungsgegenstand) bzw. Ergebnisoffenheit. Es geht aber auch um nicht normativ vorzustellende systemische Meta-Prinzipien und Grundannahmen wie jene der Nicht-Leugnung, der Zugehörigkeit und des Ausgleichs.[48]

Die Leipziger Vereinsinitiative *Engagierte Wissenschaft* (http://www.engagiertewissenschaft.de) oder das in München begründete *Netzwerk für kritische Migrations- und Grenzregimeforschung* (http://kritnet.org/) geben Beispiele, wie sich im Sinne der Agency-Forderungen der Cultural Studies auftreten lässt. Doch gilt es meines Erachtens auch unabhängig solcher Formen der Institutionalisierung gewahr zu werden und deutlich zu machen, dass wissenschaftliche Integrität keinesfalls alleine über einen Katalog von Fehlverhaltensformen wie jenem des Plagiierens erkennbar ist, sondern auch über Wertesysteme und ethische Grundannahmen, die es zulassen, zwischen wünschenswerten und weniger wünschenswerten Handlungen zu unterscheiden. Deren explizite Thematisierung sollte es zulassen, diese in Relation zu Forschungsprojekten sowie in Relation zu Formen engagierter gesellschaftlicher Partizipation[49] zu diskutieren. In diesem Sinn wäre beispielsweise zu debattieren, welches Mindestmaß an Verständigung einzufordern ist, bevor musikalische Handlungen von Menschen, die aus welchen Gründen und mit welchen Zielen auch immer an Migrationsprozessen teilhaben, dokumentiert und gedeutet werden. Diese Debatte wäre m.E. zu führen, wollte sich musikwissenschaftliche Forschung von journalistischen Praktiken unterscheiden, wie diese in der bis 16.10.2016 in der Wiener Galerie Westlicht zu sehenden Ausstellung *World Press Photo 16* dokumentiert war. Meiner Erfahrung nach werden Menschen in Fluchtmigrationskontexten bislang nur in Ausnahmefällen gefragt, ob sie dieser oder jener Form der pressefotographischen Dokumentation zustimmen. Mit anderen Worten: Es gilt ethische Kontextregeln der Migrationsforschung nicht nur historisierend zu rekonstruieren, sondern aktiv auszuhandeln.

---

47 Bacon, Francis: *Novum Organum scientiarum* (1620), hier zit. nach Bacon, Francis: *Neues Organon 1* (Philosophische Bibliothek 400/a). Hamburg: Meiner, 1990.
48 Vgl. Varga von Kibed, Mathias und Sparrer, Insa: *Ganz im Gegenteil. Tetralemmaarbeit und andere Grundformen systemischer Strukturaufstellungen – für Querdenker und solche, die es werden wollen* (2000). Heidelberg: Carl Auer, [6]2009, S. 181.
49 Vgl. hierzu Holtkamp, Jürgen: *Flüchtlinge und Asyl. Herausforderung – Chance – Zerreißprobe*. Kevelaer: Topos plus, 2016.

›Migration‹ (Begriffsinventar)* (Stand: 20.9.2017)

[Abgebende Gesellschaft]
    (vs. Aufnehmende
    Gesellschaft)
Abwanderung (vs. Zuwanderung)
Akkulturation
Armutsmigration
Arbeitsmigration / Arbeitskräfte-
    Migration
Assimilation
[Aufnahmegesellschaft /
    Aufnehmende Gesellschaft]
    (vs. Abgebende Gesellschaft)
[Aussiedler] / Aussiedlung
Auswanderung / [Auswanderer]
    = Emigration
Auswanderungsfreiheit
Bildungsmigration
Binnenmigration
Bleibe = Sesshaftigkeit
Bleibeperspektive
Deportation
Diaspora
Diasporabildung
Einwanderung = Immigration
Einwanderungsland
Einwanderungsschub
Emigration = Auswanderung
    (vs. Einwanderung)
Entdeckungsfahrt
Entwurzelung
Etappenmigration
Ethnizität = kulturelle Idenität
Exil / [Exilant]
Expansion
[Dissident]
Durchzug = Permigration
Einwanderung [Immigration] /
    Einwanderungsland
Entwurzelung
Familienmigration
Familienzusammenführung
Fernmigration
Flucht / [Flüchtling]
Fluchtbewegung
Fluchterfahrung
Fluchtmigration
Fremde
Glaubensbedingte Fluchtbewegung
[Glaubensflüchtling]
Heiratsmigration

Herkunftsgesellschaft
Herkunftsregion (vs. Zielregion)
Identität / Geheimid. / Gesamtid. /
    Gruppenid. / Id.-Bewusstsein /
    Id.-Bildung / Id.-Dynamik /
    Id.-Politik / Id.-Verlust / Kern-
    id. / kulturelle Id. = Ethnizität /
    nationale Id. / personale Id. /
    regionale Id. / sexuelle Id. /
    soziale Id. / Teilid. / wirtschaft-
    liche Id.
Identitätsfeststellung
Illegitime Migration (vs. Legitime
    Migration)
Immigration = Einwanderung
    (vs. Auswanderung)
Inklusive Gesellschaft
Innergesellschaftliche Migration
    = Interne Migration
Integration
Interkontinentale Migration
Internationale Migration
Interne Migration =
    Innergesellschaftliche Migration
Kolonialisierung / Kolonialismus
Kolonie
Kolonialmigration
Kulturkontakt
Kulturwechsel
Kurzstreckenmigration / Kurzstre-
    ckenmobilität
Kurzzeitmobilität
Landflucht
Langstreckenmigration
Legitime Migration (vs. Illegitime
    Migration)
Lokalität
Migration
[Migranten]
[Migrantennetzwerk]
Migrationsbewegung
Migrationsdruck
Migrationserfahrung
Migrationsforschung
Migrationsregime
Migrationsrichtung
Migrationsmuster
Migrationsstatistik
Migrationsstrom
Migrationssysteme

Migrationstheorie
Migrationsvorgang
Mobilität
Mobilitätsformen
Multikulturalität
Nahmigration
Nomade / Nomadentum
Pendeln
Pendelmigration
Permigration = Durchzug
Polylokalität
[Politischer Flüchtling]
Rassismus
Raumliche Fixierung
Regionale Migration
Regulierte Zugehörigkeit
Reise
Saisonale Migration
Sesshaftigkeit = Bleibe
Siedlungsmigration
    = Siedlungswanderung
Siedlungswanderung
    = Siedlungsmigration
Stadtflucht
Stadt-Land-Migration
Temporäre Migration
Transformation
Transhumanz
Transkontinentale Migration
Transmigration
Transnationalität
Überseemigration
Umzug
Verschleppung
Völkerwanderung
Wanderung
Wander(ungs)bewegung
Wander(ungs)entscheidung
Wander(ungs)prozess
Wander(ungs)raum
[Wirtschaftsflüchtling]
Wirtschaftsmigration
Zuwanderung (vs. Abwanderung)
Zwangsmigration
Zielregion (vs. Herkunftsregion)
Zugehörigkeit (Mehrfachzugehörig-
    keit / Multiple Zugehörigkeit)

* An dieser Stelle werden alle personenbezogenen Begriffe geschlechtsneutral verwendet.

Sophie Fetthauer

Das Far Eastern Jewish Central Information Bureau in Harbin und Shanghai

Nachrichtensteuerung und individuelle Beratung für NS-verfolgte Musiker und Musikerinnen mit dem Fluchtziel Shanghai bzw. Ostasien

> As a consequence of the persecution of the Nazi State, approximately 18,000 refugees of predominantly Jewish origin sought refuge in the Chinese port city of Shanghai from 1938 onwards. This was possible because, as a result of the Japanese-Chinese war, immigration controls had been suspended. The essay aims at the question why, in this situation, a disproportionate number of musicians decided to flee to Shanghai. The Far Eastern Jewish Central Information Bureau (DALJEWCIB) in Harbin offers an explanation. It was part of a network of Jewish aid organizations and communities which took care of the organization of the flight from the German Reich from 1933 onwards and had a decisive influence on the general news reports and the individual guidance of the persecuted people. This method provides a more global perspective on the issue by taking into account the conditions of integration in East Asia and the interests of the people in the region.

Aus- und Einreisebestimmungen, verwandtschaftliche und berufliche Beziehungen, die Gangbarkeit und Bezahlbarkeit von Reiserouten ebenso wie die Vorstellung davon, ob sich ein Land überhaupt für die berufliche Integration eignet, all das sind Faktoren, die in einer Situation der Verfolgung zu der Entscheidung beitragen können, ein bestimmtes Land zum Ziel der Flucht zu wählen oder nicht. Weshalb 1938/39 etwa 18.000 Flüchtlinge überwiegend jüdischer Herkunft aus dem Herrschaftsbereich des NS-Staats in die chinesische Hafenstadt Shanghai mit ihren überaus komplexen politischen, sozialen und klimatisch-gesundheitlichen Verhältnissen flohen, lässt sich relativ leicht erklären: Nach den Opiumkriegen Mitte des 19. Jahrhunderts hatten Großbritannien und dann auch Frankreich und die USA dort die Einrichtung von Handelsniederlassungen mit exterritorialen Rechten erwirkt. Als die japanische Armee 1937 die äußeren Stadtgebiete und den östlichen Teil des britisch-US-amerikanischen International Settlement besetzte, wurden die Kontrollen bei der Einreise ausgesetzt. Da die westlichen Mächte Japan die Aufsicht über die Immigration in die Stadt nicht übertragen wollten, entstand die Möglichkeit, ohne Einreiseformalitäten mit dem Schiff anzulanden.[1] Die-

---

1 Vgl. Eber, Irene: *Wartime Shanghai and the Jewish Refugees from Central Europe. Survival, Co-Existence, and Identity in a Multi-Ethnic City*. Berlin u. a.: Walter de Gruyter, 2012, S. 84–86.

jenigen Flüchtlinge aus dem NS-Staat, die in der Lage waren, eine Fahrkarte für einen Dampfer von einem italienischen Hafen aus oder für die Bahn über die Sowjetunion und Mandschukuo und dann mit dem Schiff nach Shanghai zu buchen, konnten daher die Reise relativ ungehindert von restriktiven Einreisebestimmungen antreten.

In der kurzen Zeitspanne von etwa anderthalb Jahren bis zur Einführung eines Permit-Systems im Sommer 1939 bzw. bis zum Beginn des Zweiten Weltkriegs, der die Reisemöglichkeiten einmal mehr beschränkte, erreichten tausende Flüchtlinge aus Deutschland, Österreich und einigen weiteren europäischen Ländern die chinesische Hafenstadt.[2] Unter ihnen waren, wie es Recherchen in Adressbüchern, Meldebögen und Namenslisten von Hilfsorganisationen, Berufsverbänden und Behörden sowie in weiteren Quellen zeigen, mehr als 450 Musiker und Musikerinnen.[3] Dieser Anteil von etwa 2,5 Prozent an der Shanghaier Flüchtlingsgesellschaft kann als deutlich erhöht bezeichnet werden. Denn während die Wirkung von Musik oft als weitreichend empfunden wird, ist die tatsächliche Zahl der Musiker eher klein. Geht man von Zählungen der Reichsmusikkammer im Verhältnis zur Gesamtbevölkerung aus, lag ihre Quote 1934 in Deutschland bei etwa 0,15 Prozent.[4] Kann die große Zahl der Flüchtlinge in Shanghai relativ leicht mit der freien Einreise erklärt werden, so fällt die Ursachenforschung für den hohen Anteil der Musiker schon schwerer. Dass es in der jüdischen Bevölkerung generell mehr Personen mit freien Berufen gab, dürfte nur eine geringe Rolle gespielt haben, denn bis in die 1930er Jahre hatte es in dieser Hinsicht Angleichungsprozesse zwischen den verschiedenen Bevölkerungsgruppen gegeben.[5]

Die Beweggründe für die Wahl des Fluchtziels Shanghai können an Einzelfällen nachvollzogen werden. So findet sich etwa in einem Brief von Lea und Gerschon Leib Frum an ihren Sohn Bernhard Frum (1914–1975), einen Komponisten und Pianisten, der an der Staatlichen akademischen Hochschule für Musik in Berlin studiert

---

2 Vgl. Armbrüster, Georg, Kohlstruck, Michael und Mühlberger, Sonja: *Exil Shanghai. Facetten eines Themas*. In: *Exil Shanghai 1938–1947. Jüdisches Leben in der Emigration*. Hg. von Georg Armbrüster, Michael Kohlstruck und Sonja Mühlberger. Teetz: Hentrich & Hentrich, 2000, S. 12–19.

3 Diese Recherchen wurden im Zusammenhang mit dem von der DFG ab 2014 finanzierten Projekt zum »Musikerexil in Shanghai 1938–1949« am Institut für Historische Musikwissenschaft der Universität Hamburg durchgeführt. Die Übersetzung russischer Quellen hat Anastasia Mattern unterstützt.

4 Vgl. *Kultur, Wirtschaft, Recht und die Zukunft des deutschen Musiklebens. Vorträge und Reden von der ersten Arbeitstagung der Reichsmusikkammer*. Hg. vom Presseamt der Reichsmusikkammer. Berlin: Parrhysius, 1934, S. 14–24, S. 52–61 und Beilage.

5 Vgl. Kipp, Angelika: *Jüdische Arbeits- und Berufsfürsorge in Deutschland 1900–1933* (Dokumente, Texte, Materialien. Zentrum für Antisemitismusforschung 31). Berlin: Metropol, 1999, S. 72.

hatte und im Juni 1939 nach Shanghai floh,[6] die Aussage, sie hätten gehört, dass Musiker in Shanghai gesucht würden.[7] Sie seien daher guter Hoffnung, dass er dort Beschäftigung finden könne. Diese Bemerkung ist zwar nur eine Einzelmeinung und kann daher nicht verallgemeinert werden, sie enthält dennoch einen Hinweis auf einen übergreifenden Erklärungsansatz. So stellt sich die Frage, wie die Frums zu dieser Auffassung gelangen konnten, oder allgemeiner gefragt, wie überhaupt Nachrichten über Exilländer im Deutschen Reich verbreitet wurden. Dieser Problemstellung soll im Folgenden nachgegangen werden. Ins Zentrum der Ausführungen rücken dabei die Informations- und Vermittlungsbemühungen des Far Eastern Jewish Central Information Bureau in Harbin und ab Herbst 1939 in Shanghai. Vermittelt durch jüdische Organisationen und Gemeinden in Paris, Berlin und Wien stellte diese Hilfsorganisation seit dem Jahr 1933 die maßgebliche Quelle für Informationen über Möglichkeiten des Exils in Ostasien und speziell in Shanghai dar.

Quellenlage

Recherchen zum Musikerexil in Shanghai im Allgemeinen wie zum Far Eastern Jewish Central Information Bureau im Besonderen sind in mehrfacher Hinsicht schwierig. Das Problem ist nicht nur, dass die Stadt von Europa aus weit entfernt ist, was neben sprachlichen Verständnisschwierigkeiten auch einen erhöhten Aufwand für Recherchereisen mit sich bringt, sondern dass sie sich seit den 1940er Jahren stark verändert hat. Letzteres betrifft sowohl die Zusammensetzung der Bevölkerung als auch die Infrastruktur. So sind durch die politischen Umwälzungen in China nach 1949 in den Institutionen kaum Kontinuitäten vorhanden. Synagogen, Theater, Tanzsäle und andere Einrichtungen, zu und in welchen Quellenbestände zu suchen wären, existieren heute oftmals nicht mehr. Viele Gebäude wurden abgerissen oder einer anderen Nutzung zugeführt – ein Vorgang, der infolge der rasanten wirtschaftlichen Entwicklung der letzten Jahre noch lange nicht abgeschlossen ist. Zudem haben die mitteleuropäischen Flüchtlinge wie alle weiteren Ausländer, etwa US-Amerikaner, Briten, Franzosen, Russen, Shanghai bereits bis Ende der 1940er Jahre unter Mitnahme ihrer Habe fast ausnahmslos verlassen. Die Folge davon ist, dass Quellenbestände, wenn sie nicht ganz verloren sind, heute weitgehend zerstreut sind. Nachlässe und Überlieferungen von Institutionen finden sich in vielen Regionen der Welt, in den USA ebenso wie in Kanada, Australien, Großbritannien und Israel sowie infolge der Remigration vieler Shanghai-Flüchtlinge auch in Deutschland und Österreich.

---

6   Vgl. Fetthauer, Sophie: *Bernhard Frum*. In: *Lexikon verfolgter Musiker und Musikerinnen der NS-Zeit*. Hg. von Claudia Maurer Zenck und Peter Petersen. Hamburg: Universität Hamburg, 2007. http://www.lexm.uni-hamburg.de/object/lexm_lexmperson_00002385 [25.02.2017].
7   Vgl. Lea und Gerschon Leib Frum an Bernhard Frum, 25.6.1939, United States Holocaust Memorial Museum, Washington D.C. (USHMM), Frum Family Collection, 1929–1960, RG-10.152, Dokument Nr. 12.

Gewissermaßen aus demselben Grund gibt es Entwicklungen, die dieser Zerstreuung der Quellen entgegenlaufen. Da nach dem Ende des Zweiten Weltkriegs recht bald klar war, dass kaum jemand dauerhaft in Shanghai bleiben würde, wurde bereits sehr früh damit begonnen, Überlieferungen von Institutionen, Nachlässe, Zeitungen und andere Drucksachen zusammenzufassen. Mitarbeiter des Yiddish Scientific Institute (heute YIVO Institute for Jewish Research) aus New York kamen bereits kurz nach dem Ende des Kriegs nach Shanghai, registrierten die dort ansässigen jüdischen Institutionen und organisierten 1947 eine Ausstellung.[8] Anschließend brachten sie die Dokumente nach New York, stellten sie dort 1948/49 erneut aus und publizierten dazu Kataloge in jiddischer und englischer Sprache.[9] Heute bilden diese Dokumente die Shanghai Collection des YIVO Institute for Jewish Research. Das Spezialinteresse an dem Thema hat dazu geführt, dass mit der Zeit auch andere Archive damit begannen, Quellen zum Exil in Shanghai zu sammeln.

Zerstreut über drei Kontinente finden sich unter diesen Quellenbeständen auch Dokumente, die die Arbeit des Far Eastern Jewish Central Information Bureau belegen. Der Hauptteil seines Archivs mit Korrespondenz, personenbezogenen Akten und Namenslisten wurde in den 1950er Jahren von China nach Israel transferiert und liegt heute in den Central Archives for the History of the Jewish People in Jerusalem.[10] Ergänzend finden sich Digitalisate dieser Dokumente im United States Holocaust Memorial Museum in Washington D. C.[11] Die Wiener Library in London verfügt über eine separate Überlieferung mit Korrespondenz des Informationsbüros, darunter deutsche Briefübersetzungen, die insbesondere Musiker betreffen.[12] Der Nachlass des langjährigen Direktors der Organisation, Meir Birman, der unter anderem Tätigkeitsberichte und Arbeitsstatistiken enthält, bildet eine eigene Sammlung im New Yorker YIVO Institute.[13] Die Bemühungen des Informationsbüros spiegeln sich darüber hinaus in den Überlieferungen weiterer Hilfsorganisationen und jüdischer Gemeinden, in der jüdischen Presse jener Jahre sowie in verschiedenen Nachrichtenblättern und Ratgebern, die ab 1933 zu Fragen der Emigration veröffentlicht wurden.

---

8   Vgl. Loewenberg, Bruno: *AUFBAU und LEISTUNG. Bemerkungen zur »YIVO Ausstellung«*. In: *Shanghai Echo*, Jg. 3, Nr. 269. 5.10.1947, S. 3.
9   Vgl. YIVO: *Katalog fun der oysshtelung yidish lebn in Shankhay, september 1948 – yanuar 1949*. New York 1948. – YIVO: *Catalogue of the Exhibition Jewish Life in Shanghai, September 1948 – January 1949*. Übersetzung aus dem Jiddischen. New York: YIVO, 1948.
10 Vgl. Central Archives of the History of the Jewish People, Jerusalem (CAHJP), The Far Eastern Jewish Central Information Bureau, RI – 41.
11 Vgl. USHMM, The Archives of the Far Eastern Jewish Central Information Bureau (DALJEWCIB) Harbin-Shanghai, RG-68.114M.
12 Vgl. Wiener Library, London (WLL), Far Eastern Jewish Central Information Bureau: Correspondence, 1938–1939, WL 514.
13 Vgl. YIVO Institute for Jewish Research, New York (YIVO), Meir Birman Collection, RG 352.

Die Ausdehnung des Forschungsinteresses auf weltumspannende Flüchtlingsbewegungen stellt eine Herausforderung dar. Zwar lassen sich im Einzelfall die genauen Beweggründe der Musiker für die Wahl des Fluchtziels Shanghai nachvollziehen, doch die Erklärung des Gesamtphänomens bedarf einer Recherche, die nicht mehr allein auf Einzelpersonen, musiknahe oder an einem Ort zu lokalisierende Quellenbestände gerichtet ist. Dabei rückt in diesem Fall, mit dem Far Eastern Jewish Central Information Bureau in Harbin im Zentrum, ein weltweites Netzwerk jüdischer Hilfsorganisationen und Gemeinden in den Vordergrund, das durch Nachrichtensteuerung und individuelle Beratung maßgebliche Wirkung entfaltete. Methodisch ergibt sich daraus die Möglichkeit, im Sinne der Verflechtungsgeschichte die Perspektive auf das Thema des Musikerexils in Shanghai zu erweitern[14] und die Hintergründe der Entscheidungsprozesse, die teils von wohltätigen Maßgaben, aber auch Eigeninteressen der Akteure vor Ort abhingen, herauszuarbeiten.

Das Far Eastern Jewish Central Information Bureau

Mit dem Ziel, die Lage der osteuropäischen Juden zu verbessern, die vor Pogromen vor allem aus Russland Richtung Westen flohen, wurde Ende des 19. Jahrhunderts in New York die Hebrew Immigrant Aid Society (HIAS) gegründet.[15] Als sich infolge des Ersten Weltkriegs und der Russischen Revolution die Lage erneut verschärfte, stellte sich die HIAS darauf ein und gründete Anfang 1918 das Central Information Bureau for Jewish War Sufferers in the Far East, und zwar mit Zweigstellen in China, Japan und der Sowjetunion. Ab 1923 unter dem Namen Far Eastern Jewish Central Information Bureau bzw. unter seiner Kabeladresse DALJEWCIB entwickelte sich das Büro im nordchinesischen Harbin mit der Zeit zum Hauptstandort.[16] Die Organisation, im Folgenden kurz Informationsbüro genannt, unterstützte die russisch-jüdischen Flüchtlinge, die auf der sibirischen Route außer Landes flohen. Geleitet wurde sie seit Anfang der 1920er Jahre von dem aus Wilna stammenden Meir Birman

---

14 Vgl. Werner, Michael und Zimmermann, Bénédicte: *Vergleich, Transfer, Verflechtung. Der Ansatz der Histoire croisée und die Herausforderung des Transnationalen*. In: *Geschichte und Gesellschaft* 28 (2002), S. 607–636.
15 Vgl. [Anon.:] *HICEM*. In: *Enzyklopädie des Holocaust. Die Verfolgung und Ermordung der europäischen Juden*, Bd. 2. Hg. von Israel Gutman u. a. 2. Aufl. München u. a.: Piper, 1998, S. 606–607.
16 Vgl. Mason, Samuel: *Our Mission to the Far East. Report*. New York: Hebrew Sheltering and Immigrant Aid Society, 1918. – [Anon.:] [Bericht über die Geschichte und Aufgaben von DALJEWCIB], [1934], Bl. 1, YIVO, RG 352, MKM 15.144, Folder XXX-4. – Wischnitzer, Mark: *Visas to Freedom. The History of HIAS*. Cleveland u. a.: World Pub. Co., 1956, S. 83–87. – Nash, Peter: *Shanghai HIAS Lists*. In: *Stammbaum. The Journal of German-Jewish Genealogical Research* 21 (Sommer 2002), S. 11–15, hier S. 11.

(1891–1955).¹⁷ Einige Jahre später schloss sich die US-amerikanische HIAS zwecks besserer Koordination mit den Organisationen Vereinigtes Komitee für jüdische Auswanderung (Emigdirekt) aus Berlin und Jewish Colonization Association (JCA) aus Paris zur Dachgesellschaft HICEM zusammen. Diese koordinierte und finanzierte fortan von Paris aus die Arbeit des Far Eastern Jewish Central Information Bureau und weiterer Dependancen.

Auch in Deutschland kümmerten sich verschiedene gemeinnützige Hilfsorganisationen um die osteuropäisch-jüdischen Flüchtlinge, darunter der 1901 gegründete Hilfsverein der deutschen Juden (später Hilfsverein der Juden in Deutschland).¹⁸ Nach dem Machtantritt der Nazis 1933 passten sich diese und andere Hilfsorganisationen an die aktuelle politische Situation an und unterstützten nun auch die Flucht der Juden aus dem Deutschen Reich. Der Berliner Hilfsverein entwickelte sich im Zuge dessen zur zentralen Auswanderungsorganisation für Juden aus Deutschland, während im annektierten Österreich innerhalb der Israelitischen Kultusgemeinde unter Aufsicht des Referenten des Sicherheitsdienstes des Reichsführers SS Adolf Eichmann eine Auswanderungsabteilung gegründet wurde, die diese Rolle übernahm.¹⁹

Die Entwicklung der Nachrichtenlage bezüglich Ostasien und Shanghai ab 1933

Das Informationsbüro hatte bis 1933 vor allem die Weiterwanderung russischer Flüchtlinge organisiert, die nach 1917 in Ostasien gestrandet waren. Es hatte Kontakte zu verloren gegangenen Familienmitgliedern hergestellt und ein Netzwerk mit weltweiten Kontakten aufgebaut.²⁰ Mit dieser Arbeit war es gut ausgelastet, als sich 1933 in Deutschland infolge der antisemitischen Ausgrenzungspolitik eine neue Flüchtlingsbewegung entwickelte. Zunächst beobachtete das Informationsbüro die Lage und meldete nach und nach steigende Zahlen in Shanghai angekommener

---

17 Vgl. [Anon.:] *Birman, Meir*. In: *Leksikon fun der nayer yidischer literatur. Biographical Dictionary of Modern Yiddish Literature*, Bd. 1. New York: Alweļṭlechn Jidišn Kulṭur-Kongres 1956, Sp. 303. – Messmer, Matthias: *China. Schauplätze west-östlicher Begegnungen*. Wien u. a.: Böhlau, 2007, S. 218–220.

18 Vgl. Adler-Rudel, S. [Salomon]: *Jüdische Selbsthilfe unter dem Naziregime 1933–1939. Im Spiegel der Reichsvertretung der Juden in Deutschland*. Tübingen: J. C. B Mohr (Paul Siebeck), 1974, S. 80–88. – *Philo-Atlas. Handbuch für die jüdische Auswanderung*. Hg. von Ernst G. Löwenthal: Berlin: Philo, 1938 (Reprint: Bodenheim bei Mainz o. J.), Sp. 85.

19 Vgl. Anderl, Gabriele und Rupnow, Dirk: *Die Zentralstelle für jüdische Auswanderung als Beraubungsinstitution* (Veröffentlichungen der Österreichischen Historikerkommission: Vermögensentzug während der NS-Zeit sowie Rückstellungen und Entschädigungen seit 1945 in Österreich). Wien u. a.: Oldenbourg, 2004, S. 81, 207.

20 Vgl. [Anon.:] [Bericht über die Geschichte und Aufgaben von DALJEWCIB], [1934], Bl. 4, YIVO, RG 352, MKM 15.144, Folder XXX-4.

Flüchtlinge nach Paris.[21] Von Beginn an gab es Auskunft darüber, welche Berufe in Ostasien, speziell in Shanghai und Harbin, gebraucht wurden: An erster Stelle standen bestimmte Fachärzte und neben verschiedenen anderen Fachberufen auch Musikpädagogen sowie Unterhaltungsmusiker. In der Anfangszeit waren mit den Berichten gelegentlich sogar Beschwerden darüber verbunden, dass unter den neu angekommenen Flüchtlingen nicht die erwarteten spezialisierten Ärzte und Musikpädagogen waren,[22] so dass deutlich wird, dass das Informationsbüro auch lokale Interessen verfolgte. Vor allem die jüdische Gemeinde in Harbin war seit Anfang der 1930er Jahre aufgrund von Problemen in Politik, Wirtschaft und Umwelt im Umbruch, sodass Fachpersonal benötigt wurde.

Die Nachrichten, die das Informationsbüro an seine Pariser Dachorganisation schickte, gelangten auch nach Deutschland und Österreich. Dort gingen sie in die Beratungstätigkeit der Hilfsorganisationen ein. Eine zentrale Rolle spielte in diesem Zusammenhang das *Korrespondenzblatt über Auswanderungs- und Siedlungswesen*, das vom Hilfsverein der deutschen Juden herausgegeben wurde. Wie aus einem Überblick des Informationsbüros über seine Geschichte hervorgeht, nutzte es dieses und andere Nachrichtenblätter, um über Emigrationsmöglichkeiten nach Ostasien Auskunft zu geben und gezielt Einfluss auf die Fluchtziele zu nehmen. Dort hieß es:

> By its correct information regarding the Far East, which regularly appears in the Korrespondenzblatt ueber Auswanderungs- und Siedlungswesen (Berlin) and in other magazines and bulletins, ›Daljewcib‹ has prevented a chaotic influx of persons, who could not have made a living here and would have suffered from unemployment and privations, into the open gates of Manchuria and China; but on the other hand it gave the possibility of settling for qualified specialists (mostly physicians), some of whom are doing rather well.[23]

In den Nachrichtenblättern der Hilfsorganisationen und in der Presse, darunter das *Jüdische Gemeindeblatt* aus Berlin, das *Jüdische Nachrichtenblatt* aus Wien und die *Pariser Tageszeitung*, lassen sich an vielen Stellen Spuren der Auskünfte des Informationsbüros finden. Bereits im Oktober 1933 erklärte das *Korrespondenzblatt über Auswanderungs- und Siedlungswesen* in einem Bericht über Asien, dass es in den städtischen Zentren genügend Kaufleute gebe, dass Industrielle hingegen ebenso gefragt seien wie spezialisierte Ärzte. Unter Berufung auf ein Komitee, mit dem das Far Eastern Jewish Central Information Bureau gemeint gewesen sein dürfte, hieß es zudem:

> Es wird uns mitgeteilt, daß in Charbin, Shanghai, Tientsin und auch Japan – Musiklehrer Beschäftigung finden könnten. Es wird aber von einem dortigen Komitee betont, daß jeder die Reise auf eigenes Risiko übernehmen müsse, und es auch keine Verantwortung überneh-

---

21 Vgl. DALJEWIB an HICEM, 25.2.1934, YIVO, RG 352, MKM 15.144, Folder XXX-4.
22 N. Froomkin, M. Birman, H. Circle Livshitz, DALJEWCIB, an HICEM, 28.2.1935, Bl. 4, YIVO, RG 352, MKM 15.144, Folder XXX-4.
23 [Anon.:] [Bericht über die Geschichte und Aufgaben von DALJEWCIB], [1934], Bl. 4, YIVO, RG 352, MKM 15.144, Folder XXX-4.

men könne, falls es einige Monate dauern sollte, bis der Betreffende sich einen Wirkungskreis geschaffen habe.[24]

Solche und ähnliche Nachrichten zogen sich in den nächsten Jahren wie ein roter Faden durch die Presse und zeichneten neben kritischen Berichten über die allgemeine Lebenssituation und die kulturellen Rahmenbedingungen für Musiker ein vergleichsweise positives Bild bezüglich ihrer Integrationsmöglichkeiten. Der Hinweis auf das eigene Risiko und die eigene Verantwortung stellte eine Formulierung dar, die über die Jahre konstant auch in der Korrespondenz des Informationsbüros verwendet wurde.

Ergänzt wurden diese Auskünfte durch Anzeigen für vakante Stellen, die vom Arbeitsamt genehmigt worden waren. Im *Jüdischen Gemeindeblatt* und im *Israelitischen Familienblatt* wurden ab 1938 zum Beispiel Inserate veröffentlicht, mit denen für Shanghai Jazzmusiker[25] und für Mandschukuo bzw. Harbin ein Damentrio, ein Klavierstimmer und ein Kapellmeister angeworben werden sollten.[26] Arbeitsverträge für das von Japan dominierte, erst 1934 gegründete Kaiserreich Mandschukuo waren dabei wichtiger als für Shanghai, da es dort restriktive Einreisebestimmungen gab.[27]

Ende 1938 erschien schließlich auf Betreiben des Hilfsvereins der Juden in Deutschland und des Jüdischen Central-Vereins der *Philo-Atlas*. Der Länderartikel *China* in diesem, so der Untertitel, *Handbuch für die jüdische Auswanderung* war bezeichnenderweise der einzige in der Publikation, in dem Musikern, und zwar im Verbund von Kapellen, berufliche Chancen im Exil eingeräumt wurden. So hieß es darin in Bezug auf Shanghai und Hongkong:

> Möglichkeiten f. einzelne sprachkundige Kaufleute m. Kapital, Stenotypistinnen m. Sprachkenntnissen, Musiker (als geschlossene Kapellen), Industrielle, Techniker u. Ingenieure einzelner Ind. Geringe Chancen f. Ärzte.[28]

---

24 [Anon.:] Asien. In: *Korrespondenzblatt über Auswanderungs- und Siedlungswesen*. Okt. 1933, S. 17–21, hier S. 17–18.

25 Vgl. z. B. Offene Auslandsstellen. Zur Besetzung genehmigt. Landesarbeitsamt Brandenburg [Anzeige]. In: *Israelitisches Familienblatt*. Hamburger Ausgabe. 30.6.1938, S. 8.

26 Vgl. z. B. Offene Auslandsstellen. Zur Besetzung genehmigt. Landesarbeitsamt Brandenburg [Anzeige]. In: *Israelitisches Familienblatt*. Hamburger Ausgabe. 2.6.1938, S. 12. – Offene Auslandsstellen (Genehmigt durch das Landesarbeitsamt Brandenburg) [Anzeige]. In: *Jüdisches Gemeindeblatt für Berlin*, Nr. 36. 4.9.1938, S. 12. – Offene Auslandsstellen. Genehmigung durch das Landesarbeitsamt Brandenburg [Anzeige]. In: *Jüdisches Nachrichtenblatt*. Ausgabe Wien, Jg. 2, Nr. 83. 17.10.1939, S. 1.

27 Vgl. [Anon.:] Asien. Manchoukou. In: *Nachrichtenblatt der Reichsstelle für das Auswanderungswesen*, Jg. 20, Nr. 7. 1.4.1938, S. 78–79. – [Anon.:] Asien. Mandschukuko. In: *Nachrichtenblatt der Reichsstelle für das Auswanderungswesen*, Jg. 21, Nr. 3. 1.2.1939, S. 29.

28 *Philo-Atlas* (wie Fußnote 18), Sp. 42.

Musiker – und damit waren hier Unterhaltungsmusiker gemeint – sowie einige weitere Berufsgruppen wurden 1938 also nach wie vor gebraucht. Bei den Ärzten scheint es zu diesem Zeitpunkt hingegen eine gewisse Sättigung gegeben zu haben.

Abgesehen von der freien Einreise dürften es Nachrichten dieser Art gewesen seien, die die im Deutschen Reich verfolgten Musiker und Musikerinnen ab 1933 und verstärkt ab 1938 auf die Idee brachten, Ostasien und speziell Shanghai als Fluchtziel zu wählen. Die Jobanzeigen konkretisierten die Nachrichtenlage und boten Anknüpfungspunkte für Bewerbungen.

Individuelle Sondierungsmaßnahmen für die Hilfesuchenden aus dem NS-Staat

Die Folge dieser Nachrichtenlage war, dass Musiker und Musikerinnen, die angesichts der Verfolgung den Entschluss gefasst hatten, nach Ostasien zu fliehen, Kontakt mit dem Informationsbüro aufnahmen. Meist taten sie dies nicht auf direktem Wege, sondern über den Berliner Hilfsverein oder die Israelitische Kultusgemeinde in Wien. Dieses Vorgehen empfahl auch der *Philo-Atlas*.[29] Aus den Tätigkeitsberichten für HICEM in Paris geht hervor, wie dramatisch sich die Lage gegen Ende der 1930er Jahre entwickelte: Allein im Jahr 1938 kamen über 3000 Gesuche vor allem aus Berlin und Wien in Harbin an, in denen das Informationsbüro nach beruflichen Integrationsmöglichkeiten in Ostasien gefragt wurde.[30] Dessen Mitarbeiter legten daraufhin für jedes Gesuch eine Akte an. Von diesen Akten sind rund 2 800 erhalten geblieben, weit über 200 davon betreffen Musiker und etwa ein Viertel davon wiederum solche, die tatsächlich nach Shanghai bzw. in einigen Fällen nach Harbin gingen.

Die Gesuche beinhalteten in der Regel ein Anschreiben des Berliner Hilfsvereins bzw. der Israelitischen Kultusgemeinde Wien. Sie waren einfach gehalten und enthielten bezeichnenderweise nur selten Hinweise auf die Verfolgungssituation. Ausnahmen stellten unter anderem solche Fälle dar, bei denen die Antragsteller in einem Konzentrationslager inhaftiert waren.[31] Die Freilassung der Häftlinge aus den Konzentrationslagern wurde in dieser Zeit oft an die Bedingung gekoppelt, dass sie Deutschland schnell verließen, weshalb für viele von ihnen das offene Shanghai eine

---

29 Vgl. ebd., Sp. 277.
30 Vgl. Barikht farn yor 1938 vegn di arbeyt far die flikhtlinge fun Daytshland, Oystraykh a. a. [Bericht über das Jahr 1938 zur Arbeit für die Flüchtlinge aus Deutschland, Österreich usw.], [1939], YIVO, RG 352, MKM 15.144, Folder XXX-4.
31 Vgl. z. B. Jüdische Gemeinde zu Berlin an DALJEWCIB, 15.9.1938, USHMM, RG-68.114M, DAL/1719 Kurt Berger, Film-Nr. 153, Bild-Nr. 800.

Option darstellte.³² Neben den Anschreiben gehörten zu den Gesuchen Lebensläufe, Zeugnisse, Fotos und Fragebögen – das alles auf Deutsch und Englisch in mehrfacher Ausfertigung. Nach Erhalt der Gesuche eruierte das Informationsbüro die beruflichen Möglichkeiten. Das Netzwerk, das es dafür nutzte, erstreckte sich auf alle städtischen Zentren Ostasiens, in denen es jüdische Gemeinden gab. Die Hauptansprechpartner befanden sich in Harbin, Shanghai, Dairen und Tientsin. Alles in allem verschickte das Informationsbüro 1938 über 2 500 Briefe, um Arbeitsmöglichkeiten für die Antragsteller auszuloten.³³ Waren die Erkundigungen zu den beruflichen Aussichten eines Bewerbers eingezogen, folgte im nächsten Schritt eine Stellungnahme zu dem Fall. Diese wurde dem Hilfsverein bzw. der Auswanderungsstelle der Israelitischen Kultusgemeinde übermittelt. Von dort wurde sie an die Bewerber weitergegeben, die dann ihre Entscheidung für oder gegen ein Exil in Ostasien daran ausrichten konnten – so sie angesichts der zunehmenden Repressalien überhaupt noch Spielraum dafür hatten.

Aus einem Bericht über das Jahr 1938 geht hervor, dass das Informationsbüro in diesem Zeitraum mehr als 2 700 Antworten nach Europa schickte, darunter fast 800 positive, gut 1 000 unentschiedene und mehr als 900 negative Stellungnahmen. Auch vermittelte es über 200 Arbeitsverträge.³⁴ Zwischen Januar und September 1939 lagen die Zahlen sogar noch höher.³⁵ Als Konsequenz des starken Andrangs auf Shanghai verlegte die Hilfsorganisation im Herbst 1939 ihr Büro von Harbin nach Shanghai.³⁶ Infolge des Zweiten Weltkriegs und der neu eingeführten Einreisebeschränkungen gingen die Flüchtlingszahlen dann aber bald zurück.

Das Informationsbüro wies in seinen Stellungnahmen häufig auf die Konkurrenz durch andere Musiker in Shanghai hin und erwähnte in diesem Sinne bereits im September 1938 die Zahl von 200 Musikern, die Anträge eingereicht hätten.³⁷ Zudem machte es fast immer deutlich, dass die Emigration auf eigenes Risiko und eigene Verantwortung erfolgen müsse.³⁸ Damit wollte es sich vor einer späteren Inanspruchnahme schützen, denn es verstand sich als Auskunftsstelle, nicht aber als Hilfsorgani-

---

32 Vgl. Philipp, Michael: *Nicht einmal einen Thespiskarren. Exiltheater in Shanghai 1939–1947* (Schriftenreihe des P.-Walter-Jacob-Archivs 4). Hamburg: Hamburger Arbeitstelle für deutsche Exilliteratur, 1996, S. 32.
33 Vgl. Barikht farn yor 1938 vegn di arbeyt far die flikhtlinge fun Daytshland, Oystraykh a.a. (wie Fußnote 30).
34 Vgl. ebd.
35 Vgl. Report about the activity of the »Far Eastern Jewish Central Information Bureau« from January 1st 1939 to September 1st 1939, [1940], YIVO, RG 352, MKM 15.144, Folder XXX-4.
36 Vgl. M. Birman, DALJEWCIB, an HICEM, 5.4.1940, YIVO, RG 352, MKM 15.144, Folder XXX-4.
37 Vgl. z. B.: M. Birman, DALJEWCIB, an Max Oschitzky [sic], 9.9.1938, USHMM, RG-68.114M, DAL/2354 Max Oschitzki, Film-Nr. 160, Bild-Nr. 338–339.
38 Vgl. zahlreiche entsprechende Briefe in: WLL, WL 514, II, 5) Musicians and other artist professionals, 16 Mar 1939 – 26 May 1938.

sation, die Unterkünfte, Mahlzeiten oder Geldmittel bereitstellte.[39] Der Hinweis auf das eigene Risiko und die Eigenverantwortung gehörte vor dem Hintergrund der sich verschärfenden politischen Situation im NS-Staat ab 1938 jedoch auch zu der Strategie, niemandem eine richtige Absage zukommen zu lassen. So geht aus einem Artikel in der Wiener Ausgabe des *Jüdischen Nachrichtenblatts*[40] sowie aus einem organisationsinternen Brief hervor, dass das Informationsbüro lieber Zu- als Absagen nach Europa schickte. Wie es in dem Brief hieß, wollte es kein moralisches Verbrechen begehen, indem es den Antragstellern jede Hoffnung nahm.[41]

Der wichtigste Punkt bei der Einschätzung der Chancen war die Frage der Qualifikation. Wenn sich nicht erkennen ließ, dass eine gute Ausbildung und ausreichend Praxis vorlagen, folgten ablehnende Reaktionen.[42] Auch wenn jemand schon etwas älter oder wegen eines zu versorgenden Kindes nicht flexibel war oder wegen der Berufsverbote in Deutschland schon länger nicht mehr aufgetreten war, wirkte sich dies negativ aus.[43] Positiv wurde hingegen bewertet, wenn die Musiker sich zusätzliche Kenntnisse, zum Beispiel als Klavierstimmer, zugelegt hatten oder mehrere Instrumente spielten. Vorteilhaft war auch die Kenntnis eines internationalen, vor allem amerikanisch geprägten Repertoires.[44]

Vor diesem Hintergrund waren es vor allem die Unterhaltungsmusiker mit ihren variablen instrumentalen Fähigkeiten und flexiblen Repertoires, denen Integrationsmöglichkeiten in Aussicht gestellt wurden. So sind diverse Bewerbungen kompletter Kapellen vorhanden, denen teilweise Verträge vermittelt wurden. Gerade diese Bewerbungen machen deutlich, dass das Informationsbüro manchmal mehrgleisig verhandelte, um im Interesse der lokalen Arbeitgeber auf jeden Fall zu einem Vertragsabschluss zu kommen.

Max Oschitzki (1903–1988) zum Beispiel, ein Schlagzeuger und Kapellenleiter aus Berlin,[45] wandte sich im Mai 1938 über den Berliner Hilfsverein mit der Frage an das Informationsbüro, ob sein Ensemble auf den Philippinen untergebracht werden kön-

---

39 Vgl. M. Birman, DALJEWCIB, an die Dairen Hebrew Society, 21.8.1939, USHMM, RG-68.114M, DAL/2844 Dittmar Stern, Film-Nr. 165, Bild-Nr. 1061.
40 Vgl. [Anon.:] *Die jüdische Wanderung. Mitteilungen der Auswanderungsabteilung der Israelitischen Kultusgemeinde Wien. Mandschukuo.* In: *Jüdisches Nachrichtenblatt*, Ausgabe Wien, Nr. 12. 10.2.1939, S. 5.
41 Vgl. DALJEWCIB an Boris S. Barbash, 6.10.1938, USHMM, RG-68.114M, DAL/2666 Béla Bélai, Film-Nr. 163, Bild-Nr. 902.
42 Vgl. z. B. DALJEWCIB an Dr. Horwitz, 13.10.1938 (Übersetzung), WLL, WL 514, II, 5).
43 Vgl. z. B. DALJEWCIB an den Hilfsverein der Juden in Deutschland, 25.4.1938, USHMM, RG-68.114M, DAL/2844 Dittmar Stern, Film-Nr. 165, Bild-Nr. 1091.
44 Vgl. z. B. DALJEWCIB an den Hilfsverein der Juden in Deutschland, 17.6.1938, USHMM, RG-68.114M, DAL/2354 Max Oschitzki, Film-Nr. 160, Bild-Nr. 350.
45 Vgl. Fetthauer, Sophie: *Max Oschitzki.* In: *Lexikon verfolgter Musiker und Musikerinnen der NS-Zeit.* Hg. von Claudia Maurer Zenck und Peter Petersen. Hamburg: Universität Hamburg, 2007. http://www.lexm.uni-hamburg.de/object/lexm_lexmperson_00002116 [25.2.2017].

ne.[46] Als er wenig später in der Zeitung die erwähnte Anzeige las, mit der für Shanghai jüdische Jazzmusiker gesucht wurden, erneuerte er sein Gesuch.[47] Er war nicht der einzige, der auf die Anzeige reagierte. Mindestens acht weitere Musiker, teils zusammen mit ihren Kapellen, meldeten sich in dieser Sache beim Informationsbüro. Dieses versuchte daraufhin, die Lage für die Musiker zu sondieren. Im Fall von Oschitzki fand es die von ihm geschickten Unterlagen allerdings zu dürftig, um vor Ort etwas bewirken zu können.[48] Schließlich kam es zu weiteren Schwierigkeiten: Eines seiner Kapellenmitglieder nutzte im August 1938 die Gelegenheit, mit der Kapelle von Vilmós Singer nach Shanghai zu reisen, einige weitere Musiker schlossen sich der Kapelle von Boris Schwarzleder an, die Ende des Jahres ebenfalls nach Shanghai fuhr,[49] und noch ein weiterer Musiker wollte mit einer anderen Kapelle fahren.[50] Das Informationsbüro verhandelte auch mit diesen Ensembles und konnte im Fall von Vilmós Singer und Boris Schwarzleder sogar erfolgreich Verträge abschließen.[51] Als das Informationsbüro erfuhr, dass Oschitzki in Erwägung zog, nicht nach Ostasien, sondern nach Südamerika zu gehen, und dass angeblich auch sein Bruder Walter, der ebenfalls Schlagzeuger war, kein Interesse mehr an Shanghai hatte,[52] gab es bei weiteren Vertragsverhandlungen der Kapelle The Six Piccadilly's aus Wien den Vorzug.[53] Max Oschitzki gelangte, wie auch sein Bruder Walter, zwar auch ohne Vertrag nach Shanghai und konnte sich dort in den folgenden Jahren als Musiker etablieren, andere Mitglieder seiner Kapelle jedoch nicht. Mindestens zwei von ihnen wurden später deportiert[54] ebenso wie einige Musiker, die ursprünglich mit den anderen genannten

---

46 Vgl. Hilfsverein der Juden in Deutschland an DALJEWCIB, 27.5.1938, USHMM, RG-68.114M, DAL/2354 Max Oschitzki, Film-Nr. 352, Bild-Nr. 352.

47 Vgl. Max Oschitzki an die Jüdische Gemeinde zu Berlin, 4.7.1938, USHMM, RG-68.114M, DAL/2354 Max Oschitzki, Film-Nr. 160, Bild-Nr. 353.

48 Vgl. DALJEWCIB an den Hilfsverein der Juden in Deutschland, 17.6.1938, USHMM, RG-68.114M, DAL/2354 Max Oschitzki, Film-Nr. 160, Bild-Nr. 350.

49 Vgl. M. Birman, DALJEWCIB, an Max Oschitzky [sic], 9.9.1938, USHMM, RG-68.114M, DAL/2354 Max Oschitzki, Film-Nr. 160, Bild-Nr. 338–339.

50 Vgl. DALJEWCIB an den [Hilfsverein der Juden in Deutschland], 11.11.1938 (Übersetzung), WLL, WL 514, II, 5). – DALJEWCIB an [?], 23.12.1938 (Übersetzung), WLL, WL 514, II, 5).

51 Vgl. DALJEWCIB an den [Hilfsverein der Juden in Deutschland], 5.7.1938 (Übersetzung), WLL, WL 514, II, 5). – DALJEWCIB an den [Hilfsverein der Juden in Deutschland], 4.11.1938 (Übersetzung), WLL, WL 514, II, 5).

52 Vgl. M. Birman, DALJEWCIB an Max Oschitzki, 9.9.1938, USHMM, RG-68.114M, DAL/2354 Max Oschitzki, Film-Nr. 160, Bild-Nr. 338–339. – DALJEWCIB an den [Hilfsverein der Juden in Deutschland], 7.11.1938 (Übersetzung), WLL, WL 514, II, 5).

53 Vgl. Council for German Jewry an die Israelitische Kultusgemeinde Wien, 17.3.1939, The Aufrichtig Family, http://www.aufrichtigs.com/01-Holocaust/Walter_Aufrichtig_-_Piccadilly_Dance_Band.htm [25.2.2017].

54 Vgl. zu Siegbert Jüttner und Walter Rosen: Gedenkbuch. Opfer der Verfolgung der Juden unter der nationalsozialistischen Gewaltherrschaft in Deutschland 1933–1945. http://www.bundesarchiv.de/gedenkbuch/de1084563 und http://www.bundesarchiv.de/gedenkbuch/de1137281 [25.02.2017].

Kapellen reisen wollten, dann aber, aus welchen Gründen auch immer, nicht gefahren waren, oder wie einige Mitglieder der Kapelle The Six Piccadilly's, die zwar einen Vertrag bekamen, aber das Geld für die Schiffspassage von Italien nach Shanghai nicht aufbringen konnten.[55] So wird an diesen und anderen Fällen deutlich, wie fatal nahe Exil und Deportation beieinander lagen und welche Verantwortung dem Informationsbüro unter diesen Umständen zukam.

Im Vergleich zu den Unterhaltungsmusikern wurden die Chancen der Musiker aus dem klassischen Konzertbetrieb vom Informationsbüro nicht unbedingt schlechter beurteilt. Insbesondere dann, wenn sie, wie etwa der Geiger Alfred Wittenberg (1880–1952), ein gewisses Niveau versprachen, setzte sich das Informationsbüro für sie ein.[56] Tatsächlich erwies es sich aber als schwierig, ihnen im Vorwege Arbeit zu vermitteln. Es gab zwar Bemühungen, sie in den Sinfonieorchestern von Harbin und Shanghai unterzubringen, hier konnten aber kaum Erfolge erzielt werden. Beim Harbiner Orchester stellte sich zudem heraus, dass die Musiker dort nur ein Auskommen finden konnten, wenn sie zusätzlich zum Orchesterdienst auch als Unterhaltungsmusiker tätig wurden.[57] Nach ihrer Ankunft in Shanghai schafften es dann aber doch einige Musiker, in das Shanghai Municipal Orchestra aufgenommen zu werden.[58] Ähnlich war es bei den Musikpädagogen, die durchaus gebraucht wurden und denen insbesondere in der japanischen Bevölkerung Anschlussmöglichkeiten in Aussicht gestellt wurden.[59] Ihnen bereits vor der Ankunft Schüler zu vermitteln, war jedoch nicht möglich. Als schwierig erwies sich die Vermittlung jüdischer Kantoren. Es gab zwar die generelle Zusage, sich um ihre Eingliederung kümmern zu wollen,[60] dies scheiterte aber meist daran, dass die Kantoren aus Deutschland und Österreich den liberalen bzw. konservativen Ritus vertraten, was sich nicht mit der orthodoxen Aus-

---

55 Vgl. Council for German Jewry an die Israelitische Kultusgemeinde Wien, 17.3.1939, *The Aufrichtig Family*, http://www.aufrichtigs.com/01-Holocaust/Walter_Aufrichtig_-_Piccadilly_Dance_Band.htm [25.02.2017].
56 Vgl. USHMM, RG-68.114M, DAL/1491 Alfred Wittenberg, Film-Nr. 150.
57 Vgl. z. B. DALJEWCIB an den [Hilfsverein der Juden in Deutschland], 14.10.1938 (Übersetzung), WLL, WL 514, II, 5). – DALJEWCIB an den [Hilfsverein der Juden in Deutschland], 2.10.1938 (Übersetzung), WLL, WL 514, II, 5). – DALJEWCIB an den [Hilfsverein der Juden in Deutschland], 14.10.1938 (Übersetzung), WLL, WL 514, II, 5).
58 Vgl. Tang Yating: *Diguo feisan bianzouqu – Shanghai gongbuju yuedui shi. Variations of Imperial Diasporas. A History of Shanghai Municipal Orchestra (1879–1949). The 135th Anniversary of the Shanghai Symphony Orchestra*. Shanghai: Shang hai yin yue xue yuan chu ban she, 2014, S. 321–325.
59 Vgl. z. B. M. Birman, DALJEWCIB, an Béla Bélai, 17.4.1939, USHMM, RG-68.114M, DAL/2666 Béla Bélai, Film-Nr. 163, Bild-Nr. 897.
60 Vgl. DALJEWCIB an HIAS [recte HICEM], 19.1.1938, mit Anlage, YIVO, RG 352, MKM 15.144, Folder XXX-4.

richtung der sephardischen bzw. der aschkenasischen Gemeinden Shanghais bzw. Ostasiens vertrug.[61]

In Shanghai angekommen gelang es vielen der Unterhaltungsmusiker, sich in den Cafés, Restaurants, Nachtclubs und Tanzsälen dem multinationalen Geschmack des Publikums anzupassen, den Lebensunterhalt selbstständig zu verdienen und sogar mit Hilfe der von ihnen im Verbund mit alteingesessenen Musikern gegründeten Shanghai Musicians Association um Arbeitsrechte zu kämpfen. Auch viele Musikpädagogen wie insbesondere Musikpädagoginnen konnten sich erfolgreich eingliedern. Sie fanden in den wohlhabenden Chinesen und in der japanischen Bevölkerung interessierte Schüler. Das Shanghaier Konservatorium bot einigen von ihnen, so etwa den Komponisten Wolfgang Fraenkel (1897–1983) und Julius Schloss (1902–1973), sogar die Möglichkeit, auf höherem Niveau zu unterrichten.[62] Die Musiker, die ursprünglich im klassischen Konzertbetrieb tätig gewesen waren, taten sich schwerer. Viele von ihnen mussten auf Unterhaltungsmusik umsatteln, eine begrenzte Zahl trat jedoch in Konzerten und mit eigenen Ensembles auf, spielte Operette oder konnte sich im Shanghai Municipal Orchestra etablieren.[63]

Trotz aller Abwägungen und Stereotype, die für die Stellungnahmen des Informationsbüros charakteristisch waren, sind seine Einschätzungen vor dem Hintergrund dessen, was über die tatsächlichen Beschäftigungsmöglichkeiten der Musiker in Shanghai bekannt ist, durchaus als realistisch zu bezeichnen. In jedem Fall erklärt die vom ihm gesteuerte Nachrichtenlage, wie sie sich in den individuellen Einschätzungen sowie in den Tätigkeitsberichten, in der Presse und in Ratgebern abzeichnet, weshalb der Anteil der Musiker an den Flüchtlingen in Shanghai so hoch war, denn insgesamt wurde das Bild vermittelt, sie würden gebraucht.

---

61 Vgl. z. B. DALJEWCIB an den Hilfsverein der Juden in Deutschland, 14.10.1938, USHMM, RG-68.114M, DAL/1695 Samuel Rothenberg [recte Rotenberg], Film-Nr. 153, Bild-Nr. 500.
62 Vgl. z. B. Utz, Christian: *Cultural Accommodation and Exchange in the Refugee Experience: A German Jewish Musician in Shanghai*. In: Ethnomusicology Forum 13.1 (2004), *Silk, Spice and Shirah: Musical Outcomes of Jewish Migration into Asia c. 1780-c. 1950*, S. 119–151. – Krones, Hartmut: »*Es waere die Erfuellung eines meiner ernstesten Wuensche und Pflichten, die LULU zu vollenden*«. *Der Alban-Berg-Schüler Julius Schloß: von Saarlouis über Wien und Shanghai nach Belleville*. In: Musik – Transfer – Kultur. Festschrift für Horst Weber. Hg. von Stefan Drees, Andreas Jacob und Stefan Orgass. Hildesheim: Olms, 2009, S. 269–292.
63 Vgl. z. B. Tang Yating: *Musical Life in the Jewish Refugee Community in Shanghai: Popular and Art Music*. In: Journal of Music in China 4 (2002), S. 167–186. – Tang Yating: *Reconstructing the Vanished Musical Life of the Shanghai Jewish Diaspora: A Report*. In: Ethnomusicology Forum 13.1 (2004) (wie Fußnote 62), S. 101–118.

Schlussbemerkung

Nach der Besetzung Shanghais Ende 1941 durch die japanische Armee verschlechterte sich die Lage in der Stadt massiv. Die Versorgung war nicht mehr durchgehend gewährleistet. Auch mussten die nach dem 1. Januar 1937 eingewanderten staatenlosen Flüchtlinge 1943 ihren Wohnsitz in der ›designated area‹, dem sogenannten Ghetto Hongkew, nehmen und konnten diesen Distrikt bis zum Ende des Pazifikkriegs im Sommer 1945 nur noch mit amtlicher Genehmigung verlassen.[64] Nach dem Ende des Kriegs und dem Einzug US-amerikanischer Truppen blühte das Musikleben noch einmal auf, bevor die Flüchtlingsgemeinschaft ab 1946/47 zerfiel, weil die meisten es vorzogen, in andere Länder weiterzuwandern. Im gleichen Zuge machte auch die politische Situation den langfristigen Verbleib in Shanghai unmöglich. Schon unter der Regierung der Guomindang, der chinesischen Nationalisten, gab es etwa Bestrebungen, die Tanzsäle der Stadt zu schließen. Die Kommunisten setzten dies nach 1949 in die Tat um.[65] Sie schotteten das Land in der Folge gegen jegliche äußeren Einflüsse ab, so dass letztlich die Voraussetzungen verloren gingen, die Shanghai für Musiker ursprünglich attraktiv gemacht hatten.

Das Far Eastern Jewish Central Information Bureau bestand auch während des Zweiten Weltkriegs weiter. Es kümmerte sich in dieser Zeit um die Herstellung von Kontakten mit Verwandten im Ausland, wozu es regelmäßig Listen mit Nachrichten, die von seiner Dachorganisation HICEM bzw. der HIAS vermittelt wurden, veröffentlichte[66] und befasste sich mit der Registrierung der Flüchtlinge.[67] In der Nachkriegszeit unterstützte es die Weiterwanderung. Nachdem der Direktor des Far Eastern Jewish Central Information Bureau Meir Birman schon kurz zuvor in die USA ausgewandert war, arbeitete es nach der Machtübernahme der Kommunisten in Shanghai im Mai 1949 nur noch kurze Zeit weiter[68] und wurde dann zu einem nicht genau bestimmbaren Zeitpunkt geschlossen.

---

64 Vgl. Kranzler, David: *Japanese, Nazis & Jews. The Jewish Refugee Community of Shanghai, 1938–1945.* New York (NY): Yeshiva University Press, 1976, S. 521–577.
65 Vgl. Field, Andrew David: *Shanghai's Dancing World. Cabaret Culture and Urban Politics, 1919–1954.* Hong Kong: Chinese University Press, 2010, S. 233–284.
66 Vgl. L.: *Die Nachkriegsarbeit der Hias.* In: *Shanghai Echo* 1.266, 25.9.1946, S. 14.
67 Vgl. Nash, Peter: Shanghai HIAS Lists. In: *Stammbaum. The Journal of German-Jewish Genealogical Research* 21 (Sommer 2002), S. 11–15, hier S. 11.
68 Vgl. Dyck, Richard: *Erster Bericht aus dem belagerten Shanghai. Gespräch mit dem HIAS-Direktor M. Birman aus Shanghai – JOINT- und HIAS-Büros in Shanghai nicht geschlossen.* In: *Aufbau* 15.20, 20.5.1949, S. 5–6.

Ulrike Präger

Musically Negotiating Difference
Cross-Cultural Sounds of Empathy in Contemporary Germany

Recent narratives of forced migration and refuge are typically constructed around notions of difference. In public discourses on the so-called European ›refugee crisis,‹ such constructs of difference focus predominantly on mistrust, anxiety, and other challenges of the host societies when dealing with the unfamiliar ›other‹ and the migrants' integration and protection. This dialectical relationship between otherness and the creation of new belongings usually is negotiated within the context of the host society's moral codes as linked to ideas of deserving and undeserving. This essay is an invitation to deliberately listen to voices of difference – voices that negotiate migration experiences, preconceptions of otherness, and the construction of new social lives in post-expulsion environments. Based on interviews I conducted with refugees and migrants mainly from the Middle East and North Africa currently arriving in Germany, I found that migrants repeatedly employ musical practices and musical repertoire as tools to build new structures of comfort, intercultural dialogue, political engagement, as well as networks of resistance. The analysis of migration-incited musical practices as translational places of difference, similarity, and, in-betweenness, suggests that musical expressions not only allow for experiences and places of ›homecoming,‹ but also for the mediating between Eastern and Western ideologies, politics, and populations in post-migration integration processes. Applying Karen O'Reilly's (2008) analysis of social processes in post-migration practice communities that create new everyday-life structures, I further analyze ›refugee voices‹ regarding motivation for music making and intercultural flows between migrants and hosts. Ultimately, I suggest that focusing on and listening to ›difference‹ is not only a prerequisite to study migration processes, but also creates crucial modes of empathy and sociality able to facilitate political action and refugee advocacy.

In June 2016, not quite one year after the peak of the so-called ›refugee crisis‹ that sent Europe and its people into a flurry, a small group of 10–22-year-old Syrians performed – as the newly founded Syrian Peace Choir – for a 40-person audience in a Munich parish hall.[1] Many of these young performing musicians fled Syria within the past two years, mostly on foot, and arrived via the now closed Western Balkan route in Germany. Since their arrival, they were unable to transfer between their homeland and their hostland due to war and persecution in Syria. Additionally, some of them do not hold travel rights or documents. Commonly, migrants and refugees living in

---

1 Cf. *Syrischer Friedenschor*: https://www.syrischerfriedenschor.com/ [11.03.2017].

such conditions are labelled as ›halfies‹, describing their mixed cultural identities by virtue of their forced migration.²

Janna

The choir's repertoire choices and performance practices symbolically express and musically narrate these geopolitical constraints in, for example, the song *Janna* that the choir sang that Friday evening in June 2016:

> Paradise, Paradise, Paradise, is our homeland,
> Paradise, Syria is our home,
> Our home is our love,
> Its earth is our love, its hell is paradise.³

Janna is an Iranian folk song that former Syrian soccer player Abdul Baset al-Sarout, through textual adaptations, transformed in 2011 into a declaration of love for Syria. Impelled by the events of the Arab Spring in 2011, al-Sarout started to participate in demonstrations and ever since has continued to fight for the fall of the regime of President Baschar al-Assad in the ongoing Syrian War. From being praised as one of the most outstanding Asian goalkeepers, al-Sarout grew into a powerful icon of national opposition, an activist leader, and one of the most wanted men by the al-Assad regime.⁴ In this process, *Janna* emerged as one of the most prominent hymns of resistance against the regime. Al-Sarout has survived at least three assassination attempts since 2011, and according to latest media news, on May 29, 2017, was arrested by Tahrir al-Sham, a Salafist jihadist military group (in Syria also known as al-Qaeda).⁵

---

2   Abu-Lughod, Lila: *Writing Against Culture*. In: *Recapturing Anthropology: Working in the Present*. Ed. R.G. Fox. Santa Fe: School of American Research Press, 1991, p. 466–479, 466.
3   Translation provided by study participant Ahmad Abbas.
4   Because Abdul Baset al-Sarout could not establish connections to the media to share his position and react to accusations, he released his responses as video messages on YouTube and on Facebook: »›I go out in peaceful demonstrations, I'm going out for the sake of God and what motivates me is the people the Syrian security have killed and the blood being spilled onto the streets as a result of their injustice. Those security forces are accusing each and every one of us of being armed gangs, infiltrators, Salafists and bacteria.‹ Even before the al-Assad regime declared al-Sarout a wanted man, the national Sports Association was quick to discharge Abdul Baset al-Sarout and issued a decree banning him from playing for life. When we asked him about his opinion of the decree al-Sarout replied sarcastically: ›Thanks a lot for discharging me from the Sports Association. As if I'm dying to be a member of that association. As if I can't wait to get back to the club. Don't they know that I put my life on the line and that people are dying and yet all they care about is the Sports Association? As if they can guarantee that they'll keep their jobs or that the National Association will continue to exist?‹« https://www.youtube.com/watch?v=gqBFHvnc6ag [12.06.2017]. I trust here the translations from Arabic to English provided in the YouTube clip.
5   Because it is very difficult to obtain current and reliable information on Abdul Baset al-Sarout, I refer here to a recent newspaper article, which also is referenced on Wikipedia. Online

The singers of the Syrian Peace Choir tell me that to sing *Janna* in public in Syria is to put one's life in danger. This fact also explains why not all of the choir members participate in singing this song or prefer not to be videotaped or photographed. Following their mission of promoting peace and an understanding of the political situation in Syria, the choir chose *Janna* as their signature song. Most of the singers, including the founder and conductor, 22-year old Ahmad Abbas, have hardly any musical background, as is the case with 12-year-old Hamza, who on this night begins the song accompanied by one of his close friends on the keyboard. One senses immediately that Hamza's heartfelt singing is not about pitch and rhythm, but about being part of this choir, a new community in a foreign place, and even more importantly, about the opportunity to tell a story and to be listened to in the midst of the host society. And, indeed, after a long and treacherous journey, Hamza only recently reached Munich together with his older brother Yousef. Encouraged by their parents, the brothers fled Syria to escape the life-threatening danger and also to pave the way to a safe life for the rest of the family in the future.

After the first verse, the other singers and a *darabuka* drummer join Hamza. Their vocals, between song and exclamation, display an urgent presence that immediately captures the audience's attention and simultaneously creates a ›cultural intimacy‹ among the performers that perceptibly excludes the audience.[6] Strikingly, this exclusion engages the audience even more, perhaps because one senses that *Janna* not only acts as a narrative tool ›sounding‹ the singers' cultural background but also enables the listeners to experience aspects of forced migration's non-narratability: a moment when the singers' experiences, difficult to capture in words, are intensely felt and thus understood, rather, through their singing.

Lively post-performance interactions between migrants and hosts suggest that this musical performance enabled listeners to enter into these young Syrians' lives, creating an atmosphere of openness and empathy. This atmosphere encouraged many of the audience members to share their feelings of compassion, yet also helplessness that

---

cf: http://aletihadpress.com/2017/05/30/%D8%AC%D8%A8%D9%87%D8%A9-%D8%A7%D9%84%D9%86%D8%B5%D8%B1%D8%A9-%D8%AA%D8%B9%D8%AA%D9%82%D9%84-%D8%B9%D8%A8%D8%AF-%D8%A7%D9%84%D8%A8%D8%A7%D8%B3%D8%B7-%D8%B3%D8%A7%D8%B1%D9%88%D8%AA-%D8%A8%D8%AA%D9%87/, accessed 12.6.2017. https://en.wikipedia.org/wiki/Tahrir_al-Sham [12.06.2017], and https://en.wikipedia.org/wiki/Abdul_Baset_al-Sarout [12.06.2017]. As I correct the last version of this chapter before it goes to print, the website states that al-Sarout was released on June 24, 2017 and charges against him were dropped, https://en.wikipedia.org/wiki/Abdul_Baset_al-Sarout [30.11.2017].

6   Herzfeld, Michael: *Cultural Intimacy: Social Poetics in the Nation-State.* New York and London: Routledge, 1997; and, Stokes, Martin: *The Republic of Love: Cultural Intimacy in Turkish Popular Music.* Chicago and London: The University of Chicago Press, 2010.

often inhibits concrete socio-political action when confronted with issues of refugee integration and protection in contemporary Germany.

Musically Negotiating Difference

Forced migration and refuge, generally precipitated by conflict, political policies, and natural disasters, is one of the most pressing and defining humanitarian emergencies of the modern world, marking the twenty-first century as the century of displacement and dispossession.[7] At present, this designation is expressed worldwide with more than 65 million forcibly displaced people.[8] Recent narratives and discussions of (forced) migration are typically constructed around notions of difference. In public discourses on the so-called European ›refugee crisis‹ (preferably labelled an immigration crisis), such constructs of difference focus predominantly on mistrust, anxiety, and other challenges of the host societies when dealing with the unfamiliar ›other‹ and the migrants' integration and protection. This dialectical relationship between otherness and the creation of new belongings usually is negotiated within the context of the host society's moral codes as linked to ideas of deserving and undeserving.[9]

This brief essay is an invitation to deliberately listen to voices of difference – voices that negotiate migration experiences, preconceptions of otherness, and the construction of new social lives in post-expulsion environments. In the past years, I repeatedly listened to ›migrant voices‹ not only regarding the ›sounding voice‹, but mainly in terms of impetus for music-making, individual narrative, and media representation to study how musical repertoire and practice act as a backdrop for individual narratives of flight and migration. Since 2011, I have listened to musical expressions and collected over 80 life stories from German civilians expelled from their Bohemian homelands in the aftermath of the Second World War. More recently, I engaged with the voices of refugees and migrants mainly from the Middle East currently arriving in Europe, such as the singers of the Syrian Peace Choir. Based on the analysis of these life stories and a multitude of musical encounters, I found that migrants – individually and collectively, with and without musical background – recurrently employ musical practices and repertoire not only to deal with their deterritorialization and ›otherness‹, but also to build new structures of comfort, intercultural dialogue, political engagement, as well as networks of resistance in their post-migration environments.

---

7   Colson, Elisabeth: *Forced Migration and the Anthropological Response*. In: *Journal of Refugee Studies* 16/1 (March 2003), pp. 1–18.
8   Cf. UNHCR: *The UN Refugee Agency*, online: http://www.unhcr.org/en-us/figures-at-a-glance.html [23.02.2017].
9   Watters, Charles: *Forced Migrants: From the Politics of Displacement to a Moral Economy of Reception*. In: *The Routledge International Handbook of Migration Studies*. Ed. Steven J. Gold and Stephanie J. Nawyn. London, New York: Routledge, 2013, pp. 99–106, 104.

The voices represented in this essay share accounts of forced displacement as a result of the ongoing War in Syria.[10]

Ultimately, I suggest that focusing on and listening to ›difference‹ is not only a prerequisite to study migration processes, but also creates crucial modes of empathy and sociality able to facilitate political action and refugee advocacy. My thoughts here are partially inspired by Molly Andrews's and Denis Donoghue's investigations of ›narrative imagination.‹[11] They argue that ›the seeing of‹ – and, I would add, listening to – »difference lies at the heart of cross-cultural research«. A further inspiration for a methodology of listening comes from William Cheng who in his latest book *Just Vibrations. The Purpose of Sounding Good* wonders »whether musical skills ever enable or prime us to listen better [and more compassionately and with more intensity] to *people* […]. Could we go beyond modest understandings of empathy as a complement to musicality, and venture empathy *as* a resonant form of musicality?«[12] In the context of this essay and regarding listening to the refugee voice, can we lead by example as musicians and ethno/musicologists?

Why Music?

While the study of mobility (mobility perceived as desirable, the right to move freely) and migration (migration movements often perceived as negative and dysfunctional and thus less desirable) are not new, recent mass migrations pose many new challenges for migration and refugee studies. Discussions of these mobilities are driven by the various ways language and semiotics generate cultural values and meanings.[13] In this study on migration, the focus lies more on the analysis of artistic, specifically musical languages, as practiced in the migrants' and hosts' musical communities and shared

---

10   This study draws on findings from my last project, in which I investigated individuals' musical expressions in post-Second World War flight and forced migration of the Germans from the Bohemian Lands (culminated in my dissertation, 2014). Through the lenses of musical repertoire and musical practice, I examined how these forced migrants used music that they brought from their homelands as a tool for adaptation and public advocacy in their new environments. I proposed a new analytical perspective of home and belonging, which I call ›sounded *Heimat*‹: the notion of belonging to a place and social setting based on sonic parameters. In a more general sense, sounded *Heimat* shows how music is able (and also unable) to mitigate interaction between host and migrant communities, act as a political mediator, aestheticise violence, and reconstruct cultural memories.

11   Cited from Donoghue, Denis and Andrews, Molly: *Exploring Cross-Cultural Boundaries*. In: *Handbook of Narrative Inquiry: Mapping a Methodology*. Ed. D. Jean Clandinin. Thousand Oaks: SAGE, 2012, pp. 489–511, 489.

12   Cheng, William: *Just Vibrations. The Purpose of Sounding Good*. Ann Arbor: University of Michigan Press, 2016, p. 10.

13   *Representation. Cultural Representations and Signifying Practices*. Ed. Stuart Hall, Jessica Evans and Sean Nixon. London u. a.: SAGE, 2013, p. 2.

with wider audiences via live performances and public media. Musical representations and interpretations of migration experiences provide crucial insights for migration studies because music – as an intangible heritage – can move anywhere at any point, representing a constantly shifting symbolic system in the migration process. Before, during, and after migration, this system inscribes itself into the migrants' minds and bodies and – as embodied practice and familiar sounds – logs migration and integration experiences as, for example, described in the performances in this essay. Through lyrics, rhythm, timbre, performance practice, etc., such musical practices shape ›sound worlds,‹ which in turn function as community-building elements creating communities of destiny (*Schicksalsgemeinschaften*) that continually renegotiate ties to both an old and a new home. In these contexts, musical repertoire and musical practice function as primary communicative styles that, deeply connected to the players' and singers' emotions and sensory worlds, tell stories of the place left behind and simultaneously construct and invent musical formulas representing new environments. All of which we could experience in the performance of the Syrian Peace Choir. According to Anahid Kassabian, in passing through our feelings and thoughts, sound always establishes bodily relationships between the sound source and the listener.[14] She calls this occurrence »distributed subjectivity«, a corporeal relationship that makes processes of listening a physical experience, able to close »gaps between ourselves and our objects, between ourselves and our students, between ourselves and a whole range of others«.[15] In this process, the interrelations between listening, sound, attention, and affect cause embodied responses and stimuli that shape the listeners' engagement with music's communicative qualities.[16]

Although the arts, and specifically music, have repeatedly been acknowledged as vital for understanding loss, change, and adaptation after migration – and as a mediator between migrants and members of host societies – musical perspectives have rarely been applied to refugee and forced migration studies. This lacuna is mainly based on the common misconception that musical languages might not be able to portray meanings beyond the music itself and cannot appropriately act as political and socio-critical discursive tools. However, as Bertolt Brecht most notably asserted, the contrary is the case. Besides the earlier described corporeal relationships one can sense between the music and the listener, a musical analysis further shows layers of political, historical, and socio-cultural subtexts, creating a multidimensional musical representation as outlined with the example *Janna*. Additionally, musical parameters (such as melody, rhythm, timbre, etc.) specific repertoires, lyrics, performance practices, and contexts of music-making, code individual and collective memories. These memories are continuously stimulated and retrieved through music-making in the

---

14   Kassabian, Anahid: *Ubiquitous Listening. Affect, Attention, and Distributed Subjectivity.* Berkeley, Los Angeles: University of California Press, 2013.
15   Ibid., p. xviii.
16   Ibid., p. xiv.

lived present or through reminiscences of musical practices in particular places, times, and social situations. Musical expressions, however, not only allow migrants and refugees to »re-sing, re-hear, and re-experience« histories and memories of a lost home, but also to construct and communicate imaginations and concrete settings of the future.[17] The musical negotiations between migrants and hosts constitute an additional layer of musical meaning. Such negotiations constantly reshape local and national soundscapes, reflecting and reframing political ruptures and their legacies. And, perhaps most importantly, music-making and listening might allow migrants and hosts to access conversations about migration from a different entry point; one that focuses on the sensorial side of sound associated with community building and cultural self-understanding rather than mainly on the more common migration themes of loss and victimhood. Another musical example by the Syrian Peace Choir and a conversation with the choir's founder and conductor Ahmad Abbas expand upon this notion.

Ahmad Abbas

The day after the Peace Choir's performance, Ahmad and I met for a conversation in Munich. We spoke about the dire situation in Syria and what it entails for Ahmad's family and friends still living in Syria, the extraordinary circumstances that brought him to Munich, life as a Syrian in Bavaria, and his visions for the choir. As an »internal community of practice«, he describes the choir as a tool to share his and his friends' experiences with the audience.[18] Ahmad and his colleagues sing and play, for example, Syrian folk music – cultural capital brought from Syria to Germany[19] – as a mode of displaying cultural difference and in the hope of initiating structures for cross-cultural flow. Simultaneously, such internal musical practices, shared in concerts and online platforms, support a refugee network that sets up feedback mechanisms for negotiating the refugees' status of liminality and in-betweenness. This status is reflected in the choir members' growing rootedness in their new environment as well as the loyalty they express toward their homeland. Ahmad expresses this in our conversation:

> My dream for the choir is to reach a lot of people and that people understand us, to provide a glimpse of Syria, a little light over Syria in Munich. I want to help people to understand that we are not from strange lands and did not come to take away money and work. We had to flee from Syria. We had to leave Syria. I am just one example. Sometimes I tell my story so that people better understand why we fled.[20]

---

17   Shelemay, Kay Kaufman: *Let Jasmine Rain Down*. Chicago: University of Chigago Press 1998, p. 223.
18   O'Reilly, Karen: *International Migration and Social Theory*. Basingstone, Hampshire and New York, NY: Palgrave Macmillan, 2012, pp. 26–31.
19   Bourdieu, Pierre: *The Forms of Capital*. In: *Handbook of Theory and Research for the Sociology of Education*. Ed. John G. Richardson. New York u. a.: Greenwood Press, 1986, pp. 241–258.
20   Personal conversation with Ahmad Abbas on June 4, 2016. German original: »Mein Traum mit dem Chor ist, dass ich viele Menschen erreiche, dass viele Menschen uns verstehen und

Ahmad and his sister Hanadi were among the first Syrians who came to Germany. In March 2012, both were in their Syrian home in Homs when a grenade hit. With more than two thirds their skin burned, they were secretly brought to Lebanon by fighters from the Free Syrian Army. Doctors in Lebanon, however, could not help. Thanks to the journalist Carsten Stormer's emergency appeal via Facebook, one week later, unconscious Ahmad and Hanadi were flown for treatment to Germany. Months later they woke up in a Munich clinic, which they were able to leave one year later. Today the siblings live in Munich. They have not seen their parents since the day the grenade hit their home in 2012. The siblings' plight as well as Ahmad's work with the choir were covered by various newspapers and documentaries and are therefore known to many Germans.[21] And even beyond this case study, based on a general appeal of non-verbal artistic expressions as well as the media sensationalism such artistic expressions can satisfy, musical expressions of migration and refuge have reached and still reach a particularly wide audience in Germany.

Beethoven's Ode to Joy

Another signature piece that members of the Syrian Peace Choir choose for regular appearances at integrational events in Germany is part of what constitutes the ›top ten‹ of the Western art music canon: the *Ode to Joy* from Ludwig van Beethoven's *Ninth Symphony*. The choir's performance of the piece at the singing event in Munich in 2016 opened with an introduction of the main theme sung by one of the Syrian singers and played by a flutist from the church community. The choir then joined in singing »Freude schöner Götterfunken«, soon to be interspersed with *darabuka* drumming and oud accompaniment: A storybook moment on cultural hybridity for the musical ethnographer.

The performance was surprising, touching, and also somewhat bewildering. Surprising in the fact that the singers and players chose to sing repertoire signifying the cultural pinnacle of ›Germanness‹, commonly associated with class, sophistication, and arguably older audiences; touching in the ways the performance conveyed the singers' and players' ›otherness‹ and insecurities when dealing with this famous, but foreign piece; and bewildering, because it was unclear if Beethoven was the singers' choice or an aim to satisfy assumed expectations.

---

einen Blick über Syrien erhalten. Ein kleines Licht in München über Syrien möchte ich geben. Die Menschen sollen nicht denken, dass wir aus komischen Ländern kommen und dass wir Geld und Arbeit wegnehmen. Wir mussten fliehen von Syrien. Wir mussten weg von Syrien. Und ich bin auch ein Beispiel für andere. Manchmal erzähle ich meine Geschichte, damit die Leute besser verstehen, warum wir geflohen sind« (2016). English translation by the author.

21   In spring 2017, German Chancellor Angela Merkel invited Ahmad to Berlin to honour him for his voluntary work with the Syrian Peace Choir.

Janna and *Ode to Joy* are striking choices of contrasting repertoire that negotiate between home and hostland, familiar and foreign, affirmation and assimilation, resistance and cultural diplomacy. Alternatively, referencing notions of brotherhood and acknowledging Western art music's significance in German culture, Beethoven's *Ode to Joy*, interspersed with *darabuka* drumming, illustrates not only the singers' interpretation of Westernised and ›universal‹ cultural capital, but perhaps also their search for Syrian-German musical convergence. When asked, »Why Beethoven?« Ahmad explains that singing *Ode to Joy* is the singers' way of demonstrating an ability and openness to embrace what, among others, Tina Ramnarine calls »hyphenated identities«.[22] Such identities are generated from an emotional liaison with East and West, bridging notions of difference and similarity from a place of in-betweenness. However, when listening to a multitude of performances and a large number of individuals' life stories, one quickly understands that each migration and integration experience is situational, contextual, and unique, as well as translational in the way migrants and hosts will remember, tell, and represent it. Listening to individual stories thus highlights another crucial aspect of this work: that music is not a universal tool for successful integration or the building of new belongings. Musical experiences are as much positive as they are negative and as such they are as particular as each life story.

Individuality: ›Ethnographies of the Particular‹

Individual life stories and their representation as ›ethnographies of the particular‹ are at the core of this study as one way »to write about lives so as to constitute others as less other«[23]. In the context of forced migration, however, there is much scepticism regarding the collection and representation of individual voices. Critics of the individual narrative assess these voices with unease, regarding aspects such as ambiguity and interpretation »guilty of the logical errors of methodological individualism or volunteerism«[24]. Individual narratives are further frequently criticised as anecdotal and unconvincing in their singularity, mainly appealing to the sensational interests of lay readers and thwarting the portrayal of facts. Presenting such voices, as in Ahmad's case, can be perceived as a problematic undertaking, because individual voices might differ from commonly known socio-political and historical facts, due to the multitude of factors that shaped the migrants' experiences – all of which produce partial realities that are problematic when applied generally.

Individual voices, however, contribute a personal perspective to the field, counterbalancing overemphasised general perspectives, while offering a methodologically priv-

---

22 *Musical Performance in the Diaspora*. Ed. Tina Ramnarine. London and New York: Routledge, 2007, p. 10.
23 Abu-Lughod: *Writing Against Culture* (c. f. footnote 2), p. 466.
24 Maynes, Mary Jo, Pierce, Jennifer, and Laslett, Barbara: *Telling Stories. The Use of Personal Narrative in the Social Sciences and History*. Ithaca: Cornell University Press, 2008, p. 5.

ileged position from which to comprehend human activity more broadly. I believe such voices – when critically considered – highlight subtle interactions in side streets and in private settings, personal epiphanies, and turning points, which no one saw, recorded, or filmed. Such moments are crucial in providing intellectual and practical suggestions for effectively assisting refugees and migrants, their host societies, as well as their administering governments when dealing with integration and the shaping of new forms of belonging after forced migration. I suggest that listening to and re-storying these voices of migration, both as ›process and product,‹ are critical in contributing aspects that are overlooked in policy discourses, refugee advocacy, as well as in academic accounts.[25] The focus on individual voices further gains more and more importance as individual voices represent the main forces on social media, constantly shaping collective views.

Conclusion

The voices of migrants and refugees introduced in this study denote one example of how displaced communities may turn to creative practices and social activities for community building, public advocacy, intercultural dialogue, political engagement, as well as to construct – knowingly and unknowingly – sounding subcultures amidst the host community. Investigating such musically constructed social spaces through an ethnomusicological lens – a less common approach to refugee and migration studies deploying fieldwork such as ›responsible and empathetic listening‹ and narrative production – offers a methodological approach for meaning-making that facilitates the study of individuals and groups in highly political contexts and generates research environments of continuous engagement and (musical) dialogue. Such engaged listening, as I could experience in interactions with the young singers from the Syrian Peace Choir, can guide the listener in relating to individuals' lives, experiencing difference as enriching, noticing the lyrics unsung, and generating interpretations and representations based on solidarity and social relatedness. Research environments of responsible listening further allow for a critical reassessment of long-established perspectives and foster the revisiting of the complex and constantly changing intersections between individual narrative, interpretation, memory, and historiography.[26] In broader terms, this study not only exemplifies how musical expressions and processes of engaged listening interconnect with human yearning for belonging and social interaction in post-migration settings, but also suggests that musical approaches emphasizing diversity can provide policy-relevant impulses for recent socio-political debates on the perceived threat of immigration.

---

25 *Narrative Inquiry in Music Education. Troubling Certainty.* Ed. Margaret Barrett and Sandra L. Stauffer. Dordrecht: Springer, 2009.
26 Due to the restricted scope of this essay, these intersections and the researchers' responsibilities dealing with these intersections cannot be addressed in more detail.

Magdalena Marschütz

Mehrfachperspektivierung als methodischer Zugang einer kritischen (musikwissenschaftlichen) Migrationsforschung

From a critical point of view musicological migration research raises some basic questions: Which aspects have to be contemplated when examining musical activities in migration contexts as an Austrian researcher from a privileged perspective? Consequently, how does a critical academic knowledge production look like and which theoretical and methodological implications follow from it? Based on postcolonial theory approaches, as well as on Clifford Geertz' concept of ›thick description‹, the paper suggests the consideration of multiple perspectives as a methodological tool for critical musicological migration research.

Einleitende Überlegungen

Ein Forschungsprojekt, das musikalische Aktivitäten im Kontext gegenwärtiger Phänomene der Fluchtmigration zum Gegenstand hat, wirft aus einer kritisch-ethischen Perspektive grundlegende Fragen auf: Was bedeutet es, sich als Forscherin mit österreichischen Wurzeln, das heißt von einer privilegierten Position, einer derartigen Forschungsthematik anzunähern? Gemeint ist also eine spezifisch österreichische Privilegierung, die unter anderem Sicherheit und Frieden, Reisefreiheit, Religionsfreiheit, freie Meinungsäußerung und die weitgehend uneingeschränkte Ausübung beruflicher Tätigkeiten ermöglicht – vermeintliche Selbstverständlichkeiten, die jedoch Menschen auf der Flucht nicht beziehungsweise nicht mehr zur Verfügung stehen. Wie kann folglich eine akademische Wissensproduktion aussehen, deren ProtagonistInnen sich abseits etablierter Bilder und Diskurse verorten möchten? Welche theoretischen und methodischen Implikationen ergeben sich daraus?

Ich schlage vor, im Falle kritischer (musikwissenschaftlicher) Migrationsforschung an postkoloniale Theoriekonzepte anzuknüpfen. Der palästinensisch-amerikanische Literaturwissenschaftler Edward Said gilt mit seinem bekannten Werk *Orientalism* als einer der Begründer postkolonialer Theorien.[1] Sein Schlüsselkonzept ›Orientalismus‹ beschreibt im Wesentlichen, wie dominante westliche Diskurse andere Kulturen unterschiedsbasiert repräsentieren und damit Vorstellungen eines ›Wir‹ im Gegenüber zu ›Anderen‹, welche die Wahrnehmung von kulturellen (Teil-)Systemen bis

---

1 Vgl. do Mar Castro Varela, María und Dhawan, Nikita: *Postkoloniale Theorie. Eine kritische Einführung.* Bielefeld: transcript, ²2015, S. 93–95.

heute bestimmen, konstituieren.² Europäische akademische Wissensproduktion ist so gesehen mit hegemonialen Machtstrukturen verwoben. Said spricht sich nicht für eine Nicht-Repräsentation oder für ausschließlich nichteuropäische Repräsentationen aus. Vielmehr fordert er eine »interpretative Wachsamkeit«, das heißt eine sorgfältig reflektierte und verantwortungsvolle Entscheidung für Interpretationen anderer Kulturen, die dominante, mitunter gewaltsame Repräsentationen zu hinterfragen und abzulösen vermögen.³ Eine derartige Praxis setzt, so María do Mar Castro Varela, eine empathische Annäherung an und eine umfassende Auseinandersetzung mit anderen Kulturen voraus. Im Dienste einer kritischen Kontextualisierung der Analyse plädiert do Mar Castro Varela für eine »detaillierte Explikation differenter Lesarten des sozialen Texts«⁴, also für ein Aufzeigen vielfältiger, zum Teil widersprüchlicher Perspektiven. Folglich ist es nicht nur lohnenswert, sondern im Hinblick auf die Forschungsthematik angebracht, die unterschiedlichen Perspektiven der jeweiligen AkteurInnen auf die musikalischen Aktivitäten zu beleuchten. Welche methodischen Überlegungen sich daran anschließen, werde ich im Folgenden anhand der sogenannten »dichten Beschreibung« nach dem amerikanischen Ethnologen Clifford Geertz verdeutlichen.

Clifford Geertz' »dichte Beschreibung«: eine kritische Annäherung

Clifford Geertz' »dichte Beschreibung« als Ansatz zum Verstehen kultureller Systeme ist in der interpretativen Ethnologie der 1960er Jahre begründet. Insbesondere zwei seiner Vorschläge können für eine musikwissenschaftliche Migrationsforschung nutzbar gemacht werden. Zum einen geht es Geertz darum, mikroskopische, das heißt überschaubare sozial-kulturelle Phänomene aus der Perspektive der einzelnen AkteurInnen zu beleuchten. Zum anderen hebt er die aktive Rolle der Forscherin[5] im Interpretationsprozess und damit eine zusätzliche Perspektivierung hervor.[6]

Clifford Geertz bringt mit seinem Verständnis eines semiotischen Kulturbegriffs sein Forschungsparadigma prägnant auf den Punkt:

---

2   Vgl. do Mar Castro Varela, María: *Koloniale Wissensproduktionen. Edward Saids »interpretative Wachsamkeit« als Ausgangspunkt einer kritischen Migrationsforschung*. In: *Schlüsselwerke der Migrationsforschung. Pionierstudien und Referenztheorien*. Hg. von Julia Reuter und Paul Mecheril. Wiesbaden: Springer, 2015, S. 307–321, hier S. 308–310.
3   Vgl. ebd., S. 312 f.
4   Ebd., S. 313.
5   Da die folgenden Ausführungen als methodische Überlegungen im Zusammenhang mit meiner eigenen empirischen Forschung zu verstehen sind, wird fortan die weibliche Form der Forscherin verwendet. Dies schließt eine kritische Reflexion der männlichen Forscherrolle keineswegs aus.
6   Vgl. Wolff, Stephan: *Clifford Geertz*. In: *Qualitative Forschung. Ein Handbuch*. Hg. von Uwe Flick, Ernst von Kardorff und Ines Steinke. Reinbek bei Hamburg: Rowohlt, ¹⁰2013, S. 84–96, hier S. 89–91.

> Ich meine mit Max Weber, daß der Mensch ein Wesen ist, das in selbstgesponnene Bedeutungsgewebe verstrickt ist, wobei ich Kultur als dieses Gewebe ansehe. Ihre Untersuchung ist daher keine experimentelle Wissenschaft, die nach Gesetzen sucht, sondern eine interpretierende, die nach Bedeutungen sucht. Mir geht es um Erläuterungen, um das Deuten gesellschaftlicher Ausdrucksformen, die zunächst rätselhaft scheinen.[7]

Ausgangspunkt ist hierbei die Vorannahme, dass KulturteilnehmerInnen interpretierend und sinnstiftend ihre eigene bedeutungsvolle Welt hervorbringen. Bedeutungen von Gegenständen existieren folglich nicht an sich, sondern werden erst durch Zuschreibungen konstituiert. Bedeutungen können Irmtraud Stellrecht zufolge als nicht sinnlich wahrnehmbare Seite von Symbolen begriffen werden; sie verweisen als Vorstellungen auf das jeweils Konkrete, sinnlich Wahrnehmbare.[8] Über soziales Handeln, das Geertz als »symbolisches Handeln«[9] fasst, wird Kultur (das Gewebe) öffentlich und daher intersubjektiv, das heißt u. a. auch für die Forscherin, zugänglich. Insofern demnach nicht (nur) der »ontologische Status«[10], sondern die unterschiedlichen Bedeutungsebenen (quasi die Gewebefäden) sozial-kultureller Ereignisse interessieren, beginnt der komplexe Prozess, den Geertz mit »dichte Beschreibung« benennt. Hierbei greift er – in Anlehnung an Gilbert Ryle – auf einen Begriff aus der Literaturwissenschaft zurück. Demzufolge kann zwischen einer »dünnen Beschreibung«, die das Konkrete, sinnlich Wahrnehmbare erfasst, und einer »dichten Beschreibung«, die die verschiedenen Bedeutungszuschreibungen thematisiert, differenziert werden. Stellen wir uns – um beim Beispiel Ryles, das auch Geertz verwendet, zu bleiben – zwei Knaben vor, die blitzschnell das rechte Augenlid bewegen. Obwohl aus phänomenologischer Sicht beide Bewegungen identisch sind, unterscheiden sich mitunter die so zustande kommenden Bedeutungszuschreibungen, je nachdem, ob es sich dabei um bloßes Zucken, Zwinkern, Scheinzwinkern oder Parodieren handelt.[11] Geertz setzt also am subjektiven Wirklichkeitsverständnis der KulturteilnehmerInnen an und geht anschließend deutend darüber hinaus.

Was bedeutet der Ansatz der »dichten Beschreibung« nun konkret für die empirische Arbeit im Feld? Welche methodischen Implikationen sind zu bedenken? Wie werden demnach die Datenerhebung und anschließend die Auswertung des Materials durchgeführt? Wie gestaltet sich der Übergang vom Beobachtungs- und Dokumentations- zum Interpretationsprozess? Auf Fragen dieser Art gibt Clifford Geertz kaum Ant-

---

7   Geertz, Clifford: *Dichte Beschreibung. Bemerkungen zu einer deutenden Theorie von Kultur*. In: *Dichte Beschreibung. Beiträge zum Verstehen kultureller Systeme*. Deutsche Übersetzung von Brigitte Luchesi und Rolf Bindemann. Frankfurt a. M.: Suhrkamp, [4]1995, S. 7–43, hier S. 9. Originalzitate wurden nicht in die neue deutsche Rechtschreibung übertragen.
8   Vgl. Stellrecht, Irmtraud: *Interpretative Ethnologie: Eine Orientierung*. In: *Handbuch der Ethnologie*. Hg. von Thomas Schweizer, Margarete Schweizer und Waltraud Kokot. Berlin: Reimer, 1993, S. 29–78, hier S. 48.
9   Geertz: *Dichte Beschreibung* (wie Fußnote 7), S. 16.
10 Ebd.
11 Vgl. ebd., S. 10–12.

worten. Meinrad Ziegler bezeichnet ihn daher zu Recht als »methodologischen Nonkonformisten«[12], denn methodologische und methodische Richtlinien deutet er, wenn überhaupt, nur implizit an. Dies wird umso deutlicher, wenn er die »dichte Beschreibung« weniger als eigenständige Methodologie denn als eine »Form des Wissens«[13] bezeichnet. Konsequenterweise folgt keine detaillierte Abhandlung einzelner Forschungsschritte, deren Differenzierung Geertz ohnehin skeptisch sieht: »Entscheidend ist vielmehr die besondere geistige Anstrengung, die hinter allem steht, das komplizierte intellektuelle Wagnis.«[14]

Worin besteht dieses Wagnis? Der Ethnograph, so Geertz, schreibt; er bildet soziale Diskurse schreibend ab.[15] Geertz' Antwort mag auf den ersten Blick banal klingen, jedoch erweisen sich seine grundlegenden Ausführungen zur Rolle der Forscherin beziehungsweise der Autorin im wissenschaftlichen Erkenntnisprozess bei näherer Betrachtung als hilfreich. Wie Meinrad Ziegler treffend formuliert, thematisiert Geertz »Probleme, die wir gewohnt sind, im Rahmen einer Logik der Forschung zu diskutieren, […] als Probleme einer Logik der Darstellung«[16]. Die wissenschaftliche Darstellungsweise ist Geertz zufolge selbst ein Produkt von Interpretationen, weshalb sie stets »etwas Gemachtes«, »etwas Hergestelltes«[17] ist. Die subjektiven Bedeutungszuschreibungen der einzelnen AkteurInnen werden folglich vor dem Hintergrund theoretischer Vorannahmen und spezifischen Vorwissens ›gelesen‹ und interpretiert. Clifford Geertz greift hierbei – in Anlehnung an Paul Ricœur – auf die Metapher des Textes zurück, wonach die Erforschung von Kultur dem

> Versuch [gleicht], ein Manuskript zu lesen (im Sinne von ›eine Lesart entwickeln‹), das fremdartig, verblaßt, unvollständig, voll von Widersprüchen, fragwürdigen Verbesserungen und tendenziösen Kommentaren ist, aber nicht in konventionellen Lautzeichen, sondern in vergänglichen Beispielen geformten Verhaltens geschrieben ist[18].

Das, was die Forscherin ›liest‹ und niederschreibt, ist zudem »kein unbearbeiteter sozialer Diskurs«, sondern »nur jener begrenzte Teil, den unsere Informanten uns näher bringen können«[19]. Wissenschaftliche Forschung erweist sich folglich als Interpretation von Interpretationen, das heißt als Interpretation »zweiter und dritter Ordnung«, insofern bereits die »Aussagen der Informanten […] häufig, wenn nicht sogar

---

12 Ziegler, Meinrad: *Überlegungen zur Forschungslogik eines methodologischen Nonkonformisten*. In: *Symbolische Anthropologie der Moderne. Kulturanalysen nach Clifford Geertz.* Hg. von Gerhard Fröhlich und Ingo Mörth. Frankfurt: Campus, 1998, S. 51–66.
13 Geertz: *Dichte Beschreibung* (wie Fußnote 7), S. 10.
14 Ebd.
15 Vgl. ebd., S. 28.
16 Ziegler: *Überlegungen zur Forschungslogik eines methodologischen Nonkonformisten* (wie Fußnote 12), S. 52 f.
17 Geertz: *Dichte Beschreibung* (wie Fußnote 7), S. 23.
18 Ebd., S. 15.
19 Ebd., S. 29.

fast durchgehend, zu den Interpretationen zweiter Ordnung zu rechnen [sind]«[20]. »Schon auf der Ebene der Fakten«, wie Geertz an anderer Stelle ausführt, »erklären wir, schlimmer noch: erklären wir Erklärungen. Zwinkern über Zwinkern.«[21]

»Dichte Beschreibungen« gewinnen insofern an Dichte, als unterschiedliche Beobachtungs- und Bedeutungsebenen in Erfahrung gebracht und zueinander in Beziehung gesetzt werden. Im Sinne einer Mehrfachperspektivierung führt dies schließlich, wie Stephan Wolff zusammenfasst, unter Umständen zu einer »Vielzahl ganz unterschiedlicher Interpretationsfolien, die das betreffende Phänomen jeweils unter einer anderen Perspektive transparent werden lassen«[22]. Wolff spezifiziert diesen Prozess als additives Verfahren, indem Geertz »seinen (Be-)Funden in immer neuen Schichten weiteres Interpretationsmaterial anlagert und dabei unterschiedlichste wissenschaftliche Perspektiven […] hinsichtlich des betreffenden Gegenstandes aufeinander abbildet«[23].

Welche methodischen Entscheidungen lassen sich für eine Untersuchung von musikalischen Aktivitäten im Kontext gegenwärtiger Phänomene der Fluchtmigration konkret ableiten? Insofern im Sinne eines semiotischen Kulturbegriffs sozial-kulturelle Ereignisse mit unterschiedlichen, mitunter widersprüchlichen Bedeutungsebenen verknüpft sind, bedarf deren Untersuchung der Berücksichtigung mehrerer Perspektiven. Diese lassen sich durch die Heranziehung verschiedener Quellen zur Datenerhebung (Dokumente, Formen der Beobachtung, qualitative Interviews) erschließen. Insbesondere die Durchführung von qualitativen, nichtstandardisierten Interviews mit den jeweiligen AkteurInnen, etwa mit den InitiatorInnen, OrganisatorInnen, MusikerInnen und RezipientInnen, ermöglicht einen Zugang zu deren subjektiver Bedeutungswelt. Da diese nur interpretierend vermittelt werden kann und die Forscherin darüber hinaus selbst interpretierend in den Forschungsprozess einwirkt, bleibt eine derartige Untersuchung stets fragmentarisch und bruchstückhaft. Wie bereits Geertz anmerkt: »Die Untersuchung von Kultur ist ihrem Wesen nach unvollständig.«[24] Die Daten, die die Forscherin erhebt, bilden demnach nicht ›die‹ Realität, sondern Teilausschnitte einer jeweils individuell konstituierten Realität ab, zumal verbaler Ausdruck nur eine unter mehreren Möglichkeiten ist, Wirklichkeit darzustellen und unter Umständen vieles gar nicht in Worte zu fassen ist. Diese Einsichten sind innerhalb eines interpretativen Forschungsparadigmas nicht per se problematisch, insoweit sie explizit begründet und dadurch intersubjektiv nachvollziehbar werden.

---

20 Ebd., S. 23.
21 Ebd., S. 14.
22 Wolff: *Clifford Geertz* (wie Fußnote 6), S. 90.
23 Wolff, Stephan: *Die Anatomie der Dichten Beschreibung. Clifford Geertz als Autor*. In: *Zwischen den Kulturen? Die Sozialwissenschaften vor dem Problem des Kulturvergleichs* (Soziale Welt, Sonderband 8). Hg. von Joachim Matthes. Göttingen: Schwartz, 1992, S. 339–357, hier S. 350.
24 Geertz: *Dichte Beschreibung* (wie Fußnote 7), S. 41.

Diese Offenlegung des Forschungsprozesses bleibt Geertz' LeserInnen jedoch weitgehend vorenthalten, weshalb sein Ansatz der »dichten Beschreibung« seit Anfang der 1980er Jahre zunehmend kritisch reflektiert wird. Obwohl Geertz die Frage nach den mehrfachen Bedeutungsebenen eines sozial-kulturellen Ereignisses hervorhebt, blendet er durch dessen Textualisierung letztlich die konkreten AkteurInnen und damit die Mehrfachperspektivierung aus. Irmtraud Stellrecht bringt dies wie folgt auf den Punkt: »Geertz baut sich auf als Autor mit Auslegemonopol und Anspruch auf richtige Lesart vom privilegierten und distanzierten Standort aus, obwohl er doch selbst immer wieder die Vieldeutigkeit des ›Feldtextes‹ betonte. Gleichzeitig bleibt er als interpretierender Autor unsichtbar.«[25] Stellrecht benennt hier drei grundlegende Aspekte der Kritik an Geertz: Erstens werden die unterschiedlichen Perspektiven der jeweiligen AkteurInnen, das heißt die Vieldeutigkeit des Untersuchungsgegenstandes, zugunsten einer monologischen Darstellungsweise homogenisiert. Die Individuen bleiben folglich kollektiv und anonym, es gibt »kein Ich und kein Du; an die Stelle individueller Gesprächspartner bzw. Akteure ist der ›native point of view‹ getreten, der von namenlosen Repräsentanten der untersuchten Kultur, d.h. von *den* Balinesen, *den* Marokkanern, *den* Javanern etc. vertreten wird«[26]. Damit einher geht zweitens eine Kritik der Textmetapher, wonach der »Feldtext«[27] von der Forscherin lediglich ›richtig gelesen‹ werden muss. Diese scheint zu statisch, denn »wenn Sprechsituationen im Feld fließend, unsicher, doppeldeutig sind, dann wird mit der Vorstellung vom ›Lesen eines Textes‹ das Mißverständnis genährt, daß Lesbarkeit ebenso wie ›richtige‹ Übersetzung gesichert seien«[28]. Obgleich sich Geertz, wie bereits dargelegt wurde, mit der aktiven Rolle der Forscherin im Interpretationsprozess eingehend auseinandersetzt, begründet er drittens seine ›Lesart‹ des Untersuchungsgegenstandes kaum. Seine Interpretationen wirken daher, wie Stephan Wolff kritisch anmerkt, zum Teil willkürlich und unabhängig von den konkreten Aussagen der jeweiligen AkteurInnen.[29] Zudem bekommen die LeserInnen das, was zuvor im Feld noch subjektiv gefärbte, fragmentarische und bruchstückhafte Wirklichkeitsausschnitte waren, nun »glatt, ohne Brüche und vor allem verstehbar vorgesetzt«[30]. Es bleibt folglich oftmals unklar, inwiefern Geertz' Darstellungen die Bedeutungen, die die jeweiligen AkteurInnen sozial-kulturellen Ereignissen und Handlungen zuschreiben, zu rekonstruieren versucht oder diese erst seinerseits herausliest beziehungsweise hineininterpretiert. Folgt man Geertz, so entsteht der Eindruck, dass er es bei der Feststellung bewenden lässt, dass eine »Grenze zwischen Darstellungsweise und zu

---

25 Stellrecht: *Interpretative Ethnologie: Eine Orientierung* (wie Fußnote 8), S. 49.
26 Gottowik, Volker: *Konstruktionen des Anderen. Clifford Geertz und die Krise der ethnographischen Repräsentation.* Berlin: Reimer, 1997, S. 313. Hervorhebung im Original.
27 Stellrecht: *Interpretative Ethnologie: Eine Orientierung* (wie Fußnote 8), S. 49.
28 Ebd., S. 54.
29 Vgl. Wolff: *Clifford Geertz* (wie Fußnote 6), S. 94.
30 Stellrecht: *Interpretative Ethnologie: Eine Orientierung* (wie Fußnote 8), S. 49.

Grunde liegendem Inhalt«[31] ohnehin unmöglich zu ziehen sei. Nicht zuletzt aufgrund des stets begrenzten Zugangs zum Feld vermittels ausgewählter InformantInnen sowie mangelnder Interpretationen erster Ordnung kann die Forscherin lediglich »Vermutungen über Bedeutungen«[32] anstellen. Die Qualität einer »dichten Beschreibung« ist schließlich danach zu beurteilen, »inwieweit ihre wissenschaftliche Imagination uns mit dem Leben von Fremden in Berührung zu bringen vermag«[33]. Diese Imaginationskraft, mit der uns Geertz das Faktische lebendig vor Augen führt und uns dadurch mitten hinein in das Geschehen versetzt, erzeugt bei den LeserInnen, so Stephan Wolff, mitunter ein »Gefühl der Ambivalenz«:

> Es macht das Gewagte, aber auch die Faszination dieser Art, ethnographische Darstellungen zu gestalten, aus, dass bei ihrer Lektüre die Grenze zwischen hier und dort, zwischen Realität und Imagination, zwischen Wissenschaft und Poesie, wenn nicht ins Wanken, so doch ins Flimmern gerät.[34]

Inwiefern kann folglich diese »Krise der Repräsentation«[35], wie Stellrecht einen Aspekt der Reflexionsphase innerhalb der interpretativen Ethnologie bezeichnet, für die Entwicklung alternativer Zugänge produktiv genutzt werden? In der kritischen Diskussion des Geertzschen Ansatzes wird nicht in Frage gestellt, dass (Feld-)Forschung ein interpretativer Vorgang ist. Eine klare Grenzziehung zwischen der Rekonstruktion verschiedener Bedeutungsebenen und der eigenen Interpretationsleistung ist demnach kaum möglich. Im Rahmen der Möglichkeit der Forscherin ist es jedoch, die Bedingungen der Wissensproduktion – ganz im Sinne Edward Saids »interpretativer Wachsamkeit« – kritisch zu reflektieren. Es geht also darum, die Bedingungen des Forschungs- und Interpretationsprozesses explizit zu benennen und dadurch intersubjektiv nachvollziehbar zu machen. Leitfragen können hierfür u.a. sein: Wie wurde der Zugang zum Feld gestaltet? Welches Geschehen im Feld wird thematisiert bzw. nicht thematisiert? In welchen Kontext sind Sprach- und Handlungssituationen eingebettet? Wer spricht? Wer interpretiert was und mit welcher Zielsetzung? Wie wird Wissen eingesetzt? Weshalb werden spezifische Interpretationen gegenüber anderen vorgezogen?

Durch die kritische Reflexion derartiger Fragen rückt das konkrete sozial-kulturelle Ereignis, an dem benennbare Individuen (inklusive der Forscherin) teilhaben und das in einem spezifischen Kontext zu verorten ist, wieder verstärkt in den Blick. Kontextualisierung bedeutet, dass Sprach- und Handlungssituationen nach Möglichkeit in ihrem sozio-politischen Gefüge untersucht werden. Dadurch können beispielsweise Machtbeziehungen, die Teil jeder Forschungssituation sind, erkannt und benannt werden. Dies birgt einerseits die Chance einer kritischen Hinterfragung der eigenen

---

31   Geertz: *Dichte Beschreibung* (wie Fußnote 7), S. 24.
32   Ebd., S. 30.
33   Ebd., S. 24.
34   Wolff: *Clifford Geertz* (wie Fußnote 6), S. 95.
35   Vgl. u.a. Stellrecht: *Interpretative Ethnologie: Eine Orientierung* (wie Fußnote 8), S. 53 f.

Rolle als Forscherin, insofern sich deren Beziehung zu den jeweiligen AkteurInnen häufig asymmetrisch gestaltet. Andererseits geht es in Folge darum, die AkteurInnen »stärker als bisher selbst zum Sprechen«[36] zu bringen, das heißt »von einem Diskurs über den Anderen zu einem Diskurs *mit* dem Anderen«[37] überzugehen. Indem also an die Stelle der Geertzschen Textmetapher ein dialogisches Prinzip tritt, bleiben sprachliche Aussagen stärker an ihre spezifischen Kontexte gebunden. Dadurch entstehen in der konkreten Lebenswelt der jeweiligen AkteurInnen verankerte Interpretationen, die im Idealfall auch intersubjektiv nachvollziehbar sind.[38] Letztendlich, so resümiert Irmtraud Stellrecht, bleibt jedoch die Einsicht, dass die komplexen Vorgänge im Rahmen eines Forschungsprozesses immer nur begrenzt nachgezeichnet werden können. Eine spezifische Perspektivierung durch die Forscherin ist somit unvermeidbar und erhält auch ihre Berechtigung, insofern sie »über die Offenlegung ihrer Bedingungen als Validitätsrahmen genutzt [wird], innerhalb dessen Interpretation abläuft«[39].

Anhand eines ersten Einblickes in meinen eigenen Forschungsprozess möchte ich die bisherigen Ausführungen abschließend konkretisieren. Ich beziehe mich dabei beispielhaft auf ausgewählte Aspekte während meines ersten Forschungsaufenthaltes mit dem *Syrian Expat Philharmonic Orchestra*. Das *Syrian Expat Philharmonic Orchestra* (kurz: *SEPO*) wurde Anfang des Jahres 2015 vom syrischen Kontrabassisten Raed Jazbeh gegründet und besteht mittlerweile aus etwa 65, nahezu ausschließlich syrischen ProfimusikerInnen. Ich begleitete sie bei einem Orchesterprojekt im September 2016, verfolgte die Probenprozesse sowie zwei Konzerte in Berlin/Deutschland und Malmö/Schweden. Von Beginn an befand ich mich in einem Feld zwischen wissenschaftlicher Forschung und sozialem Engagement und war gefordert, meine Rolle als europäische Wissenschaftlerin stetig zu hinterfragen und neu zu artikulieren. Zwei kurze Beispiele: Erstens zeigte sich in informellen Gesprächen mit einigen MusikerInnen, dass für diese meine Rolle im sozialen Gesamtgefüge trotz mehrmaliger Erläuterungen häufig diffus blieb. So schwankten ihre Reaktionen zwischen der Faszination, mein Interesse an ihrem Orchester geweckt zu haben, und dem Unbehagen, zu »Objekten« einer wissenschaftlichen Untersuchung gemacht zu werden; zwischen der Hoffnung, tatkräftige (organisatorische) Unterstützung zu erhalten und der Enttäuschung, in mir kein neues Orchestermitglied gefunden zu haben. Zweitens verdeutlichten zwei Begebenheiten die Notwendigkeit einer kritischen Reflexion des Begriffs ›Flüchtling‹, der oftmals zu einer einseitigen Festschreibung von Menschen führt. Der Gründer des Orchesters, Raed Jazbeh, drückte zum Beispiel seinen Ärger darüber aus, dass JournalistInnen häufig den Fluchtaspekt vorrangig thematisierten, wodurch die einzelnen MusikerInnen sowie deren Musik in den Hintergrund rück-

---

36 Ebd., S. 55.
37 Gottowik: *Konstruktionen des Anderen* (wie Fußnote 26), S. 314. Hervorhebung im Original.
38 Vgl. ebd., S. 314 und Ziegler: *Überlegungen zur Forschungslogik eines methodologischen Nonkonformisten* (wie Fußnote 12), S. 61.
39 Stellrecht: *Interpretative Ethnologie: Eine Orientierung* (wie Fußnote 8), S. 63.

ten. Darüber hinaus führten die Grenzkontrollen auf dem Weg von Berlin nach Malmö deutlich vor Augen, was es bedeutet, als ›Flüchtling‹ etikettiert zu werden: Zwei Musiker wurden nach Deutschland zurückgeschickt, einer erst nach einem langwierigen polizeilichen Verhör über die Grenze gelassen. Wenngleich die konkreten Gründe für mich als Forscherin bis zuletzt intransparent blieben – sie können in einer restriktiven Flüchtlingspolitik ebenso wie in tatsächlich fehlenden oder nur eingeschränkt gültigen Reisepässen gelegen haben –, so wurde ich mir dennoch einmal mehr meiner privilegierten Position (und der damit verbundenen Reisefreiheit) bewusst. Dies hatte zudem unmittelbare Auswirkungen auf die Wahrnehmung respektive Interpretation der Grenzkontrollen, wie sich in anschließenden Gesprächen mit einigen MusikerInnen herausstellte: Während für mich derartige Grenzkontrollen sowie polizeiliche Verhöre eine Ausnahmesituation bedeuteten, schienen diese für die aus Syrien geflüchteten MusikerInnen bereits ein Stück weit zu ihrer Lebensrealität in Europa zu gehören.

Um in diesem Sinne zu einem umfassenden und einsichtsvollen Bild der zu untersuchenden musikalischen Aktivitäten zu gelangen – ganz im Sinne Edward Saids »interpretativer Wachsamkeit« –, kann das Aufzeigen mehrerer Perspektiven, also auch jener von Menschen auf der Flucht, ein sinnvoller methodischer Zugang sein. »Statt zu versuchen«, um abschließend noch einmal Geertz zu zitieren, »die Erfahrungen anderer in den Rahmen unserer Vorstellungen einzuordnen […], müssen wir, um zu einem Verstehen zu gelangen, solche Vorstellungen ablegen und die Erfahrungen anderer Leute im Kontext ihrer eigenen Ideen über Person und Selbst betrachten.«[40]

---

40 Geertz, Clifford: »*Aus der Perspektive der Eingeborenen*«. *Zum Problem des ethnologischen Verstehens*. In: *Dichte Beschreibung. Beiträge zum Verstehen kultureller Systeme* (wie Fußnote 7), S. 289–309, hier S. 294.

Sean Prieske

Musik auf der Flucht

In the class *Musik auf der Flucht* (Music during escape / Music on the run, Humboldt University of Berlin / Summer semester 2016) students interviewed refugees in Berlin. They asked the respondents what music meant to them before, during and after their migration. The interviewees were from Syria, Afghanistan and Iraq and had been living in an emergency accommodation in Berlin for about six months at the time of the interviews. In their home countries, music was played during celebrations, work and in concerts. During the escape, energy had to be saved, which is why people sometimes sang to overcome fear, shorten the time and create a feeling of community. After arriving in Berlin, mainly old music repertoire was being listened to in the accommodation. More and more, social influences fade into the background. Listening to music with headphones is common, music serves the individual memory as contact with new music is rare.

Musikwissenschaft und Fluchtforschung

Die Beschäftigung mit Musik und Flucht erfordert eine hohe Expertise in Musikwissenschaft und Fluchtforschung. Musikwissenschaftliche Fachliteratur zu diesem speziellen Themenfeld ist bisher rar. Dies mag unter anderem an der begrifflichen Unschärfe eines Terminus wie ›Flucht‹ liegen, welcher beispielsweise im Englischen kaum eine adäquate Entsprechung hat. Häufiger findet sich musikwissenschaftliche Literatur im Zusammenhang mit breiteren Themenfeldern wie jenen der Migration, des Exils und der Mobilität. Anfang der 1990er Jahre schrieb der Musikwissenschaftler Albrecht Dümling zu einem Symposium über Musik und Emigration[1]: »Die Exilmusik-Forschung steht erst in den Anfängen. Nur wenig praktische Anregungen hielt eine interdisziplinäre Diskussionsrunde für sie bereit.«[2]

Aus der historischen Musikwissenschaft liegen Studien zu Mobilität vor, insbesondere die Beschäftigung mit Musik im Exil weist eine große Anzahl an Veröffentlichungen auf. Ausgiebig wird dabei die Zeit des ›Dritten Reichs‹ mit ihren kulturellen Fol-

---

[1] Vom 10. bis 13. Juni 1992 fand in Essen das Symposium *Musik in der Emigration, 1933–1945: Verfolgung, Vertreibung, Rückwirkung* statt. Vgl. dazu den Tagungsband: *Musik in der Emigration, 1933–1945: Verfolgung, Vertreibung, Rückwirkung: Symposium Essen, 10. bis 13. Juni 1992.* Hg. von Horst Weber. Stuttgart: Metzler, 1994.

[2] Dümling, Albrecht im *Tagesspiegel*, 30. Juli 1992. Zit. nach Stompor, Stephan: *Künstler im Exil in Oper, Konzert, Operette, Tanztheater, Schauspiel, Kabarett, Rundfunk, Film, Musik- und Theaterwissenschaft sowie Ausbildung in 62 Ländern. Band 1.* Frankfurt a. M. u. a.: Lang, 1994, S. 11.

gen beleuchtet. So erschien beispielsweise 1993 das Buch *Musik im Exil: Folgen des Nazismus für die internationale Musikkultur*.³ Eine beachtliche Übersicht zu Künstlerinnen und Künstlern im Exil mit großem musikalischem Schwerpunkt veröffentlichte Stephan Stompor 1994.⁴ In zwei Bänden legte er eine ausgiebige

> Dokumentation des Exils von musizierenden und darstellenden Künstlern [vor, um] diese bisher unterbewertete und in vorliegenden Publikationen kaum einbezogene, jedoch umfangreiche und auf die kulturelle Entwicklung in den einzelnen Ländern stark einwirkende weltweite Tätigkeit von mehreren Tausend […] zu würdigen⁵.

Insbesondere die hier angedeutete räumliche wie zeitliche Breite von Musik im Exil verweist beispielhaft auf das epochen- und kulturübergreifende Aufkommen von Musik im Migrationskontext. So schließen sich an breiter angelegte Veröffentlichungen exemplarische Fallstudien an, welche am konkreten Beispiel in die Tiefe gehen.⁶

Beeinflusst von Migrationsbewegungen in Europa in Folge des Zerfalls der UdSSR und des Balkankrieges erfolgte eine verstärkte Beschäftigung mit zeitgenössischer Migration und Musik. Unter dem Eindruck neu verhandelter Grenzen und Nationalstaatlichkeit nahm auch das Bewusstsein für Mobilität und Hybridität von Kultur zu.⁷ Das Narrativ lokaler Zentren von Kultur wurde mehr und mehr aufgebrochen. Transdisziplinäre Felder wie Globalisierungsforschung, postkoloniale Studien, die Erforschung von Urbanität oder Mobility Studies⁸ zeigen bis heute immer stärker die Fluidität kultureller Praktiken auf.

Zur Methode

An der Humboldt-Universität zu Berlin fand im Sommersemester 2016 der Kurs *Musik auf der Flucht* statt. In einer Zeit, als Fluchtbewegungen nach Europa besondere mediale Aufmerksamkeit fanden, fragte dieser Kurs nach der Bedeutung von Flucht für Musik. Gemeinsam mit den Studierenden wurden interessenbezogene Forschungsfragen entwickelt, welche durch problemzentrierte Leitfadeninterviews be-

---

3   *Musik im Exil. Folgen des Nazismus für die internationale Musikkultur.* Hg. von Hanns-Werner Heister, Claudia Maurer Zenck und Peter Petersen. Frankfurt a. M.: Fischer-Taschenbuch-Verlag, 1993.
4   Stompor: *Künstler im Exil* (wie Fußnote 2).
5   Ebd., S. 12.
6   Vgl. zum Beispiel zu Hanns Eislers Kantaten im Exil: Lee, Kyung-Boon: *Musik und Literatur im Exil: Hanns Eislers dodekaphone Exilkantaten*. New York u. a.: Lang, 2001.
7   Damit geht auch eine Neubewertung von nationaler Identität und Kultur abhängig von lokaler Repräsentation einher. Vor dem Hintergrund des Balkankrieges reflektiert auch die Musikethnologie diese Tendenzen, vgl. dazu: *Music, Politics, and War: Views from Croatia*. Hg. von Svanibor Pettan. Zagreb: Institute of Ethnology and Folklore Research, 1998.
8   Vgl. Greenblatt, Stephen u. a.: *Cultural Mobility. A Manifesto*. Cambridge: Cambridge University Press, 2010.

antwortet werden sollten. Diese Methode wurde gewählt, um den Interviewten narrative Freiräume zu geben, die Studierenden hatten aber gleichzeitig die Option, interessensgeleitete Nachfragen zu stellen. Dabei »darf und soll [die interviewende Person] Fragen auch in der Erzählphase vorbringen, aber möglichst ohne die Erzähllogik zu beeinträchtigen«[9]. In einer vom Kreisverband Müggelspree e.V. des Deutschen Roten Kreuzes betriebenen Notunterkunft in der Ruschestraße 103/104 in Berlin-Lichtenberg wurden nach ersten Pretests Interviews mit Geflüchteten geführt. Die Interviews fanden am 27. Juni 2016 zwischen 10:20 Uhr und 17 Uhr statt. Diese wurden mit den Handys der Studierenden aufgezeichnet und anschließend transkribiert. Die in Frage kommenden Personen wurden entsprechend ihrer Bereitschaft, ein Interview zu geben, befragt. Bei der Auswahl wurde versucht, eine Streuung von Alter und Geschlecht zu erhalten. Die Gespräche basierten auf einem Leitfaden, zur Unterstützung waren zwei ehrenamtliche Übersetzer vor Ort. Der Leitfaden zielte inhaltlich auf einen Vergleich des persönlichen Verhältnisses der Befragten zur Musik vor, während und nach der Flucht ab. Nach einem Gesprächseinstieg und Fragen nach Herkunft, Umständen der Flucht und Zeitpunkt der Ankunft in Berlin sollten die Befragten ihre Hörgewohnheiten im Allgemeinen beschreiben. Auch wurde abgefragt, ob die Geflüchteten selber Musik machten. Nach diesem sehr offenen Einstieg wurde gezielt der Wandel von Musik vor, während und nach der Flucht fokussiert. Dazu sollten Angaben zu Häufigkeit und Anlässen sowie zur Instrumenten- und Mediennutzung gemacht werden. In der zweiten Hälfte wurden die Befragten nach dem von ihnen bevorzugten musikalischen Repertoire befragt. Auch wurden sie aufgefordert, ihr persönliches Verhältnis zu Musikstücken, die ihnen viel bedeuteten, zu verbalisieren. Abschließend wurden ergänzend zum qualitativen Teil noch sozialstatistische Daten wie Alter, Geschlecht, Beruf und Bildungsabschluss notiert. Die Interviewtranskriptionen wurden dann einer qualitativen, strukturierenden Inhaltsanalyse nach Philipp Mayring[10] auf der Grundlage eines inhaltlichen Kategoriensystems unterzogen. Folgende Kategorien wurden herausgearbeitet, nach welchen die Interviews inhaltlich strukturiert wurden: Eigenschaften der Flucht; Musiker/Nichtmusiker; Verhältnis zu Musik vor, während und nach der Flucht; Dimensionen von Musik während der Flucht; neues und altes Repertoire sowie die persönliche Beziehung zum alten und neuen Repertoire. Die Kategorien wurden zu Hauptkategorien zusammengefasst, um so die inhaltlich relevanten Aussagen der Interviews herauszufiltern und zu bündeln.

---

9 Diekmann, Andreas: *Empirische Sozialforschung. Grundlagen, Methoden, Anwendungen.* Reinbek bei Hamburg: Rowohlt, 2007, S. 542.
10 Mayring, Philipp: *Qualitative Inhaltsanalyse. Grundlagen und Techniken.* Weinheim und Basel: Beltz, 2010.

Ergebnisse

Im Rahmen des Kurses konnten 13 Interviews geführt werden, von denen elf in die Auswertung gelangten (bei einem Interview war der Tonmitschnitt kaum verständlich; ein weiteres war zum Zeitpunkt der Auswertung nicht abschließend transkribiert). Die folgende Darstellung der Ergebnisse in Textform kann wegen der Vielfalt der Antworten nur überblicksartig geschehen. Es wird kein Anspruch auf Repräsentativität bezüglich der Gesamtsituation in Deutschland erhoben. Da musikwissenschaftliche Befragungen in diesem Bereich sehr rar sind, soll dennoch versucht werden, einige Tendenzen und Erkenntnisse darzulegen. Dies geschieht in der Hoffnung, zukünftige Forschung anzuregen und erste Ansätze zu liefern.[11]

Zur Übersicht dient zunächst eine Darstellung der Personenmerkmale, wie sie im Gespräch erfragt wurden:

Stichprobengröße:	11
Alter:	15–38
Geschlecht:	3 weiblich, 8 männlich
Beruf (vor d. Flucht):	5 Handwerker/Dienstleister, 3 Schüler_innen, 2 Hausfrauen, 1 Student
Herkunft:	6 aus Syrien, 4 aus Afghanistan, 1 aus dem Irak
Dauer der Flucht:	10–60 Tage
In Berlin seit:	ca. 7 Monaten, 1 Person seit 4 Monaten, 1 seit 17 Monaten

Dass beinahe alle Befragten etwas mehr als ein halbes Jahr in Berlin waren, liegt im Zeitpunkt der Eröffnung der Notunterkunft begründet: Sieben Monate vor den Interviews konnte diese von neu Angekommenen bezogen werden.

Vor der Flucht wurde viel Musik gehört. Niemand gab an, keine Musik gehört oder keinen persönlichen Bezug zu Musik zu haben. Einige der befragten Personen hatten in einem Chor gesungen. Musik wurde auf Konzerten, zu Feiern und Festen gehört. Während der Arbeit lief sie im Hintergrund. Viele hörten auch Musik über Kopfhörer vom Handy aus. Begründet wurde der Musikkonsum vielfach mit dem Gemeinschaftsgefühl, das die Musik stiftet. Oft wurde auch einfach zum Spaß gehört. Bei der Arbeit im Hintergrund und während Autofahrten diente Musik dem Zeitvertreib. Das Repertoire wurde beschrieben als überwiegend arabisch, aber auch persisch und kurdisch. Dabei wurde in der Regel auf die Sprache der jeweiligen Texte oder die Herkunft des_r Musiker_in rekurriert. Darüber hinaus fanden auch westliche Pop-

---

11 Vgl. zu aktuellen Ansätzen und empirischer qualitativer Arbeit auch den Beitrag von Ulrike Präger in diesem Band.

musik und sogenannte westliche klassische Musik Gehör. Musik wurde als alltäglich für die Menschen beschrieben. Sie begleitete Routinen und machte diese angenehmer, wurde aber auch zu besonderen Anlässen gespielt. Hierbei förderte sie Gemeinschaft und Stimmung der Beteiligten.

Während der Flucht blieb Musik selten, da Handyakkus geschont werden mussten. Dafür wurde vereinzelt das Singen wiederentdeckt. Einige berichteten von gemeinsamem Singen während Fußmärschen, langen Autofahrten oder in beängstigenden Situationen. Hier diente Musik zur Bekämpfung von Angst, zur Ablenkung und zum Zeitvertreib. Als Selbstveräußerung in der Welt unterstützte die Musik eine Manifestation des musizierenden Subjekts auf der Flucht in einem Setting, das in hohem Maße von Inkonsistenz geprägt war. Gemeinsames Singen schaffte ein Gruppengefühl, das Stärke, Zusammenhalt und Hoffnung förderte. Das Repertoire bestand in der Regel aus Stücken aus der Heimat in arabischer, persischer oder kurdischer Sprache.

Nach der Flucht bezogen die meisten Befragten kurz nach ihrer Ankunft in Berlin die Notunterkunft in der Ruschestraße. In dem Haus wohnten zum Zeitpunkt der Befragungen rund 1 200 Geflüchtete auf engstem Raum, darunter viele Familien und Kinder.[12] Die Möglichkeiten der Beschäftigung mit Musik waren hier besonders durch räumliche Faktoren wie auch finanzielle Engpässe bestimmt.[13] So war das gemeinschaftsstiftende Moment von Musik im Vergleich zu den Zeiten vor und während der Flucht weniger bedeutsam. Es wurde zwar viel Musik gehört, dies geschah aber oftmals alleine und selten in der Gruppe. Wichtigstes Medium war dabei das eigene Mobiltelefon. Teilweise waren Radios vorhanden, ein lautes Musikhören fand jedoch aufgrund der räumlichen Enge nur selten statt. Einige der Befragten haben auch schon einen Berliner Club besucht.

Oftmals diente Musik dem Zeitvertreib, manchmal unterstützte sie Feierlichkeiten wie Geburtstage. Zwei neue Gründe für Musikkonsum traten zudem nach dem Ankommen in Deutschland hinzu: Zum einen wurde Musik als Medium einer aktiven Erinnerungskultur genutzt. Dabei handelte es sich um Musik, welche mit der eigenen Heimat und der persönlichen Vergangenheit in Verbindung gebracht wurde. Kulturelle Identität und persönliche Erlebnisse wurden musikalisch gefestigt und neu verhandelt.[14] Musik diente als Verweis auf die Heimat, welche über die Musik symbo-

---

12 Vgl. http://notunterkunft.drk-mueggelspree.de/ [28.02.2017].
13 Zum Einfluss raumsoziologischer Faktoren auf das Handeln Geflüchteter in Deutschland sei auf das laufende Forschungsprojekt *Zwischen Verwaltungsobjekt und handlungsfähigem Subjekt. Raumkonstituierung, Subjektivierungsprozesse und Handlungsfähigkeit in der bundesdeutschen Flüchtlingsunterbringung* unter der Leitung von Dr. Judith Vey verwiesen. Siehe dazu http://www.fritz-thyssen-stiftung.de/foerderung/gefoerderte-vorhaben/projekt/pl/zwischenverwaltungsobjekt-und/p/1779/?no_cache=1 [02.07.2017].
14 Martin Greve beschreibt in Bezug auf Menschen mit türkischem Migrationshintergrund in Deutschland die Musik als kulturelle Praxis, die mit türkischen Eigenschaften versehen wird,

lisch konstruiert wurde. Zum anderen trat in Deutschland neu kennengelernte Musik in das Leben der Angekommenen. Diese wurde über Radio und Internet vermittelt. Eine bemerkenswerte Rolle spielten auch Lieder aus dem Deutschunterricht, die dabei helfen sollten, die deutsche Sprache zu lernen. Das Repertoire setzte sich ähnlich wie vor der Flucht aus arabischer, persischer und kurdischer Musik, westlicher Popmusik und sogenannter westlicher klassischer Musik zusammen. Dazu kamen noch deutschsprachige Lieder.

Fazit und Ausblick

Der Universitätskurs konnte erste überblicksartige Ergebnisse liefern. Als transportables Kulturgut wird Musik aus der Heimat der Geflüchteten in Deutschland weiterhin gehört. Sie bedeutet für alle einen wichtigen Teil ihres »kulturellen Selbstbezugs«[15]. In den – bisher nicht für eine Veröffentlichung vorgesehenen – Interviews werden aber auch Tendenzen der Funktionsveränderung deutlich: In der Notunterkunft scheint die Musik weniger in soziale Praktiken eingebunden zu sein. Vielmehr wird sie individuell zum Erinnern oder zum Zeitvertreib per Kopfhörer gehört. Gesang während der Flucht als psychologische und gemeinschaftsfördernde Hilfe ist eine Ausnahme. In Deutschland stellt sich der Zugang zu Musik aus Deutschland als schwierig heraus. Hindernisse sind mediale und finanzielle Grenzen, aber auch fehlende Angebote und kulturelle Fremdheit. Eine an kultureller Integration interessierte Politik könnte an diesem Punkt ansetzen und Möglichkeiten des musikalischen Austauschs stärker fördern. Diese ersten Darstellungen sollen Motivation für zukünftige Forschung sein, das hier Dargestellte zu vertiefen, zu ergänzen und gegebenenfalls zu korrigieren. Mobilität und Hybridität von Kultur sind wichtige Grundannahmen, um die Vielfalt und Flexibilität von Kultur besser verstehen zu können. Von musikwissenschaftlicher Seite ist dabei auch eine spezifische Methodik zu entwickeln, welche der musikalischen Praxis, dem sozialen Setting und dem kulturellen Denken über Musik Rechnung trägt.

---

welche von den Akteur_innen imaginiert werden. Musik soll somit als Trägerin kultureller, nationaler Eigenschaften dienen. Eine türkische, nationale Kultur wird konstruiert. Vgl. dazu: Greve, Martin: *Die Musik der imaginären Türkei. Musik und Musikleben im Kontext der Migration aus der Türkei in Deutschland.* Stuttgart und Weimar: Metzler, 2003.

15 Kaden, Christian: *Des Lebens wilder Kreis. Musik im Zivilisationsprozeß.* Kassel u. a.: Bärenreiter, 1993.

Christina Richter-Ibáñez

Zur Migration von Liedern
Übersetzungen lateinamerikanischer Hits
im Paris der 1950er- und 1960er-Jahre

> The migration of a song and its wide distribution is mostly connected with the movement of the singers: It is they who choose the place of performance, are inspired by new influences or use the media in order to introduce their music into new spaces: spaces of language, sound and reception. Taking the publication of *La Foule* in 1958 as an example, this paper shows the circumstances under which Édith Piaf got to know the Argentinian song *Que nadie sepa mi sufrir*, initiated its linguistic translation and musical arrangement. The newly contextualized and perfectly performed piece became a successful French chanson. Comparing this song with another popular cover of *El cóndor pasa* published by Simon and Garfunkel in 1970, migration flows of Latin American music and musicians in 1950s and 1960s Paris will be placed in relation to one another.

Dass Lieder migrieren, ihren Aufführungskontext ändern, neu textiert und von einer Sprache in eine andere übersetzt werden oder von einem Klangraum in einen anderen wandern, ist kein neues Phänomen. Vermutlich ist es so alt wie das Singen selbst. Die historischen Beispiele reichen von Heinrich Isaacs *Innsbruck, ich muss dich lassen* in geistlichen Kontrafakturen bis zu Gesängen in Fußballstadien, die meist populären Hits entlehnt sind. Musikwissenschaftliche Begriffe wie ›Kontrafaktur‹ oder ›Parodie‹[1] sowie ›Cover‹[2] in der populären Musik beschreiben das Phänomen unter einzelnen Gesichtspunkten, gelangen jedoch sehr schnell an ihre Grenzen, wie Silke Leopold im Blick auf die vielfältige Geschichte der Bearbeitung festgestellt hat.[3] Ludwig Jäger attestiert der Musik sowieso, sie sei »wie vielleicht keine andere Kunst durch Verfahren der bearbeitenden *Selbstbezugnahme*, […] des Arrangements, der Kontrafaktur, der Parodie und

---

1   Dadelsen, Georg von u.a.: Artikel *Parodie und Kontrafaktur*. In: *MGG Online*. Hg. von Laurenz Lütteken. Kassel u.a.: Bärenreiter u.a., 2016 ff., https://mgg-online.com/article?id=mgg15879&v=1.0&rs=mgg15879, B.I.1. zuerst veröffentlicht in *nMGG*, Sachteil 7. Kassel u.a.: Bärenreiter u.a., 1997, Sp. 1394–1416. Große Teile gehen unverändert auf den gleichnamigen Artikel von Georg von Dadelsen und Ludwig Finscher in der alten *MGG*, Bd. 10. Kassel u.a.: Bärenreiter, 1962, Sp. 815–834 zurück.
2   Artikel *Cover Version*. In: *Sachlexikon Popularmusik*. Hg. von Wieland Ziegenrücker und Peter Wicke. Mainz: Schott, ²1989; Witmer, Robert und Marks, Anthony: Artikel *Cover*. In: *NG2*, Bd. 6. London: Macmillan, 2001, Sp. 618.
3   *Musikalische Metamorphosen: Formen und Geschichte der Bearbeitung* (Bärenreiter Studienbücher 2). Hg. von Silke Leopold. Kassel u.a.: Bärenreiter, 1992.

Umorchestrierung, durch Revision, Variation und Improvisation geprägt«.[4] Der von Jäger geprägte Begriff des Transkribierens[5] erhält bei der Wanderung von sprachlich gebundener Musik in einen neuen Raum besondere Bedeutung: Im Falle der Übersetzung und Neukontextualisierung von Vokalmusik wird ein harmonisch-rhythmisches Gefüge mit neuem Text überschrieben und meist neu arrangiert, es finden dabei in und zwischen den Medien (Notationen, Interpretationen, Aufnahmen) vielfältige Transkriptionsprozesse statt, die, wie zu zeigen sein wird, jenseits der Sprache in einen historischen und kulturellen Zusammenhang eingebettet sind.

Wenn beispielsweise Opern- und Operettenarien oder Musical- und Filmmusikhits (ein markantes Beispiel ist Céline Dions *My heart will go on* als Titelsong des Films *Titanic* aus dem Jahr 1997) in verschiedene Sprachen übersetzt werden, geht dies meist mit den Images der szenischen Interpretation einher, es werden Sujets, Bilder und – zumindest beim Film – Starimages mittransportiert. Interpret_innen, die derartige Hits – auch in einer sprachlichen Übersetzung – nachspielen und/oder neu aufnehmen, schwimmen selbstverständlich auf der (kommerziellen) Erfolgswelle mit oder nehmen zumindest darauf Bezug, was ohne die Szene schwer denkbar wäre.

In geringerer Zahl finden sich sprachliche Übersetzungsprozesse in populärer Musik ohne visuelle Bindung als eine besondere Art des Coverns. Einige wurden unter einzelnen Aspekten im Jahrbuch *Lied und populäre Kultur / Song and Popular Culture* schon beschrieben, unter anderem an Beispielen französisch-deutscher Übersetzungen oder dem Weiterleben von Musiktheatersongs außerhalb der Bühne.[6] Die Übersetzung von Liedern von Lateinamerika nach Europa war dagegen noch kaum Gegenstand wissenschaftlicher Forschung. Dabei hat vermutlich jeder schon eine Version von *El cóndor pasa* gehört, das 1970 in der englischen Fassung von Simon & Garfunkel als *If I could* auf der LP *Bridge Over Troubled Water* weltweiten Erfolg feierte und bis heute gern und tausendfach nachgespielt wird. Davor war es Édith Piaf, die den Walzer *Que nadie sepa mi sufrir* aus Argentinien nach Frankreich holte und als *La foule* 1958 erfolgreich verbreitete. In beiden Fällen spielte der Transfer von Lateinamerika nach Paris, also die Wanderung von einem Sprach- und Kul-

---

4   Jäger, Ludwig: *Bezugnahmepraktiken. Skizze zur operativen Logik der Mediensemantik.* In: *Medienbewegungen. Praktiken der Bezugnahme* (Mediologie 18). Hg. von Ludwig Jäger, Gisela Fehrmann und Meike Adam. Paderborn: Wilhelm Fink, 2012, S. 13–41, hier S. 14.
5   Jäger, Ludwig: *Transkriptive Verhältnisse. Zur Logik intra- und intermedialer Bezugnahmen in ästhetischen Diskursen.* In: *Transkription und Fassung in der Musik des 20. Jahrhunderts. Beiträge des Kolloquiums in der Akademie der Wissenschaften und der Literatur, Mainz, vom 5. bis 6. März 2004* (Abhandlungen der geistes- und sozialwissenschaftlichen Klasse / Akademie der Wissenschaften und der Literatur). Hg. von Gabriele Buschmeier, Ulrich Konrad und Albrecht Riethmüller. Stuttgart und Mainz: Steiner, 2008, S. 103–134, hier S. 103 f.
6   *Deutsch-französische Musiktransfers* (Lied und populäre Kultur – Song and Popular Culture 57). Hg. von Michael Fischer und Fernand Hörner. Münster: Waxmann, 2013; *Song und populäres Musiktheater: Symbiosen und Korrespondenzen* (Lied und populäre Kultur – Song and Popular Culture 58). Hg. von Michael Fischer und Tobias Widmaier. Münster: Waxmann, 2013.

turraum in einen anderen, durchaus verwandten, sowie die Verbindung und Lösung des Textes von der Musik eine Rolle. Diese transatlantischen Liedwanderungen sind zu befragen: Warum griffen diese erfolgreichen Sänger_innen zu fremden Vorlagen, wenn sie doch sonst ganz gut selbst komponieren konnten oder dies zumindest ihren Textdichter_innen und Komponist_innen überließen? Da der Text bei beiden nicht übernommen, sondern inhaltlich verändert wurde, könnte die Begründung in der Musik liegen. Was faszinierte die Interpret_innen also und wie bestimmte sich das Verhältnis dieser Lieder zu ihren neuen Interpret_innen? Unter welchen Bedingungen waren die Übernahme und Übersetzung in einen neuen Kontext erfolgreich? Und welche Rolle spielte das Paris der 1950er-Jahre dabei? Anhand des Beispiels *La foule* werden im Folgenden Antworten auf diese Fragen gesucht.

Édith Piaf veröffentlicht *La foule*

Édith Piaf tourte als erfolgreiche Sängerin in den Jahren 1956/57 nicht nur monatelang durch Nord- und Mittelamerika, sondern war im April 1956 auch erstmals in Rio de Janeiro und São Paulo zu Gast, im Mai 1957 wiederholte sie ihr Gastspiel an der Copacabana und reiste diesmal auch nach Buenos Aires weiter.[7] Laut ihren Biograf_innen brachte sie aus Argentinien Noten mit, die ihrem gebrochenen Leben neuen Schwung gaben. So schreibt Carolyn Burke 2011:

> About this time, Piaf found another unexpected source of renewal, in a melody that accompanied her throughout her travels that year. This mesmerizing thirties tune, which she first heard in Argentina, proved to be Angel Cabral's »Que nadie sepa mi sufrir,« a *vals criollo*, or Peruvian waltz, with a fast, light tempo that belied its lyrics on the pain of love.[8]

Mit den Noten von Cabral im Gepäck reiste Piaf demnach im August 1957 zurück nach Paris.

> That autumn, [Piaf] had time to absorb the musical genres encountered on her travels – American blues and jazz, Mexican mariachis, Latin love songs. But it was the Peruvian waltz that stayed with her, inspiring her vision of an updated repertoire for the changed musical scene in France.[9]

Piaf selbst schrieb weniger pathetisch über ihr argentinisches Souvenir, das sie in Form einer Aufnahme ihrer Freundin, der Komponistin Marguérite Monnot, und

---

[7] Burke, Carolyn: *No regrets: the life of Edith Piaf*. London: Bloomsbury, 2011, S. 179. Piafs Gastspiele in diesen Städten müssen noch eingehender untersucht werden. Auch die meisten neueren Biografien nennen die Konzerte in Südamerika gar nicht (so Lorcey, Jacques und Monserrat, Joëlle: *Piaf et la chanson*. Biarritz: Séguier, 2007) oder übergehen zumindest die ersten Konzerte in Brasilien im April 1956 gänzlich (so Looseley, David: *Edith Piaf: a cultural history*. Liverpool: Liverpool University Press, 2015, S. 131). In der Tageszeitung *Correio da Manhã* aus Rio de Janeiro ist im April 1956 jedoch mehrfach von ihren Konzerten im ›Golden Room‹ zu lesen.
[8] Burke: *No regrets*, S. 179.
[9] Ebd., S. 179 f.

deren Mann Paul Péri in Paris vorstellte: »Marguerite, écoute ça ... C'était la musique de *La Foule*: elle m'avait frapée lors de mon séjour en Amérique du Sud, et j'avais projeté de la chanter.«[10] Monnot gefiel die Musik so gut, dass sie sich wünschte, sie selbst hätte sie komponiert. Laut Burke habe Piaf nach diesem Statement die Rechte erworben, die Noten ihrem neuen Textdichter Michel Rivgauche übergeben und ihn um einen französischen Chansontext gebeten, der zum Tempo und den Wechseln von starken und schwachen Beats passen sollte.[11]

Rivgauches Lyrics (vgl. Abb. 1) entsprachen jedoch nicht nur der Melodie, sondern auch Piafs Lebensgeschichte, nämlich der einer Frau, die Liebe nur findet, um sie gleich wieder aus den Augen zu verlieren. Das Chanson *La foule* erzählt von einem Paar, das sich in einer Masse auf einer Pariser Straße begegnet, im poetischen Resümeé Jens Rostecks:

> Auf einem ausgelassenen riesigen Volksfest voller Gelächter, Lebensfreude, ohrenbetäubend lauter Musik und in brütender Hitze wird die Ich-Erzählerin des Chansons willenlos von den brodelnden Menschenmassen hin und her geschoben, bald bedrängt und geschubst. Zuerst stimulierend, dann bedrohlich. Ein Delirium. Sie meint zu ersticken, fühlt sich einer Panik nahe, schwankt und verspürt die enorme Sogwirkung der Tausende von Menschenleibern. Der fanatische Mob treibt sie direkt in die Arme eines fremden Mannes, auch er ein Opfer dieser schwankenden, über beide hinwegbrandenden Naturgewalt. Eine Zufallsbegegnung der besonderen Art. Mit diesem Fremden beginnt sie, die lärmende Menge um sie herum nachahmend, einen schwungvollen, wahnwitzig-dämonischen Tanz. Und fühlt sich von einer Woge überschäumender Zuneigung getragen, genießt die unkontrollierte, weil unkontrollierbare Fusion. »[...] beglückt, trunken, freudestrahlend.« Auf dem Gesicht des Unbekannten breitet sich ein Lächeln aus, das sie durchbohrt. Ein Freudenschrei, ja, ein Lustschrei entringt sich ihr – und Sekunden später wird ihr der neue »Geliebte« von derselben Menge mit der gleichen Beliebigkeit und Gewalt sofort wieder entrissen. Wie gewonnen, so zerronnen. Die nächste Strophe handelt von den komplementären Empfindungen: Trennungsschmerz, Kampf, Aufbegehren, Aussichtslosigkeit. Die Stimme des Mannes verliert sich bereits im orgiastischen Gebrüll, Geschrei und Gesang der Massen. Ihre wieder leeren Hände krallen sich zusammen. Verkrampfen sich. Sie verflucht diese wie toll feiernden Menschen. Sie schenkten ihr Glück, nur um es ihr Minuten später wieder brutal zu entreißen. Ihrer aufkeimenden Liebe fühlt sie sich aufs Schmählichste beraubt. Ihre Gefühle sind ihr entglitten.[12]

Obwohl *La foule* bei der ersten Aufführung im Olympia 1958 den Kritiker Claude Sarraute von *Le Monde* zunächst nicht überzeugte,[13] wurde es ein Erfolg und gehört heute zum Repertoire des französischen Chansons. Der Grund liegt wohl einerseits darin, dass der Text von Rivgauche deutlich an Sujets und Bilder von Marcel Carné und Jacques Prévert anzuknüpfen scheint, wie Keith Reader dargelegt hat: »Die Masse« – *La foule* – und der Verlust der Liebe darin waren demnach spätestens seit dem Film *Les Enfants du paradis* (1945) ein Leitmotiv in Texten über Paris, da die Haupt-

---

10 Piaf, Édith: *Au Bal de la Chance* [1958]. Paris: Archipoche, 2003, S. 200.
11 Vgl. Burke: *No regrets* (wie Fußnote 7), S. 179 f.
12 Rosteck, Jens: *Édith Piaf. Hymne an das Leben*. Berlin: Propyläen, 2013, S. 136 f.
13 Sarraute, Claude: *Édith Piaf à l'Olympia*. In: *Le Monde* 08.02.1958, S. 9.

	La Foule (Text: Michel Rivgauche 1957)	Que nadie sepa mi sufrir (Text: Enrique Dizeo, laut Noten 1956)	Que nadie sepa mi sufrir (Interpretation Alberto Castillo 1953?)
V1	Je revois la ville en fête et en délire Suffoquant sous le soleil et sous la joie Et j'entends dans la musique les cris, les rires Qui éclatent et rebondissent autour de moi	No te asombres si te digo lo que fuiste, una ingrata con mi pobre corazón, porque el fuego de tus lindos ojos negros alumbraron el camino de otro amor. porque el fuego de tus lindos ojos negros alumbraron el camino de otro amor.	No te asombres si te digo lo que fuiste, una ingrata con mi pobre corazón, porque el brillo de tus lindos ojos negros alumbraron el camino de otro amor.
V2	Et perdue parmi ces gens qui me bousculent étourdie, désemparée, je reste là Quand soudain, je me retourne, il se recule, Et la foule vient me jeter entre ses bras…	Y pensar que te adoraba tiernamente, que a tu lado como nunca me sentí. Y por esas cosas raras de la vida, sin el beso de tu boca yo me vi.	Y pensar que te adoraba tiernamente, que a tu lado como nunca me sentí. Y por esas cosas raras de la vida, sin el beso de tu boca yo me vi.
K1	Emportés par la foule qui nous traîne, nous entraîne Écrasés l'un contre l'autre nous ne formons qu'un seul corps Et le flot sans effort nous pousse, enchaînés l'un et l'autre Et nous laisse tous deux épanouis, enivrés et heureux.	Amor de mis amores, Reina mía, qué me hiciste que no puedo conformarme sin poderte contemplar? Ya que pagaste mal a mi cariño tan sincero, lo que conseguirás, que no te nombre nunca más ….	Amor de mis amores, reina mía, qué me hiciste que no puedo consolarme sin poderte contemplar. Ya que pagaste mal a mi cariño tan sincero, lo que conseguirás, es que no te nombre nunca más …. (2x)
K2	Entraînés par la foule qui s'élance et qui danse Une folle farandole nos deux mains restent soudées Et parfois soulevés nos deux corps enlacés s'envolent Et retombent tous ceux épanouis, enivrés et heureux.	Amor de mis amores, si dejaste de quererme no hay cuidado que la gente de esto no se enterará Que gano con decir que una mujer cambie mi suerte? Se burlarán de mi Que nadie sepa mi sufrir.	
V3	Et la joie éclaboussée par son sourire Me transperce et rejaillit au fond de moi Mais soudain je pousse un cri parmi les rires Quand la foule vient l'arracher d'entre mes bras…		Y pensar que te adoraba tiernamente, que a tu lado como nunca me sentí. Y por esas cosas raras de la vida, sin el beso de tu boca yo me vi.
K3	Emportés par la foule qui nous traîne, nous entraîne Nous éloigne l'un de l'autre je lutte et je me débats Mais le son de sa voix s'étouffe dans les rires des autres Et je crie de douleur, de fureur et de rage et je pleure…		Amor de mis amores, reina mía, qué me hiciste que no puedo consolarme sin poderte contemplar. Ya que pagaste mal a mi cariño tan sincero, lo que conseguirás, es que no te nombre nunca más …. (2x)
K4	Et traînée par la foule qui s'élance et qui danse Une folle farandole, je suis emportée au loin Et je crispe mes poings, maudissant la foule qui me vole L'homme qu'elle m'avait donné et que je n'ai jamais retrouvé…		

Abb. 1: Textvergleich *La foule*, *Que nadie sepa mi sufrir* in der Notenausgabe von 1956 und der Aufnahme von Alberto Castillo 1953; Textabschnitte in grau sind Wiederholungen bereits vorher erklungener Passagen. © Korn-Julio Editorial Soc. Mit freundlicher Genehmigung von Neue Welt Musikverlag GmbH

figur am Ende auch hier die Liebe in der Masse verliert. *La foule* schreibe sich also in diese Tradition ein, obwohl die Melodie nicht originär französisch sei.[14] Andererseits funktioniert die Verknüpfung des Chansontextes bzw. der *song persona* mit der *performance persona*[15] seiner Interpretin perfekt, schließlich war auch Piafs Image vom schicksalhaften Verlust der großen Liebe geprägt. Piafs Stimm- und Bühnenperformance ist zudem vollendet auf das Sujet abgestimmt und die übernommene Melodie klug arrangiert, so dass sich *La foule* exzellent in den französischen Kontext fügt.

Allerdings hat die ausufernde, aber kaum wissenschaftliche Literatur zu Édith Piaf bisher kaum den Aspekt der Piaf'schen Stimm- und Bühnenperformance diskutiert, obwohl ihr »distinctive vocal timbre, at once beguiling and harsh«[16] gern erwähnt, aber selten untersucht wird. Rosteck konstatiert:

> Es frappiert, wie stiefmütterlich in nahezu allen Publikationen zur »Môme« bisher die Musik selbst behandelt wurde, wie wenig man zu den Chansons erfährt, abgesehen von deren Entstehungsgeschichte, und wie selten Piafs vokale wie szenische Interpretation dieser kleinen Meisterwerke Gegenstand der Erörterungen ist.[17]

Rosteck versucht in seiner Biografie darum, die Musikerin und Bühnendarstellerin stärker zu würdigen. Daher gibt er nicht nur den Inhalt des Chansons wie oben zitiert wieder, sondern beschreibt auch ihre Diktion und Bewegungen auf der Bühne:

> Die zungenbrecherischen, atemlosen Wortketten der Strophen und den beinahe irren Drive des kreiselnden Refrains begleitet Piaf mit einer eindringlichen Körpersprache […]. Ihr Mienenspiel ist konzentriert und maskenhaft: der denkbar größte Kontrast zur fiebrig aufgepeitschten Klangkulisse, die um sie herum tobt. Nur gelegentlich geht ein Zucken durch ihr Gesicht, während sie die komplizierten, klangmalerisch aufeinander bezogenen Wortkaskaden gleichwohl mit phänomenaler Akkuratesse artikuliert. Ihre Hände dagegen, nach vorne gestreckt und ständig in Bewegung, imitieren das Wechselspiel ihrer Empfindungen als Spielball der Menge. Sie gleiten und »schwimmen«, stoßen sich ab, wehren sich, deuten Wellenbewegungen an, gebieten Einhalt, lassen sich treiben und bringen, zum Ende des Liedvortrages, die Protagonistin langsam, aber sicher aus der Gefahrenzone heraus: Piafs Hände führen ihren Körper immer weiter von der Bühnenmitte fort. Jetzt erst beginnen die Beine einen wilden Tanz zu vollführen, während der Oberkörper, indem sie immer weiter rückwärtstaumelt,

---

14 Keith Reader bezeichnet die Melodie allerdings als peruanisch und geht auf die Musik sonst kaum ein, vgl. Reader, Keith: *Flaubert's sparrow, or the Bovary of Belleville: Édith Piaf as cultural icon*. In: *Popular Music in France from Chanson to Techno: Culture, Identity, and Society* (Ashgate popular and folk music series). Hg. von Hugh Dauncey und Steve Cannon. Aldershot: Ashgate, 2003, S. 205–223, hier S. 219.

15 Eine Zusammenfassung des Verhältnisses von »Privatperson, Aufführungsperson und Songperson« nach Richard Middleton, Philip Auslander und Allan F. Moore gibt Pfleiderer, Martin: *Popstimmen. Theoretische und methodologische Überlegungen zur vokalen Gestaltung populärer Musik*. In: *Singstimmen. Ästhetik, Geschlecht, Vokalprofil* (Thurnauer Schriften zum Musiktheater 28). Hg. von Saskia Maria Woyke u. a. Würzburg: Königshausen & Neumann, 2017, S. 109–128, hier S. 111 ff.

16 Reader: *Flaubert's sparrow* (wie Fußnote 14), S. 214.

17 Rosteck: *Édith Piaf* (wie Fußnote 12), S. 434.

sich schon dem geschlossenen Vorhang nähert, hinter dessen Falten sie in wenigen Sekunden verschwunden sein wird. […] Eine leere Bühne bleibt zurück.[18]

Rosteck benennt zwar seine Quelle nicht, doch scheint diese Beschreibung zu einem Bühnenmitschnitt von 1959 zu passen.[19] Piaf reduzierte die Bewegungen in späteren Versionen freilich deutlich, die Grundstruktur der Bühnenperformance behielt sie dennoch bei.[20] So bewegte sie ihre Arme und Beine immer ausgelassener im Walzertakt am Ende während der mehrfachen Wiederholung und gleichzeitigen dynamischen Steigerung der instrumentalen Eingangsphrase, dann verschwand sie im Dunkel der Bühne. Piafs Bewegungen sind mit dem Arrangement hier eng verzahnt und gehören untrennbar zu ihrer Version des Chansons – im lateinamerikanischen Vorbild gab es dieses Nachspiel nicht.

Bearbeitung: Von *Que nadie sepa mi sufrir* zu *La foule*

Rosteck geht vor allem metaphorisch und kaum analytisch auf *La foule* ein. Er schreibt zur Faszination der Sängerin für *Que nadie sepa mi sufrir* lediglich:

> Von ihren Süd- und Zentralamerikatourneen Mitte der 1950er Jahre brachte sie den populären »vals criollo« mit nach Europa. Zwei Argentinier, darunter der Komponist Ángel Cabral, hatten ihn um 1936 geschrieben, und Piaf war auf der Stelle von der Wirkungskraft dieses geradezu rotierenden, aberwitzig schnellen Walzers und seiner lateinamerikanischen Idiomatik – mit ihren »untypischen« Akzentverlagerungen und pulsierenden Betonungsverschiebungen – überzeugt.[21]

Weitere Belege bleibt Rosteck dafür schuldig. War es wirklich die »lateinamerikanische Idiomatik« des schnellen Walzers, die Piaf primär ansprach? Oder doch eher die Geschichte vom Verlust der großen Liebe, die Burke hervorhebt?

Um dieser Frage nachzugehen, scheint ein Vergleich der lateinamerikanischen Notenausgabe und der Aufnahmen notwendig zu sein. Doch gestaltet sich die Suche nach den Vorlagen in diesem Fall als durchaus kompliziert. Obwohl wie bei Rosteck häufig zu lesen ist, dass Ángel Cabral das Lied mit einem Text von Enrique Dizeo bereits 1936 komponiert habe, ist das Auffinden früher Musikalien und Interpretatio-

---

18 Ebd., S. 137 f.
19 Am nächsten ist die Beschreibung einer Aufnahme, die online verfügbar ist: https://www.youtube.com/watch?v=2UlEJXkxnSc [07.03.2017] (ohne Angaben zur Herkunft). Die DVD-Edition *Edith Piaf: Le documentaire sur sa carrière. Les best of de ses concerts.* CIAE 2007, DVD 2, Kapitel 2, enthält nur den zweiten Teil des Chansons aus einem Mitschnitt der französischen Fernsehsendung *Cinq colonnes à la une* von 1960: mit ähnlicher Performance, allerdings ohne Vorhang. Hier wird Piaf stattdessen am Ende mit Hilfe des Scheinwerfers ausgeblendet.
20 Vgl. z. B. eine Aufnahme, vermutlich aus Holland 1962 (ohne genauere Angaben) https://www.youtube.com/watch?v=xvijcuD6lbU [07.03.2017].
21 Rosteck: *Édith Piaf* (wie Fußnote 12), S. 136.

nen – zumindest von Europa aus – schwierig. Der Katalog der argentinischen Nationalbibliothek weist zwar Notenausgaben aus dem Hause Julio Korn der Jahre 1953 und 1960 aus, allerdings ist nur ein Druck vom November 1960 tatsächlich vorhanden, der auf dem Cover in Klammern auch *La foule* angibt und mit dem Schriftzug »un éxito mundial de Edith Piaf« (»ein Welterfolg von Édith Piaf«) sowie dem Foto der Sängerin wirbt. Als Copyright ist dennoch das Jahr 1953 angegeben.[22] In der chilenischen Nationalbibliothek ist ein Druck des chilenischen Verlagshauses Edition Casa Amarilla von 1956 katalogisiert, der gleichfalls von Julio Korn autorisiert wurde.[23] Beide Notendrucke entsprechen sich hinsichtlich Text und notierter Musik: Sie beginnen auftaktig mit einem fünftönigen, aufsteigenden Motiv, begleitet von einer Gegenbewegung im Bass. Die instrumentale Einleitung (I) umfasst 16 Takte. Es folgen 24 Takte Vers (V1), wobei die letzten acht Takte lediglich eine Wiederholung der vorhergehenden acht sind (formaler musikalischer Aufbau: a, b, b'). b und b' sind in den zugänglichen Aufnahmen besonders stark abgewandelt und die Wiederholung b' wird meist gestrichen. Der Vers wird mit verändertem Text wiederholt (V2) und geht dann in einen zweiten Teil über, der wiederum 16 Takte umfasst (Kehrvers: K1, gegliedert in zweimal acht Takte). Auch diese 16 Takte werden mit neuem Text wiederholt (K2), die Schlussphrase »Que nadie sepa mi sufrir« (»Dass nur keiner mein Leid erfahren möge«) gibt dem Lied den Titel. Inhaltlich geht es um eine enttäuschte Liebe: Das lyrische Ich wirft der Geliebten vor, sie habe ihn betrogen; obwohl er sie innig verehrte, bleibt er nun ohne ihren Kuss zurück (V1 und V2). Dennoch ist er von ihr wie besessen, aber sie hat erreicht, dass er sie nie mehr beim Namen nennen wird (K1). Allerdings werden vom Ende dieser Liebe wohl oder übel auch die Leute erfahren und sich darüber lustig machen, dass eine Frau sein Glück änderte, darum wünscht er, dass doch keiner sein Leid erfahre (K2, vgl. den Text in Abb. 1).

Wenn eine solche Notenausgabe 1957 in Piafs Gepäck reiste, sind die Parallelen und Besonderheiten der französischen Bearbeitung schnell genannt:

Text und Sujet: Erfüllung der Liebe und Verlust derselben. Dizeos Text erstreckt sich über vier Abschnitte (V1, V2, K1, K2). Komponiert wurde von Cabral nach den Schlusstakten von K2 noch eine dritte Klammer für das Ende, die aber mit drei Takten genauso kurz gehalten ist, wie die Klammern 1 und 2. Es ist jedoch nicht genau angegeben, welche Teile des Liedes vor dieser dritten (Schluss-)Klammer nochmals gespielt werden sollen. In vielen Versionen werden nach K2 nochmals V2, K1 und K2 mit der dritten Klammer interpretiert. Im Gegensatz zu dieser kurz gehaltenen Zustandsbeschreibung handelt es sich bei Piaf um eine ganze Geschichte mit fast doppelt so viel Text (vgl. Abb. 1, zusätzlich V3, K3, K4) und nur wenigen Wiederholungen. Beinahe wichtiger als das Zusammentreffen der beiden Menschen wird die Bewegung in der Masse, das Aufeinander-zu-treiben und Auseinander-gerissen-werden.

---

22   Auskünfte zur Partitur in der argentinischen Nationalbibliothek verdanke ich Silvia Glocer.
23   Mein Dank gilt Daniela Fugellie, die mir die Partitur aus der chilenischen Nationalbibliothek zur Verfügung stellte.

Sprache und deren Verhältnis zur Musik: Obwohl schon die spanische Version wortreich ist und einige Sprechkunst verlangt, wirkt Piafs französische Fassung noch stärker von Konsonanten und Akzenten geprägt und weniger sanglich. Im Vordergrund steht die Sprache, die den Rhythmus vorgibt – fast treten die Melodie und instrumentale Begleitung während der Verse ganz in den Hintergrund.[24] Die resultierenden Sprechkaskaden waren wie geschaffen für Piaf, von der es hieß (oder die von sich selbst sagte), dass sie sogar »das Telefonbuch heruntersingen«[25] könnte.

Arrangement: Durch die Sprache ändern sich bereits an vielen Stellen Rhythmus und Melodie der Gesangslinie, zudem wurde besonders bei den Kadenzen in der Melodieführung korrigierend eingegriffen. Darüber hinaus ist das Chanson, Piafs Stimme entsprechend, eine Quarte tiefer (e-Moll) als die lateinamerikanische Notenausgabe (a-Moll) angelegt. Der Umfang reicht nun von ais bis a^1 und liegt somit unter einer Oktave. Im Druck war der Umfang des Liedes mit einer Dezime von h bis d^2 deutlich größer. Dadurch wird Piafs Fassung musikalisch klarer und einfacher: Kompliziertes und auch Dissonantes der Vorlage wurden getilgt, dafür erlangte Piafs Chanson neben der Sprachmasse auch durch das Orchesterarrangement Struktur und Variation. *La foule* beginnt mit dem charakteristischen, auftaktigen, etwas gebremsten Fünftonaufgang im Klavier, der zunächst vom Akkordeon begleitet und dann vom ganzen Orchester wiederholt und verstärkt wird. Dieser Aufgang definiert auch das Zwischenspiel und erklingt ganz am Ende viermal gesteigert als Coda (viermal acht Takte), während Piaf zunächst tanzt und dann hinter dem Vorhang bzw. in der Dunkelheit verschwindet. Das Akkordeon zeichnet im Vordergrund für die rhythmische Akzentuierung des Off-Beat verantwortlich, Streicher und Bläser setzen bei der Wiederholung der Motive und vor allem im Kehrvers zur Steigerung ein. In den Versen tritt die Begleitung zurück und Piafs Erzählung steht im musikalischen Mittelpunkt.

Vokaler Ausdruck: Piaf gestaltet den Text in klarer Diktion ohne Wechsel der Register, Hauch oder andere Geräuschanteile.[26] Allerdings kommt ihr natürliches, sonst oft hervorgehobenes Vibrato hier weniger ausgeprägt zur Geltung als bei Chansons mit vielen langen Haltetönen.[27] Lediglich die Worte am Versende werden durch Vibrato

---

24 Zumindest in der Audioaufnahme von 1957 mit dem Orchester Robert Chauvigny auf den LPs *Sincerely E. P.* und *Piaf*, enthalten in *Edith Piaf. Edition spéciale Anniversaire / Birthday Edition. Her greatest Chansons*. Intense Media 2015. Membran 600224, CD 8, Track 8 bzw. CD 9, Track 6.

25 Lange, Monique: *Edith Piaf. Die Geschichte der Piaf. Ihr Leben in Texten und Bildern*. Aus dem Französischen von Hugo Beyer. Frankfurt a. M.: Insel, 1985, S. 136.

26 Was typisch für ihren Gesang ist, vgl. Stahrenberg, Carolin: *Piaf, Édith*. In: *Lexikon der Gesangsstimme: Geschichte – Wissenschaftliche Grundlagen – Gesangstechniken – Interpreten*. Hg. von Ann-Christine Mecke u. a., mit einem Geleitwort von Thomas Hampson. Laaber: Laaber, 2016, S. 474 f., hier S. 475.

27 Vgl. zur Charakteristik von Piafs Stimme und speziell dem Vibrato Rudent, Catherine: *Edith Piaf: une voix unique?* 2015. https://hal.archives-ouvertes.fr/hal-01122838/document [28.02.2017].

unterstrichen (»délire«, »joie«, »rires«, »moi«, »là«, »bras«, »corps«, »sourire«, »rires«, »débats«, »au loin«, »retrouvé«, besonders stark »heureux«, »pleure«). Doch selbst das Vibrato am Ende des ersten Refrains ist zurückhaltend und wenig obertonreich, da sich Piaf trotz des Wortes »glücklich« stimmlich fast in sich kehrt und schnell hinter die Begleitung zurücktritt. Gegenüber dem ersten »heureux« wenige Takte zuvor deutet sich die Dämpfung der Freude im Übergang zur zweiten Strophe bereits an.

Mehrere Internetseiten geben an,[28] dass Piaf die Aufnahme des Tangosängers Alberto Castillo als Vorbild gedient habe. Castillos Aufnahme mit dem Orchester von Jorge Dragone ist ca. 1953 entstanden:[29] Zu hören ist in dieser Fassung ein Tangoorchester mit mehreren Bandoneons und Klavier sowie Streichern. Castillos Version weicht aber von den genannten Notenausgaben signifikant ab. So singt er weder die achttaktigen Wiederholungen in V1 und V2 noch den Text von K2, sondern wiederholt jeweils K1 (vgl. den Text in Abb. 1). Dadurch entfällt der Vers »Que nadie sepa mi sufrir« und das Lied endet mit einer heroischen Betonung des »nunca más«: »nie wieder« wird er ihren Namen nennen. Damit einher geht die musikalisch vom Druck abweichende Interpretation: Nicht nur Castillos siegesbewusstem »nunca más« mit deutlichem Vibrato liegt eine andere Variante der Melodie zugrunde, sondern auch das Vorspiel und die Verse weisen musikalisch ganz andere Strukturen auf. Die Melodiephrase des wiederkehrenden »Amor de mis amores« (K1 und K2) wird im Klavier einleitend vorweggenommen, das gesamte Vorspiel orientiert sich melodisch und rhythmisch auch eher an diesem Motiv und weist im Arrangement für Tangoorchester wenige Gemeinsamkeiten mit der Notenausgabe auf. Piaf scheint sowohl Elemente aus Castillos Version – so der Verzicht auf die Wiederholung in V1 und V2 und einige melodische Wendungen – übernommen zu haben, bezieht sich aber in Text und Vorspiel auf den Druck als Ausgangspunkt ihrer Bearbeitung: *La foule* hebt ja ebenfalls besonders auf das *Leid* der Trennung, des Auseinandertreibens ab, das Castillo völlig ausklammerte. Mit dem Fünftonaufgang zu Beginn und in der viermaligen Wiederholung am Ende blieb das französische Arrangement auch deutlicher der notierten Vorlage verbunden als die Tangofassung von Castillo und dem Orchester von Jorge Dragone. Ein schneller Fünftonaufgang existiert zwar auch bei Castillo im zweiten Teil des Zwischenspiels, er ist jedoch weniger markant und eher Tango- bzw. Bandoneon-spezifisch.

---

28   Immer ähnliche Angaben finden sich auf Wikipedia, diversen Blogs und Youtube-Seiten. Vgl. zum Beispiel https://www.youtube.com/watch?v=MOJ_PFJ6XtY [30.12.2016], oder http://www.whosampled.com/cover/79882/Edith-Piaf-La-Foule-Alberto-Castillo-Que-Nadie-Sepa-Mi-Sufrir/ [28.02.2017].
29   Ich beziehe mich hier auf eine Aufnahme, die auf der Sammlung *Alberto Castillo: Asi canta Buenos Aires, Vol.1 (1949–1955)*, Tango Heritage 2015, greifbar ist.

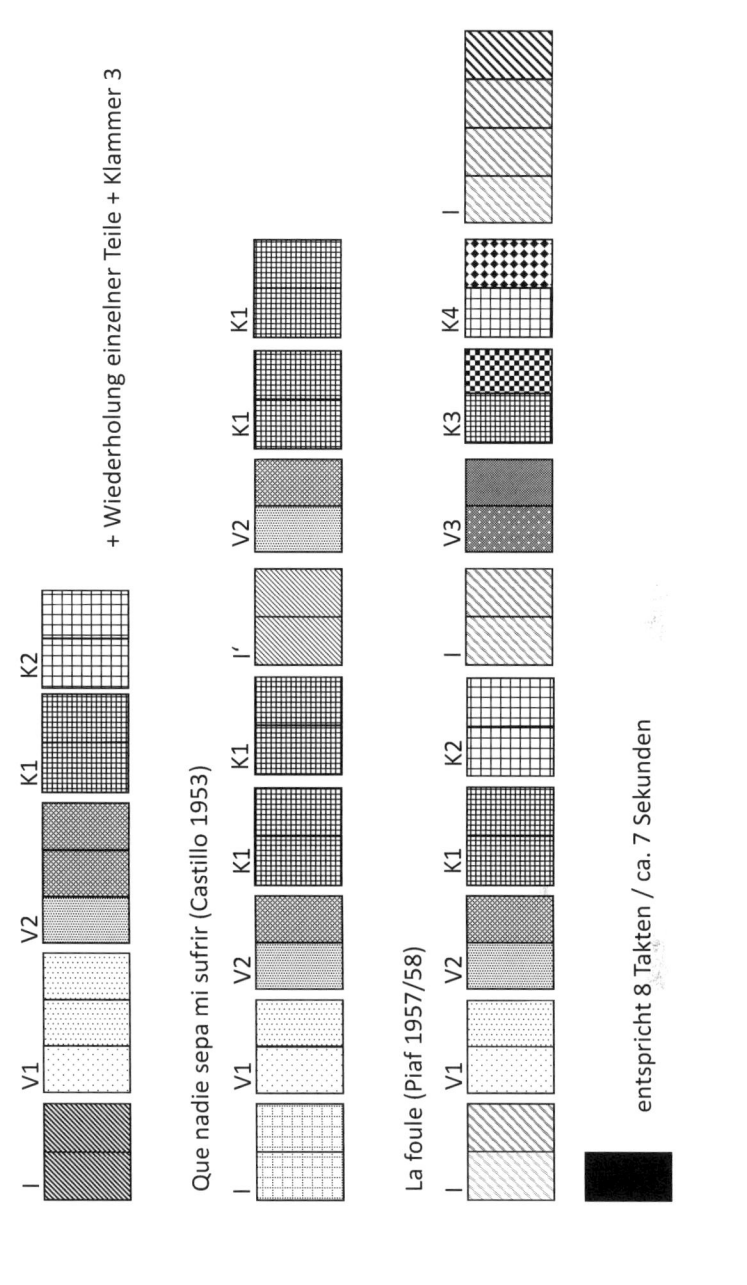

Que nadie sepa mi sufrir (Notenausgabe 1956)
— V1 V2 K1 K2

Que nadie sepa mi sufrir (Castillo 1953)
— V1 V2 K1 K1 I' V2 K1 K1
+ Wiederholung einzelner Teile + Klammer 3

La foule (Piaf 1957/58)
— V1 V2 K1 K2 — V3 K3 K4 —

entspricht 8 Takten / ca. 7 Sekunden

Abb. 2

Obwohl Alberto Castillo Mitte der 1950er-Jahre auch in Europa, zumindest in Spanien tourte, führte vermutlich erst Piafs Interpretation dazu, dass das Lied auch in der spanischen Fassung weitere Verbreitung in Frankreich erfuhr: So finden sich im Katalog der französischen Nationalbibliothek ab 1958 ein Dutzend Einspielungen der Melodie mit spanischem Text. Rosita und Maria Lerma nahmen es 1958 für Philips und Columbia auf, Romano Chante und Nino de Murcia 1959 für BAM bzw. Les disque de France. 1960 folgte eine Fassung der Sängerin Carmela für Fontana (vgl. Tabelle 1). Sie alle halten sich in der Melodiegestaltung eng an Piafs Fassung, Rosita, Maria Lerma und Nino de Murcia lassen sich jedoch rhythmisch vollkommen anders begleiten und weichen vom Walzer grundlegend ab. Dagegen heben die gleichfalls seit 1958 erscheinenden Instrumentalarrangements den Walzer-Charakter hervor, überlassen die Gesangsmelodie oft einem Akkordeon und scheuen wie André Popp auch vor einer gänzlich exotisierenden Instrumentierung nicht zurück (vgl. Tabelle 2). Die Instrumentalfassungen beziehen sich fast ausnahmslos auf *La foule* als Vorlage, während die spanischsprachigen Versionen immer den Titel *Que nadie sepa mi sufrir* anführen, *La foule* jedoch in Klammern hinzusetzen.

Tabelle 1: Aufnahmen von *Que nadie sepa mi sufrir* im Katalog der französischen Nationalbibliothek (Januar 2017)

Titel, genannte Autor_innen	Interpret_innen	Jahr	Label, Nummer	Länge, Anmerkungen
Que nadie sepa mi sufrir (La foule) A. Cabral, M. Rivgauche, Dizeo	Rosita avec Franck Aussman et son orch.	1958	Philips 432.378	2:23 Spanisch kein Walzer
Que nadie sepa mi sufrir (La foule) M. Rivgauche, Angel Cabral	Maria Lerma orchestre dir. Robert Jaïs	1958 1959	Columbia ESRF 1140 FS 1087	2:21 2:20 Spanisch kein Walzer
Que nadie sepa mi sufrir (La foule) valse péruvienne Enrique Dizéo, Angel Cabral	Romano Chante accomt rhythm. Franck Dervieux et son ensemble	1959	BAM EX 238	2:22 Spanisch
Que nadie sepa mi sufrir (La foule) A. Cabral, E. Dizeo	Nino de Murcia accompagné par Los Muchachos	1959	Les disques de France 2 FX 1201	2:42 Spanisch mexikanische Begleitung
Que nadie sepa mi sufrir »la foule« – valse péruvienne Angel Cabral	Carmela avec Paco Ibanez (guitar) et son ensemble	1960	Fontana 660.242	2:57 Spanisch

Tabelle 2: Aufnahmen von *La foule* ohne Gesang im Katalog der französischen Nationalbibliothek (Auswahl, Januar 2017)

Titel, genannte Autor_innen	Interpret_innen	Jahr	Label, Nummer	Länge, Anmerkungen
La foule (Que nadie sepa mi sufrir) Valse péruvienne Rivgauche – Cabral – Dizeo	Franck Pourcel et son grand orchestre	1958	HMV 7 EGF 372	2:27 Akkordeon mit Orchester
La foule Rivgauche, Cabral	Jack Dauvil et son accordéon	1958	RGM S. 1141	2:36
La foule (A. Cabral, M. Rivgauche)	André Popp et sa musique magique	1958	Fontana 261.052	2:46 mit Blechbläsern diverse ungewöhnliche Instrumente
La foule (Que nadie sepa mi sufrir) Valse M. Rivgauche, Angel Cabral, Dizeo	Raymond Lefevre et son grand orchestre de danse	1959	Barclay 72229	2:39
La foule A. Cabral, M. Rivgauche	François Babault et son ensemble	1959 und 1960	Music Hall MH 15 A	2:22 Akkordeon Walzer betont

Strukturell lehnen sich alle eng an Piafs Arrangement an, was besonders im Vor- und Zwischenspiel ohrenfällig wird, einige wählen genau die gleiche Steigerung im instrumentalen Nachspiel. Auffallend ist, dass mindestens ebenso viele spanischsprachige Einspielungen von Frauen wie von Männern existieren, wobei die Texte leicht verändert wurden. Der 1960 in Argentinien entstandene Notendruck trägt diesem Umstand Rechnung, indem er einen Alternativtext für Frauen angibt. Hatte Piafs Version also auch neue Interpretationswege im lateinamerikanischen Sprachraum eröffnet? Untersuchungen zur dortigen Aufführungstradition, die diese Frage beantworten könnten, existieren noch nicht.

Lateinamerika in Paris:
Bezüge zwischen *Que nadie sepa mi sufrir* und *El cóndor pasa*

Lieder sind Produkte, die nicht nur in der Zeit ihrer Produktion, sondern auch noch in den Jahren späterer Rezeption Kultur gestalten, zum Beispiel durch den Kontext, in dem sie gehört werden, individuelle Begebenheiten einzelner Hörer_innen oder gesellschaftliche Umstände. Julio Mendívil zeigte, dass Lieder daher soziale und personalisierte Biografien entwickeln, auf jeden Fall haben sie eine Geschichte.[30] So spielten Piafs persönliche Eindrücke und Reiseerlebnisse in Südamerika, wo sie das Lied offenbar hörte, sowie ihre Lebenserfahrung eine Rolle in der Geschichte von *Que nadie sepa mi sufrir/La foule*. Ihre Adaption ist aber gleichfalls eingebunden in das Paris der 1950er-Jahre und die Präsenz lateinamerikanischer Künstler_innen in der Metropole Frankreichs. Nachdem sich nämlich französische Intellektuelle in den Weltkriegsjahren im Exil in Südamerika aufgehalten hatten, brachten sie in das Paris der Nachkriegsjahre ihre Entdeckungen mit. Roger Caillois eröffnete zum Beispiel mit Jorge Luis Borges' *Ficciones* 1951 die Reihe *La Croix du Sud* beim Verlag Gallimard und übersetzte in der Folge unzählige lateinamerikanische Werke ins Französische. Gleichzeitig kamen Bildende Künstler_innen, Schriftsteller_innen und Musiker_innen mit Hilfe von Stipendien zum Beispiel aus Argentinien nach Frankreich und blieben oft dauerhaft, französische Künstler reisten mit staatlicher Unterstützung regelmäßig zu Gastspielen nach Lateinamerika – so die Compagnie Madeleine Renaud und Jean-Louis Barrault – und berichteten öffentlich darüber.[31] Lateinamerikanische Eindrücke prägten die 1950er-Jahre signifikant in Paris, strahlten auf weitere Orte in Europa aus und langfristig wieder zurück nach Lateinamerika. Die Dimensionen der Impulse besonders aus Argentinien und Brasilien für die musikalische Avantgarde und die populäre Musik, die konkrete Poesie sowie Design und Gestaltung sind erst in Ansätzen aufgearbeitet.[32]

Die Geschichte von *La foule* hängt insbesondere mit dem Boom folkloristischer Musik in Lateinamerika und in Paris, der Suche nach dem ›Eigenen‹ und der zunehmenden Mobilität der Musiker_innen zusammen. Dies hörte man seit den 1950er-Jahren auf europäischen Aufnahmen mit Atahualpa Yupanqui oder Violeta Parra bei Chant du Monde,[33] und hier tritt die zeitliche Parallele zu *El cóndor pasa* hervor: Die Gruppe Achalay veröffentlichte 1958 auf ihrer LP *Musique indienne des Andes* eine Version von »El condor paso« [sic] ohne Nennung eines Autors. Die Gruppe Los Incas nahm 1963 eine weitere Fassung für ihre LP *Amérique du Sud* in der Plattenreihe *Voyages autour du monde* (Philipps) auf. Los Incas, von denen Paul Simon den Titel Ende der

---

30   Mendívil, Julio: *The song remains the same? Sobre las biografías sociales y personalizadas de las canciones.* In: el oído pensante I/2 (2013). http://ppct.caicyt.gov.ar/index.php/oidopensante/issue/view/188 [07.03.2017].
31   Vgl. dazu Richter-Ibáñez, Christina: *Mauricio Kagels Buenos Aires (1946–1957). Kulturpolitik – Künstlernetzwerk – Kompositionen.* Bielefeld: transcript, 2014.
32   Vgl. zur musikalischen Avantgarde Campbell, Edward: *Pierre Boulez: Composer, Traveller, Correspondent.* In: Pierre Boulez Studies. Hg. von Edward Campbell und Peter O'Hagen. Cambridge: Cambridge University Press, 2016, S. 3–24; sowie zu Grafik und Design: *Tomás Maldonado. Un itinerario.* Hg. von Vincenza Russo. Milano: Skira, 2007.
33   González, Juan Pablo: *¿Existe la música latinoamericana?* In: Revista Todavía 17 (2007). http://www.lobianco.com.ar/Clientes/todaviaweb32/17.gonzaleznota.html [23.06.2017].

1960er-Jahre live hörte, gründete sich schon 1956 in Paris.[34] Damals war Jorge Milchberg, der spätere Leiter des Ensembles und Arrangeur des Hits, zwar auch schon in der französischen Hauptstadt, doch wurde er erst dort zu dem Charango-Virtuosen, als der er heute bekannt ist. Milchberg war Mitte der 1950er-Jahre aus Buenos Aires gekommen, wo er zuvor als Pianist auftrat und bei Neue-Musik-Konzerten mitgewirkt hatte. So spielte er mit dem jungen Mauricio Kagel die Musik von Erik Satie zum Stummfilm *Entr'acte* von René Clair und führte Klangexperimente auf Tasten und Saiten eines Flügels durch.[35] Milchberg begann seine Tätigkeit auch in Paris mit Alban Bergs *Klaviersonate* op. 1 und war zunächst mitnichten ein Vertreter der populären Musik. Wie er eigentlich dazu wurde, könnte in einer Untersuchung der lateinamerikanischen Community in Paris erforscht werden. Denn verstärkt mit Beginn der 1950er-Jahre gab es in Paris Orte der südamerikanischen, vor allem paraguayischen, venezolanischen und argentinischen Migrant_innen, an denen man andine Folklore hören und erlernen konnte. Die Bar L'Escale im Quartier Latin gehörte dazu. Die persönliche Begegnung von Paul Simon und Jorge Milchberg bei einem Konzert in Paris gab letztlich den entscheidenden Impuls: Simon hörte Milchbergs Arrangement von *El cóndor pasa* und bot ihm eine Zusammenarbeit an, die zum Welterfolg führte.[36] Medialität und Begegnung, Kontext und Bewegung begünstigten den Austausch- und Übersetzungsprozess.

Erfolgsfaktoren der Übersetzung

Dass bereits erfolgreiche Sänger_innen wie Édith Piaf und Paul Simon fremde Vorlagen aufgreifen, liegt in der Faszination für andere Musik begründet, die jede geografische Bewegung mit sich bringt: Ein gewisser Exotismus und klanglich Ungewohntes regen zwar an, doch im Falle von *La foule* begünstigten womöglich die Nähe des »peruanischen« Walzers zum französischen Sprachrhythmus,[37] die Verwandtschaft des Bandoneons in Castillos Tango-Fassung mit dem Akkordeon, die bekannte achttaktige Periodik und das seit Satie besonders in der Filmmusik etablierte Reihungsprinzip die Übersetzung ins Französische. Das Arrangement von *La foule* spielt mit Elementen der Vorgängerversionen, ergänzt orchestrale Streicherbegleitung und instrumentales Nachspiel. Die Adaption erfolgte zunächst über einen neuen Text und führte danach zu Nuancen in der interpretatorischen Gestaltung. Der Text prägte

---

34 Zur Entstehung, den Mitgliedern und einer Diskografie von Los Incas finden sich die meisten Informationen auf einem Blog im Internet: http://musicaandina2011.blogspot.de/2012/03/los-incas-urubamba.html [30.09.2016].
35 Vgl. Richter-Ibáñez: *Mauricio Kagels Buenos Aires* (wie Fußnote 31), S. 125, 145 und 152.
36 Die Geschichte von *El cóndor pasa* begann bereits vor über 100 Jahren in Peru und wurde zum 100. Geburtstag des Liedes in der Fassung von Daniel Alomía Robles aufgearbeitet. Vgl. Salazar Mejía, Luis: *El misterio del cóndor: memoria e historia de »El cóndor pasa«*. Lima: Taki Onqoy, 2013.
37 Für diesen Hinweis danke ich Franziska Kollinger.

auch die Identifikation der Interpretin mit dem Chanson, das eng mit Piafs Lebensumständen assoziiert wurde. Die Bühnenperformance spielte für die Rezeption insofern eine Rolle, als Piaf während des instrumentalen Nachspiels die Bühne verließ und sich so wie ihr Geliebter dem Blick der Masse entzog. Diese Inszenierung ist nicht vom Sujet und Arrangement zu trennen – sie ist Teil des erfolgreichen Transkriptionsprozesses, der auf mehreren Ebenen geschieht und dazu beiträgt, dass *La foule* von einem argentinischen oder, wie der Untertitel suggeriert, »peruanischen« Walzer zu einem französischen Standard wurde.

Damit ist die Frage nach den Bedingungen erfolgreicher Übernahme und Übersetzung in diesem Fall beantwortet: Die gelungene Passung von vorliegender Melodie, neuem Text, Biografie bzw. Image der Interpretin und eingängigem Arrangement hatte Erfolg. Andererseits steht dahinter das Paris der 1950er-Jahre, lateinamerikanische Migrant_innen und Orte des kulturellen Austauschs. Nicht umsonst schreibt Caroline Burke von einer veränderten musikalischen Szene in Frankreich, für die Piaf etwas Neues aus Lateinamerika mitbrachte.[38] Sowohl *Que nadie sepa mi sufrir* / *La foule* als auch *El cóndor pasa* / *If I could* sind nicht denkbar ohne den intensiven Kulturaustausch über den Atlantik nach dem Zweiten Weltkrieg. Sie migrierten im Gepäck reisender Interpret_innen und fanden im Paris der 1950er-Jahre fruchtbaren Boden.

---

38 Vgl. oben S. 95 und Burke: *No regrets* (wie Fußnote 7), S. 180.

II

Mobilität und Identität in musikalischen Gegenwartskulturen

Anja Brunner

Afrikanische Musik in transnationalen Netzwerken
Überlegungen zur Erforschung der Musikpraxis von
Musikerinnen und Musikern aus Afrika in Europa

> Musicians of African descent living in Europe often maintain intensive transnational networks that transcend the borders of nation states and affect the lives and musical practices of these musicians. In this article, I discuss the ways in which (ethno)musicological research can approach such transnational, transcultural musical practices. I argue that scholarly analyses ought not revolve predominantly or exclusively around notions of ethnic and/or national belonging but should include other, equally relevant or even more relevant perspectives. Studying the musician Mamadou Diabate as a specific example, I propose transnational networks and transcultural capital as well as a focus on individual musicians as particularly fruitful approaches to the study of mobile and transcultural aspects in music.

Über ethnische und nationale Verortung hinaus:
Forschung zu Musik und Migration

Die Ethnomusikologie hat eine lange Tradition der Erforschung der Musikpraxis von Migrantinnen und Migranten, oft verknüpft mit der Frage nach Musik von Minderheiten. Fragen nach transnationalen Verbindungen stellten sich hier mitunter automatisch, z. B. in der Untersuchung von Diaspora-Communities.[1] Die jeweiligen migrantischen bzw. Minderheitengruppen wurden dabei überwiegend hinsichtlich ihrer (musikalischen) Positionierung zum Nationalstaat bzw. der Mehrheitsgesellschaft sowie hinsichtlich der Präsentation ihrer eigenen ›nationalstaatlichen‹ und/oder ethnischen Identität diskutiert. Diese – vor dem Hintergrund der primär sichtbaren Lebenswelten von Migrantinnen und Migranten verständliche – analytische Herangehensweise war nicht nur in der Ethnomusikologie prägend, sondern lange generell vorherrschend in der Migrationsforschung. Andreas Wimmer und Nina

---

1 Siehe hierzu exemplarisch z. B. Manuel, Peter: *East Indian Music in the West Indies. Tān-singing, chutney, and the making of Indo-Caribbean culture.* Philadelphia: Temple University Press, 2000; Reyes, Adelaida: *Songs of the Caged, Songs of the Free. Music and the Vietnamese Refugee Experience.* Philadelphia: Temple University Press, 1999; oder das Special Issue zu »Music and Migration« des *Journal for Ethnic and Migration Studies* 32.2 (März 2006). Das für die Situation in Österreich relevante Werk ist Hemetek, Ursula: *Mosaik der Klänge. Musik der ethnischen und religiösen Minderheiten in Österreich* (Studien zur Volksmusik 20). Wien: Böhlau, 2001.

Glick Schiller haben gezeigt, dass Studien zur Migration den Nationalstaat als primäre analytische Folie lange weitgehend akzeptiert haben.²

In der Selbstreflexion der aktuellen Migrationsforschung wird diese analytische Fixierung auf den Nationalstaat als primäre analytische Folie seit den 2000er-Jahren als zu kurz gegriffen kritisiert, da dieser die heutigen Lebensrealitäten von Migrantinnen und Migranten nicht adäquat zu beschreiben vermag und wichtige Aspekte außer Acht lässt. Es besteht, so Wimmer und Glick Schiller, in jeglicher Forschung zu Migration die Gefahr des »methodischen Nationalismus«.³ Methodischer Nationalismus ist, die Nation oder den Nationalstaat als natürliche, gegebene Einheit aufzufassen. In der Forschung wird der Nationalstaat gewissermaßen als ›Container‹ konzipiert, mit eigener Kultur, klar abgrenzbarer Sozialstruktur und inhärenten Regeln sowie interner Diversität. Diesem ›Container-Modell‹ zufolge gehört jeder und jede zu einer bestimmten gesellschaftlichen Gruppe, die Welt ist in einzelne ›Container‹ aufgeteilt. Migrantinnen und Migranten, so dieses Verständnis, sind gewissermaßen im ›falschen‹ Container, gehören nicht dazu und müssen sich im neuen Container einfinden bzw. in einem Container im Container verortet werden. Alles, was außerhalb des nationalstaatlichen Containers ist, wird durch methodischen Nationalismus analytisch ausgeblendet. Analog zu methodischem Nationalismus spricht Nina Glick Schiller von »methodischer Ethnizität«, also der Tendenz, ethnische Gruppen als gegeben und ›natürlich‹ anzusehen und als vorherrschende analytische Kategorie zu platzieren.⁴

Nun vertritt die Ethnomusikologie in der Regel ebenso wenig wie andere Disziplinen ein essentialistisches Verständnis von Nation oder Ethnie, ganz im Gegenteil: Die Konstruktion und die kontinuierlich nötige Performanz von nationalen und ethnischen Identitäten und deren Prozesshaftigkeit ist im wissenschaftlichen Bewusstsein der (Ethno-)Musikologie gut verankert und durch zahlreiche Arbeiten belegt. Wie Martin Stokes es ausdrückt:

> Ethnicities are to be understood in terms of the construction, maintenance and negotiation of boundaries, and not on the putative social ›essences‹ which fill the gaps within them.⁵

---

2   Wimmer, Andreas und Glick Schiller, Nina: *Methodological Nationalism, the Social Sciences, and the Study of Migration: An Essay in Historical Epistemology.* In: IMR 37.3 (Herbst 2003).
3   Ebd.
4   Glick Schiller, Nina: *Beyond Methodological Ethnicity: Local and Transnational Pathways of Immigrant Incorporation* (Willy Brandt Series of Working Papers in International Migration and Ethnic Relations 2) (2008). Verfügbar unter: https://dspace.mah.se/bitstream/handle/2043/7491/WB%202_08%20MUEP.pdf?sequence=3&isAllowed=y [14.03.2017], hier S. 3–6.
5   Stokes, Martin: *Introduction: Ethnicity, Identity and Music.* In: *Ethnicity, Identity, and Music. The Musical Construction of Place* (Berg ethnic identities series). Hg. von dems. Oxford: Bloomsbury Academic, 1997, S. 1–27, hier S. 6.

Dies ist die Basis jeder Erforschung von ethnischen und nationalen Identitäten in ihrer Fluidität, Performanz und Stabilität in und durch Musik. Nichtsdestotrotz besteht in der Forschung die potentielle Gefahr von methodischem Nationalismus bzw. Ethnizität durch eine womöglich irreführende Fokussierung auf nationale und ethnische Aspekte als grundlegende Vorannahmen.

Nach Anja Weiß und Arnd-Michael Nohl birgt methodischer Nationalismus, als oft unbewusst übernommener Ansatz in der Forschung, zwei spezifische Fallstricke: Erstens werden dadurch Migrantinnen und Migranten innerhalb *eines* Nationalstaates verortet, obwohl sie sich ihrer eigenen Erfahrung nach mehr als einem Nationalstaat zugehörig fühlen können. Zweitens werden Migrantinnen und Migranten durch methodischen Nationalismus auf ihre nationale und/oder ethnische Herkunft reduziert und andere relevante Identitätskriterien ignoriert.[6] Analog dazu werden bei methodischer Ethnizität Menschen primär entlang ihrer ethnischen Zugehörigkeit verortet und mögliche andere relevante Kriterien ignoriert.[7] In musikalischen Belangen, in denen ethnische und/oder nationale Herkunft als Identitätsmarker durchaus stark und auch als Vermarktungsinstrument von zentraler Relevanz sein kann, ist die Gefahr der methodischen Ethnizität und des methodischen Nationalismus vor allem hinsichtlich des zweiten Fallstrickes gegeben: Der Blick der Forschung richtet sich auf ethnische/nationale Herkunft, ethnisch konnotierte Musiktraditionen, deren Präsentation, Veränderung und Bewahrung im Migrationskontext, und andere, womöglich ebenso relevante Aspekte und Erfahrungen gelangen weniger in den Fokus. So schreiben etwa Kiwan und Meinhof in ihrer Studie über transnationale Beziehungen von afrikanischen Musikerinnen und Musikern:

> However, by pursuing individual artists across their different spaces of engagement, with different types of audiences, and by engaging them in long conversations about their life histories, it quickly emerged that ethnicity is only one, albeit powerful form of identification, sitting alongside more globalized cosmopolitan tendencies.[8]

Diese kosmopolitische Perspektivierung gilt es in der ethnomusikologischen Forschung im Hinblick auf Musik und Migration verstärkt sichtbar und zum Thema zu machen.

---

6 Weiß, Anja und Nohl, Arnd-Michael: *Overcoming Methodological Nationalism in Migration Research. Cases and Contexts in Multi-Level Comparisons*. In: *Beyond Methodological Nationalism. Research Methodologies for Cross-Border Studies* (Routledge research in transnationalism 24). Hg. von Anna Amelina, u. a. New York und Milton Park: Routledge, 2012, S. 65–87, hier S. 65.
7 Glick Schiller, Nina: *Beyond Methodological Ethnicity* (wie Fußnote 4), S. 3–9.
8 Kiwan, Nadia und Meinhof, Ulrike Hanna: *Cultural Globalization and Music. African Artists in Transnational Networks*. Houndsmills und New York: Palgrave Macmillan, 2011, S. 3.

Transnationale Netzwerke:
Afrikanische Musikerinnen und Musiker in Österreich

Kosmopolitische, transnationale Aspekte werden vor allem im Leben jener Musikerinnen und Musiker sichtbar, die sich in ihrem unmittelbaren Lebensumfeld und Wirkungsfeld nicht einer bestimmten Community zugehörig fühlen, sondern sich individuell selbst und gezielt mit ihrem Musikschaffen in verschiedenen Netzwerken verorten. Dies trifft in großem Maße auf afrikanische Musikerinnen und Musiker in Europa zu, die sich in ihrem neuen Heimatland nicht einer ethnisch oder national definierten Community zuordnen wollen oder können. In Europa leben speziell in ehemaligen Kolonialmächten wie Großbritannien oder Frankreich Migrantinnen und Migranten aus den ehemaligen Kolonien, die ihren Lebensunterhalt im neuen Heimatland durch ihre musikalische Arbeit bestreiten. In diesen Ländern mit hoher Anzahl an afrikanischen Migrantinnen und Migranten und spezifischen kolonialen Vergangenheiten entstanden auf Grundlage von ethnischer und/oder nationaler Zugehörigkeit verschiedene Vereine und organisierte Gruppen, die für Musikerinnen und Musiker potenzielle Netzwerke bilden können. Doch auch in Ländern mit keiner direkten kolonialen Vergangenheit, wie Österreich, sind Musikerinnen und Musiker afrikanischer Herkunft anzutreffen und durchaus in der Musiklandschaft sichtbar und aktiv. Während die koloniale Vergangenheit und damit einhergehende historisch-sprachliche Verbundenheit zur ehemaligen Kolonialmacht für die Migration in diese Länder oft ausschlaggebend ist, kommen nach Österreich Musikerinnen und Musiker aus afrikanischen Ländern oft zunächst wegen eines Studienaufenthalts oder aufgrund einer Partnerschaft und bleiben anschließend im Land.[9] Nur wenige migrieren primär aus musikalischen Gründen. In Österreich gibt es nur wenige, zudem vergleichsweise kleine, spezifisch nationalstaatlich oder ethnisch definierte Communities, in denen diese Musikerinnen und Musiker aktiv werden bzw. die sie für ihre Netzwerke nutzen können. Musikerinnen und Musiker afrikanischer Herkunft knüpfen hier ihre Netzwerke über andere, oft vorwiegend musikalische, Anknüpfungspunkte, und agieren – notwendigerweise – transnational.

Die Relevanz solcher transnationalen Netzwerke von afrikanischen Musikerinnen und Musikern zeigen Nadia Kiwan und Ulrike Meinhof, indem sie Musikerinnen und Musiker in und aus Madagaskar und Nordafrika entlang ihren transnationalen Wegen untersuchen.[10] Dabei wird deutlich, dass diese in Netzwerken agieren, die vom kleinen ländlichen Dorf in den Herkunftsländern über Provinz- und Hauptstädte in Afrika hin zu europäischen Metropolen oder auch Kleinstädten in europäischen Ländern reichen. Für Musikerinnen und Musiker sind aktive Verbindungen über

---

9   Vgl. hierzu für die Schweiz: Berna, Marianne: *Welten dazwischen. Über Schweizerinnen und Afrikaner, Konzerte und Soirées*. In: *Soukous, Kathak und Bachata. Musik und Tanz aus Afrika, Asien und Lateinamerika in der Schweiz*. Hg. von Mauro Abbühl, Chudi Bürgi und Dagmar Kopše. Zürich: Limmatverlag, 2004, S. 179–189.
10 Kiwan und Meinhof: *Cultural Globalization and Music* (wie Fußnote 8).

diese Netzwerke hinweg sowie dementsprechende Mobilität von immenser Bedeutung, um ihre Musik zu machen, zu präsentieren und damit erfolgreich zu sein. Transnationale Netzwerke sind zentrales Kapital im Musikschaffen dieser Musikerinnen und Musiker.

Der Musiker Mamadou Diabate

Eine solche gelebte Transnationalität eines nach Europa migrierten afrikanischen Musikers zeigt sich in Leben und Werk des österreichischen Musikers Mamadou Diabate, das im Folgenden kurz skizziert wird.[11] Mamadou Diabate wurde 1973 in einem Dorf der ethnischen Gruppe der Sambla in Burkina Faso geboren. Dort lernte er von seinem Vater das Xylophonspiel der Sambla. In Teenagerjahren riss Diabate von zu Hause aus und schlug sich in die Provinzhauptstadt Bobo Dioulasso durch, wo er weiterhin musikalisch tätig war und einen Österreicher kennenlernte, der ihn aufgrund seiner musikalischen Fähigkeiten nach Österreich einlud. Er kam für drei Monate nach Österreich, spielte mit verschiedenen Musikerinnen und Musikern, und kehrte nach Burkina Faso zurück. Kurz darauf kam er erneut auf Einladung für drei Monate und erhielt währenddessen die Gelegenheit, für ein Jahr nach Deutschland zu gehen, was er annahm. Anschließend erlangte er aufgrund seiner bisherigen erfolgreichen professionellen Tätigkeiten als Musiker das Aufenthaltsrecht in Österreich und lebt seither in Wien. Seit 2013 ist er österreichischer Staatsbürger.

Mamadou Diabate ist in Österreich nicht Teil einer dezidierten afrikanischen oder auch Burkina-Faso-Community. Ein erster Anknüpfungspunkt in der anfänglichen Zeit in Österreich war das 2016 aus finanziellen Gründen geschlossene Afro-Asiatische Institut in Wien, ein kirchlich finanziertes, entwicklungspolitisch aktives Bildungshaus, das neben einem Studierendenwohnheim und religiösen Räumen auch eine Mensa, ein Café, einen Studiersaal und Veranstaltungsräume umfasste. Hier konnte Diabate erste Kontakte für seine musikalische Arbeit knüpfen. Viel mehr als eine afrikanisch-migrantische Community war von Beginn an für Diabate in Österreich jedoch die Jazzszene von Relevanz. Er realisierte seit seiner Übersiedelung nach Österreich im Jahr 2000 regelmäßig Projekte mit Jazz-Musikerinnen und -Musikern, allen voran mit dem Saxofonisten Sigi Finkel, der seit den 1990er-Jahren häufig mit afrikanischen Musikerinnen und Musikern zusammenarbeitet. Diabates musikalische Verankerung in Sambla-Musik bleibt dabei sowohl in dieser Zusammenarbeit als auch in seinen Solo-Projekten zentral. 2001 veröffentlichte er sein erstes Solo-Album mit Sambla-Xylophonmusik, auf dem er alle Instrumente selber einspielte, da es in Österreich keine Musiker gab, mit denen er hätte gemeinsam spielen

---

11 Die Informationen zu Mamadou Diabate stammen aus einem Interview mit dem Musiker (geführt am 20. Juni 2016 in Wien), Pressematerial über ihn sowie seiner eigenen Präsentation auf seiner Webseite (https://mamadoudiabate.jimdo.com [18.02.2017]).

können.¹² 2006 gründete er die Gruppe Percussion Mania, mit zwei Xylophonen als Hauptinstrumente. Mit dieser Gruppe gewann er 2011 den österreichischen World Music Award. Im Gegensatz zu den meisten afrikanischen Musikerinnen und Musikern in Österreich und der Schweiz, die oft Nebenjobs nachgehen oder Musikunterricht geben, lebt Diabate weitgehend von Konzerten und CD-Verkauf, auch ohne Unterricht zu geben. Diabates Live-Auftritte führten ihn neben Deutschland und der Schweiz auch nach Kanada, in die USA oder Indien, und nach Burkina Faso. Zeitgleich zu seiner Verortung in Österreich und Westeuropa ist Diabate in seinem Herkunftsland Burkina Faso aktiv und dort weiter gewissermaßen ›beheimatet‹. Er tritt dort regelmäßig auf und hat mit Hilfe des eigens gegründeten österreichischen Vereins Sababu in Burkina Faso eine Grundschule gegründet, deren Betrieb durch Spenden finanziert wird. Nach eigener Angabe reist er ca. ein- bis zweimal im Jahr nach Burkina Faso. Seine Verankerung in Westafrika zeigen auch seine weiteren Preise: Er gewann 2012 am *Festival Triangle de Balafon* in Mali den *Grand Prix* als bester Balafonspieler sowie den *Prix Alkaly Camara de la virtuosité* für sein virtuoses Balafonspiel.

Mit der steigenden Etablierung als Musiker in Österreich verstärkt sich auch seine aktive transnationale Vernetzung. Für seine verschiedenen musikalischen Projekte arbeitet er mit unterschiedlichen Musikerinnen und Musikern nicht nur aus Österreich zusammen. Er lädt regelmäßig Musikerinnen und Musiker aus afrikanischen Ländern ein, allen voran aus Burkina Faso und aus Mali, aber auch aus anderen europäischen Ländern, wie z. B. Fatoumata Dembele, eine Sängerin aus Burkina Faso, die seit 2003 in der Schweiz lebt. Die Vernetzung ist dabei notwendigerweise oft transnational, da Musikerinnen und Musiker mit der nötigen Expertise für Diabates Musik in Österreich nicht ansässig sind. Diabates Vernetzung erfolgt einerseits entlang musikalischer Kriterien, also entlang der Frage »Wer kann mir helfen, meine Projekte ›afrikanischer‹ Musik zu realisieren?« Andererseits spielt, wie Florian Carl auch für die afrikanische Diaspora in Deutschland feststellt,¹³ die familiäre Anbindung eine große Rolle: Mamadou Diabate bringt regelmäßig Verwandte mit musikalischer Expertise nach Europa, um mit ihnen zu spielen, so z. B. seinen Neffen Seydou Diabate. Mit seinem Bruder Sadama bzw. seinem Onkel Daouda als Solisten hat er zwei CDs aufgenommen.¹⁴ Entsprechend der Netzwerktheorie von Kiwan und Meinhof kann Mamadou Diabate als ein ›human hub‹ verstanden werden, als ein menschlicher Knotenpunkt, der verschiedene Menschen und Orte miteinander verbindet und sein transnationales Netz aktiv formt.¹⁵

---

12 Dies ist die CD *Sababu man dogo* (Extraplatte EX 470-2, Wien 2001).
13 Carl, Florian: *The Representation and Performance of African Music in German Popular Culture*. In: *Yearbook for Traditional Music* 43 (2011), S. 198–223.
14 Dies sind die beiden CDs *Sambla Fadenya* (Extraplatte E 870-2, Wien 2009) und *Tusia Fadenya* (Extraplatte EX 880-2, Wien 2009).
15 Kiwan und Meinhof: *Cultural Globalization and Music* (wie Fußnote 8), S. 2–8.

Mamadou Diabates Musik: Sambla-Xylophon transnational

Mamadou Diabates Musik kreist um das Xylophon, *baan*, sein Hauptinstrument, das er meisterhaft beherrscht. Jene Musikpraxis, die er in Burkina Faso gelernt hat, ist und bleibt seine musikalische Basis, die er erweitert und adaptiert, zu der er aber immer wieder zurückkehrt. Er präsentiert eine Musik, die als ›afrikanisch‹ gesehen werden kann und soll. Und doch ist seine Musik nicht jene, die in seinem Heimatdorf gespielt wurde. Er musste, so erzählt er im Interview, in Europa rasch lernen, dass er mit ›nur‹ Sambla-Xylophonspiel nicht weit kommen würde. Er begann daher, sein Xylophonspiel anzupassen und zum Beispiel zu lernen, mit Jazzmusikerinnen und Jazzmusikern zusammenzuspielen. Gleichzeitig arbeitete er daran, sein Sambla-Xylophonspiel so zu verändern, dass er die anders gelagerten Publikumserwartungen in Europa erfüllen konnte. Dies hieß zum Beispiel, eine vermeintliche Eintönigkeit zu vermeiden: »Wenn ich zehn verschiedene Sambla-Lieder spiele, hört der Europäer trotzdem immer das gleiche«.[16] Bei den Sambla *spricht* das Xylophon, wie häufig in afrikanischen Musiktraditionen, es werden damit also Inhalte transportiert. Mit der Tradition der Sambla vertraute Menschen hören diese Musik anders als Menschen, die diese musikalische Sprache nicht verstehen können und ihre eigenen erlernten ästhetischen Kriterien anlegen. Diabates Reaktion auf diese anders gelagerten Anforderungen an seine Musik in Europa war es, Musik zu komponieren, die sowohl in Afrika als auch in Europa verständlich ist. Hierfür hat er eigens ein neues Xylophon bauen lassen; das Instrument wurde von einem Marimba-Bauer in der Schweiz konstruiert, mit Holz, das aus dem Kamerun importiert wurde. Weiters experimentierte Diabate auch erfolgreich damit, mit zwei Schlägeln in jeder Hand zu spielen, also insgesamt vier, eine Technik, die bei den Sambla nicht üblich ist. Er entwickelte eine Spiel- und Kompositionstechnik, die es ihm ermöglicht, Stücke aus der Sambla-Tradition, die normalerweise von drei Musikern gespielt werden, im Rahmen von Konzerten alleine zu spielen.[17] Diese Veränderungen wurden im Zuge der migrantischen Erfahrung und im Kontext der neuen musikalischen Lebenswelt in Europa entwickelt. Migration hatte hier, im Musikschaffen Diabates, konkret nachvollziehbare Veränderungen und Erweiterungen der individuellen Musikpraxis zur Folge.

Transkulturelles Kapital durch Migration

Was Mamadou Diabate an Wissen und Fähigkeiten hinsichtlich seiner musikalischen Praxis nach Europa mitbringt und hier durch Erweiterung und Adaption im Rahmen seiner spezifischen Erfahrungen der Migration einsatzfähig macht, kann – Kiwan und Meinhof folgend – als »transkulturelles Kapital«[18] verstanden werden. Transkul-

---

16 Mamadou Diabate im Interview am 20. Juni 2016 in Wien. Aufnahme bei der Verfasserin.
17 Vergleiche hierzu die CD *Fenba* von Mamadou Diabate (Extraplatte EX-910-2, Wien 2010).
18 Kiwan und Meinhof: *Cultural Globalization and Music* (wie Fußnote 8), S. 8–10.

turelles Kapital ist demnach ein Analysekonzept zur Interpretation und Analyse jener Ressourcen, die typischerweise mit transnationalen Migrantinnen und Migranten verbunden sind, die substantielle Verbindungen zwischen Herkunftsland und neuem Heimatland halten und dabei kontinuierliche transnationale Verflechtungen hervorbringen. Das Konzept basiert auf dem Modell der verschiedenen Kapitalsorten von Pierre Bourdieu, der die Auffassung von Kapital über eine rein materielle und finanzielle Definition hinaus erweiterte und die nunmehr recht geläufigen Konzepte von symbolischem, sozialem und kulturellem Kapital einführte.[19] Kiwan und Meinhof wollen transkulturelles Kapital als eine Kombination von sozialem und kulturellem Kapital verstanden wissen, das Migrantinnen und Migranten mitbringen und im neuen Heimatland verwenden und erweitern können, was wiederum zu einem möglichen produktiven Einsatz im Herkunftsland führen kann. Seit der grundlegenden Studie von Peggy Levitt aus dem Jahr 1998 ist in den Sozialwissenschaften unumstritten, dass die Unterstützung, die Migrantinnen und Migranten, so möglich, für ihr Heimatland bzw. für Personen und Organisationen ebendort erbringen, neben finanziellen Mitteln auch soziales und kulturelles Kapital umfasst, so genannte »social remittances«.[20] Dieser Prozess geht in beide Richtungen: Migrantinnen und Migranten bringen verschiedenes Kapital mit, das sie im neuen Heimatland einsetzen und erweitern, und sie bringen ihr neu erworbenes Kapital im alten Heimatland sowie in anderen Ländern ein. Als spezifisch transkulturelles Kapital im musikalischen Bereich gelten in diesem Sinne jene Netzwerke und Fähigkeiten, die transnationale Musikerinnen und Musiker strategisch nutzen, um ihre Musik weiterzuentwickeln und den verschiedenartigen Bedingungen in den unterschiedlichen Kontexten zu entsprechen. Dies zeigt sich an Mamadou Diabate: Er kann seine Expertise am Xylophon und seine Weiterentwicklungen im Spiel nutzen, um in Europa meist ausreichend seinen Lebensunterhalt zu verdienen; gleichzeitig nützt ihm das erworbene Know-how über die europäische Musikwelt und deren spezifische Anforderungen und Strukturen für seine Anerkennung in Burkina Faso. Die von ihm hergestellten und aufrechterhaltenen Verbindungen von Menschen und Organisationen in Burkina Faso, anderen afrikanischen Ländern und Europa erweitern sein transkulturelles Kapital.

---

19   Bourdieu, Pierre: *Die feinen Unterschiede. Kritik der gesellschaftlichen Urteilskraft.* Frankfurt a. M.: Suhrkamp, 1982.
20   Levitt, Peggy: *Social Remittances: Migration Driven Local-Level Forms of Cultural Diffusion.* In: *International Migration Review* 32.4 (Winter 1998), S. 926–948. Siehe auch: Levitt, Peggy und Lamba-Nieves, Deepak: *Social remittances Revisited.* In: *Journal of Ethnic and Migration Studies* 37.1 (Januar 2011).

Das Feld der World Music:
Transkulturelles Kapital und Vermarktung von Ethnizität

Eine Analyse von Kapital im Sinne Bourdieus ist zwingend mit dem Konzept des Feldes zu verbinden. Bourdieu denkt ein ›Feld‹ als einen mehr oder weniger institutionalisierten Raum, in dem bestimmte Arten von Kapital relevant sind und in dem sich verschiedene Akteurinnen und Akteure aktiv aufgrund und mit ihrem Kapital positionieren können.[21] Ein spezifisches symbolisches Kapital, das in einem Feld von großer Bedeutung ist, mag in einem anderen Feld nichts wert sein. So hat zum Beispiel ein im Feld der europäischen Kunstmusik angesehener Preis im Tätigkeitsfeld einer Veranstalterin von Jazz-Festivals wenig Kapitalwert. Das jeweilige Feld ist also für eine Analyse auf Basis von Kapitalsorten von zentraler Relevanz, und somit auch in der Erweiterung mit ›transkulturellem Kapital‹.[22] Das von afrikanischen Musikerinnen und Musikern in Europa einsetzbare und generierbare transkulturelle Kapital ist bei weitem nicht in allen musikalischen Feldern gleich wertvoll. Neben potenzieller Relevanz in Feldern rund um Jazz und spezifische Popularmusikformen ist es hier meist vor allem das Feld der World Music, in dem sich diese Musikerinnen und Musiker bewegen und in dem sie ihr Kapital produktiv verwenden und zu finanziellem Kapital und somit zu einer potenziellen Lebensgrundlage machen können. Dementsprechend agieren über lokale Communitys hinaus sichtbare Musikerinnen und Musiker afrikanischer Herkunft in Westeuropa, so auch in Österreich, oft im weiten Feld der World Music.

World Music, oder Weltmusik, ist nicht ein abgrenzbares Genre, sondern eine seit den späten 1980er-Jahren am Musikmarkt verankerte Marktkategorie.[23] Jene Musik, die als ›World Music‹ oder ›Weltmusik‹ präsentiert wird, sei es im Online-Musikshop oder auf dementsprechend betitelten Festivals, ist unter anderem stilstisch enorm heterogen und hat musikalisch oft nichts gemeinsam. Musik wird auf dem westlichen Musikmarkt in dieser Kategorie – verkürzt gesagt – aufgrund ihrer ›Fremdheit‹ oder ›Exotik‹ oder ihrer Herkunft aus nichtwestlichen Ländern eingeordnet. In der – vor allem in den 1990er-Jahren geführten – wissenschaftlichen Diskussion steht dabei das Argument der größeren Sichtbarkeit für sonst nicht bekannte Musikformen und mögliches Empowerment für marginalisierte Personen dem Vorwurf der Exotisie-

---

21 Bourdieu, Pierre: *Die Regeln der Kunst. Genese und Struktur des literarischen Feldes.* Frankfurt a. M.: Suhrkamp, 2001; Bourdieu, Pierre: *The Field of Cultural Production: Essays on Art and Literature.* New York und Chicester: Columbia University Press, 1993.

22 Kiwan und Meinhof lassen in ihrer Studie bedauerlicherweise, obwohl sie sich grundlegend auf Bourdieus theoretische Konzeption stützen, die Komponente des Feldes weitgehend außer Acht.

23 Zur Entstehung und Einführung der Kategorie World Music/Weltmusik siehe Anderson, Ian: *World Music History.* In: *froots* 201 (März 2000). Online abrufbar unter: http://frootsmag.com/content/features/world_music_history/ [14.03.2017].

rung und Ausnutzung globaler Machtkonstellationen gegenüber.[24] Heute ist World Music eine fix verankerte Marktkategorie, gegen die Musikerinnen und Musiker durchaus oft opponieren, derer sie sich dennoch auch bewusst bedienen (müssen).[25]

Musik von Musikerinnen und Musikern afrikanischer Herkunft wird – egal ob im Stil traditionell, rockig, jazzig oder anderes – vorwiegend als ›afrikanisch‹ klassifiziert und vermarktet. Sie wird somit in der Kategorie ›World Music‹ verortet, vor allem, wenn die Musik in irgendeiner Weise mit der Musik der jeweiligen Herkunftsregionen verbunden ist. Dementsprechend müssen afrikanische Musikerinnen und Musiker sich mit der Kategorisierung als ›World Music‹ und der in diesem Feld üblichen Präsentation von Musik arrangieren; ihre Musik wird entlang ethnischer und/oder nationaler Kriterien verortet und dementsprechend vermarktet. Dies mag dabei durchaus dem Selbstverständnis der Musikerinnen und Musiker entsprechen, wie im Falle von Mamadou Diabate: Er präsentiert sich bewusst und gern als afrikanischer Musiker und stellt seine Expertise in einer bestimmten afrikanischen Musik in den Vordergrund. Seine ethnische Anbindung an bestimmte musikalische Traditionen, in diesem Fall Sambla und Musik aus Burkina Faso, macht einen großen Teil seines Kapitals aus, das – entsprechend den Kriterien dieser speziellen Marktkategorie – in der World Music von besonderem Wert ist.

Hinter dieser notwendigen und/oder erwünschten Darbietung von ›afrikanischer‹ Musik mit Hilfe von Ethnizität und Herkunft, und damit einer gewissen Form von ›strategischem Essentialismus‹[26], ist jedoch weitreichende Transnationalität zu entdecken. Um sich erfolgreich im Rahmen der internationalen World Music zu positionieren, muss das Kriterium der ethnischen/nationalen Anbindung an eine Region sowie Expertise in entsprechender musikalischer Tradition mit transnationalen

---

24 Vgl. hierzu: Connell, John und Gibson, Chris: *World Music: Deterritorializing Place and Identity*. In: *Progress in Human Geography* 28.3 (2004), S. 342–361; Feld, Steven: *Notes on World Beat*. In: *Public Culture* 1.1 (1988), S. 31–37; ders.: *A Sweet Lullaby for World Music*. In: *Public Culture* 12.1 (2000), S. 145–171; ders.: *From Schizophonia to Schismogenesis: On the Discourses and Commodification Practices of »World Music« and »World Beat«*. In: *Music Grooves. Essays and Dialogues*. Hg. von Charles Keil und Steven Feld. Chicago und London: University of Chicago Press, 2004, S. 257–289; Taylor, Timothy D.: *Global Pop: World Music, World Markets*. New York und London: Routledge, 1997.

25 Siehe hierzu zum Beispiel Gebesmair, Andreas, Brunner, Anja und Sperlich, Regina: *Balkanboom! Eine Geschichte der Balkanmusik in Österreich* (Musik und Gesellschaft 34). Frankfurt a. M.: Peter Lang, 2014, sowie die Portraits und Analysen einer »World Music 2.0« in Beyer, Theresa, Burkhalter, Thomas und Liechti, Hannes: *Seismographic Sounds. Visions of a New World*. Bern: Norient, 2015.

26 Der Begriff ›strategischer Essentialismus‹ stammt von Gayatri Chakravorty Spivak, die ihn in den 1980er-Jahren im Rahmen ihrer postkolonialen Kritik einführt. Für die Diskussion rund um World Music und den strategischen Einsatz ethnischer Essentialismen in der Präsentation von Musik siehe Taylor, Timothy D.: *Global Pop. World Music, World Markets*. New York und London: Routledge, 1997.

Netzwerken und transkulturellem Kapital einhergehen. Die Vermarktung und Produktion einer Musik in Verbindung mit einer Region, einer Nation oder einer ethnischen Herkunft funktioniert oft nur durch Transnationalität.

Methodische Überlegungen: Individuen im Fokus

Die Auseinandersetzung mit Mamadou Diabate zeigt exemplarisch, mit welchen Herausforderungen es die Musikforschung zu Mobilität, Migration und Transnationalität im 21. Jahrhundert zu tun hat. Afrikanisch-konnotierte Musik wird in Europa gemacht, eingebettet in transnationale Verbindungen, und durch Kapital, das durch und mit migrantischer Lebenserfahrung entstanden ist. Die betreffenden Musikerinnen und Musiker betonen und vermarkten meist ihre ethnisch-nationale Herkunft. Ihre ethnisch-nationale Verankerung passiert dabei in transnationalen Netzwerken, in denen sie jedoch nicht notwendigerweise entlang ethnisch-nationaler, sondern musikalischer und anderer, z. B. familiärer, Anknüpfungspunkte agieren. Für eine Erforschung dieser musikalischen Praxis heißt dies, den Blick auf mobile, transnationale und transkulturelle Strategien, Identifikationsmerkmale und Netzwerke zu richten.

Um der Gefahr des eingangs erwähnten methodischen Nationalismus bzw. der methodischen Ethnizität zu entkommen, konzentrieren sich Kiwan und Meinhof in ihrer Studie auf Individuen: Nicht Gruppen, zusammengefasst entlang ethnischer oder nationaler Herkunft, werden in den Blick genommen, sondern einzelne Musikerinnen und Musiker. In einer Betrachtung der Musikpraxis afrikanischer Musikerinnen und Musiker in Westeuropa scheint dies der womöglich einzige gangbare Weg: Diese sind nicht in ethnisch-nationalen Kontexten in ihren neuen Heimatländern zu verorten, da es diese Kontexte gar nicht gibt; und selbst wenn sie vorhanden sind, ist dies nur einer von vielen Anknüpfungspunkten, das heißt, eine Vernetzung darüber hinaus ist in der Regel gegeben und für das musikalische Tun relevant. Nur eine Fokussierung auf individuelle Musikerinnen und Musiker, deren Biografien, deren Erfahrungen, deren musikalisches Schaffen, Strategien und Netzwerke, kann diese spezifischen Beziehungen offenlegen.

Die Untersuchung von individuellen Musikerinnen und Musikern ist in der ethnomusikologischen Forschung nicht neu, sondern vielmehr fest verankert. Dies zeigen Jesse Ruskin und Timothy Rice eindrücklich in einem Überblick über musikethnographische Monographien der letzten Jahre.[27] Als Informantinnen und Informanten im Rahmen einer Feldforschung sind individuelle Musikerinnen und Musiker, oft jene mit besonderer musikalischer Expertise, in der ethnomusikologischen Metho-

---

27 Ruskin, Jesse D. und Rice, Timothy: *The Individual in Musical Ethnography*. In: *Ethnomusicology* 56.2 (2012), S. 299–327; siehe auch Stock, Jonathan: *Toward an Ethnomusicology of the Individual, or Biographical Writing in Ethnomusicology*. In: *The World of Music* 43.1 (2001), S. 5–19.

dik seit Beginn der Disziplin von Bedeutung. Wurden diese lange Zeit in der Regel als Repräsentantinnen und Repräsentanten einer bestimmten ethnischen Gruppe oder kulturellen Gemeinschaft gesehen, und nicht als autonome Akteurinnen und Akteure, hat sich dieser Ansatz aufgrund der Rekonzeptualisierung von ›Kultur‹ und der damit einhergehenden Anerkennung von individueller Teilhabe und Wirkung an dem, was ›Kultur‹ ausmacht, überholt. Individuelle Musikerinnen und Musiker sind nicht mehr Repräsentantinnen und Repräsentanten, sondern »agents who give meaning to – and change – social, cultural, and musical systems in specific instances«.[28]

Während ethnomusikologische Forschung dabei weiterhin musikalische, kulturelle und soziale Prozesse untersucht, ist das Feld oder die ›Kultur‹ dabei nicht mehr als abgeschlossenes Feld gedacht; vielmehr rückt der Aspekt der Beziehung bzw. des Netwerks ins Zentrum: »Rather, culture and field are better thought of as constituted in and through the relationships of individuals.«[29] Neben diesen veränderten theoretischen und methodischen Grundlagen, so Ruskin und Rice, fordert auch die Veränderung durch Globalisierung und Technisierung der Welt den Fokus auf individuelle Musikerinnen und Musiker:

> […], as communities under the pressures of globalization and political instability fragment and ›deterritorialize‹ […], ethnomusicologists have been drawn to the study of individual musicians who are trying to make sense of collapsing worlds, create new individual identities, and knit themselves into emerging or newly encountered social formations.[30]

Dieser Aspekt ist es, der speziell im Kontext der Erforschung von Musik und Migration relevant wird: Musikerinnen und Musiker, wie exemplarisch an Mamadou Diabate gezeigt, erschaffen durch ihr musikalisches Tun neue individuelle Identität(en) und formen neue, andere soziale Netzwerke, die weit über ethnisch-nationale Zugehörigkeiten hinausgehen.

In Analogie zu methodischem Nationalismus bzw. methodischer Ethnizität muss hinsichtlich der Fokussierung auf Individuen die Möglichkeit von methodischem Individualismus angesprochen werden. Methodischer Individualismus ist ein Analyseansatz aus der Soziologie, in dem soziale Prozesse ausschließlich über das Handeln von Individuen erklärt werden. Dies birgt die Gefahr, soziale Gegebenheiten, die Macht von Institutionen, Gemeinschaften, Organisationen etc., die in der Konstitution von musikalischem Handeln eine Rolle spielen, außer Acht zu lassen. Eine solche Reduzierung soll die Fokussierung auf individuelle Musikerinnen und Musiker jedoch nicht ausmachen. Produktives ethnographisches Forschen bezieht die jeweiligen Systeme, in denen sich die Musikerinnen und Musiker bewegen und in denen sie agieren, notwendigerweise mit ein. Als möglichen Weg, diese beiden Pole zu verbin-

---

28   Ruskin und Rice: *The Individual in Musical Ethnography* (wie Fußnote 27), S. 309.
29   Ebd., S. 317.
30   Ebd., S. 299.

den, schlägt Timothy Rice eine »subject-centered musical ethnography« vor, für die er ein dreidimensionales Modell vorstellt, dessen drei Achsen Zeit (*time*), Ort (*location*) und Metapher (*metaphor*) umfassen.[31] Die Voraussetzung für eine solche ethnographische Untersuchung ist es, die Individuen bzw. Subjekte dabei als durch und durch sozial und selbstreflexiv zu sehen. Jegliche Erfahrung von Individuen ist dabei nicht etwas, das nur in jemandem selbst stattfindet: »Rather, experience begins with interaction with a world and with others.«[32] Es geht also um die spezifischen Erfahrungen, Strategien und Praktiken von Musikerinnen und Musikern im Kontext ihres musikalischen Tuns, in der jeweiligen Einbettung in soziale und organisatorische Systeme und Netzwerke.

Transnational aktive und vernetzte migrantische Musikerinnen und Musiker wie Mamadou Diabate in den Fokus zu nehmen, erfordert dabei zusätzlich zu »subject-centered ethnography« noch einen weiteren, nunmehr geläufigen methodischen Aspekt: »multi-sited ethnography«, also ethnographische Forschung an mehreren unterschiedlichen Orten, gewissermaßen ein Verfolgen der untersuchten Subjekte entlang ihrer Routen und Netzwerke.[33] Im Falle von Mamadou Diabate würde dies heißen, ihm nach Burkina Faso ebenso zu folgen wie in die Schweiz zu seinem Instrumentenbauer und in die USA auf seine Konzertreise. An den unterschiedlichen Orten von Relevanz für die Musikerinnen und Musiker werden transnationale Netzwerke gelebt und das Konzept des transkulturellen Kapitals mit Inhalt gefüllt, durch Praktiken, Strategien, Widerstände, Kommunikationsarten, musikalische Performances und Präsentationsweisen, die beobachtbar und analysierbar sind.

Conclusio

Um der Relevanz von transnationalen Vernetzungen und transkulturellem Kapital von Musikerinnen und Musikern mit Migrationshintergrund im Feld der World Music auf die Spur zu kommen, muss sich eine künftige Musikforschung mehr als bereits geschehen vom Container-Modell ethnischer Gruppen und nationaler Gesellschaften verabschieden. Wie anhand von Mamadou Diabate exemplarisch gezeigt, bewegt sich das Musikschaffen und Leben afrikanischer Musikerinnen und Musiker, die in europäischen Ländern ansässig sind, nicht nur entlang ethnisch-nationalen Kriterien, sondern ist weitaus komplexer und vielfältiger. Familiäre Anbindungen spielen dabei ebenso eine Rolle wie die Beziehung zu transnational verankerten Musikvermittlern oder Musikerinnen und Musikern, die in anderen Weltregionen ansässig sind. Die Komplexität und Vielfalt sichtbar zu machen, ist Aufgabe einer zeitgemä-

---

31 Rice, Timothy: *Time, Place, and Metaphor in Musical Experience and Ethnography.* In: *Ethnomusicology* 47.2 (Frühling/Sommer 2003), S. 151–179.
32 Ebd., S. 157.
33 Marcus, George E.: *Ethnography in/of the World System: The Emergence of Multi-Sited Ethnography.* In: *Annual Review of Anthropology* 24 (1995), S. 95–117.

ßen Musikforschung zu migrantisch-geprägter Musik. Der Fokus auf Individuen, nicht als per se repräsentativ für eine Gruppe, sondern als aktive, vernetzte Individuen, die bestimmtes transkulturelles Kapital haben, generieren und nutzen und damit bestimmte Musik machen, ist dafür ein methodischer Weg, der ermöglicht, mobile, transnationale Aspekte des global vernetzten Musiklebens am Beispiel migrantisch geprägter Handlungen von Musikerinnen und Musikern sichtbar und analysierbar zu machen. In der Kombination von subjektzentrierter musikalischer Ethnographie, multi-sited ethnography sowie theoretischen Konzepten von transnationalen Netzwerken und transnationalem Kapital kann eine musikologische Forschung migrantischer Musikpraktiken in transnationalen Netzwerken gelingen.

Anja K. Arend und Sandra Chatterjee

Tanz und Migration: mehrsprachige Bewegungstexte und hybride Choreografien[1]

Denken und Tanzen zwischen Choreografien und Differenzdiskursen

> As codified movement that comes into being with and through the moving body, dance harbors the dual potential of non-verbally bridging as well as performing and thereby highlighting cultural and aesthetic difference. Contextualized by a critical interrogation of migration in the context of dance and the often unconscious ethnocentricity of contemporary dance in Europe, this essay analyses a series of communication activities conducted in Austria as part of the Austrian Science Fund (FWF) project *Dance and Migration* (WKP 32) that addressed ethnicized, cultural and racialized difference in contemporary dance. Practical workshops were conducted at professional academies of dance with young dancers and choreographers as well as a lecture performance with members of the initiative *Bewegte Interaktion*, developed during the same communicational project.

Eine Beschäftigung mit Themen und Fragen von Migration in der Kunst, und damit auch im Tanz, gewinnt im aktuellen gesellschaftlichen Rahmen an neuer Präsenz und Brisanz. Das Wissenschaftskommunikationsprojekt *Tanz und Migration: mehrsprachige Bewegungstexte, hybride Choreografien und transkulturelle Lesbarkeit*, aus dem heraus dieser Artikel entstanden ist, basiert anknüpfend an das 2012–2016 durchgeführte Forschungsprojekt *Traversing the Contemporary (pl.): Choreographic Articulations Between European and Indian Dance*[2] auf einer (postmigrantischen) Irritation in der wissenschaftlichen wie künstlerischen Auseinandersetzung mit dem europäischen Zeitgenössischen Tanz, dessen reklamierter Vielfalt und gleichzeitiger kulturell-ästhetischer Homogenität.

Ziel des Wissenschaftskommunikationsprojekts war es, den Zeitgenössischen Bühnentanz genauer auf sein Verhältnis zu, seinen Umgang mit und sein Potential für das Migratorische zu befragen, sowie die Trennung zwischen künstlerischem Tanz

---

1 Dieser Artikel wurde im Rahmen des Wissenschaftskommunikationsprojektes *Tanz und Migration: mehrsprachige Bewegungstexte, hybride Choreografien und transkulturelle Lesbarkeit* – Austrian Science Fund (FWF): WKP 32 – verfasst, Projektleiterin Prof. Dr. Claudia Jeschke, Mitarbeiterinnen Dr. Sandra Chatterjee (Postdoc), Anja K. Arend, MA (Wissenschaftliche Mitarbeiterin).

2 Austrian Science Fund (FWF): P 24190-G15.

und ›Migration‹ in den Fokus zu rücken. Dem liegt eine kritische Haltung bezüglich eines Migrationsbegriffs zugrunde, der wesentlich von einem Fremdheitsdiskurs geprägt ist. Das heißt, dass sich Migration nicht in der Mobilität und dem Überschreiten von z. B. Ländergrenzen erschöpft, sondern dass bei im deutschsprachigen Raum dominanten Diskursen um Migration das sogenannte ›Fremde‹ im Vordergrund steht – also kulturelle, ethnisierte und rassifizierte Differenz. Vor dem Hintergrund dieser Konzepte zeigte sich, dass die landläufig verbreitete Vorstellung, Tanz sei durch seine ausgeprägte, grenzüberschreitende Internationalisierung und Sprachungebundenheit per se transkulturell[3] (und deshalb auch nicht eindeutig in der kritischen Debatte um strukturellen Rassismus im Theater erfasst), bei einem genaueren Blick nicht haltbar ist. Denn durch als ›fremd‹ markierte Tanzsprachen und Bewegungen kann ›das Fremde‹ und Differenz auch besonders hervorgehoben, markiert und performed werden.[4] Eine theoretisch wie (tanz-)praktisch differenzierte Auseinandersetzung mit ethnisierter, kultureller und rassifizierter Differenz im europäischen Zeitgenössischen Tanz wie auch in der europäischen Tanzwissenschaft stellt daher nach wie vor ein Desiderat dar.

Das Wissenschaftskommunikationsprojekt *Tanz und Migration* basierte auf zwei Strängen: erstens wurden die Überlegungen und Erkenntnisse der vorangegangenen Forschungen zum Verhältnis des Zeitgenössischen Tanzes in Europa mit unterschiedlichen ethnisierten[5] kulturellen Tanzästhetiken in verschiedenen Formaten an ein möglichst breites, heterogenes und in erster Linie nichtakademisches Publikum vermittelt, und zweitens sollten in diesen Vermittlungsprozessen neue Fragen zum Verhältnis von ›Tanz und Migration‹ gestellt sowie künstlerische Strategien erkundet wer-

---

3 Vgl. z. B. Boldt, Esther: *Transculturality instead of Multiculturalism – Careers in dance have always been cross-border affairs.* In: *Dance and Trends.* Webseite des Goethe Instituts 2012. (http://www.goethe.de/kue/tut/cho/cho/enindex.htm [11.11.2013]) und Israel, Annett: *Kulturelle Identitäten als dramatisches Ereignis. Beobachtungen aus dem Kinder- und Jugendtheater.* In: *Theater und Migration: Herausforderungen für Kulturpolitik und Theaterpraxis.* Hg. von Wolfgang Schneider. Bielefeld: transcript, 2011, S. 47–64.
4 Vgl. Cramer, Franz Anton und Klemenz, Constanze: *Einmischung in auswärtige Angelegenheiten: Tanz als migratorische Praxis.* In: *Theater der Zeit* 59.2 (2004), S. 15–18, hier S. 17.
5 Beispiele für ethnisierte europäische Tanzformen sind z. B. Flamenco und Schuhplattler. Bei dem aus dem Projekt entstandenen Performance-Symposium *Tanz und Migration. Mehrsprachige Bewegungstexte, hybride Choreographien und transkulturelle Lesbarkeit*, das vom 30.06. bis 01.07.2016 an der Anton Bruckner Privatuniversität in Linz stattfand, stellte die Tänzerin und Choreografin Dolma Jover Agulló in ihrem Vortrag *Transcultural Body/Transformation of Conceptions_Dance and Education* ihre Auseinandersetzung mit Flamenco im zeitgenössischen Kontext vor. Beispiele für einen zeitgenössischen choreografischen Umgang mit dem Schuhplattler sind in den letzten Jahren in Stücken wie *Sons of Sissy* von Simon Mayer (2014) und *FOLK-S will you still love me tomorrow?* von Alessandro Sciarroni (2012) auf der Bühne zu sehen. Für diese Entwicklung im europäischen Zeitgenössischen Tanz verwendet der österreichische Tanzkritiker Helmut Ploebst auch den Begriff des »Ethno-Trend« (Ploebst, Helmut: *Wie man den Volkstanz auszieht.* In: *Der Standard* [11./12.4.2015], www.derstandard.at/2000014149761/Wie-man-den-Volkstanz-auszieht [17.02.2016]).

den, wie mit ethnisierter, kultureller und rassifizierter Differenz in der tänzerischen/ choreografischen Praxis umgegangen werden könnte. Das Projekt näherte sich der angerissenen Thematik über mehrere Kommunikationsformate, die auf unterschiedliche TeilnehmerInnen, von interessierten Jugendlichen über tanzinteressierte Laien bis hin zu Tanzstudierenden und im Tanz- und Kunstbetrieb professionell Tätigen sowie WissenschaftlerInnen ausgerichtet waren und diese Gruppen vernetzen sollten. Im Laufe des einjährigen Prozesses entwickelten sich die theoretischen wie künstlerisch-praktischen Auseinandersetzungen stets im Wechsel und mit engem Bezug zueinander.

In diesem Artikel beziehen wir uns, neben einigen theoretischen Überlegungen, die dem Projekt zugrunde liegen bzw. im Laufe des Projekts evident oder bestärkt wurden, in der Hauptsache auf Residenzen und Workshops mit angehenden TänzerInnen und ChoreografInnen an professionellen Ausbildungsstätten und eine Lecture-Performance mit Mitgliedern der Initiative *Bewegte Interaktion*, die während des Projekts im Rahmen von Workshops entwickelt wurde. In beiden Projektteilen wurde gezielt mit der tanzpraktischen Auseinandersetzung mit Migrationen und ethnisierter, kultureller und rassifizierter Differenz gearbeitet, doch entwickelten sich die Aktivitäten innerhalb unterschiedlicher Kontexte. Während die Residenzen an den Ausbildungsinstitutionen in einem eindeutig professionellen Kontext stattfanden und auf ein gemeinsames Wissen über Zeitgenössischen Tanz und dessen Verortung im Kunstverständnis zurückgreifen konnten, brachten die Tänzer aus der Initiative *Bewegte Interaktion* andere Erfahrungen mit. Die aus Syrien und Afghanistan stammenden jungen Männer hatten keinen professionellen Tanzhintergrund und wurden in ihrer Arbeit mit dem Projektleiter und Choreografen Sayed Labib zum Teil zum ersten Mal mit europäischem Zeitgenössischem Tanz konfrontiert. Auch die Migrations- bzw. Mobilitätserfahrungen waren andere: Während die Tanzstudierenden eher auf professionelle *Mobilität*serfahrungen zurückgreifen konnten, brachten die Teilnehmer von *Bewegte Interaktion* persönliche *Migration*serfahrungen in den Arbeitsprozess ein.

Migration versus Mobilität im Kontext Tanz

In ihrem Aufsatz »Mit Mobilität aus der Sackgasse der Migrationsforschung? Mobilitätskonzepte und ihr Beitrag zu einer kritischen Gesellschaftsforschung« aus dem Jahr 2014[6] schlagen Katrin Lehnert und Barbara Lemberger vor, in der sozialwissenschaftlich orientierten Migrationsforschung eine »stabil gedachte Gesellschaftsord-

---

6 Lehnert, Katrin und Lemberger, Barbara: *Mit Mobilität aus der Sackgasse der Migrationsforschung? Mobilitätskonzepte und ihr Beitrag zu einer kritischen Gesellschaftsforschung*. In: *Vom Rand ins Zentrum. Perspektiven einer kritischen Migrationsforschung* (Berliner Blätter. Ethnographische und ethnologische Beiträge 65). Hg. vom Labor Migration. Berlin: Panama Verlag, 2014, S. 45–61.

nung«[7] durch Mobilitätskonzepte in Bewegung zu bringen, indem ihre tatsächliche, sprich strukturelle, Instabilität über subjektive Migrationsbewegungen hinaus offengelegt wird.[8] Für den Tanz ist dieses Vorgehen jedoch problematisch, da sich ›der Tanz‹ durch seine Bewegtheit oft per se als mobil begreift. Dadurch gehen bei der nicht präzisierten Nutzung des Konzepts der Mobilität wie auch bei der Idee der Internationalität in der Tanzwissenschaft Spezifika, Problematiken und Kernthemen des Migrationsbegriffs, wie z. B. Marginalisierung, Exotifizierung und Ausschlüsse verschiedenster Art, verloren. Die kulturelle Stabilität des Zeitgenössischen Tanzes in Europa wird in derzeitigen Diskursen also durch subjektive Mobilitätsstrukturen verdeckt. Mit anderen Worten: Eine weitere, vor allem kritische Auseinandersetzung mit dem Thema Migration in der ästhetischen und bewegungssprachlichen Struktur des Tanzes scheint nicht mehr nötig zu sein, da das Mobile im Tanz, sowohl in seinem grundlegenden Aspekt (der Tanzbewegung) als auch in der internationalen Vernetzung der Szene, vorbildlich vorhanden zu sein scheint. Einer der Kernpunkte des Migrationsbegriffs, die Unterteilung in die (Ordnungs-)Kategorien ›fremd‹ und ›eigen‹[9], geht bei dieser Fokussierung auf das Mobile jedoch verloren. Denn im Gegensatz zur Grenzen verschiebenden Mobilität, bleibt ›das Migrantische‹ als ›Fremdes‹ in seinem Kern statisch. Als MigrantInnen identifizierte Menschen bleiben trotz ihrer Mobilität per definitionem ›Fremde‹, denn selbst wenn sie sich örtlich im Hier befinden, in der Realität also präsent sind, bleiben sie per Zuschreibung anderswo verortet und damit immer außerhalb.[10]

Dies lässt sich auch auf den Bereich Tanz übertragen, denn obwohl sowohl TänzerInnen als auch Tanzformen mobil sind, bleibt der europäische (künstlerische) Tanz weitgehend kulturell stabil: eine weite Bandbreite von Tanzformen, die seit (mindestens) Jahrzehnten in Europa praktiziert werden (wie z. B. indische Tanzformen und Tanzformen aus verschiedenen afrikanischen Ländern) bleiben in der künstlerischen Tanzlandschaft exotische ›Fremde‹ – und oft am Rande oder gänzlich abseits des Kunstbetriebs und -establishments. Oft werden vor allem (aber nicht ausschließlich) außereuropäische Tanzformen nicht nur als ›exotisch‹, sondern auch als ›traditionell‹ markiert, und bleiben somit konzeptuell nicht nur ›anderswo‹, sondern auch außerhalb des ›Zeitgenössischen‹ und in der Vergangenheit verhaftet.

---

7   Ebd., S. 57.
8   Vgl. ebd., S. 56–58.
9   Vgl. Dogramaci, Burcu: *Fremde Überall – Migration und Künstlerische Produktion. Zur Einleitung*. In: *Migration und Künstlerische Produktion: Aktuelle Perspektiven*. Hg. von dems.: Bielefeld: transcript, 2013, S. 7–20, hier S. 7.
10 Der Soziologe Erol Yildiz spricht im Zusammenhang dieser Verortung von einem »Wurzeldiskurs«: »Die *fremden Wurzeln* von Menschen, die in Köln, Frankfurt oder Wien geboren und aufgewachsen sind, erfreuen sich eines anhaltenden medialen Interesses«, aus: Yildiz, Erol: *Postmigrantische Perspektiven auf Migration, Stadt und Urbanität*. In: *Migration, Stadt und Urbanität. Perspektiven auf die Heterogenität migrantischer Lebenswelten*. Hg. von Thomas Geisen, Christine Riegel und Erol Yildiz. Wiesbaden: Springer, 2017, S. 19–33, hier S. 28.

Gleichzeitig werden in der Tanzgeschichtsschreibung die Wechselwirkungen zwischen kulturell unterschiedlichen Tanzformen – v. a. die signifikante Bedeutung so genannter ›fremder‹ Tänze für den Modernen Tanz[11] – nicht ausreichend evident gemacht. So fordert Monica Alarcón zu Recht: »[E]s ist an der Zeit, diese gegenseitige Beeinflussung der Kulturen, das ›Fremde im Eigenen‹ anzuerkennen«[12] – eine verflochtene Geschichtsschreibung im postkolonialen Sinn.[13]

In Anlehnung an ein postkoloniales Geschichtsverständnis, welches »andere Zusammenhänge, geteilte Geschichten, Diskontinuitäten, und marginalisierte Sichtweisen ins Bewusstsein rückt, die von der bisher favorisierten westlichen Normalität deutlich abweich[en]«[14], und verbunden mit der Forderung nach dem Aufbruch in eine »neue Geschichtlichkeit«[15] beginnt der Soziologe und Migrationsforscher Erol Yildiz seine Ausführungen, die das »Postmigrantische« als einen »neuen Blick« auf die Gesamtgesellschaft vorschlagen:[16] Das Konzept des ›Postmigrantischen‹ versucht eine neue Geisteshaltung im aktuellen wissenschaftlichen Diskurs zu etablieren, die vorhandene Narrative irritiert und Brüche sowie Mehrdeutigkeiten aufzuzeigen vermag, indem ›postmigrantisch‹ als Analysekategorie für die Gesamtgesellschaft etabliert und somit die Migration vom ›Rand in die Mitte‹ der Gesellschaft und des wissenschaftlichen Diskurses geholt wird. Das Postmigrantische – z.B. wie es sich im *Ballhaus Naunynstrasse* in Berlin für das Theater herauskristallisiert hat – macht das als ›migrantisch‹ Markierte sichtbar, denn auch die sogenannten ›zweiten, dritten, vierten… MigrantInnengenerationen‹, die meist in dem Zielland ihrer Eltern oder Großeltern geboren und aufgewachsen sind, werden weiterhin als MigrantInnen (ethnisiert und rassifiziert) markiert, obwohl sie im Grunde nicht mobil waren bzw. sind.

---

11   Vgl. u. a.: Alarcón, Mónica: *Identität und Migration im Zeitgenössischen Tanz*. In: *Migration. Mobilität, Geschlecht* (Freiburger GeschlechterStudien 25). Hg. von Meike Penkwitt und Antonia Ingelfinger. Leverkusen-Opladen: Budrich UniPress, 2011, S. 65–73; Cramer, Franz Anton und Klemenz, Constanze: *Einmischung in auswärtige Angelegenheiten: Tanz als migratorische Praxis*. In: *Theater der Zeit* 59.2 (2004), S. 15–18; Srinivasan, Priya: *The Bodies Beneath the Smoke or What's Behind the Cigarette Poster: Unearthing Kinesthetic Connections in American Dance History*. In: *Discourses in Dance* 4/1 (2007), S. 7–47; Srinivasan, Priya: *Sweating Saris: Indian Dance as Transnational Labor*. Philadelphia: Temple University Press, 2012.
12   Alarcón, Mónica: *Identität und Migration* (wie Fußnote 11), hier S. 69.
13   Vgl. u. a. Randeria, Shalini und Conrad, Sebastian: *Geteilte Geschichten – Europa in einer postkolonialen Welt*. In: *Jenseits des Eurozentrismus. Postkoloniale Perspektiven in den Geschichts- und Kulturwissenschaften*. Hg. von dens. Frankfurt a. M.: Campus, 2002, S. 9–49.
14   Yildiz, Erol: *Postmigrantische Perspektiven Aufbruch in eine neue Geschichtlichkeit*. In: *Nach der Migration. Postmigrantische Perspektiven jenseits der Parallelgesellschaft*. Hg. von Erol Yildiz und Marc Hill. Bielefeld: transcript, 2014, S. 19–36, hier S. 19.
15   Ebd.
16   Ebd., S. 21–23.

Anders als im Theater (wo auch noch viel aufzuarbeiten ist) fehlt im Zeitgenössischen Tanz bisher eine diskursive Artikulation einer postmigrantischen Perspektive. Künstlerische Einzelpositionen werden zwar durchaus artikuliert, allerdings sind sie oft verdeckt vom herkömmlichen Denkschema eines per se als mobil und international verstandenen Zeitgenössischen Tanzes und seiner stilistischen Heterogenität.[17]

Um auf die eingangs vorgestellte Überlegung von Lehnert und Lemberger zurückzukommen, die versucht durch Mobilität eine stabile Gesellschaftsordnung in Bewegung zu bringen[18], erscheint dieses Vorgehen im Kontext des Zeitgenössischen Tanzes nicht hilfreich, da die Idee der Mobilität im Tanz (zu) dominant ist und die gegebenen, (kulturell) stabilen Strukturen sich in und durch Bewegung verstehen. Daher erscheint uns zur Offenlegung der vorhandenen (ausschließenden) Strukturen der Zeitgenössischen Tanzszene das Konzept der Migration »als Phänomen, das dazu beiträgt, dass Gegebenes und die Ordnung des Gegebenen irritiert, aufgewühlt, beunruhigt, provoziert [und] herausgefordert wird«[19], hilfreicher.

Eine tänzerisch-choreografische Umsetzung – Zwei choreografische Residenzen

Ein junger Mann, dezent gekleidet. Mit schwarzer Hose, grauem T-Shirt und dunklen Ballettschläppchen fällt er nicht besonders auf hier im Studio der Anton Bruckner Privatuniversität. Locker steht er da, der Blick wandert ins Publikum, nicht aufdringlich, aber bestimmt. Angeregt von Fragen einer Kollegin fängt er an zu erzählen. In Österreich aufgewachsen, als Sohn chinesischer Eltern, erzählt er, wie er zum Tanzen kam, wie sein asiatisch-markierter Körper, trainiert in Österreich, keine der gesetzten Erwartungen erfüllen kann. Er entspreche nicht den technisch perfektionistischen Erwartungen an einen in Asien ausgebildeten Tänzer, da er ein österreichischer Tänzer in einem asiatisch-markierten Körper sei… Langsam gleitet er in eine Ballettpose, korrigiert Spann und Hüfte, wie das eben üblich ist im System des klassischen Tanzes. Er setzt an, eine kleine Kombination, wie im Balletttraining. Er holt aus, grand jeté, und steigert sich, noch ein grand jeté, und noch eines, zum Abschluss eine double Pirouette, elegante Landung auf einem Knie, stolzer Blick nach vorne, Applaus, aber halt … sanft ist der Übergang auf den Boden, hin zum Zeitgenössischen. War das vorhin nun sein Tanz?

---

17 Vgl. hierzu Chatterjee, Sandra: *Kulturelle Gleichzeitigkeit – Zeitgenössischer Tanz aus Postmigrantischer Perspektive.* In: *CORPUSweb.net – Internetmagazin für Performance, Philosophie und Politik,* corpusweb.net. Online unter: http://www.corpusweb.net/kulturelle-gleichzeitigkeit.html [03.03.2017].

18 Lehnert und Lemberger: *Mit Mobilität aus der Sackgasse* (wie Fußnote 6).

19 Paul Mecheril: Vortrag *Es bleibt anders. Kämpfe um die (Pädagogik der) Migrationsgesellschaft* gehalten am 06.11.2015 an der PH der Diözese Linz im Rahmen des Z.I.M.T.-Symposiums, Aufzeichnung unter https://www.youtube.com/watch?v=acB2F5nqkDw [27.02.2017].

Oder ist es der jetzige? Vielleicht ist es beides. Das eine die Erwartung, das andere die Realität? Ein asiatisch-markierter Körper, der Ballett tanzt, ein junger österreichischer Mann, der ein zeitgenössischer Tänzer ist.[20]

Im Rahmen des Projekts fand eine Reihe von Workshops/Residenzen statt, die sich auf verschiedenen Ebenen dem Thema ›Tanz und Migration‹ näherten. Dabei bildeten theoretische und choreografische Auseinandersetzungen – und deren Verbindung – wichtige Einheiten. Den Residenzen lag die Frage zugrunde, ob und – wenn ja – wie TänzerInnen und Tanzstudierende mit Migration und ethnisierter, kultureller und rassifizierter Differenz im weitesten Sinne in einem künstlerischen Prozess umgehen und ihre eigene künstlerische Praxis in diesem Themenfeld positionieren. Es ging also nicht nur um die theoretische Thematisierung der Verbindung von kultureller und künstlerischer Praxis, sondern auch um eine Integration der Migrationsthematik *in* die künstlerische Praxis.

Theoretischer Ausgangspunkt war die Analyse des Stückes *Pichet Klunchun and Myself* von Jérôme Bel und Pichet Klunchun aus dem Jahr 2005, eine der wenigen viel debattierten Performances, die eine Begegnung zwischen zeitgenössischem ›europäischen‹ Tanz und einer ›außereuropäischen‹ Form thematisieren. Jérôme Bel gehört seit circa zwanzig Jahren zu einer Riege wichtiger zeitgenössischer (französischer) Choreografen, die Theater- und Gesellschaftskritik mit minimalistisch gestalteten Arbeiten auf die Bühne bringen. Die Hinterfragung und Offenlegung gängiger Theaterstrukturen, Zuschauererwartungen und Repräsentationsweisen zählen zu den Markenzeichen von Bel. Der renommierte thailändische Khon-Tänzer und Choreograf Pichet Klunchun war bis dato im zeitgenössischen europäischen Tanz nicht landläufig bekannt. Aus einer Begegnung der beiden Tänzer entstand die Performance *Pichet Klunchun and Myself*, in der Bel und Klunchun ihre (erste) Begegnung auf der Bühne (re-)präsentieren. Im ersten Teil der Performance stellt Bel Klunchun Fragen über seine Person, sein Leben und Khon. Klunchun antwortet – verbal und körperlich. Nach circa 45 Minuten dreht sich die Situation um, nun stellt Klunchun die Fragen und Jérôme Bel stellt sich als Person und Choreograf/Performer vor. Dabei werden von beiden Seiten nicht nur private und berufliche, sondern auch stereotyp auf die Herkunft des Gesprächspartners bezogene Fragen formuliert.

Interessant an dieser inszenierten Begegnung sind auf der einen Seite deren Performance/Repräsentation auf der Bühne an sich, auf der anderen Seite aber auch die wissenschaftlichen Reaktionen auf die Performance, die zwischen einem Lob des Stücks als gelungenem, interkulturellem Dialog auf Augenhöhe und dessen kriti-

---

20 Diese Performance war als Video-Trailer (Video und Schnitt: Andi Kurz) mit Ausschnitten aus zwei Workshop-Präsentationen (Teresa Ranieri/Chris Yi; Samer Alkurdi/Leon Marič) Teil der Präsentation am 06.10.2016 bei der Tagung *Musik und Migration* der ÖGMW (Universität Salzburg/Universität Mozarteum).

schem Moment gegenüber der Repräsentation im Theater[21] und einer eindeutigen Kritik an der Performance als Festschreibung einer hierarchischen Trennung zwischen ›Ost‹ und ›West‹[22] schwanken.

Diese Konstellation bildete den Ausgangspunkt für die praktische Arbeit, in der mit »free writes« zu Themen wie »Write down your personal dance background/training/experience« und »Locate it culturally and geographically« gefolgt von Fragestrukturen und Dialogformen in Partnerarbeit experimentiert wurde.

In der Residenz an der Anton Bruckner Privatuniversität in Linz entstanden so kleine Duette, in denen sich die Tanzstudierenden tänzerisch und performativ mit verschiedensten Aspekten von Migration und ethnisierter, kultureller und rassifizierter Differenz auseinandersetzten. Mobile Biografien wurden verzahnt mit stereotypen Vorurteilen, die vom ethnisch-markierten Äußeren eines Tänzers auf dessen Tanztechnik schlossen. Traditionell verankerte Tanzformen standen europäischen Bühnenkonzepten gegenüber und fanden in Bildern des Grenzen-Überschreitens zueinander. Diese beiden von Chris Yi, Teresa Ranieri, Leon Marič und Samer Alkurdi erarbeiteten Lecture-Performances zeigten einen kreativen und differenzierten Umgang mit der vorgegebenen Thematik. Persönliche Erfahrungen und biografische Erlebnisse bildeten aber auch hier den Mittel- und Ausgangspunkt der Auseinandersetzung mit Migration.

In den Workshops zeigte sich sehr deutlich, dass das tagespolitische Thema der Migration auf der theoretischen Ebene mit Engagement und großem Interesse verhandelt werden konnte, in der tänzerischen Praxis eine Arbeit mit kultureller Differenz jedoch nicht verankert war. Eine tanztechnische Reflexion unter dem Gesichtspunkt der Migration war vor allem dann möglich, wenn persönliche ethnisierte Migrationserfahrungen oder die Konfrontation mit individuellen Migrationsgeschichten, z. B. in der Tanzpädagogik, vorhanden waren. Eine Trennung zwischen Tanz als kultureller Praxis im Gegensatz zu Tanz als Kunstform in einem traditionellen europäischen Verständnis war deutlich auszumachen und – in dieser ersten Auseinandersetzung – schwer zu überbrücken.

---

21 Brandstetter, Gabriele: *Interweaving Dance Cultures*. In: *Textures. Online Plattform for Interweaving Performance Cultures*. June 1, 2011 (http://www.textures-platform.com/wp-content/uploads/2011/06/Brandstetter_Interweaving-dance-cultures.pdf [15.02.2017]).
Kühling, Jan Tage: *Subalternität als Notwendigkeit – Jérôme Bels ›Pichet Klunchun and myself‹*. In: *GTW – Thewis – Ausgabe 2014: theória* (http://www.theater-wissenschaft.de/subalternitaet-als-notwendigkeit-jrme-bels-pichet-klunchun-and-myself/ [15.02.2017]).
22 Foster, Susan: *Jérôme Bel and Myself: Gender and Intercultural Collaboration*. In: *Emerging Bodies. The Performance of Worldmaking in Dance and Choreography* (Critical Dance Studies 21). Hg. von Gabriele Klein und Sandra Noeth. Bielefeld: transcript, 2011, S. 73–81. Burt, Ramsay: *The East West binary and the burden of representation* (http://academia.edu/1966867/The_East_West_binary_and_the_burden_of_representation [15.02.2017]).

Eine tänzerische Reflexion – »Bewegte Interaktion«

Langsam, einen Fuß vor den anderen setzend, so vorsichtig, als sei der Boden nicht sicher, kreuzen die jungen Männer den Raum. Dicht hintereinander, ohne Berührung, ohne Kontakt und doch auf unsichtbare Weise verbunden, gemeinsam. Einer bricht aus, bricht in seinem ganzen Muskeltonus die Spannung, atmet tief durch und setzt an. Ein stummer Schrei. Eine Mauer, der Versuch sie zu überwinden. Die Kraft, die Gewalt, die Hoffnung. Einer der jungen Männer berichtet von seiner ersten Bühnenerfahrung, von der Schwierigkeit mit seinen Gefühlen zu arbeiten – aber sein Wunsch eine bestimmte Geschichte zu erzählen, gab ihm wieder Kraft. Die anderen stehen und sitzen hinter ihm, hören zu. Jeder der vier Tänzer erzählt seine Geschichte, eine kleine Geschichte, aus dem Moment gegriffen, die doch existentielle Themen enthält. Die Arme in die Luft geschleudert, der ganze Körper vom Boden abgestoßen mit zielgerichteter Energie. Zu hören sein, gemeinsam eine Stimme bekommen. ›Sarzamine man‹, gesummt, leise gesungen, mehr für sich, als für die anderen; sanft bewegen sich dazu die Oberkörper der am Boden sitzenden Männer. ›Meine Heimat‹, immer lauter fallen die Hände im Rhythmus auf den Boden. Nicht klagend, nicht anklagend und doch unendlich berührend. Ein Solo, ein Blick. Weit ausholende Arme, dicht am Körper. Die ersten Erfahrungen mit Zeitgenössischem Tanz waren nicht leicht, wird berichtet, vieles ist auch jetzt noch unverständlich. Doch das harte Training tat gut. Die Gruppe gab Kraft. »Every door I won't be able to open in my real life, I will open with one of my characters on stage, once.«[23]

Eine ganz andere Art der Reflexion fand in den Workshops mit Teilnehmern der Initiative *Bewegte Interaktion*, die von Sayed Labib und Veronika Kulcsar in Wien ins Leben gerufen wurde, statt. Im Rahmen dieser Initiative erarbeitete der Choreograf Sayed Labib in einem künstlerischen Prozess mit einer Gruppe junger geflüchteter Männer aus Syrien und Afghanistan, die bis dahin keine (zeitgenössische) Tanzerfahrung hatten, die Produktion *F.OUND*, die im April 2016 im Odeon Theater in Wien Premiere hatte. Naheliegenderweise war die Performance geprägt von den Themen Flucht, Krieg und Gewalt, löste diese jedoch von persönlichen Schicksalen und fasste sie in abstrahierte performative Bilder.

Nach der Premiere reflektierten wir gemeinsam in Workshops im Rahmen des Projekts *Tanz und Migration* den künstlerischen Prozess mit einem Teil der Tänzer – Malaz Alkhatib, Esmail Hassani, Rami Khatib, und Johnny Mhanna. Als Ergebnis dieser Workshops entstand die oben kurz beschriebene Lecture-Performance, die vom künstlerischen Prozess ausgehend zu persönlichen (Migrations-)Erfahrungen führte und somit im Vergleich mit den Residenzen den umgekehrten Weg nahm. Eigene kurze Texte, in denen die Tänzer ihre Erfahrungen auf der Bühne, im Training und im künstlerischen Prozess reflektierten, wurden verwoben mit Sequenzen aus der Perfor-

---

23   Mhanna, Johnny in der Lecture-Performance zu *F.OUND*; die Lecture-Performance war Teil der Präsentation am 06.10.2016 bei der Tagung *Musik und Migration* der ÖGMW (Universität Salzburg/Universität Mozarteum), präsentiert an der Universität Salzburg.

mance F.OUND. Gegenstand dieser Texte waren die eigene Motivation zur Teilnahme an der Performance genauso wie Themen, die sie dem Publikum kommunizieren wollten. Die grundsätzliche Motivation, performativ tätig zu sein, wurde ebenso geschildert wie Einschätzungen zum (zeitgenössischen) Tanz. Durch die Zusammenstellung der Choreografie und der Stimmen der Tänzer wurden neue Lesarten der Performance im Kontext persönlicher Erfahrungen und Reflexionen der Tänzer eröffnet.

»Wie das Leben, der Mensch und die ganze Welt nicht perfekt sind, ist der Zeitgenössische Tanz auch nicht perfekt.« (Esmail Hassani)[24]

Wie vertraut theoretische und tagespolitisch-informierte Überlegungen und Gespräche über Migration und Grenzen sind – hierbei ist zu beachten, dass wir den Begriff ›Grenze‹ genau wie den der Migration in diesem Prozess immer weit gefasst und neben Ländergrenzen auch die Grenzen gesellschaftlicher Normen wie Gender, Ethnie und Kultur mitgedacht haben –, zeigten im Gesamtverlauf des Projekts *Tanz und Migration* nicht zuletzt diverse Diskussionsrunden und Free-Writing-Sessions von Studierenden und LaientänzerInnen.[25] Wie wenig vertraut das tänzerische Tun mit dieser Thematik ist, war bei einem Großteil der analysierten, beobachteten und initiierten choreografischen Prozesse dagegen nicht zu übersehen.

Nun bewegen sich TänzerInnen oft in einem quasi ›entgrenzten‹, internationalen Kontext und arbeiten per Definitionem unter dem Einsatz mobiler Energien oft mit Themen wie Identität und Minderheit (im Tanz sind z. B. Gender und Alter nicht zu übersehende Themenfelder). Die internationale Zusammensetzung von Ausbildungsklassen und Performancebesetzungen und die (scheinbare) Unabhängigkeit des Tanzes von Sprache vermitteln auf den ersten Blick eine Grenzenlosigkeit/Grenzöffnung in vielerlei Hinsicht. Die normativen Grenzen in der ästhetischen Zuordnung, die handwerklichen Grenzen tanztechnischer Ausbildung ebenso wie die Grenzen im Konzept einzelner Tanzstile scheinen dagegen immer noch gut – zu gut – zu funktionieren und werden nicht häufig (genug) hinterfragt. Die einschränkenden Formulierungen des ›Zu-gut‹-Funktionierens bzw. der nicht ausreichenden Hinterfragung ergeben sich aus der Erfahrung des Projekts, die bestätigt, dass die ästhetischen und tanztechnischen Grenzen derart stabil sind, dass eine tanzpraktische Reflexion ohne langen und intensiven Austausch schwer möglich war. Hier ist jedoch zu beachten, dass sich dies deutlich ausgeprägter im künstlerischen Kontext beobachten ließ als in den Arbeiten mit Jugendlichen und interessierten Laien. Die vorhandene Trennung zwischen Tanz als kultureller Praxis im Gegensatz zu Tanz als Kunstform in einem traditionellen europäischen Verständnis war in vielen Fällen äu-

---

24 Hassani, Esmail, in der Lecture-Performance zu F.OUND.
25 Ein Überblick über alle Projektaktivitäten findet sich online unter http://transfers-dance-culture.sbg.ac.at/dance-and-migration_en.html [03.04.2018].

ßerst schwer zu überbrücken, konnte durch die Auseinandersetzung mit ›Migration‹ als solche aber in einem ersten Schritt sichtbar und damit bewusst werden.

Die verschiedenen Aktivitäten innerhalb des Projekts *Tanz und Migration* machten die Diskrepanz zwischen theoretischer Reflexion und tänzerisch-choreografischer Praxis sichtbar und bewusster.[26] Nach dem einjährigen Prozess war die Irritation bei vielen TeilnehmerInnen womöglich größer – und fruchtbarer – als ein abschließendes Ergebnis. Und doch lässt sich auch ein solches formulieren: Die Debatte um den tanzästhetischen Umgang mit Migration wurde bisher im europäischen Zeitgenössischen Tanz vernachlässigt und steht erst am Anfang. Eine theoretisch wie (tanz-)künstlerisch differenzierte Betrachtung von und ein Umgang mit kulturell vielschichtigen tänzerischen Praktiken, migratorischen Biografien, Ereignissen und Thematiken scheint nicht nur für eine weitere wissenschaftliche Durchdringung des Zeitgenössischen Tanzes, sondern auch vor dem Hintergrund aktueller gesellschaftlicher Entwicklungen für ein allgemeines Kunst- und Kulturverständnis von Relevanz zu sein. Denn wenn sich eine der zentralen Ausgangshypothesen des Projekts, dass der europäische Zeitgenössische Tanz ein in sich kulturell äußerst stabiles Konzept ist, weiterhin, wie in den vielschichtigen Aktivitäten des Projekts geschehen, bestätigt, dann kann dies zu einem differenzierteren Verständnis von Zeitgenössischem Tanz beitragen. Um ein Bewusstsein für ethnisierte, kulturelle und rassifizierte Differenz im weitesten Sinne in den tanzkünstlerischen Prozess einfließen zu lassen, bedarf es einer weitergehenden theoretischen Reflexion der Thematik. Diskussionen, Wissen und theoretische Auseinandersetzung sollten, gerade auch im Bereich der Ausbildung, ausgebaut werden. Denn erst auf dieser Grundlage, und das heißt auch mit einem neuen Selbstverständnis, kann die Thematik in die tänzerische und choreografische Praxis einfließen. Das ›Handwerkszeug‹ für diesen Umgang ist dank wissenschaftlicher Auseinandersetzungen, theaterpraktischer Umsetzungen und künstlerischer Reflexionen zum Teil vorhanden, jedoch noch immer am Rand der Szene verortet und nicht weitläufig genug vermittelt und praktiziert. Um es vom Rand der Tanzszene in die Mitte des Zeitgenössischen Tanzes zu holen, bedarf es eines Problembewusstseins von Seiten der etablierten Institutionen und Tanzschaffenden, das anerkennt, dass das Dispositiv (im foucaultschen Sinne) des europäischen Zeitgenössischen Tanzes nach wie vor eurozentrisch ist.

---

26 Sehr deutlich wurde diese Diskrepanz auch in dem projektimmanenten Performance-Symposium *Tanz und Migration. Mehrsprachige Bewegungstexte, hybride Choreographien und transkulturelle Lesbarkeit* am 30.06. und 01.07.2016 an der Anton Bruckner Privatuniversität Linz. Das Symposium stellte bewusst unterschiedliche Akteure der Tanzszene – im Sinne von mobilen Biografien, nomadischen Arbeitswelten und migratorischen Erfahrungen, die z. T. etabliert und institutionalisiert sind, z. T. aber auch außerhalb des Systems ›Zeitgenössischer Tanz‹ existieren – nebeneinander und versuchte dadurch bewusst eine »Beunruhigung von Normalitätsordnung« herbeizuführen (Mecheril: (*Es bleibt anders*, wie Fußnote 19)).

Marie Louise Herzfeld-Schild

Von Identitätsproblematik zu Identitätskonstruktion
Exilerfahrungen bei Iannis Xenakis

> In the course of the Greek civil war, composer Iannis Xenakis was forced to leave Greece in 1947 and go to Paris into exile. Xenakis' creative work as well as his theoretical and autobiographical statements show, on the one hand, how his existence as expatriate led to identity problems that strongly influenced his thoughts and his creativity. On the other hand, they also prove how he (and third persons) transformed these identity problems into a kind of ›image‹, a constructed identity that would become paradigmatic for the reception of his works. By combining biographical, psychological and psychoanalytical approaches, the chapter examines the interrelation between Xenakis' exile experience and work. The main focus of the investigation is on Xenakis' strong references to Greek Antiquity.

I.

Das Leben und Schaffen des griechisch-französischen Komponisten Iannis Xenakis war, so die These dieses Beitrags, Zeit seines Lebens geprägt von der Tatsache, dass er im Zuge des Griechischen Bürgerkriegs 1947 gezwungen war, sein Heimatland zu verlassen und ins Exil zu gehen. In seinen Kompositionen und theoretischen Schriften lässt sich nachweisen, wie Xenakis den Verlust des Heimatlandes zu verarbeiten suchte, sind diese doch außerordentlich stark von Bezugnahmen auf akustische und visuelle Erlebnisse des Krieges oder auch von Rückbindung an die griechische Vergangenheit im Sinne eines ›antiken Erbes‹ gekennzeichnet. Auch in Interviews, persönlichen Zeugnissen u. ä. wird deutlich, dass Xenakis' Existenz als Exilant zu »Identitätsproblemen«[1] führte, die sein Denken und Schaffen intensiv prägten, und nicht zuletzt (sowohl von ihm selbst als auch von Dritten) in eine Art ›Image‹ verwandelt wurde, das schließlich im Sinne einer ›Identitätskonstruktion‹ paradigmatisch für die Rezeption seiner Werke werden sollte. Will man Xenakis' Schaffen verstehen, so erscheint es daher unabkömmlich, sich der Frage des Exils – der erzwungenen Migration – und der daraus entstandenen Identitätsproblematik bei Xenakis zu stellen.

---

1 Hentschel, Frank: *Xenakis und die Diskurse von Hochkultur und Neuer Musik*. In: *Iannis Xenakis: Das elektroakustische Werk. Internationales Symposion Musikwissenschaftliches Institut der Universität zu Köln. 11. bis 14. Oktober 2006. Tagungsbericht*. Hg. von Ralph Paland und Christoph von Blumröder. Wien: Der Apfel, 2009, S. 185–199, hier S. 189.

Neben den erwähnten direkten Bezugnahmen auf Kriegs- und Exilkontexte ist Xenakis' Schaffen grundsätzlich durchzogen von Brüchen, die unter Einbindung der biographischen Dimension mehr und mehr verständlich werden. Einer dieser Brüche, und sicherlich einer der offensichtlichsten, ist die Konfrontation der scheinbar durchorganisierten, berechneten, strikt ›rationalen‹ Kompositionstechnik mit den unmittelbar ergreifenden, archaisch-emotional immersiven Kompositionen selbst. Dieser Bruch – oder positiv gewendet: Dieser kreative Gegensatz findet sich in zahlreichen Programmheften, Werkeinführungen etc. zu Xenakis' Werken thematisiert. In seinem Schaffen scheint sich der vermeintliche Dualismus von Rationalität und Emotionalität im Sinne einer emotionalen Praxis der Verarbeitung von Trauer und Trauma, von Identitätssuche und Identitätskonstruktion, im künstlerischen Medium aufzuheben, oft durch die ausdrückliche Anbindung an die griechische Antike, die gerne durch eine ebensolche Verbindung von Rationalität und emotionaler Archaik beschrieben wird.

Der vorliegende Beitrag vertritt, wie unschwer zu erkennen ist, im Gegensatz zum Diktum ›Der Autor ist tot‹ eine Position, die der Biographie von KünstlerInnen, ihren Gefühlen und ihren Narrativen wissenschaftliche Relevanz, je nach Fragestellung sogar Notwendigkeit einräumt. Denn durch die Einbeziehung auch dieser Aspekte können sich Analyse und Interpretation des künstlerischen Schaffens durchaus bemerkenswert verschieben. Der Beitrag basiert auf den Ergebnissen der Dissertation der Verfasserin, die 2014 unter dem Titel *Antike Wurzeln bei Iannis Xenakis* erschienen ist.[2] Auf der Suche nach den antiken Wurzeln bei Xenakis wurde man geradezu auf seine Identitätsproblematik gestoßen, denn seine Antikenrezeption ist engstens mit seiner Suche nach Identität verbunden.

II.

»The name has cast the man. Iannis Xenakis means ›gentle stranger‹. For him no territory, no ground is home«[3], so beginnt Nouritza Matossian ihre Monographie über Xenakis – und dies ist paradigmatisch. Immer wieder geht die Literatur in biographischen Zusammenhängen auf die Bedeutung von Xenakis' Namen ein, denn der Leitspruch *nomen est omen* scheint sich – im bewussten Rückblick – wie ein roter Faden durch sein Leben zu ziehen.[4] Der Beginn wird dabei nicht erst mit dem Exil ab 1947, sondern schon mit seiner Geburt festgesetzt. So ist beispielsweise das erste Kapitel

---

2   Herzfeld-Schild, Marie Louise: *Antike Wurzeln bei Iannis Xenakis* (Beihefte zum Archiv für Musikwissenschaft 75). Stuttgart: Steiner, 2014. Die Abschnitte II–IV des vorliegenden Beitrags entsprechen bis auf wenige Änderungen den Seiten 185–196 dieser Monographie. Ein herzlicher Dank gilt dem Franz Steiner Verlag für die Erlaubnis des Wiederabdrucks.
3   Matossian, Nouritza: *Xenakis*. Lefkosia: Moufflon, 2005, S. 21.
4   Sein enger Freund François-Bernard Mâche berichtet, Xenakis selbst habe auf diese Verbindung viel Wert gelegt, siehe den Film *Charisma X*, Regie: Efi Xirou (2008).

von James Harleys Monographie *Xenakis. His life in Music*[5] überschrieben mit »The Outsider«, denn Xenakis' Eltern waren Griechen, die in zweiter Generation in der Diaspora im rumänischen Brăila lebten. Dass Xenakis sich nie als Rumäne, sondern stets als Grieche fühlte, mag damit zusammenhängen, dass Menschen, die von ihrem ursprünglichen ›Heimatland‹ getrennt leben, ihre Identität oft in erhöhtem Maße mit dieser fernen Heimat verbinden[6]. Gerade das daraus resultierende Gefühl des Fremdseins, das Xenakis als Kind in Brăila schon allein aufgrund der Sprachproblematik erlebte, wird ihm sein ›Griechentum‹ im besonderen Maße verdeutlicht haben. Nach dem frühen Tod der Mutter wurden er und seine beiden Brüder von verschiedenen Gouvernanten aufgezogen, die jeweils in ihrer Muttersprache mit ihnen kommunizierten, das heißt auf Deutsch, Englisch oder Französisch. Xenakis' Frau erinnert sich an Kindheitserzählungen ihres Mannes:

> They had a French nurse, a German one, and an English one, and every 8 days, they rotated the kids so that they would learn all of the languages. So they stammered until they were 15 but they kept studying them until they were 16. They were three totally disturbed kids.[7]

Außerdem ging Xenakis in eine rumänische Schule und lernte privat Griechisch[8], allerdings ›Romanian Greek‹[9] mit einem starken Akzent. So war Xenakis schon seit früher Kindheit in keiner Sprache richtig zuhause, was sich in späteren Jahren dadurch fortsetzte, dass er seinen Hauptwohnsitz in Frankreich hatte.

Die Familie Xenakis war ein angesehenes Mitglied der griechischen Gemeinschaft von Brăila und Teil der bürgerlichen Mittelschicht, »was sich unter anderem darin ausdrückte, dass Iannis eine nach westeuropäischen Vorstellungen geleitete Erziehung und Ausbildung genoss«.[10] So kam der zehnjährige Xenakis nach Griechenland in ein neu gegründetes Internat auf der Insel Spetsai, das sich der griechischen Kultur in besonderem Maße verpflichtet hatte, aber nach englischem Vorbild gestaltet war.[11] Die Tatsache, dass Xenakis dem Bildungsbürgertum entstammte und eine eben solche Erziehung genoss, wird ihm die in dieser Gesellschaftsschicht verbreitete Preisung der Antike als höchstes Bildungsgut schon in jungen Jahren vermittelt haben.

---

5 Harley, James: *Xenakis. His life in Music*. New York und London: Routledge, 2004.
6 Vgl. dazu z. B. die folgenden Studien: Bautista-Baños, Alfredo: *Die Trennung von der Heimat. Eine psychoanalytische Studie*. Diss. Frankfurt a. M. 1987; Grinberg, León und Grinberg, Rebeca: *Psychoanalyse der Migration und des Exils*. München und Wien: Verlag für Internationale Psychoanalyse, 1990.
7 Françoise Xenakis in *Madame Françoise Xenakis, in Conversation with Andreas Waldburg-Wolfegg, Paris, März 2009*. S. 3, http://iceorg.org/xenakis/mme-xenakis-in-conversation/ [25.02.2013].
8 Vgl. Matossian: *Xenakis* (wie Fußnote 3), S. 24.
9 Françoise Xenakis in *Madame Françoise Xenakis* (wie Fußnote 7), S. 3.
10 Baltensperger, André: *Iannis Xenakis und die Stochastische Musik. Komposition im Spannungsfeld von Architektur und Mathematik*. Bern: Haupt, 1996, S. 66.
11 Vgl. ebd.

Im Internat begann der Einzelgänger Xenakis seinen eigenen Erzählungen zufolge, sich intensiv mit der Geisteswelt der griechischen Antike auseinanderzusetzen. Dieses Spezialinteresse führte ganz offensichtlich dazu, dass er sich zugehörig fühlen und persönliche Bindungen eingehen konnte. Er vertiefte sich in antike Dramen, Kunst und Philosophie und versuchte, die Antike für sich erlebbar zu machen. In seinen Interviews gibt er ein Bild von dieser Zeit:

> Ungefähr mit sechzehn Jahren wurde mir der ganze Reichtum der antiken Zivilisation erst richtig bewußt: die Literatur, Philosophie, Architektur, die Geschichte. Ich konzentrierte mich [...] ganz auf das Altgriechische; [...] Ich fühlte, das ich zu spät geboren war, im falschen Jahrtausend. Ich hatte keine Ahnung, was ich in der Welt des 20. Jahrhunderts eigentlich sollte.[12]

Gemalt wird hier ein Bild des jungen Xenakis, der sich ganz offensichtlich in der Welt, die ihn umgab, fehl am Platz fühlte und sich in eine andere Gegenwart wünschte, zweitausend Jahre zuvor. Die griechische Antike bekommt damit für ihn die Rolle einer imaginativen und imaginierten ›Heimat‹. Sie scheint schon damals einen Großteil seiner Identität zu definieren. Xenakis' erwachendes Interesse an der antiken Welt ging Hand in Hand mit einer Reihe von physikalischen Experimenten und dem Entschluss, ernsthaft Musik zu betreiben.[13] Diese Kombination aus Antike, Musik und Physik liegt durchaus nahe, verkörperten Musik und Naturwissenschaften doch für Xenakis, wie er 1980 sagte, »die Verbindung zwischen Antike und Gegenwart, denn beide waren schon in der Antike ein organischer Bestandteil des menschlichen Denkens gewesen«.[14]

Das zeitgenössische Griechenland und vor allem das zeitgenossische Athen, das Xenakis in seiner Studienzeit kennenlernte, war eigentlich kein Ort, mit dem er sich hätte identifizieren oder der ihm eine Identität hätte geben können. Seit 1936 wurde das Land monarcho-faschistisch beherrscht; König Georg II. und Diktator Metaxas führten das Land mit klaren Anlehnungen an Hitler-Deutschland, doch in engem Verbund mit Großbritannien. Im Herbst 1938 schrieb sich Xenakis zunächst für einen Vorbereitungskurs ein, mit dessen Hilfe er die Aufnahmeprüfung für das Polytechnikum bestehen wollte. Auch begann er private Kompositionsstudien bei Aristoteles Kondourov, von denen jedoch keine Dokumente mehr erhalten sind. Xenakis selbst sagte im Gespräch mit Bálint András Varga, er habe in diesem Unterricht Harmonielehre, Kontrapunkt und ein wenig Orchestrieren gelernt, doch selbst komponiert habe er nicht. Allerdings habe er einige Jahre später, während des Krieges, »ein paar Melodien auf Gedichte von Sappho« geschrieben und dabei versucht, »eine Musik zu finden, die ihrer Poesie gerecht werden würde«[15]. Er habe dabei an kein bestimmtes Instrument gedacht und es sei auch nur eine unbegleitete Stimme ohne

---

12 Varga, Bálint András: *Gespräche mit Iannis Xenakis*. Zürich und Mainz: Atlantis, 1995, S. 21.
13 Vgl. ebd., S. 18.
14 Ebd., S. 21.
15 Ebd.

Harmonien gewesen[16]; er beschäftigte sich mit der Frage, wie die antike Musik geklungen haben könne. Davon ist es ein konsequenter Schritt zu den tatsächlich überlieferten Schriften antiker Musiktheoretiker, die Xenakis' Interesse in Paris fesselten. 1980 berichtete Xenakis:

> [I]n jenen Jahren suchte ich nach einer Musik, die meinen Vorstellungen über die antike Zivilisation entsprochen hätte. Ich ging ins Museum und versuchte mir vorzustellen, wie sich die Statuen wohl bewegen würden, wenn man sie plötzlich zum Leben erweckte. Welche Gesten würden sie wohl vollführen? Auf welche Weise würden sie reden? Wie wäre die Musik ihrer Sprache? […] Als ich zum ersten Mal Debussy hörte (das geschah recht spät, während des Krieges gegen die Engländer im Dezember 1944, zu der Zeit, als ich auch Bartók kennenlernte), hatte ich das Gefühl, daß seine Musik dem am nächsten komme, was ich suchte. Näher als Bach, Mozart, Beethoven oder Brahms, deren Musik ich häufiger hörte als die Debussys und Ravels.[17]

Auch habe er sich in dieser Zeit immer wieder mit seinem Fahrrad und einem Zelt zu archäologischen Stellen aufgemacht, im Sinne wahrer »Pilgerfahrten, auf denen ich mich in jenes Zeitalter zurückversetzte«[18].

Für die Zeit bis ca. 1940 ist es plausibel, Xenakis' Verhältnis zur Antike, wie es sich in seinen Erzählungen darstellt, als ›Antikensehnsucht‹ zu betiteln. Diese Sehnsucht bekommt ganz offensichtlich die Funktion einer Flucht vor der Realität; die Antike scheint Xenakis' Selbstbild bestimmt zu haben und wurde damit schon in frühen Jahren ein großer, nicht zu unterschätzender Teil seiner Identität.

III.

Für die Bedeutung der Antike in den Jahren danach lässt sich aus Xenakis' Berichten entnehmen, dass die Antikenbegeisterung für den ›Heimatlosen‹ neben einer identitätsstiftenden Wirkung nun auch eine Identifikation mit dem modernen Griechenland und seiner Nation zur Folge hatte. Es scheint mit dem Beginn der Besatzungsphase in Griechenland, die sich mit dem Beginn von Xenakis' Studium in Athen deckt, eine Zeit anzubrechen, in der er endlich das Gefühl hatte, in der Realität ›angekommen‹ zu sein. Für Xenakis als Grieche war die Antike von vornherein, aus der Geschichte heraus, schon ein Identitätsträger, und in der Zeit des Studiums und des Widerstands führte die Identifikation mit ihr offenbar zu einer erneuerten Identität als *moderner* Grieche. So beeinflusste diese Nähe zur Antike paradoxerweise die Nähe zu seiner wirklichen Umgebung positiv, war diese doch Athen, das Herz Griechenlands und das Erbe der Antike. Das frühere Gefühl, in der Gegenwart verloren zu sein, schien sich gewandelt zu haben in ein Nationalgefühl, das sich in dem

---

16 Vgl. ebd., S. 20 f.
17 Ebd., S. 53.
18 Ebd., S. 22.

Wunsch entlud, aktiven Widerstand gegen die Besatzer zu leisten.[19] Xenakis engagierte sich seinen Berichten zufolge zunächst ab 1941 im studentischen Widerstand, trat aber noch im selben Jahr der kommunistischen Partei Griechenlands und der ELAS, der griechischen Befreiungsarmee unter kommunistischem Kommando, bei.

Der im Widerstand aktive Xenakis stand wohl weiterhin mit der Antike in intensivem ›Austausch‹. Dies zeigt sich beispielsweise an der Tatsache, dass er bei seiner ersten Inhaftierung die *Politeia* von Platon in der Tasche hatte – jedenfalls berichtete Xenakis dies nachträglich.[20] Er sagte über diese Zeit: »It was a very interesting life for me because I was putting into practice Platonic ideas through Marxist tactics [...]. At least that is how I felt at the time«.[21] Daraus lässt sich ablesen, dass Xenakis auch in der Zeit des Widerstands offenbar eine Realität der Antike vorschwebte; der Unterschied ist lediglich der, dass er nun nicht mehr in seine Vorstellung floh, um die Antike für sich wirklich werden zu lassen. Er versuchte nun, ihr durch aktives Handeln politische Realität zu verleihen, was sich deckt mit der Annahme seiner Biographin Matossian, dass »[t]his was the only moment of his entire life when he would be so totally engrossed in the world about him«.[22] Sein Ziel sei auch »an examination of the very fundamenals of being and existence«[23] gewesen, denn es ging ihm dabei um die Lösung von Identitätsproblemen: Xenakis' eigenem, dem seiner politischen Mitstreiter und dem der ganzen Nation Griechenland. Das Interesse an den wesentlichen Fragen des Lebens, »the very fundamentals of being and existence«, die Xenakis später in seiner Kompositionsästhetik immer wieder aufgreifen wird, lassen sich also schon in diesem früheren Lebensabschnitt wiederfinden beziehungsweise werden in diesen Lebensabschnitt hineinprojiziert. Die Verbindung von Tun und Existenz als grundlegender Aspekt seines Denkens findet sich insbesondere in Xenakis' Vorstellung einer *creatio ex nihilo*. Wenn er davon spricht, dass er nur durch Tun, und zwar durch originäres Tun, existiere, dann spiegelt sich darin das gleiche Empfinden wie in der hier von Matossian dargestellten Existenzerfahrung durch aktive Beteiligung an politischer und militärischer Aktion: Erst durch tatsächliche Verwirklichung in der Welt fühlte er sich ›lebendig‹ und existent. Dass er bei seiner Suche nach solchen Verwirklichungen zu Extremen neigte, wird von seiner Familie und seinen Freunden

---

19 Vgl. Matossian: *Xenakis* (wie Fußnote 3), S. 28: »Xenakis' respond was instinctively that of a nationalist who wants to see his country free from foreign invaders.«
20 Varga: *Gespräche mit Iannis Xenakis* (wie Fußnote 12), S. 19 f.
21 Vgl. Matossian: *Xenakis* (wie Fußnote 3), S. 31. Interessanterweise brachte Xenakis 1980 in einer autobiographischen Skizze seine Marx-Lektüre mit seinem Streben nach Harmonie in Verbindung, wenn er schrieb: »Les livres de Marx ne me paraissaient pas très bien écrits, mais ils représentaient pour moi la seule recherche à peu près actuelle pour retrouver l'harmonie de l'homme, ainsi que l'harmonie de l'homme et de la nature dans un ensemble total«, vgl. Xenakis, Iannis: *Esquisse d'autobiographie*. In: *Le fait culturel*. Hg. von Gérard Montassier. Paris: Fayard, 1980, www.iannis-xenakis.org/fxe/bio/biographie.html [01.03.2017].
22 Matossian: *Xenakis* (wie Fußnote 3), S. 31.
23 Ebd., S. 30.

berichtet, insbesondere im Zusammenhang mit seinen (lebens-)gefährlichen Kajaktouren auf dem Mittelmeer.[24]

Die Zeit des Widerstandes nimmt in Xenakis' (Auto-)Biographie eine große Rolle ein. Sie wird offensichtlich zur ersten Phase seines Lebens, in der er Selbstvertrauen und Selbstbewusstsein erfuhr und sich die Anerkennung der anderen verdiente.[25] Aus dieser Zeit stammen die einschneidenden akustischen Erlebnisse der Massendemonstrationen und des Krieges, die er später in Theorie und Praxis verarbeiten wird – und die daher nicht unbedingt erst im Zusammenhang mit dem erzwungenen Exil relevant werden. Zusätzlich kann diese Zeit eine Festigung seiner Identität als Grieche mit sich gebracht haben, denn durch die Besatzung wurde ein »Lernprozeß ein[geleitet], der das Volk zur Erkenntnis der eigenen Identität führte«[26].

Im Dezember 1944 wurde Xenakis offenbar der politische Führer der bewaffneten Studentengruppe ›Lord Byron‹[27] im Kampf um Athen. Der Name dieser Gruppe ist für die Frage nach dem Selbstverständnis der damaligen Widerstandskämpfer besonders bezeichnend, denn der Dichter Lord Byron war Philhellene und hatte 1823/24 im Rahmen der Griechischen Revolution für die griechische Unabhängigkeit gekämpft. Zehn Tage bevor die bürgerkriegsähnlichen Zustände beigelegt werden konnten, am Neujahrstag 1945, wurde Xenakis lebensgefährlich verletzt. Er verlor dabei ein Auge und auch sein Gehör war seitdem beeinträchtigt. Über die Monate direkt nach der Verletzung, die Xenakis bis März 1945 im Krankenhaus verbrachte, sagte er: »I still did not want to live«[28]; er sei der Überzeugung gewesen, dass er bei dem Angriff eigentlich hätte ums Leben kommen sollen. Diese Überzeugung habe sich in den nächsten Jahren in ein Schuldgefühl gegenüber denen verwandelt, die in diesen Kämpfen ihr Leben verloren hatten.[29] Er hatte in gewissem Sinne nach der Schlacht um Athen seine (erst neu gefundene) ›Heimat‹ verloren:

> [T]he world he had known only three months before was completely changed; not only the external circumstances and conditions of life in Greece; but also the simple and fundamental framework of his sensory perception. [...A] look of uncomprehending sullen anger set in the smouldering despair of a living being more drawn to death – a young man destroyed and embittered. Half of his face was in ruins and with it his inner self. His hopes, beliefs, everything he had fought for; the ideals through which he succeeded in focussing his life to make it lucid and meaningful were shattered.[30]

---

24 Vgl. z. B. die Erzählungen von Mâkhi und Françoise Xenakis in *Charisma X* (wie Fußnote 4).
25 Vgl. Matossian: *Xenakis* (wie Fußnote 3), S. 30.
26 Richter, Heinz A.: *Griechenland zwischen Revolution und Konterrevolution (1936–1946)*. Frankfurt a. M.: Europäische Verlagsanstalt, 1973, S. 117.
27 Matossian: *Xenakis* (wie Fußnote 3), S. 35.
28 Vgl. ebd., S. 37.
29 Vgl. dazu Varga: *Gespräche mit Iannis Xenakis* (wie Fußnote 12), S. 49.
30 Matossian: *Xenakis* (wie Fußnote 3), S. 38.

Nachdem Xenakis aufgrund von Kommunistenverfolgung und Desertion in den Untergrund gegangen war, verließ er Griechenland Anfang September 1947 mit einem gefälschten Pass auf dem Seeweg. Nach einigen Wochen erreichte er Paris, eigentlich als Zwischenziel auf dem Weg in die USA gedacht. Hier blieb Xenakis jedoch sein Leben lang, denn als Deserteur war er in Abwesenheit zum Tode verurteilt worden und man hatte ihm die griechische Staatsangehörigkeit aberkannt. Er konnte 27 Jahre lang nicht nach Griechenland zurückkehren.

IV.

Dass sein Weg ihn ins Exil nach Frankreich führte, verbindet Xenakis mit einer ganzen Reihe anderer Griechen. Paris wurde seit 1938/39 bis in die 1960er Jahre hinein zu einem Schwerpunkt der antidiktatorischen Aktivitäten griechischer Exilanten.[31] Frankreich und seine Hauptstadt waren für sie, die ihr Land aus politischen Gründen verlassen hatten, der fast einzig mögliche Anlaufpunkt in Europa: In Deutschland, Österreich, Italien und Spanien blühte der Faschismus und Großbritannien kam für die Gegner der griechischen Diktatur, die von Großbritannien unterstützt wurde, nicht in Frage. Frankreichs Lage am Atlantik war außerdem ein guter Ausgangspunkt für ein Übersetzen in die Vereinigten Staaten, wohin es in dieser Zeit viele Exilanten auch aus anderen Nationen (insbesondere aus Deutschland) zog. 1936 hatte die Kommunistische Partei Frankreichs im Verbund mit weiteren linksorientierten Parteien die Wahl gewonnen und auch bei den darauf folgenden Kommunalwahlen ihre Position stärken können. Im Anschluss an ein vorübergehendes Existenzverbot nach Unterzeichnung des deutsch-sowjetischen Nichtangriffspaktes, das 1939 wieder gelöst wurde, engagierte sich die Partei intensiv im Zweiten Weltkrieg und, wie auch in Griechenland, im Widerstand gegen die deutschen Besatzer. Das Prestige der Partei stieg mit ihrer Einsatzbereitschaft, und aus den Wahlen zur Nationalversammlung 1946 gingen die Kommunisten als stärkste Partei hervor, was für in anderen Ländern verfolgte Kommunisten wie Xenakis »vermehrten Schutz gegen Inhaftierung und Auslieferung«[32] bedeutete. Eine große Anzahl von Künstlern und Intellektuellen standen der Partei zu dieser Zeit sehr nahe, so zum Beispiel Jean-Paul Sartre, Pablo Picasso oder Paul Éluard. Vor allem Letztere engagierten sich innerhalb der Kommunistischen Partei »in kulturpolitischen Aktionen« für die griechische Volksarmee, denn der »griechische Bürgerkrieg – von 1948 bis 1952 in seiner zweiten Phase, die mit der Niederlage der Linken endete – hatte einen großen Teil der Intellektuellen in Frankreich zur Solidarität veranlasst.«[33] Aus diesen Zusammenhängen heraus wird die Entscheidung von Xenakis verständlich, zunächst in Paris zu bleiben. Auch geben

---

31   Richter, Heinz A.: *Griechenland im 20. Jahrhundert. Band 1. Megali Idea – Republik – Diktatur 1900–1940.* Köln: Romiosini, 1990, S. 222.
32   Baltensperger: *Stochastische Musik* (wie Fußnote 10), S. 79.
33   Ebd., S. 235.

sie einen Eindruck davon, in welchem Umfeld er sich in den ersten Jahren des Exils aufgehalten haben muss, denn er stand in engem Kontakt mit der Kommunistischen Partei in Paris und war mit großer Wahrscheinlichkeit auch auf den Veranstaltungen zugunsten Griechenlands zugegen.

Xenakis sah Paris als »legitimen Erben der antiken, griechischen Zivilisation«, und zwar sowohl in Hinblick auf Architektur sowie wissenschaftlichen und philosophischen Geist als auch aufgrund der französischen Freiheitsidee.[34] Paradoxerweise wurde Xenakis schon allein durch das über ihn verhängte Exil in die Tradition der Antike gestellt, hängt der Begriff doch »mit der Verbannung zusammen, in die in der Antike die Athener einige ihrer Mitbürger schickten. Sie schätzten die Verbannung in der ganzen Breite ihrer Bedeutung als eine ernste und harte Strafe ein, als eine wirkliche Verurteilung«[35]. Diese Strafe ist deshalb so schwer, weil ein Exil nicht nur eine nicht zu überwindende Schranke zwischen den Exilanten und der Vergangenheit errichtet und damit sowohl eine zeitliche als auch eine soziale Barriere darstellt, sondern weil ein Exil durch das Herausreißen aus allem Vertrauten auch die eigene Persönlichkeit angreift. Besonders relevant wird dabei die Frage nach der eigenen Identität.[36] Für Xenakis, dessen Identitätssuche bis zu diesem Zeitpunkt schon einen großen Raum in seinem Leben eingenommen zu haben scheint, wird das Exil diese Unsicherheit noch verstärkt haben, denn:

> Die Trennung von der Heimat stellt [...] nicht nur eine ›Bedrohung für die Identität‹ dar [...], sondern sie reaktiviert auch frühere ungelöste Trennungskonflikte und die damit zusammenhängenden Verfolgungsängste und depressiven Affekte, die die gesamte Persönlichkeit erschüttern.[37]

Ein Brief, den Xenakis im Februar 1948, drei Monate nach seiner Ankunft in Paris, an seinen Freund und ehemaligen Lehrer Noël Paton schrieb, gibt ein Bild von seiner tiefen Erschütterung. Wie Matossian, die diesen Brief in ihrer Monographie abdruckt, bemerkt, sind die Zeilen »especially curious for the awkwardness of language and lapses of style, as though Xenakis could not bring himself to write in English, a language he once knew very well«[38]. Einige Stellen dieses Briefes seien hier zitiert:

> Here have not arranged my life / Many things broken when I left Athens / I was half an old man / Enthusiasm, hope, all were dead, seemed to me that life could give me no joy / No creative joy / Still expected Paris to help, to push my heart a little but am continuously disappointed at my abilities and possibility of doing anything worth living for / I am really bored with life and myself / Depressions periodical and pathological / Persist by reasoning and nature in political and philosophical ideas but neither art nor beliefs enraptures my ego / [...] Try hard in music which fills me with bitterest agony because every day I discover how illusioned I was / Have no real friends to help my proper reasoning / Don't want to live mechan-

---

34 Vgl. Varga: *Gespräche mit Iannis Xenakis* (wie Fußnote 12), S. 25.
35 Grinberg und Grinberg: *Psychoanalyse der Migration und des Exils* (wie Fußnote 6), S. 182.
36 Vgl. z. B. Bautista-Baños: *Die Trennung von der Heimat* (wie Fußnote 6), S. 193.
37 Ebd., S. 199.
38 Matossian: *Xenakis* (wie Fußnote 3), S. 42.

ically / Rhythms and discipline of routine kills beauty and happiness / […] Yet when I was wounded by that blessed mortar and lay bleeding on a bench unable to see, I was determined to put an end to my life in case I was to become blind / I felt it and thought of it as a necessity / Now I am determined to do it when I will be sure of the mediocrity of my creative life / This will be my last and probably my first real creation.[39]

Xenakis verweist in diesem Brief auf »musikalische Versuche« und gibt dem Gelingen seiner Kreativität einen so hohen Stellenwert, dass er sogar Leben oder Tod davon abhängig macht. Noch Jahre später ›bekannte‹[40] Xenakis im Gespräch mit Varga:

> Viele Jahre lang wurde ich von Gewissensbissen gequält, weil ich das Land, für das ich kämpfte, verlassen habe. Und ich habe meine Freunde verlassen – einige waren im Gefängnis, andere tot. Einigen wenigen gelang die Flucht. Ich hatte das Gefühl, daß ich in ihrer Schuld stehe. Daß ich diese Schuld abzutragen habe. Und ich fühlte: Ich habe einen Auftrag. Ich muß etwas Bedeutendes tun, um das Recht auf Weiterleben wiederzuerlangen.[41]

Das sogenannte »Überlebenssyndrom«[42], an dem typischerweise vor allem politische Exilanten leiden, wird hier wiederum verbunden mit einer fast pathetisch anmutenden Verknüpfung von Existenz und Tun im Sinne einer Rechtfertigung.

Das Bild, das sich aus Xenakis' Erzählungen hinsichtlich seines Verhältnisses zur Antike in seiner Jugend- und Widerstandszeit herauskristallisiert, lässt sich zusammenfassen mit dem Begriff ›Kopfarbeit‹. Trotz aller politischer und auch gewaltsamer Kämpfe ließ sich die antike, nämlich platonische Utopie jedoch nicht in die Realität umsetzen. Der kommunistische Widerstand scheiterte, die Idee eines kommunistischen, an Platons Ideen ausgerichteten Griechenlands wurde nicht Wirklichkeit. Xenakis musste nicht nur dieses Ziel aufgeben, er musste auch das Land verlassen und wurde an einer Rückkehr gehindert, was eine schwere persönliche Krise mit sich brachte. Xenakis' Verhältnis zur Antike, so wie er es in seinen eigenen Worten beschrieb, hängt schon im Ursprung mit seinen Versuchen der Selbstfindung und der Selbstverwirklichung zusammen, mit seiner Suche nach seiner Identität, wie er es selbst immer wieder formulierte; dies deckt sich zusätzlich mit den Problemen, die das Exil mit sich brachte. Einer Neu-Realisierung der antiken Welt, zunächst bis 1947 auf politischem Niveau durch politisches Engagement, spricht Xenakis eine entscheidende Rolle bei seiner Suche nach Selbstverwirklichung zu. Die Versuche einer solchen Neu-Realisierung erhalten auch in den Jahren danach die Aufgabe einer Identitätssicherung. Im Pariser Exil führt dieser Weg weg vom Politischen hin zum Ästhetisch-Künstlerischen.

---

39   Zit. nach ebd., S. 42 f.
40   Mit »Zwischenspiel (Bekenntnis)« ist der entsprechende Abschnitt des Interviews überschrieben.
41   Varga: *Gespräche mit Iannis Xenakis* (wie Fußnote 12), S. 49.
42   Vgl. Grinberg und Grinberg: *Psychoanalyse der Migration* (wie Fußnote 6), S. 183: »Viele Exilanten […] können […] überwältigt werden von einem Schuldgefühl gegenüber den Kameraden, die neben ihnen gefallen sind oder deren Schreie sie aus ihren Zellen gehört haben. Dieser Gemütszustand ist fruchtbarer Boden für Hoffnungslosigkeit, Desillusion und Verzweiflung.«

> All the marvellous universe that I had imagined, first by myself, then in reading *The Republic of Plato* (another way of life in which art would have a fundamental place in behaviour, dress, language) – everything that had pushed me to join the Communist Party suddenly collapsed. I decided to withdraw into myself. In this innermost recess, there was no science. But there was music. Either I committed suicide. Or I started out on a new foot.[43]

Will man sich die Entwicklung vergegenwärtigen, die Xenakis von seiner Ankunft in Paris bis zu seiner ersten offiziellen Komposition *Metastasis* im Jahre 1955 vollzog, so sollte man sich vor Augen führen, dass er in dieser Zeit – und darüber hinaus bis 1959 – ›hauptberuflich‹ Mitarbeiter bei Le Corbusier war. Diese Arbeitsstelle wurde ihm schon nach wenigen Wochen Aufenthalt in Paris im Dezember 1947 von griechischen Bekannten vermittelt, die ebenfalls dort angestellt waren. Er hatte ein Diplom als Bauingenieur und begann dort zunächst als solcher, dann ab 1954 auch als Architekt zu arbeiten. Mit dieser Arbeit verdiente er seinen Lebensunterhalt, doch abends und nachts komponierte er. Xenakis verspürte offensichtlich einen inneren Drang dazu, sich musikalisch auszudrücken. Er berief sich auf das »Vorbild von Mussorgsky und Bartók«, das ihn ermahnte, »die griechische Volksmusik schätzen und verstehen zu lernen«[44]. Auch war er »an der griechischen Kirchenmusik sowie an der Volksmusik Rumäniens und anderer Länder interessiert«[45].

Wie Bela Bartók zum ungarischen Nationalkomponisten avanciert war, so schwebte Xenakis vor, griechischer Nationalkomponist zu werden[46] – angesichts der Exil-Situation ein paradoxer Gedanke. Offenbar verband Xenakis die ›Nation‹ Griechenland nicht mit dem, was gegenwärtig Griechenland war. Vielmehr scheint es so, als habe er damit das Alte und Antike verbunden, das, was wahren Bestand hatte, das Substantielle. Und wie andere vor ihm auch – beispielsweise die Brüder Grimm im 19. Jahrhundert – scheint er dieses Substanzielle im Volk finden zu wollen. Nachdem keine Hoffnung mehr auf sein politisches Griechenlandbild bestand, versuchte er es nun mit einem ästhetischen Griechenlandbild, wozu er die Musik des Volkes, in der sich das ›wahre‹ Griechische noch finden ließe[47], zur Hilfe nahm. Bis 1953/54 setzte Xenakis sich musikalisch mit seinem ›Griechentum‹ auseinander, was er selbst mit seiner Identitätssuche begründete. In seinen Kompositionen dieser Jahre finden sich sowohl kompositionstechnisch in Form von melodischen oder rhythmischen Anleihen als auch inhaltlich griechisch-folkloristische Bezüge. Setzt man diese Bezugnahme in

---

43 Xenakis in Xenakis, Iannis, Brown, Roberta und Rahn, John: *Xenakis on Xenakis*. In: *Perspectives of New Music* 25.1–2 (1987), S. 16–63, hier S. 19.
44 Varga: *Gespräche mit Iannis Xenakis* (wie Fußnote 12), S. 53.
45 Ebd., S. 30.
46 Vgl. dazu Mâche, François-Bernard: *The Hellenism of Xenakis*. In: *Contemporary Music Review* 8/1 (1993), S. 199f.: »In 1951 Xenakis apparently cherished a brief ambition to be to Greece what Bartók was to Hungary, and to archive international status with his work on his own native traditions«.
47 Vgl. Xenakis' Aufsatz *Probleme griechischer Musikkomposition*. In: Baltensperger, *Stochastische Musik* (wie Fußnote 6), S. 601–608.

Beziehung zu der persönlichen Situation, in der er sich befand, so lässt sie sich als Schritt auf dem Weg zur Wiederherstellung der Identität erklären, wenn man davon ausgeht, dass der Exilant sich

> [i]n seinem Kampf um Selbsterhaltung [...] an verschiedene Elemente seiner Heimat (vertraute Objekte, die Musik seines Landes, Erinnerungen und Träume, in denen sich Aspekte des Herkunftlandes ausdrücken) klammern [muss], um die Erfahrung des ›Sich-Selbst-Spürens‹ aufrecht erhalten zu können.[48]

Xenakis bestätigt diese Annahme, wenn er sagt:

> In meiner Einsamkeit und Isolation versuchte ich, mich an etwas festzuhalten, denn in mir war ja alles miteinander in Konflikt geraten: mein altes Leben und die neuen Umstände, mein altes Weltbild und die neuen Eindrücke. Ich wollte herausfinden, wer ich in Wirklichkeit war. In diesem Selbstfindungsprozeß bedeutete die Folklore Griechenlands etwas, an das ich mich halten konnte [...]. [Ich versuchte,] meine eigene Identität zu finden [...], und mein griechischer Hintergrund wurde mir mit einem Male wichtig.[49]

Zusätzlich sprach Xenakis der Musik mit den ihr eigenen Wirkungsweisen eine Möglichkeit des Vergessens und der Heilung zu; diese Eigenschaften gab er als Gründe für sein Bedürfnis an, Musik zu komponieren:

> The power of music is such that it transports you from one state to another. Like alcohol. Like love. If I wanted to learn how to compose music, maybe it was to aquire this power. The power of Dionysus.[50]

Xenakis unternahm nun ernsthafte Versuche, Kompositionsunterricht zu erhalten. 1949 besuchte er einige Male Arthur Honeggers Veranstaltungen, bis dieser eine seiner Kompositionen mit dem Vorwurf ablehnte, es sei keine Musik. Noch im selben Jahr wechselte Xenakis zu Darius Milhaud, für den er eine Reihe von Studien komponierte, doch auch dieser Unterricht war von kurzer Dauer. Sein nächster Anlaufpunkt war Nadia Boulanger, die ihn jedoch an Annette Dieudonné weiterverwies. Diese wiederum schickte ihn zu Olivier Messiaen, der zu dieser Zeit am Conservatoire National Analyse, Ästhetik und Rhythmik unterrichtete. Messiaen wurde zur wichtigsten Lehrerfigur für Xenakis und unterstützte ihn von Anfang an. Er erinnerte sich, bei ihrer ersten Begegnung 1951 zu Xenakis gesagt zu haben: »you are almost thirty, you have the good fortune of being Greek, of being an architect and having studied special mathematics. Take advantage of these things. Do them in your mu-

---

48 Grinberg und Grinberg: *Psychoanalyse der Migration* (wie Fußnote 6), S. 147.
49 Varga: *Gespräche mit Iannis Xenakis* (wie Fußnote 12), S. 30, S. 53.
50 Xenakis in Xenakis, Brown, Rahn: *Xenakis on Xenakis* (wie Fußnote 43), S. 18. Wenn Xenakis in seinen Schriften auf die heilende Wirkung der Musik, wie sie in der Orphik und bei den Pythagoreern angenommen wurde, hinweist, so könnte dies durchaus in einem Zusammenhang zu seinem selbsterlebten ›Heilungsprozess‹ durch Musik stehen. Es ist interessant, dass er hier, im Gegensatz zu so vielen anderen Gelegenheiten, im Zusammenhang mit Musik nicht die apollinische Seite, den Verstand, sondern die dionysische Seite, den Rausch, hervorhebt.

sic«.⁵¹ In dieser Aussage findet sich komprimiert tatsächlich der Weg formuliert, den Xenakis von seinen ersten Werken über *Metastasis* bis zur Stochastischen Musik, zur Siebtheorie und weiteren mathematisch orientierten Kompositionsverfahren gegangen ist – inwiefern Messiaen »being Greek« als »fortune« betrachtete, lässt sich vermutlich nur mit der besonderen Rolle der Griechen, und das heißt der Antike, für die Geistesgeschichte erklären, von der er offenbar überzeugt war.

Die Tatsache, dass Xenakis die Kompositionen vor *Metastasis*, 1955 uraufgeführt, nicht als offizielle Werke anerkannte, macht offensichtlich, dass der Weg der Identitätssicherung durch künstlerische Auseinandersetzung mit der Folklore ebenso wie der politische Weg scheiterte. Der Rückgriff auf das Volk hat etwas Nostalgisches an sich. Xenakis' Wesen und Begabungen entsprachen jedoch mehr das Abstrakte, Kühle und Moderne. Nicht umsonst trat er erst mit der Uraufführung von *Metastasis* als Komponist an die Öffentlichkeit. Mit diesem Werk löste er sich, trotz aller thematischer Anbindung an den (spät-)antiken Ritus, von der griechischen Folklore, denn *Metastasis* steht in Konzeption und Ausarbeitung eher mit seiner Arbeit als Architekt in Zusammenhang. Es scheint, als habe Xenakis es geschafft, durch den Rückgriff auf die Folklore, durch eine »Internalisierung von guten Objekten der Heimat«⁵², so Bautista-Baños, das Trauma des Exils zu verarbeiten und eine »Reparation der Verfolgungsängste und Schuldgefühle«⁵³ zu erlangen, durch die er nun in der Lage war, sich zu lösen und einen neuen, freieren Weg einzuschlagen. Denn die darauffolgenden zahlreichen Kompositionen – bis zu seinem letzten Stück 1997, bezeichnenderweise mit *O-mega* betitelt – lassen sich alle, in verschieden starker Ausprägung, in ihrer Konzeption als ›Naturwissenschaftsmusik‹ bezeichnen. Sicherlich war es eine solche Musik, die Xenakis' gesuchter Identität in größtem Maße entsprach. Nicht umsonst sagte er: »Immerhin gab es die Musik, und es gab die Naturwissenschaften. Sie verkörperten für mich die Verbindung zwischen Antike und Gegenwart, denn beide waren schon in der Antike ein organischer Bestandteil des menschlichen Denkens gewesen«.⁵⁴

Die tatsächliche Verbindung dieser beiden Bereiche, die ihn bisher gesondert beschäftigt hatten, kann als nächste Etappe seiner Identitätssicherung sowie der Neuerschaffung ›seiner‹ Antike angesehen werden. Doch bevor sich das Griechisch-Antike in Xenakis' Œuvre offenkundig wieder einen Weg bahnen konnte, lag der Schwerpunkt seiner Kompositionen und Theorien zunächst auf der naturwissenschaftlichen Seite, so als habe er sich, nachdem Griechenland einige Jahre lang in seiner Musik die Oberhand hatte, erst einmal davon frei machen müssen, um danach, ab dem Vokal-

---

51 Zit. nach Matossian: *Xenakis* (wie Fußnote 3), S. 59.
52 Bautista-Baños: *Die Trennung von der Heimat* (wie Fußnote 6), S. 200.
53 Ebd.
54 Varga: *Gespräche mit Iannis Xenakis* (wie Fußnote 12), S. 21.

werk *Polla ta dhina* (1962), wieder umso tiefer in die griechische, nun konkret antike Welt einzutauchen.[55]

V.

Beschäftigt man sich mit migrierten Künstlerinnen und Künstlern, so gilt es zu beachten, dass Fluchtmigration für die Betroffenen zumeist eine emotionale Belastungssituation ist, die Identitätsproblematiken mit sich bringen kann. Stets führt sie mindestens dazu, dass sich sowohl das soziokulturelle Umfeld der Menschen als auch ihr Verhältnis zur sie umgebenden Welt zwangsweise ändert. Für Künstlerinnen und Künstler, die ihre Kunst als Ausdruck ihrer Auseinandersetzung *mit* der Welt und als Akt *in* der Welt verstehen, kann dies bedeuten, dass Migration einen direkten Einfluss auf ihr Schaffen hat. Dabei muss Migration keinesfalls mit einer Öffnung den neuen Eindrücken gegenüber einhergehen. Vielmehr kann gerade unfreiwillige Migration, Exil, zu einer verstärkten Konzentration auf das Zurückgelassene und die Vergangenheit führen, durch die sich die Betroffenen in ihrer neuen Situation Halt zu geben suchen.

Ein genaues und reflektiertes Erarbeiten der historischen Gegebenheiten von Migration sowie der emotionalen Zustände, die diese Gegebenheiten begleiten, ermöglicht ein empathisches Einfühlen, aus dem sich neue Blickwinkel im Umgang mit dem künstlerischen Schaffen der Betroffenen ergeben, die schließlich auch zu neuen Ergebnissen führen können. Dabei muss jedoch nicht nur die Historizität der Gegebenheiten, sondern auch die sozialhistorische Abhängigkeit von Emotionen beachtet werden: Je größer unsere Distanz zu unseren Untersuchungsobjekten ist – sei es nun eine zeitliche oder eine kulturelle Distanz –, desto behutsamer muss mit der Emotionsarbeit umgegangen werden. So kann gerade ein Phänomen wie die Migration in unterschiedlichen Gesellschaften und zu unterschiedlichen Zeiten ganz unterschiedlich emotional belegt sein und demnach auch unterschiedliche emotionale und künstlerische Reaktionen mit sich bringen.

Ein solch empathisches Umgehen sei dabei – dies sei als Endbemerkung erlaubt – nicht nur Wissenschaftlerinnen und Wissenschaftlern, die sich der Migrationsforschung widmen, zur Qualitätssicherung ihrer Arbeit ans Herz gelegt, sondern uns allen im täglichen Alltag, so dass menschliches Miteinander als empathische Intersubjektivität gelebt werden kann.

---

[55] Für weitere Untersuchungen zu Xenakis' Identitätskonstruktion und Antikenrezeption nach 1960 siehe Herzfeld-Schild: *Antike Wurzeln bei Iannis Xenakis*.

Marie-Anne Kohl

Von Umm und *umma*
Kulturelle Mobilität am Beispiel *Arabs Got Talent*

Departing from the third season of the talent show *Arabs Got Talent* (2013), I focus on the auditions of two candidates and discuss several questions centered on the mobility of cultural and musical phenomena. This includes questions that had been raised in the conference *Music and Migration* for which this article had been elaborated as a lecture. The two candidates Jennifer Grout and Mayam Mahmoud were both regarded as sensations, especially by Western media. This sensationalisation of the auditions seems to be based on the perception that some aspects of the candidates' performances were supposedly incompatible. This assumed incompatibility of specific cultural dimensions suggests an apparently static understanding of culture and music. However, a broader contextualization of both performances challenges the underlying assumption of a spatial fixation of music and illustrates the multiple musical movements and reference points which make the two objectives of investigation into showcase examples of cultural mobility. The observations and ideas presented in this article are my first approach to the complex field of the global trade between talent shows, which has so far received little attention in the field of musicological research. In this article, I will first present talent shows as an excellent example of mobility by means of a preliminary categorization, secondly I will concretize one of these categories on the basis of the two examples mentioned, and finally, from there, derive a musicological interest in the presented complex.

Castingshows als Exempel kultureller Mobilität

Ihre weltweite Vermarktung und immense Beliebtheit machen Castingshows zu einem globalen Phänomen, wohlgemerkt zu einem Phänomen des sogenannten ›Globalen Nordens‹, das in weite Teile der gesamten Welt exportiert wird. Das wirft Fragen nach Machtverhältnissen, Profitverteilung, Wertevermittlung und Identitätsformationen auf, und es schwebt der Verdacht des kulturellen Imperialismus in der Luft, sowohl hinsichtlich ästhetischer Aspekte als auch hinsichtlich einer Verwertungslogik. Allerdings impliziert bereits die Grundannahme einer einseitigen und determinierenden Einflussnahme des ›Globalen Nordens‹ auf den ›Globalen Süden‹ ein statisches Kulturverständnis, dem BefürworterInnen des Paradigmas der Mobilitätsforschung[1]

---

1   Die Diskussion über Mobilitätsparadigmen wurde geprägt von Sheller, Mimi und Urry, John: *The new mobilities paradigm*. In: *Environment and Planning A* 38.2 (Februar 2006), S. 207–226.

argumentativ entgegentreten. Der kritisierten Grundannahme zufolge wird eine aktive, selbstermächtigende *agency* der Akteure als Teilnehmende und RezipientInnen von entsprechenden Formatadaptionen im Umgang mit diesen nicht anerkannt.[2] Sie kann darüber hinaus mit Verweis auf die multidirektionale Beweglichkeit der Formate als Fehlinterpretation der Zusammenhänge von global und lokal verstanden werden.[3]

Es ist angezeigt, die hier bereits angedeuteten multiplen Bewegungsqualitäten in Form von Relationen und Wechselwirkungen anhand konkreter Beispiele sorgfältig zu untersuchen. Welche Rolle spielen dabei musikalische Aspekte? Darunter verstehe ich einen ganzen Komplex, der die musikalischen Praktiken und die präsentierte Musik genauso mit einschließt wie die Akteure, die Inszenierungsformen und Aufführungskontexte. Abseits der umfangreichen medien- und kommunikationswissenschaftlichen Forschung zu globalen Adaptionen von Reality-TV-Formaten, zu denen Castingshows zu zählen sind,[4] fehlen bislang ausführliche Untersuchungen der konkreten musikalischen Aspekte und deren Implikationen. Dies ist umso überraschender, stellen doch m. E. gerade die musikalischen Aspekte konkrete Anhaltspunkte für eine Diskussion der angesprochenen Relationen dar.

Das im Rahmen der Konferenz *Musik und Migration* angesprochene Konzeptfeld der Mobilität und die damit verbundene kritische Befragung von statischen und räumlich fixierten Kulturkonzeptionen bieten hierfür einen fruchtbaren theoretischen Bezugsrahmen. Tim Cresswell betont die zentrale Bedeutung von Mobilität für Machtverhältnisse, Identitätskonstruktionen und Alltagsphänomene, also auch für die eingangs formulierten Problemfelder. Zwar erwähnt Cresswell nebenbei die Möglichkeit der Mobilität von Ideen und somit von immateriellen Gütern, geht aber nicht weiter auf diesen Aspekt ein.[5] Stephen Greenblatt greift hingegen diesen Aspekt mithilfe des Begriffs der kulturellen Mobilität auf und legt den Fokus explizit auf die Konstitution von Kultur durch die Mobilität kultureller, auch immaterieller Güter.[6] Somit lässt sich dieser Ansatz fruchtbar machen hinsichtlich einer musikzentrierten Untersuchung von Castingshows. Diese erweisen sich auf vielerlei Ebenen als exem-

---

2   Vgl. hierzu etwa Anthony Appiahs Kritik an dem Konzept, kultureller Imperialismus würde das Bewusstsein der Menschen der Peripherie strukturieren. Siehe Appiah, Kwame Anthony: *The Case for Contemination*. In: *The New York Times Magazine* (01.01.2006). Verfügbar unter: www.nytimes.com/2006/01/01/magazine/the-case-for-contamination.html [23.03.2017].
3   Vgl. Esser, Andrea: *European Television Programming: Exemplifying and Theorizing Glocalization in the Media*. In: *European Glocalization in Global Context*. Hg. von Roland Robertson. Basingstoke u. a.: Palgrave, 2014, S. 82–102.
4   Vgl. dazu etwa Kraidy, Marwan M. und Murphy, Patrick D.: *Shifting Geertz: Toward a Theory of Translocalism in Global Communication Studies*. In: *Communication Theory* 18.3 (August 2008), S. 225–255.
5   Siehe Cresswell, Tim: *Mobilities I: Catching up*. In: *Progress in Human Geography* 35.4 (August 2011 / November 2010), S. 550–558, hier S. 551, 552 und 555.
6   Vgl. Greenblatt, Stephen: *Cultural mobility: an introduction*. In: ders. u. a.: *Cultural Mobility. A Manifesto*. Cambridge u. a.: Cambridge University Press, 2010, S. 1–23.

plarisch für Mobilität. Im Folgenden möchte ich in einer vorläufigen Liste einige dieser Ebenen identifizieren und diskutieren.

Die glokale Mobilität des Formats

Künstlerische Talentwettbewerbe sind per se nicht neu. Die weltweite Erfolgsgeschichte einiger weniger extrem durchsetzungsfähiger Marken jedoch ist ein sehr junges Phänomen, das sich in den letzten 15 bis 20 Jahren im Zuge eines erstarkenden globalen Formathandels insbesondere von Reality-TV-Formaten entwickelt hat.[7] Die heute weltweit erfolgreichen Castingshows – mein Interesse gilt in erster Linie denjenigen Shows, in denen Musik und insbesondere Gesang eine herausragende Rolle spielen – wurden im ›Globalen Norden‹, hauptsächlich in Europa,[8] konzipiert und werden weltweit vermarktet, indem sie den lokalen Märkten angepasst, d. h. lokalisiert werden. Genau diese Adaptionsprozesse werde ich auch aus musiktheaterwissenschaftlicher Perspektive genauer untersuchen. Zunächst ist festzuhalten, dass im Sinne der Glokalisierung, wie sie vor allem von Roland Robertson bereits in den 1990er Jahren definiert wurde, Lokalität nicht als in sich geschlossen und durch Globalisierungsbewegungen invadiert, sondern als ein durch diese neu hergestelltes Phänomen zu denken ist und somit ›das‹ Globale und ›das‹ Lokale keineswegs einander ausschließen, sondern einander vielmehr bestimmen.[9]

Die präzise Eruierung von aktuellen und abgespielten Formatadaptionen, wann also und für wie lange wo genau welches Format existierte, benötigt weiterführende Recherche. Die Internetauftritte der einzelnen musikalischen Castingshow-Formate helfen derweil weiter, sie verdeutlichen deren weltweite Verbreitung: die Gesangs-Castingshow *X Factor* bspw. kann derzeit (2016) 51 lokale Adaptionen aufweisen, die Castingshow für Pop-SängerInnen *Idol* 55 lokale Versionen und die Varietäts-Castingshow *Got Talent* 69 lokale Versionen, während das Format *Britain's Got Talent* bisher an über 170 Länder verkauft wurde.[10] Folgende Karte visualisiert die weltweite Verbreitung des *Got-Talent*-Formats.

---

7   Vgl. hierzu Esser: *European Television Programming* (wie Fußnote 3), S. 84 ff.
8   Die Formate *Idol*, *Got Talent* und *X Factor* etwa wurden in Großbritannien entwickelt und gehören heute zu dem britischen Medienkonzern Fremantlemedia, die Formate *Star Academy* und *The Voice* sind eine niederländische Erfindung und gehören zu dem niederländischen Endemol.
9   Vgl. u. a. Robertson, Roland: *Glokalisierung. Homogenität und Heterogenität in Raum und Zeit*. In: *Perspektiven der Weltgesellschaft*. Hg. von Ulrich Beck. Frankfurt a. M.: Suhrkamp, 1998, S. 192–221.
10 Siehe www.fremantlemedia.com/idols/, www.fremantlemedia.com/the-x-factor/ und www.fremantlemedia.com/got-talent/ [24.03.2017].

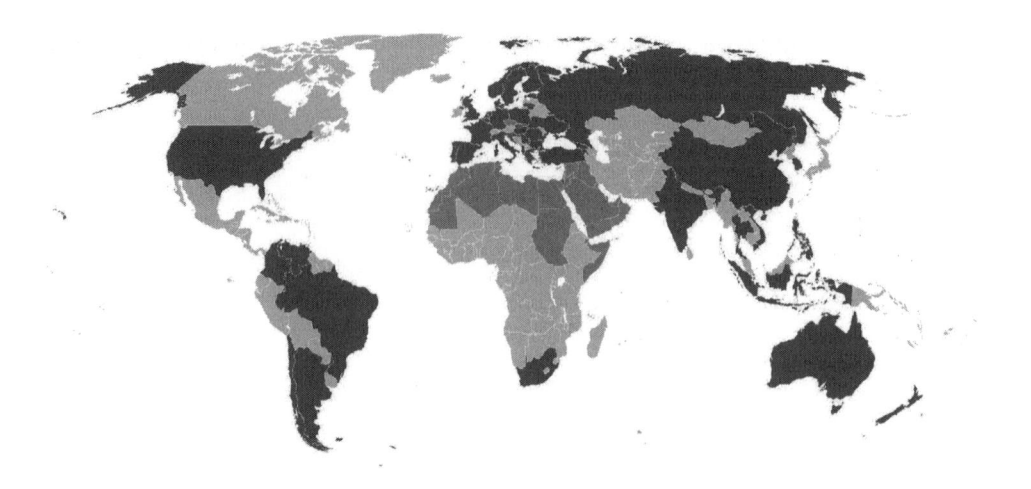

Abbildung 1: Übersicht über weltweite Adaptionen des Formats *Got Talent*.[11]

Als global wiedererkennbare Marken werden die Shows markiert etwa durch ein Logo, ein spezifisches Bühnensetting oder durch einen gleichbleibenden Ablauf. Allen Castingshows mehr oder weniger gemeinsam ist die Existenz einer Jury, die vor allem im Laufe der frühen Auditions der KandidatInnen über deren weiteren Verbleib in der Show entscheidet, sowie eine intensive Beteiligung durch das Publikum, welches vor allem in Form des Telefon-Votings per SMS über den Verbleib der KandidatInnen in der Show und letztlich die GewinnerInnen abstimmt. Die Formate unterscheiden sich durch Spezifika in Details, die ihre Wiedererkennbarkeit sichern, wie etwa die ›Buzzer‹ des *Got-Talent*-Formats oder die mit dem Rücken zugewandte Jury bei *The Voice*.

Die Lokalisierung der Formate findet ebenfalls auf unterschiedlichen Ebenen statt, eine davon ist die Sprache, andere sind die Einbeziehung lokaler Themen und ›bekannter Gesichter‹,[12] also lokaler Prominenz. Entsprechend ist auch die Jury bei *Arabs Got Talent* besetzt: Mitglieder sind der libanesische Journalist und TV-Chef des größten saudischen Medienunternehmens MBC[13] Ali Jaber, die libanesische Sän-

---

11 Übersicht über weltweite Adaptionen des Formats *Got Talent*, ohne Garantie der Korrektheit oder Vollständigkeit. Die erweiterte Karte basiert auf Arab League: *Got Talent Series Map. A Map of Got Talent in the World, joint shows in Lighter Blue*, lizensiert unter der Creative Commons Attribution-Share Alike 3.0 Unported Lizenz. Verfügbar unter: commons.wikimedia.org/wiki/File:Got_Talent_Series_Map.png [10.04.2017]. Ich danke Julia Fleiner für ihre Hilfe bei der Bearbeitung der Karte.
12 Siehe hierzu u. a. Esser: *European Television Programming* (wie Fußnote 3), S. 89.
13 MBC strahlt neben *Arabs Got Talent* auch weitere Castingshows wie *Arab Idol* und die arabischen Versionen von *X Factor* und *The Voice* aus.

gerin und Popdiva Najwa Karam, der saudische Komiker Nasser El Qasabi und der ägyptische Schauspieler Ahmed Helmy.

Auf dieser Ebene der Mobilität ist es das Format, das migriert.

Die Mobilität der Akteure

Die KandidatInnen sowie die Jury und das Publikum der Castingshows sind mobil. Sie bewegen sich physisch zu den Wettbewerbs-Spielorten. Grundsätzlich ist das Publikum bei der ›Voting‹ genannten Abstimmung komplett mobil, da es von überall her seine Stimme per Mobiltelefon abgeben kann. Dass die physische Mobilität der TeilnehmerInnen auch zu einem Politikum werden kann, zeigen die Beispiele von Mohammed Assaf, Manal Moussa und Haitham Khalailah, KandidatInnen von *Arab Idol* 2013 und 2014. Der im Gazastreifen lebende Assaf musste zur Teilnahme an der Audition nicht nur Grenzwächter bestechen und Zäune überklettern (andere TeilnehmerInnen mussten durch Kriegsgebiete reisen). Seine Teilnahme hatte zudem namhafte Politiker wie Mahmud Abbas und Salam Fajad mobilisiert, Landsleute auch im Ausland zur Stimmabgabe zu bewegen. Direkt nach seinem Sieg bei *Arab Idol* 2013 erhielt Assaf das seltene Privileg, für ein Konzert direkt von Gaza nach Ramallah im Westjordanland zu reisen.[14] Aufgrund von Assafs Erfolg fand im Folgejahr erstmalig eine Audition in Ramallah statt, an der auch die Sängerin Moussa und der Sänger Khalailah teilnahmen.[15] Die beiden in Israel lebenden KandidatInnen stellten sich in der Castingshow als PalästinenserInnen vor. Sie sind so genannte ›48er‹, in Israel lebende PalestinenserInnen mit israelischem Pass. Probleme entstanden, als die beiden als erfolgreiche KandidatInnen für die Fortführung des Wettbewerbs in den Libanon reisen sollten, was mit einem israelischen Reisepass unmöglich war. Beide erhielten hierfür Laisser-passer (Passierscheine) von der palästinensischen Behörde. Bei ihrer Rückkehr wurden sie vom israelischen Inlandsgeheimdienst Shin Bet verhört und ihnen wurden ihre Pässe abgenommen. Mit der Aussicht, dass sie Israel möglicherweise nicht erneut würden verlassen oder aber nicht wieder würden zurückkehren können, stand ihr Verbleiben in der Castingshow auf dem Spiel. Die Teilnahme von Moussa und Khalailah an *Arab Idol* löste vielschichtige politische Debatten aus.

---

14 Vgl. diverse Zeitungsberichte, u. a. Yaron, Gil: *Palästinenser feiern Mohammed Assaf*. In: *Der Tagesspiegel*, 24.06.2013. Verfügbar unter: http://www.tagesspiegel.de/politik/castingshow-arab-idol-palaestinenser-feiern-mohammed-assaf/8394822.html [23.09.2016]. Die Geschichte von Mohammed Assaf bewegte Millionen Menschen weltweit, insbesondere in der arabischen Welt. 2015 verfilmte Hany Abu-Assad Assafs Geschichte: Hany Abu-Assad: *Ein Lied für Nour (Ya tayr el tayer)*. DVD, 100 Min. NL 2015.
15 Siehe hier und folgend Marom, Yael (Übersetz. Shoshana London-Sapir): *Representing Palestine, not Israel: Arab Idol's contestants from Israel*. In: *+972*. Verfügbar unter: 972mag.com/representing-palestine-not-israel-arab-idols-contestants-from-israel/97025/ [23.09.2016].

Die potentielle politische und patriotische Mobilisierung

Beispiele wie die von Assaf, Moussa und Khalailah machen deutlich, dass die Einmischung von Seiten offizieller Politik und somit eine in dieser Hinsicht politische Mobilisierung möglich ist. Der medien-, politik- und kulturwissenschaftliche Globalisierungsforscher Marwin Kraidy macht sichtbar, inwiefern die Inhalte, Gestaltung und schlichtweg Implementierung bestimmter Formate wie *Star Academy* im panarabischen Fernsehen zu gesellschaftlichen und politischen Kontroversen führen bzw. darüber hinaus gar Einfluss auf Politik und öffentliche Diskurse haben können. Er warnte allerdings Mitte der 2000er-Jahre davor, Faktoren wie öffentliche Debatten oder den Abstimmungscharakter durch die Einbeziehung der Publikumswahl leichtfertig als Hinweise auf eine Demokratisierung von Politik im arabischen Raum zu interpretieren. Beispielsweise ist die Wahl in Form des Votings durch das Publikum nicht umsonst, da die Abstimmung per SMS erfolgt. Somit existiert insofern kein Gleichheitsprinzip bei diesen Wahlen, als wohlhabendere WählerInnen theoretisch unendlich oft abstimmen können. Ferner bezweifelt Kraidy, dass die aktive Partizipation an Reality-Shows automatisch zu einer politischen Partizipation führt.[16] Havana Marking tendiert dazu, in ihrem Dokumentarfilm über die erste Staffel von *Afghan Star*, der gerade durch die explizite Thematisierung von Geschlechterverhältnissen anhand der Dokumentation von Reaktionen auf die Auditions der wenigen teilnehmenden weiblichen Kandidatinnen wirklich fasziniert, einerseits die Castingshow zum Allheilmittel für Demokratisierungsprozesse und damit andererseits westliche Demokratiemodelle per se zur einzigen erstrebenswerten Perspektive zu stilisieren: »The people vote for their favourite star by mobile phone. For many young people this is the first time they have encountered democracy.«[17]

Patriotische Mobilisierung spielt durchaus eine Rolle, gerade in translokalen Adaptionen wie den arabischen Castingshow-Formaten hinsichtlich der Unterstützung der ›eigenen‹ nationalen KandidatInnen.[18] Aber auch bei Formatadaptionen einzelner Länder existieren inhaltliche, formale oder strukturelle nationale Marker, die der patriotischen Identifizierung dienen, wie es Oren Livio am Beispiel der US-amerikanischen, kanadischen, britischen und israelischen Versionen von *Idol* darstellt.[19] Aus der gleichen Perspektive eines patriotischen Wir-Gefühls könnte der Gewinn Assafs,

---

16 Kraidy, Marwan M.: *Reality Television and Politics in the Arab World: Preliminary Observations*. In: *Transnational Broadcasting Studies* 15 (Januar 2006). Ohne Seitenzahlen, Angaben nach PDF, hier S. 14, 16 und 17.

17 Siehe Marking, Havana: DVD *Afghan Star. In Afghanistan you risk your life to sing* (2009), hier 3'41".

18 Vgl. hierzu bspw. Kraidy: *Reality Television and Politics in the Arab World* (wie Fußnote 16), S. 7 f.

19 Livio, Oren: *Performing the Nation: A cross-cultural Comparison of Idol Shows in four Countries*. In: *Reality Television. Merging the Global and the Local*. Hg. von Amir Hetsroni. New York, NY: Nova Science Publishers, 2010, S. 165–188.

welcher sich mit den Stimmen allein palästinensischer Fans niemals hätte durchsetzen können, als Zeichen prinzipieller Sympathie des arabischen Publikums mit Palästina gewertet werden.[20] Allerdings sollte die Bedeutung von nationalen Bezügen nicht überbewertet werden. Die Medienwissenschaftlerin Andrea Esser macht deutlich, dass Differenzen in und zwischen Formatversionen nicht einfach durch kulturelle oder gar nationale Differenzen erklärt werden könnten, sondern dass generationelle und andere Faktoren wie die der Senderidentität eine wichtige Rolle spielen.[21] Dies sind bedeutsame Aspekte insbesondere hinsichtlich der Befragung der Lokalisierung der Formate im Kontext kultureller Mobilität, bei der auch der häufigen aber problematischen Gleichsetzung von ›lokal‹ mit ›national‹ zu begegnen ist.

Die erhoffte und versprochene soziale Mobilität

Den GewinnerInnen der Castingshows winken verheißungsvoll Geldpreise, Plattenverträge, glanzvolle Karrieren u. ä. Markus Metz und Georg Seeßlen zufolge sieht es hinter den Kulissen jedoch etwas anders aus: Teilnehmende würden bereits vor Beginn der Show zur Unterzeichnung langfristiger Verträge gezwungen, die festlegen, dass die von ihnen eingespielten finanziellen Erträge größtenteils an die ProduzentInnen gehen. Der Sender produziere somit einen Star, den er sogleich ›unbarmherzig ausbeute[n]‹ könne.[22] Die Autoren beziehen sich dabei auf deutsche Formate. Inwiefern sich dieser beobachtete Ausbeutungscharakter von Castingshows auf andere Formatadaptionen, insbesondere im ›Globalen Süden‹, übertragen lässt, wird Gegenstand weiterer Untersuchungen sein.

---

20 Vgl. hierzu u. a. Kraidy: *Reality Television and Politics in the Arab World* (wie Fußnote 16), S. 8.
21 Esser: *European Television Programming* (wie Fußnote 3), S. 89, 92.
22 Metz, Markus und Seeßlen, Georg: *Blödmaschinen. Die Fabrikation der Stupidität*. Berlin: Suhrkamp, 2011. Metz und Seeßlen gehen so weit, von Castingshows als einem »öffentlichen Sklavenmarkt« zu sprechen (vgl. ebd., S. 434 ff.). In dieser Logik findet die Ausbeutung der KandidatInnen jedoch nicht nur auf finanzieller Ebene statt, sondern greift auch direkt deren Würde an. Im »Casting vor dem Casting« werden die Teilnehmenden Metz und Seeßlen zufolge bereits als potentielle VerliererInnen und GewinnerInnen ausgewählt: »In einer Casting Show tritt nicht etwa ein besonders talentfreier Selbstüberschätzer auf, über den wir uns dann nach ›Herzenslust‹ amüsieren könnten, sondern vielmehr ein Mensch, der als ›besonders talentfreier Selbstüberschätzer‹ gecastet ist (unglücklicherweise weiß der Betroffene das naturgemäß in aller Regel nicht.)« (Ebd., S. 437).

Die virtuelle Mobilität

Übertragungsmedien jeglicher Art spielen eine herausragende Rolle für Castingshows, und zwar nicht nur Fernsehübertragungen, sondern vor allem auch das Internet hinsichtlich der Verbreitung der Shows sowie der Teilnahme der KandidatInnen in Form von Online-Anmeldungen und dem Einsenden erster Audition-Videos. Von zentraler Bedeutung ist auch das Telefon, über das die Teilnahme am Abstimmungsprozess möglich ist. Somit bewegen sich nicht nur Akteure, sondern auch kulturelle Güter, und zwar virtuell, mittels (digitaler) Medien.

Die Mobilität der kulturellen immateriellen Güter

Im Zentrum meines Interesses steht die Mobilität kultureller immaterieller Güter, insbesondere bezogen auf Musik. Songs und Praktiken des Musikmachens bewegen sich nicht nur von Ort zu Ort, durch die Zeit oder hin zu ›contact zones‹[23]. Sie sind insbesondere mobil im Sinne von wandelbar. Dies impliziert gerade keinen eindeutigen kulturellen und lokalen Ursprung musikalischer Praktiken, die durch ihre räumliche Verbreitung (d. h. als Folge physischer und virtueller Mobilität) etwa im Zuge der Globalisierung Veränderungen durch externe Einflüsse erfahren. Stephen Greenblatt betont mit Blick auf kulturelle Phänomene, dass das Lokale schon immer als solches von der größeren Welt beeinflusst gewesen sei und dass eine prinzipielle Verwurzelung und behauptete getrennte Identitäten und Geschichten radikal in Frage zu stellen seien.[24] Das bedeutet, dass gerade diese Einflüsse nicht als nachgeordnet und extern verstanden werden sollten, sondern als konstitutiver Bestandteil kultureller, also auch musikalischer Güter. Zwar weist Wolfgang Bender zurecht auf die Gefahr hin, dass die Überbetonung musikalischer Einflüsse die *agency* bzw. Eigenleistungen einzelner MusikerInnen zu untergraben droht.[25] Jedoch ist m. E. gerade das Bild eines unendlichen Netzwerkes von Einflüssen, das auf keinen Ursprung hin- sondern eine rhizomartige Verweisstruktur aufweist, dazu geeignet, die Mobilität musikalischer Aspekte begreifbar zu machen und damit gleichzeitig die auch von Bender favorisierten Aneignungsprozesse anzuerkennen.

---

23 Für eine Verwendung des von Mary Louise Pratt eingeführten Begriffs der ›contact zones‹ zur Diskussion der Erfahrung kultureller Differenz bei dem Aufeinandertreffen unterschiedlicher Lebenswelten unter Vermeidung eines essentialistischen homogenen Kulturverständnisses siehe Krings, Matthias: *African Appropriation. Cultural Difference, Mimesis, and Media*. Bloomington, Indiana: African Expressive Cultures, 2015, S. 1 ff.

24 Greenblatt: *Cultural mobility: an introduction* (wie Fußnote 6), S. 4.

25 Siehe Bender, Wolfgang: *Vom Einfluss zur Aneignung. Ein Paradigmenwechsel in der Musikethnologie*. In: *Musik und kulturelle Identität – Bericht über den XIII. internationalen Kongress der Gesellschaft für Musikforschung, Weimar 2004, Band 1*. Hg. von Detlef Altenburg und Rainer Bayreuther. Kassel: Bärenreiter, 2012, S. 153–159.

Die Bewegung und Beweglichkeit der musikalischen, performativen Praktiken und ihre verzweigten, immanenten Verweisstrukturen erscheinen mir also besonders interessant für eine musikwissenschaftliche Perspektive auf Castingshows. Im Folgenden werde ich anhand zweier Beispiele von ersten Auditions späterer Semi-Finalistinnen aus der 2013er Staffel von *Arabs Got Talent* einige Aspekte dieser Mobilitäten und Verweisstrukturen nachzeichnen. Ich beginne jeweils mit einer kurzen Beschreibung der auf Youtube eingestellten Versionen der Auditions.[26]

Jennifer Grout

Eine junge blonde Frau betritt die Castingshow-Bühne mit ihrer Oud. Wie üblich werden zu Beginn kurze Interviews mit der Kandidatin eingeblendet, in der sie ein wenig über ihren Hintergrund erzählt, auf Englisch. Auf der Bühne wird sie von Ahmed Helmy auf Arabisch nach ihrem Namen gefragt, sie antwortet mit einem fragenden »Sorry?« Nach einigem Hin und Her fordert Helmy die Kandidatin mit Gesten dazu auf, anzufangen. Sie setzt sich und beginnt vor einer lachenden Jury und kicherndem Publikum zu spielen, dann zu singen. Ihr Oud-Spiel ist sicher und klangvoll, ihr Gesangston warm, voll und kräftig. Sie singt die Gesangslinien, Verzierungen und auch die schwierigeren hohen Passagen mühelos aber mit großer Ernsthaftigkeit. Ihr Timing, das Setzen von Pausen, die Phrasierungen, Betonungen und ihre Aussprache wirken organisch. Es werden Reaktionen der Jurymitglieder gezeigt: El Qasabi singt mit geschlossenen Augen mit, Karam stößt einen Ruf der Anerkennung aus und animiert das Publikum mit rudernden Armen zum Applaus. Die Stimmung im Saal ist sicht- und hörbar in Zustimmung umgeschlagen.

Die Sängerin der eben beschriebenen Szene aus der Castingshow *Arabs Got Talent* von 2013[27] ist die damals 23-jährige US-Amerikanerin Jennifer Grout, die mit *Baeed Anak (Fern von Dir)* ein bekanntes Lied der ägyptischen Ikone Umm Kulthum interpretiert, einer der erfolgreichsten, berühmtesten und bis heute verehrten Sängerinnen der arabischen Welt. Zu dem Zeitpunkt der Audition spricht Grout offensichtlich kein Arabisch, entsprechend groß ist zu Beginn die Skepsis der Jury, ob sie, die westliche Ausländerin, dem ägyptischen Weltstar, an deren Liedern sich erfahrene arabische SängerInnen messen, annähernd gerecht werden kann. Ein Scheitern scheint vorprogrammiert. Grout beschreibt später ihr Gefühl während der Audition, nicht ernstgenommen zu werden und um Glaubwürdigkeit kämpfen zu müssen.[28] Dies tat

---

26 Zu sehen sind die beschriebenen Auditions von Jennifer Grout auf: www.youtube.com/watch?v=autalMoeWag und die von Mayam Mahmoud auf: www.youtube.com/watch?v=L1MrA3435Ik [31.03.2017].
27 Einzusehen unter www.youtube.com/watch?v=autalMoeWag [26.07.2017].
28 Grout berichtet, dass sie bereits vor der Teilnahme am Wettbewerb 2013 drei Jahre lang in Marokko gelebt hat, um das Oud-Spielen und die Lieder zu lernen, und dass sie zwar kein großes Talent für Sprachen, aber ein großes Gespür für den Klang von Sprachen habe. Vgl.

sie allerdings erfolgreich. Die Reaktionen auf ihre Performance fielen durchweg positiv aus, sie hatte schnell viele UnterstützerInnen, und Karam bemerkte: »Du sprichst kein Wort Arabisch, […] trotzdem singst du besser als andere Sänger. […] Wir sind immer dem Westen gefolgt und haben ihn imitiert, […] nun ist es das erste Mal, dass eine Person, die keinerlei Bezug zur arabischen Welt hat – eine Amerikanerin, die die Sprache nicht spricht – auf Arabisch singt.«[29] Auf die vielschichtigen Implikationen, die insbesondere die Übertreibungen in diesem Zitat mit sich bringen, kann an dieser Stelle leider nicht weiter eingegangen werden. Es ist allerdings interessant festzuhalten, wie derartige Aussagen an dem auch durch die Medien aufgegriffenen Bild der Einzigartigkeit, der Wahrnehmung und Interpretation stetiger einseitiger kultureller Einflussnahme, also einer mono-direktionalen Mobilität, mitmalen.

Nahla Mattar, Direktorin des Kairoer Umm-Kulthum-Museums, kritisierte an Grouts Performance ein fehlendes tieferes Verständnis und den Mangel an Lektionen in Koranrezitation: »So far … she is still just an American girl singing that melody.«[30] Diese Anmerkung impliziert eine Interpretation von Kulthums eigener Gesangspraxis, derzufolge diese, selbst wenn Kulthum ihre weltlichen Lieder sang, von ihrem frühen Training als Sängerin religiöser Lieder durchdrungen war.[31]

Ein vergleichender Blick auf eine Interpretation von *Baeed Anak* durch Umm Khultum[32] eröffnet einen weiteren Aspekt. Direkt hinter Kulthum sind die arabischen Instrumente Qanun und Nay zu sehen, ansonsten vor allem Streichinstrumente eines westlichen Orchesters: viele Violinen, Celli und Kontrabässe. Bei der Besetzung handelt es sich offensichtlich um eine *firqa*, ein arabisches Begleitensemble für SolosängerInnen, das in den 1930er Jahren das kleinere, allein aus arabischen Instrumenten bestehende Ensemble *takht* ersetzte und das typische Begleitensemble für die von Kulthum wesentlich mitentwickelte populäre Liedform *ughniyya* wurde.[33] Westliche Elemente wurden zu dieser Zeit zu wesentlichen Bestandteilen arabischer Musik.[34] Gleichwohl behielt Kulthum einen älteren Ansatz hinsichtlich der Aufführungspraxis

      Jennifer Grout, zitiert in Kingsley, Patrick: *All-American singer wows Arabs Got Talent with Umm Kulthum cover.* In: *The Guardian* (25.11.2013). Verfügbar unter: www.theguardian.com/tv-and-radio/2013/nov/25/american-jennifer-grout-arabs-got-talent-umm-kulthum [23.09.2016].

29 Ebd. (Übersetzung M.-A. K.).
30 Ebd.
31 Zur Biografie Kulthums siehe bspw. Danielson, Virginia: *The voice of Egypt. Umm Kulthum, Arabic song, and Egyptian society in the twentieth century.* Chicago: University of Chicago Press, 1997.
32 Siehe www.youtube.com/watch?v=pjziPpZG_cw [30.03.2017].
33 Vgl. hierzu Castelo-Branco, Salwa El-Shawan: *Performance of Arab Music in Twentieth Century Egypt: Reconciling Authenticity and Contemporaneity.* In: *Garland Encyclopedia of World Music 6.* Hg. von Virginia Danielson, Scot Marcus und Dwight Reynolds. New York und London: Garland, 2002, S. 557–561, hier S. 558 ff. Ich danke einer Tagungsteilnehmerin für den Hinweis auf die Arbeiten von El-Shawan Castelo-Branco.
34 Vgl. zu einer neuen Ausrichtung staatlicher Kulturpolitik bezogen auf Musik ebd., S. 560.

und Ästhetik bei. Demzufolge war die Sängerin oder der Sänger das Zentrum des Geschehens und bestimmte den musikalischen Ablauf und zeitlichen Rahmen einer Aufführung wesentlich. Die Komposition diente hierfür lediglich als Ausgangspunkt. Von zentraler Bedeutung war die Interaktion, der hoch emotionalisierte Austausch zwischen MusikerInnen und Publikum.[35] Eine leichte Ahnung davon erhält man durch das Video, bei dem immer wieder die begeisterten Publikumsreaktionen gezeigt werden. Im Gegensatz zu dieser von Kulthum weiterhin favorisierten Praxis stand die durch die Einführung der *firqa* erstarkende Tendenz, die Komposition als fixierten Text zu verstehen, der die kreativen Gestaltungsmöglichkeiten der SolosängerInnen einschränkte.[36]

Die Gegenüberstellung der beiden Interpretationen von *Baeed Anak* von Kulthum und Grout führt mich zu folgender Formulierung zweier an anderer Stelle zu bearbeitender Fragen, etwa in Bezug auf eine tiefergehende Untersuchung von Aneignungs- und Adaptionsprozessen: Verfestigt Grout durch ihren Interpretationsstil die westlich beeinflusste Tendenz zum Primat der Komposition? Macht Grout andererseits durch die Wahl der arabischen Oud als Begleitinstrument das Lied gewissermaßen ›arabischer‹ als Kulthum? Beides sind Fragen der kulturellen Mobilität.

Mayam Mahmoud

Eine junge Frau in heller Jeans und Hijab wiegt ihren Kopf zum Intro ihrer Musik, hebt ihre Hände mit dem Mikro und animiert das Publikum zum Mitklatschen. Man sieht den nicht besonders großen, aber fast vollen Zuschauerraum mit der Bühne und dazwischen einen Tisch mit den vier Jurymitgliedern. Die Frau auf der Bühne bewegt sich rhythmisch, etwas unbeholfen aber selbstbewusst wirkend, weiter zur länger andauernden Intro. Es erfolgt eine musikalische Zäsur, bei der die beiden ModeratorInnen Qusai und Raya Abirached backstage mit einer auffordernden Geste eingeblendet werden. Dann beginnt die junge Frau auf Arabisch zu rappen. Sie bewegt sich weiter über die Bühne und setzt die Gesten ihrer freien Hand und ihre Mimik stark ein. Es gibt keine eingespielten Interviewsequenzen wie bei Grout oder anderen KandidatInnen, aber immer wieder wird auf Reaktionen der Jurymitglieder geschnitten: ein konzentrierter Blick und später beeindrucktes Nicken Jabers, das konzentrierte Lächeln und später der leicht missglückte Versuch des Mitgroovens von Karam, ein etwas eingefrorenes, aber nicht unfreundliches Lächeln Al Qasabis, ein zustimmendes Nicken von Helmy. Die Rapperin beendet ihren Beitrag mit einer energischen Armbewegung und einem kurzen jubelnden »Wow!«

Die Kandidatin ist die zum Zeitpunkt der Audition 18-jährige Ägypterin Mayam Mahmoud. Unmittelbar nach ihrer Performance greift eine internationale, vor allem auch westliche Berichterstattung das Ereignis auf und feiert Mahmoud als »erste

---

35 Ebd., S. 558 f.
36 Vgl. ebd., S. 559 f.

ägyptische Rapperin in Hijab« (BBC), die »ägyptische Erwartungen an verschleierte Frauen herausfordert« (*The Guardian*).[37] Die Sensationalisierung von Mahmouds Auftritt unter dieser Perspektivierung deutet auf die Vorannahme einer von Mahmoud mittels ihrer Performance in Frage gestellten Unvereinbarkeit der Kategorien Frau, Islam und Hip-Hop respektive Rap hin.[38] Doch gilt es vielmehr, diese Vorannahme prinzipiell in Frage zu stellen. Zunächst übersieht der/die Autorin des Beitrags der BBC, dass beispielsweise mit Soska, Yukka oder Alya A-Lee bereits vor Mahmouds *Got-Talent*-Auftritt Ägypterinnen in Hijab als Rapperinnen aktiv waren: Sean O'Keefe dokumentiert auf seinem Blog zahlreiche weibliche MCs im arabischen Hip-Hop.[39] 2014 erschien auf dem Label Jakarta Records das Album *Sawtuha* (deutsch: ›Ihre Stimme‹), auf der Hip-Hop-Künstlerinnen, die den so genannten arabischen Frühling miterlebt und gestaltet haben, über ihre Erfahrungen singen und rappen.[40] Während Mahmoud also als arabische und als muslimische Rapperin keineswegs alleine dasteht, sind Muslima global gesehen im Hip-Hop eher noch eine Seltenheit. Die Intersektionalitätsforscherin Sylvia Chan-Malik stellt zur Diskussion, ob dieser Fakt auf eine Verknüpfung von weiblicher musikalischer Hip-Hop-Performance mit Sittenlosigkeit in vielen islamischen Gesellschaften zurückzuführen ist, zumal männliche Muslime in der Hip-Hop-Kultur prominent vertreten sind und sie offensichtlich ihre Praktiken des Islam mit denen des Performers problemlos verbinden können. Weibliche Musikerinnen haben größere Schwierigkeiten, diese Rollen zusammenzubringen. Gerade Musik machende Frauen sehen sich mit dem Verdacht des Moralitätsverlusts konfrontiert.[41] Dabei sei allerdings daran erinnert, dass Frauen generell im Hip-Hop unterrepräsentiert sind und es schwerer haben, sich in der männlich dominierten Szene durchzusetzen, und zwar global gesehen und unabhängig von ihrer Konfession. Erfolgreiche Frauen im Hip-Hop hingegen können die dann recht großen Freiräume nutzen, sich auszudrücken und in ihrer Musik Themen

---

37 Siehe *Egypt's first veiled rapper, Mayam Mahmoud*. In: *BBC* (25. Nov., 2013). Verfügbar unter: www.bbc.com/news/world-middle-east-25083806 [10.04.2017]. Und: »A hijab-wearing rapper, Mahmoud has challenged some Egyptians' expectations of how women – and hijab wearers in particular – are meant to behave.« Kingsley, Patrick: *Rapper Mayam Mahmoud challenges Egyptian expectations of veiled women*. In: *The Guardian* (01.12.2013). Auf: www.theguardian.com/world/2013/dec/01/egypt-rapper-mayam-mahmoud [21.09.2016].

38 Der Begriff ›Hip-Hop‹ bezieht sich bekanntermaßen auf eine ganze Subkultur, zu der neben dem Rap u.a. auch Graffiti, Breakdance oder DJing gehören. Im Folgenden beziehe ich mich mit dem Begriff Hip-Hop jedoch vorrangig auf seinen typischen Gesangsstil, den Rap.

39 O'Keefe, Sean: *Female Rappers*. In: *Revolutionary Arab Rap. Looking at the Revolutions in the Arab World Through the lens of Arabic Hip-Hop*. Verfügbar unter: http://revolutionaryarabrap.blogspot.de/p/female-rappers.html [30.09.2016].

40 Vgl. Navarro, Gus: *Women, Hip-Hop and the Arab Spring: Sawtuha in the context of the Middle Eastern History*. In: *Bonuscut*. Verfügbar unter: http://bonuscut.com/2014/03/05/women-hip-hop-and-the-arab-spring-sawtuha-in-the-context-of-middle-eastern-history/ [28.03.2017].

41 Chan-Malik, Sylvia: *Music: Hip-Hop, Spoken Word and Rap: United States of America*. In: *Encyclopedia of Women & Islamic Cultures*. Hg. von Suad Joseph, S. 1–9, hier S. 5. Online verfügbar auf http://dx.doi.org/10.1163/18725309_ewic_EWICCOM_0701 [10.04.2017].

wie Rassismus und Sexismus anzusprechen.[42] Für muslimische Rapperinnen bietet Hip-Hop laut Chan-Malik die Möglichkeit einer vielschichtigen, islamisch-feministischen Kritik etwa an der Orientalisierung muslimischer Frauen, an Geschlechterungerechtigkeiten oder an Islamophobie.[43] So fand auch Mahmoud mit *Arabs Got Talent* vielleicht unverhofft eine internationale Bühne, auf der sie ihrem Einsatz für Frauenrechte eine Stimme geben konnte. In ihrem Song, den sie bei der Audition rappte, thematisiert sie vor allem die für ägyptische Frauen alltägliche Erfahrung sexueller Belästigung sowie Fragen der Selbstbestimmung von Frauen. Somit forderte Mahmoud nicht einfach nur »die ägyptischen Erwartungen an verschleierte Frauen« heraus, wie es der *Guardian* formulierte,[44] sondern klagt auch explizit die generell patriarchale Gesellschaft Ägyptens an. Wichtig an dieser Anklage und der Thematisierung von Kleidungscodes durch Mahmoud ist, dass sie von einer Ägypterin und verschleierten Muslima und so ohne paternalistische Geste kommen. 2014 erhielt Mahmoud für ihren Einsatz für Frauenrechte den *Index Arts Award*.[45]

Eine weitere, an diesem Beispiel erkennbare Schieflage besteht darin, dass trotz der weltweiten Verbreitung der Subkultur die Bedeutung des Islam für die Entstehung und Verbreitung des Hip-Hop in westlichen Medienberichten und wissenschaftlichen Texten bisher marginalisiert wird.[46] Dabei hatte der Islam, etwa durch Religionsgemeinschaften wie die Five Percenters (Nation of Gods and Earths), Nation of Islam (NOI) und das Sunni Muslim Movement in den für die Herausbildung der Hip-Hop-Kultur in den 1980er-Jahren maßgeblichen Schwarzen Communities in den USA einen starken Einfluss auf die Entstehung und Verbreitung von Hip-Hop, und zwar, wie es Chan-Malik hervorhebt, sowohl als Musikgenre, als politische Ideologie als auch als globales kulturelles Phänomen.[47] Nicht nur waren viele frühe Hip-Hop-KünstlerInnen wie Rakim, A Tribe Called Quest, Ice Cube, Public Enemy oder Afrika Bambaataa Mitglieder dieser Gemeinschaften oder standen diesen nahe.

---

42 Vgl. ebd., S. 4.
43 Vgl. ebd., S. 1. Die Kritik an Islamophobie oder der Orientalisierung spielen eher für Muslima in westlichen Gesellschaften eine Rolle als für solche in Ägypten oder anderen MENA-Staaten.
44 Kingsley: *Rapper Mayam Mahmoud challenges Egyptian expectations of veiled women* (wie Fußnote 37).
45 Siehe Index of Censorship: *The Index Arts Award Winner Mayam Mahmoud*, in: *x index the voice of free expression* (20.04.2014). Verfügbar unter: auf www.indexoncensorship.org/2014/03/the-index-arts-award-winner-mayam-mahmoud/ [10.04.2017].
46 Vgl. hierzu etwa Alim, H. Samy: *A New Research Agenda: Exploring the Transglobal Hip-Hop Umma*. In: *Muslim Networks from Hajj to Hip-Hop*. Hg. von Miriam Cooke und Bruce Lawrence. Chapel Hill: University of North Carolina Press, 2005, S. 264–274; oder Haack, Anne: *Civil Rights Movement, Islam and Hip-Hop*. In: *Norient. Network for Local and Global Sound and Media Culture* (12.04.2015). Verfügbar unter http://norient.com/de/academic/arab-hip-hop-in-the-us/ [12.02.2016].
47 Chan-Malik: *Music* (wie Fußnote 41), S. 1.

Auch die Symbolik, Ideologie, Ästhetik und Sprache der Hip-Hop-KünstlerInnen werden mit dem islamischen Glauben in Verbindung gebracht.[48] Ausdrücke der frühen Hip-Hop-Battles wie ›peace‹, ›dropping science‹, ›represent‹ oder ›the bomb‹ kamen direkt aus den Lektionen der Five Percenters.[49] Der Anthropologe H. Samy Alim weist darauf hin, dass derartige historische Zusammenhänge zwischen Hip-Hop und Islam heute überwiegend als unvereinbar dargestellt werden: Ein Problem, dem Alim mit dem Begriff der ›transglobal hip hop *umma*‹ zu begegnen versucht. Er fragt danach, wie die weltweite Vernetzung muslimischer Hip-Hop-KünstlerInnen die globale muslimische (Werte-)Gemeinschaft *umma* in ihren unterschiedlichen Facetten mitformt.[50] Diese globale Vernetzung wurde besonders deutlich im Kontext des so genannten arabischen Frühlings, als neue, sich über das Internet schnell verbreitende Hip-Hop-Tracks aus der arabischen Welt neue Produktionen arabisch-amerikanischer Hip-Hop-KünstlerInnen beeinflussten, sodass, wie Anne Haack es auf den Punkt bringt, »Arab (Muslim) hip hop took a full spin from North America to the MENA states and back.«[51] Damit weist sie eine zirkuläre Mobilität nach, die sich vielfach fortführen ließe, etwa wenn in Betracht gezogen wird, dass mindestens 30 % der aus (West-)Afrika nach Amerika verschleppten Versklavten MuslimInnen waren, deren religiöse Praktiken zumindest teilweise als aktivierendes Moment für die Verbreitung des Islam in schwarzen amerikanischen Communities im 20. Jahrhundert fungierten.[52] Statische und räumlich fixierte Kulturkonzeptionen werden durch dieses Beispiel ad absurdum geführt. Die Verbindung Islam und Hip-Hop erweist sich als Netzwerkknoten extremer Mobilität und, um Alims Begriff aufzugreifen, die ›transglobal hip hop *umma*‹ als erstarkendes Netzwerk einer globalen muslimischen Kultur, in der auch Frauen eine immer stärker werdende Rolle spielen.[53]

Castingshows, Glokalisierung und Musiktheater

Auch wenn sowohl Mahmouds als auch Grouts Performances im Westen stark rezipiert wurden, bleibt zu bedenken, dass es sich bei *Arabs Got Talent* um ein arabisches TV-Format handelt, das vorwiegend von einem arabischen Publikum rezipiert wird. Freilich ist es ein arabisches TV-Format, das glokalisiert, also hervorgehend aus dem globalen Format *Got Talent* dem lokalen Markt angepasst wird. Ali Jaber spricht von der »Arabisierung« des Formats, betont aber gleichzeitig, dass es sich um ein »echtes arabisches Produkt« aus »arabischem Rohmaterial« und nicht um »importierte Kul-

---

48 Vgl. etwa Alim: *A New Research Agenda* (wie Fußnote 46), Chan-Malik: *Music* (wie Fußnote 41), Haack: *Civil Rights Movement* (wie Fußnote 46).
49 Siehe Haack: *Civil Rights Movement* (wie Fußnote 46).
50 Siehe Alim: *A New Research Agenda* (wie Fußnote 46), S. 265.
51 Haack: *Civil Rights Movement* (wie Fußnote 46).
52 Vgl. Chan-Malik: *Music* (wie Fußnote 41), S. 2.
53 Vgl. ebd., S. 1 und 8.

tur« handele.⁵⁴ Er vergleicht das Verlangen nach Selbstdarstellung und Empowerment am Tahir-Platz mit dem künstlerischen Verlangen nach Selbstdarstellung, für welches er 2011 in *Arabs Got Talent* die einzige verfügbare Plattform in der arabischen Welt sieht.⁵⁵ Die Anmerkungen mögen etwas anmaßend erscheinen, interessanterweise aber überschneidet sich die Erstausstrahlung von *Arabs Got Talent* zeitlich mit den Ereignissen des so genannten Arabischen Frühlings. Die Formate *Arab Idol*, *The Voice* (MBC) und *The X Factor* (MBC) starteten alle innerhalb des folgenden Jahres.⁵⁶ Ein kausaler Zusammenhang scheint unwahrscheinlich, eine zukünftige genauere Betrachtung dieses Umstands hingegen lohnenswert.

Der Aspekt der Arabisierung des Formats führt mich abschließend zurück zur Frage nach der Glokalisierung der weltweit verbreiteten Castingshows und zu Fragen nach Machtverhältnissen, Wertevermittlung, Aneignungsprozessen und Identitätsformationen. Die umfangreiche medien- und kommunikationswissenschaftliche Forschung zu Castingshows als Reality-TV-Format und zum globalen Formathandel bieten zahlreiche schlüssige Anhaltspunkte.⁵⁷ Für eine Forschung, die vor allem Formatadaptionen im ›Globalen Süden‹ in den Blick nimmt und bei der Untersuchung dieser Fragen eine akteurs- und praxisbezogene Perspektive favorisiert, bietet sich darüber hinaus ein bislang kaum beachteter Ansatz an, der musikalische Aspekte stärker beachtet. Anhand meiner Beobachtungen zu den beschriebenen Beispielen in Verbindung mit einem Mobilitätsansatz habe ich versucht, das Potential eines solchen musikwissenschaftlichen Ansatzes zu skizzieren.

Für die weitere Auseinandersetzung mit dem angesprochenen Fragenkatalog schlage ich die Denkfigur der ›Castingshows als Musiktheater‹ vor. Zieht man, ausgehend von einem erweiterten Musiktheaterbegriff, die detaillierten, stets genügend Improvisationsfreiraum bietenden Inszenierungen, die gezielten Besetzungspraktiken und die stilpluralistischen performativen Praktiken bei Castingshows in Betracht, so lässt sich pointiert von einem zeitgenössischen Musiktheater par excellence sprechen. Diese Setzung bietet die Möglichkeit, die unterschiedlichen musikalischen Aspekte zueinander in Bezug zu setzen, sowohl innerhalb eines Formats als auch von einer Formatadaption zur anderen. Für eine umfangreichere, translokale und transkulturelle Untersuchung bietet sich also die Denkfigur ›Castingshow als glokales Musiktheater‹ an.

---

54 Ali Jaber zitiert in Flanagan, Ben: *Arabs Got Talent gives MBC a franchise on stardom*. In: *The National* (16.03.2011). (Übersetzung M.-A.K.) Verfügbar unter: www.thenational.ae/business/industry-insights/media/arabs-got-talent-gives-mbc-a-franchise-on-stardom [02.04.2017].
55 Siehe ebd.
56 Die extrem erfolgreiche Castingshow *Star Academy Arabia*, Adaption des von John de Mol entwickelten Formats, hingegen wurde bereits seit 2003 ausgestrahlt.
57 Für einen Überblick über Themenschwerpunkte und Interpretationsansätze in der Castingshow-Forschung siehe Stehling, Miriam: *Die Aneignung von Fernsehformaten im transkulturellen Vergleich. Eine Studie am Beispiel des Topmodel-Formats*. Wiesbaden: Springer, 2015.

Saeedeh Ghazi

Migration und Identität
Wanderbewegungen in der Musik des Silk Road Ensembles

> There is no community known to us which exists without music. Therefore, the music field is entirely influenced by migratory movements, worldwide economic ties and the consequent globalization. The Silk Road Project initiative, in collaboration with Harvard University Graduate School, explores cultural and artistic generations on a scientific basis, produces intercultural music-related pedagogical concepts for children and young people of foreign origins in numerous schools and universities, and thereby develops an organized intercultural learning process. The Silk Road Ensemble aims at facilitating a peaceful co-existence in a multicultural music community through interexchange of musical forms and traditions, in which the enthusiasm for recognition and acknowledgement of different aspects of culture is a major common ground among this large group of people.

> »WE DON'T WANT TO DO SOMETHING
> JUST BECAUSE IT CAN BE DONE.
> WE ARE TRYING TO ANSWER THE QUESTION
> WHO ARE WE AND HOW DO WE FIT IN THE WORLD«[1]

Die fortschreitende Globalisierung, die sich in universalen Begegnungen von Menschen verschiedener Nationen, Kulturen und Traditionen zeigt und neue Persönlichkeits- und Identitätsentwicklungen auslöst, bringt zunehmend so genannte MigrantInnen in den Fokus. Musik lässt sich in dieser Hinsicht als einer der wesentlichsten Katalysatoren betrachten. Mit der Entwicklung des Konzepts der ›Interkulturellen Musikpädagogik‹ wird ein Beitrag zum Verständnis unterschiedlicher Musiktraditionen und dem Zusammenhang von Musik und Migration geleistet.

Das Projekt *Silk Road*, 1998 von Yo-Yo Ma initiiert, versucht entsprechend seiner kulturenverbindenden Mission innovatives Lernen zu fördern. Der Name – inspiriert von der historischen Handelsstraße durch etliche Länder bzw. Regionen (von China über Syrien und Iran bis Spanien) – erinnert an die Geschichte regen transkulturellen Austauschs und steht symbolisch für die Überzeugung, dass Kultur nicht abstrakt, sondern in Form zwischenmenschlicher Beziehungen existiert.

---

1   Yo-Yo Ma in Neville Morgans Dokumentarfilm *The Silk Road Ensemble / Yo-Yo Ma. Live From Tanglewood*. PBS Broadcast. Sony 2013, 00:26–00:35.

1 Silk Road und seine Vision

Die Zusammenarbeit von MusikerInnen mit Migrationshintergrund ist im Falle von *Silk Road* eng mit transnationalen Netzwerken und der Herkunft aus unterschiedlichen Kulturlandschaften verbunden. Im Jahr 2000 brachte der renommierte Violoncellist Yo-Yo Ma zahlreiche MusikerInnen aus unterschiedlichen Nationen[2] im Tanglewood-Musikzentrum (Berkshire County in der Nähe von Lenox, Massachusetts) zusammen, um gemeinsam zu erleben, was passiert, wenn Menschen unterschiedlicher kultureller Herkunft aufeinandertreffen.[3] Die Musiker des Silk Road Ensembles entwickelten in der Folge eine reibungslose musikalische Kommunikation. Im Sinne eines Vermittlungsprojekts begannen sie mit ihren Aktivitäten Antworten auf folgende globale bedeutsame Fragen zu geben:

- Kann mit Musik, anders als dies Politik oder Wirtschaft vermag, ein Brückenschlag zwischen unterschiedlichen Kulturen und Sprachbarrieren gelingen?
- Wie können trotz aller kultureller und weltanschaulicher Unterschiede der Mitwirkenden gemeinsame künstlerische Neuschöpfungen gelingen, deren Elemente erkennbar verschiedenen Musiktraditionen zuzurechnen sind?

2 Umsetzung der Vision des Silk Road Projekts

Das Projekt *Silk Road* wird in Zusammenarbeit mit der Harvard University Graduate School of Business Administration: George F. Baker Foundation (kurz: Harvard Business School) realisiert: Mit den musikalischen Aktivitäten korrespondieren Seminare, Workshops und Trainings, deren Konzepte auf ein innovatives, leidenschaftliches Lernen zielen. Hier drei Beispiele:

a) Hinter dem Namen *The Arts and Passion-Driven Learning*[4] verbergen sich Sommerkurse für Musiklehrende und Musikstudierende: Mithilfe des Lehrkonzepts *Silk Road Connect*[5] wird dabei der Frage nachgegangen, wie Leidenschaft, Neugier und

---

2   Mitglieder des Silk Road Ensembles stammen aus über zwanzig unterschiedlichen Nationen. Zum Kern zählen folgende MusikerInnen: Yo-Yo Ma (China/USA): Künstlerischer Leiter, Violoncello, Wu Mam (China): Pipa, Kayhan Kalhor (Iran): Kamanche, Cristina Pato (Spanien): Gaita, Kojiro Umezaki (Japan): Shakuhachi, Wu Tan (China): Sheng und Stimme, Mark Suter (USA/Schweiz): Perkussion, Shanir Ezra Blumenkranz (USA): Barbat, Sandeep Das (Indien): Tabla, Kinan Azmeh (Syrien): Klarinette, sowie das Brooklyn Rider Ensemble.
3   Vgl. Yo-Yo Ma in dem Trailer zur DVD *Music of Strangers* (2015). Online unter: http://themusicofstrangers.film/ [23.12.2016].
4   Projekt *Silk Road, For Schools and Teachers*. Online unter: http://www.silkroadproject.org/s/learning-teachers [29.08.2017].
5   Projekt *Silk Road, Silk Road Connect, Inspiring Connections through the Arts in Middle School, A Program Guide*. Online unter: https://silkroadproject.s3.amazonaws.com/attacheds/1256/original/SRC_Program_Guide.pdf?1457469725 [28.08.2017].

Talent der Studierenden geweckt und gefördert werden können, sodass diese musikalisch inspirierte Beiträge zur transkulturellen Verständigung leisten können. Folgende Unterrichtsziele wurden definiert.[6]

- Entdeckung kultureller Gemeinsamkeiten im Sinne eines vertieften Verständnisses ›anderer‹ Kulturen[7]
- Steigerung der Motivation der Lernenden durch Beteiligungsmöglichkeiten an verschiedenen Projekten
- Förderung von Wechselwirkungen zwischen Lehrenden und Studierenden
- Einsatz neuer Lehr- und Lernmethoden
- Förderung von Problemlösungsfähigkeiten durch Kommunikation und Teilung eigener Ideen in Gruppenarbeit
- Etablierung eines sechsstufigen Schulsystem zwecks optimaler institutioneller Bildungsförderung[8]

b) *Silk Road's Global Musician Workshop (GMW)*[9] heißt ein Programm, das unter der Leitung von Mike Block, einem Violoncellisten im Silk Road Ensemble, gemeinsam für Amateure und professionelle Musiker organisiert wird. Das Zusammenspiel im Rahmen der Workshops hilft den Teilnehmenden, von anderen Kulturen zu lernen, deren Musik mit eigener Musik zu verbinden und dadurch neue innovative Musik zu kreieren. Alle Beteiligten erhalten eine Bühne, um den gemeinsamen reichen kulturellen Hintergrund zu präsentieren.

c) Im Falle der Workshops *Museum Residencies*[10] kooperiert *Silk Road* mit Einrichtungen wie dem American Museum of Natural History (New York), dem Reitberg

---

6   Ebd., S. 4.
7   Teilkompetenzen interkulturellen Handelns aus wissenschaftlicher Perspektive werden im Überblick dargestellt von Bolten, Jürgen: *Interkulturelle Kompetenz*. Erfurt: Landeszentrale für politische Bildung Thüringen, 2001, S. 85–86. Ausführlichere Informationen finden sich in: *Handbuch interkulturelle Kommunikation und Kompetenz. Grundbegriffe – Theorien – Anwendungsfelder*. Hg. von Jürgen Straub und Arne Weidemann. Stuttgart: Metzler, 2006. Auernheimer, Georg: *Einführung in die Interkulturelle Pädagogik*. Darmstadt: Wissenschaftliche Buchgesellschaft, [5]2007.
8   Die Trainingskonzepte und die Unterrichtsmethodik lassen sich einbinden in die pädagogischen Lehrkontexte von Stefanie Vogler-Lipp: Vgl. Vogler-Lipp, Stefanie: *Einführung in den Methodischen Teil: Überblick über klassische Vermittlungsformen in interkulturellen Trainings*. In: *Schlüsselqualifikation Interkulturelle Kompetenz an Hochschulen – Grundlagen, Konzepte, Methoden*. Hg. von Gundula-Gwenn Hiller und Stefanie Vogler-Lipp. Wiesbaden: VS, 2010, S. 177–178.
9   Projekt *Silk Road, Learning, For Musician*. Online unter: http://www.silkroadproject.org/s/learning-musicians [28.08.2017].
10 Projekt *Silk Road, Learning, Museum Residencies*. Online unter: http://www.silkroadproject.org/s/learning-residencies [28.08.2017].

Museum (Zürich) und dem Nara National Museum (Nara / Japan). Beispielsweise präsentierte das Silk Road Ensemble im Sommer 2016 Programme im Boston Children's Museum, im Agha Khan Museum (Toronto) und im Getty Center Museum (Los Angeles).

3 Ergebnisse

3.1 Produktion transkultureller Bildungsressourcen

a) *Along the Silk Road* wurde als Onlinestudienplan für SchülerInnen in der Mittel- und Grundstufe in Kooperation mit dem Stanford Programme on International Cross-Cultural Education[11] erstellt. Im Lernstoff wird veranschaulicht, wie sich Traditionen, Glaubensrichtungen, Kunst, Kultur, Sprache und menschliche Migration in der Geschichte der Seidenstraße entwickelt haben. Auch wird über grundlegende Elemente zur Schaffung einer Musikkultur und die Herkunft der im Silk Road Ensemble vertretenen Musiktraditionen und der dort eingesetzten Instrumente informiert.

b) *The Road to Beijing*[12] ist ein Dokumentarfilm, in dessen Kontext ein Lehrhandbuch kreiert wurde: China wird als Beispiel für die Koexistenz von Altem und Neuem und für ständig wechselnde multinationale Gesellschaften porträtiert. Das alte chinesische Lied *Ambush from Ten Sides* ist sowohl in traditioneller Aufführungspraxis als auch in neuem Arrangement mit klassischen westlichen Instrumenten zu erleben.

c) *Silk Road Encounters Education Kit*[13] thematisiert den wirtschaftlichen Austausch entlang der Seidenstraße. Mit Blick auf Musik und Bildende Kunst wird die Frage diskutiert, wie unterschiedliche Bereiche der Musikbranche (Musikherstellung, Marketing, Performance, Veranstaltungen usw.) miteinander in Verbindung stehen und wie sich dieses Netzwerk nützen lässt.

d) Der Dokumentarfilm *The Music of Strangers*[14] widmet sich ausführlich dem Silk Road Ensemble, erzählt von der Geschichte der Seidenstraße und veranschaulicht die Rolle von Kunst und Kultur zur Herstellung transnationaler Kontakte.

---

11 Stanford SPICE. Online unter: http://spice.fsi.stanford.edu/catalog/ [05.01.2017].
12 Stanford SPICE: [Dokumentarfilm] *The Road to Beijing*. Online unter: http://spice.fsi.stanford.edu/multimedia/road-beijing [05.01.2017].
13 *The Silk Road Project, Educational Resources – Silk Road Encounters Education Kit – Teacher's Guide*. Online unter: http://archive.silkroadproject.org/Portals/0/Uploads/Documents/Public/teachers_guide.pdf [05.01.2017].
14 *The Music of Strangers, Curriculum Guide, Educating for Global Understanding*. Online unter: https://silkroadproject.s3.amazonaws.com/attacheds/1461/original/TMoS_Curriculum.pdf [05.01.2017]. Dieser Lehrstoff ist anhand des Dokumentarfilms *The Music of Strangers* von Morgan Neville zustande gekommen.

3.2 Business and art

Das Projekt *Silk Road* und die Harvard Business School helfen, innovative Partnerschaften zwischen KünstlerInnen und UnternehmerInnen aufzubauen. Getragen von der Überzeugung, dass Geschäftswelt und Kunstszene voneinander profitieren können, werden dabei Mitglieder der Geschäftswelt inspiriert, von Künstlern die Fähigkeit zu lernen, einander zu vertrauen und gemeinsam ein tieferes Verständnis von Neuerungen zu entwickeln. Gleichzeitig erhalten künstlerisch aktive Menschen die Möglichkeit zu lernen, wie sich kulturelles Kapital entwickeln lässt, wenn Gastgeberkulturen besucht werden, die MusikerInnen zuvor noch nicht oder nur wenig bekannt waren.[15] Das Projekt *Silk Road* lässt auf diese Weise lernen, wie Offenheit, Lernwillen und Vertrauen zu gelingender transkultureller Kommunikation beitragen.[16]

4 Fazit

Migrantinnen und Migranten werden in Gastgeberländern nicht selten als ›Verursacher‹ für wirtschaftliche, soziale und kulturelle Probleme betrachtet. Eine andere Sichtweise ermöglicht *Silk Road*, zumal dort Aktivitäten migrierender MusikerInnen im Mittelpunkt stehen, die sich aktiv für transkulturelle Verständigung engagieren und diese selber praktizieren. Gleichzeitig wird in Kooperation mit der Harvard Business School MusikerInnen und Wirtschaftstreibenden ermöglicht, voneinander zu lernen, wie sich kulturelles Kapital im transkulturellen Austausch entwickeln lässt.

---

15   Diese Zielsetzung verfolgt u. a. das Konzept ›Interkulturelles Management‹. Vgl. *Interkulturelles Management. Österreichische Perspektiven*. Hg. von Gerhard Fink und Wolfgang Mayrhofer. Wien: Springer, 2001, S. 256–260.

16   Projekt *Silk Road*: *Business Is A Relentlessly Creative Enterprise*. Online unter: http://www.silkroadproject.org/studies/cultural-entrepreneurship [28.08.2017]. Die diesbezüglichen Visionen des Projekts *Silk Road* entsprechen den Ansichten von: *Interkulturelles Management – Interkulturelle Kommunikation, Internationales Personalmanagement, Diversity-Ansätze im Unternehmen*. Hg. von Herman Blom und Harald Meier. Herne und Berlin: Neue Wirtschafts-Briefe, 2002, S. 237–239; und Bijlsma-Frankema, Katinka: *Faktoren des Erfolgs und Misserfolgs kultureller Integrationsprozesse in Mergers und Acquisitions* (übersetzt von Gerhard Fink). In: *Interkulturelles Management* (wie Fußnote 15), S. 303–309.

Paul Harm

Internationale Studierendenmobilität an der Kunstuniversität Graz

This paper on international student mobility at the University of Music and Performing Arts in Graz is embedded in Zygmunt Bauman's *Theory of liquid modernity* (2000). Six narrative interviews with Eastern European and Asian Students (June and July 2016), followed by thematic evaluation, deal with the following topics: career, first learned instrument, reasons for the choice of music studies, reasons for the choice of Graz as a study place, and finally cultural differences between Austria and the student's home country.

Einleitung

Die vorliegende Arbeit beschäftigt sich mit den biographischen Verläufen von Studierenden internationaler Herkunft (im Folgenden: internationale Studierende) an der Universität für Musik und darstellende Kunst Graz (im Folgenden: Kunstuniversität Graz) am Beispiel von Studierenden aus dem osteuropäischen und asiatischen Raum.

Wie aus den Studierendenstatistiken hervorgeht, sind an der Kunstuniversität Graz internationale Studierende aus über 60 Nationen inskribiert. Viele von ihnen kommen auf der Basis von Mobilitätsprogrammen für semesterweise Aufenthalte, aber wie sich aus den Daten der Studienabteilung herauskristallisiert, absolvieren viele letztlich das ganze weitere Studium in Graz. Aus diesem Grund weist die Kunstuniversität Graz als internationaler Ort des Austausches mit circa 50 % internationalen Studierenden einen überdurchschnittlich hohen Anteil an Studierendenmobilität auf. Deshalb eignet sich die Kunstuniversität hervorragend, vor dem Hintergrund von Zygmunt Baumans *Theory of liquid modernity*[1] nach biographischen Gemeinsamkeiten und Gründen für den Studienstandort Graz zu fragen.

In einer Zeit, in der Begriffe wie ›Globalisierung‹, ›Überfremdung‹ oder ›Leitkultur‹ inflationär verwendet werden, kann diese Arbeit einen Beitrag leisten, um Verständnis für jene individuellen Migrationsentscheidungen zu schaffen, deren Folgen in Form von Migrationsströmen allem Anschein nach noch vor uns liegen.

---

1 Bauman, Zygmunt: *Liquid Modernity*. Cambridge: Polity Press, 2000, dt. *Flüchtige Moderne*, Frankfurt a. M.: Suhrkamp, 2003.

Arbeitsmigration kann unterschiedlich bedingt sein, beispielsweise durch Supernationen wie die Vereinigten Staaten von Amerika oder die Europäische Union. Wissenschaftlicher Austausch spielt im Feld der Arbeitsmigration eine besondere Rolle, man denke nur an den Umstand, dass alleine am Europäischen Kernforschungszentrum CERN 2250 Mitarbeiter unterschiedlicher Nationalität in dauerndem Beschäftigungsverhältnis und 13 000 Menschen kurz- und mittelfristig tätig sind: WissenschaftlerInnen, Subunternehmen, StudentInnen und BenutzerInnen.[2]

Der Sozialtheoretiker Bauman merkte bei seinen Überlegungen zur ›liquiden Moderne‹ an, dass es sich hierbei um eine nie dagewesene Zirkulationsgeschwindigkeit der Waren, Informationen, Menschen, Ideen etc. handelt.[3] Für Bauman ist nicht das Vermischen der Kulturen zentral, sondern die Geschwindigkeit, mit der diese Zirkulation zunehmend präsenter wird.

Zugang zur Untersuchungspopulation

Im Kontext kultureller Mobilität bietet sich die Kunstuniversität Graz als Untersuchungsgegenstand besonders an. In meiner Einarbeitungsphase habe ich zunächst Quellen des Archivs der Kunstuniversität studiert. Im Eggenberger Matrikenbuch, jenem Studierendenverzeichnis, das die Jahre 1939–1944 erschließt, findet man Hinweise, dass am damaligen Konservatorium in Graz ca. 10 % internationale Studierender (Deutsche und Italiener nicht berücksichtigt) eingeschrieben waren, und dies obwohl Österreich in diesen Jahren in den Zweiten Weltkrieg involviert war.[4]

Mimi Urry und John Sheller weisen im Rahmen ihres Textes *The new mobilites paradigm* (2000) auf statische Strukturen hin, innerhalb jener der Austausch von Waren, Ideen, Informationen etc. stattfindet. Die Kunstuniversität Graz stellt eine derartige statische Struktur dar. Urry und Sheller zufolge ist die Moderne geprägt von Institutionen wie Flughäfen, die jeweils an einen Ort ›gebunden‹ sind; die Idee ›Flughafen‹ jedoch lässt sich prinzipiell weltweit realisieren.[5] Darüber hinaus können Flughäfen auch als Indizien für gesteigerte Zirkulationsgeschwindigkeiten von Waren, Ideen und Menschen gelten. Flughäfen und andere Zentren des Austausches – wie Logistikzentren, Internetplattformen oder Soziale Netzwerke – lassen sich nur bedingt mit

---

2 Vgl. FAQ: General Information. Online unter: https://jobs.web.cern.ch/faq/general-information [21.01.2017].
3 Vgl. Urry, Mimi und Sheller, John: *The New Mobilities Paradigm*. In: *Environment and Planning A* 38.2 (2006), S. 210. Online unter https://www.researchgate.net/publication/23539640_The_New_Mobilities_Paradigm [21.01.2017].
4 Gefunden im Archiv der Grazer Kunstuniversität im *Eggenberger Matrikenbuch*. Bestand des Archivs der Kunstuniversität Graz: *Eggenberger Matrikenbuch*.
5 Vgl. Urry und Sheller: *The New Mobilities Paradigm* (wie Fußnote 3).

einer Kunstuniversität vergleichen. Die strukturellen Rahmenbedingungen solcher Institutionen einer liquiden Moderne zeigen aber Ähnlichkeiten: An Flughäfen werden Güter wie Gepäck und Menschen samt deren Ideen transportiert, was zu deren kurzzeitiger Zirkulation maßgeblich beiträgt;[6] an einer Universität zirkulieren in vergleichbarer Weise Güter, Menschen und Informationen, allerdings mit dem beträchtlichen Unterschied, dass hier im Vergleich zu kurzen Aufenthalten an Flughäfen langjährige Beziehungen gepflegt werden, man denke nur an die in der Regel dauerhafte Auseinandersetzung mit einem Instrument oder die in vielen Fällen mittel- und langfristigen zwischenmenschlichen Beziehung zwischen ProfessorInnen und Studierenden.

In meiner Untersuchung wird die Kunstuniversität Graz also als statische Plattform für Menschen, deren Ideen und Güter beschrieben. Die Menschen an dieser Kunstuniversität sind in zweierlei Hinsicht von großem Interesse: erstens als Agenten der liquiden Moderne im Sinne Baumans; zweitens vor dem Hintergrund von Bourdieus Feldbegriff, wobei sich die Frage stellt, inwiefern sich die an der Kunstuniversität studierenden Menschen innerhalb eines homogenen Kunstfeldes differenziert beschreiben lassen. Angesichts der Fragen, woher die Menschen kommen, welche sich für ein Studium interessieren, und welche Informationskanäle sie benutzen, spielen statistische Datenanalysen eine wichtige Rolle.

Im ersten Schritt wurde die Verteilung von internationalen und nationalen Studierenden an drei Grazer Universitäten erhoben. Datengrundlage waren Statistiken, welche die Universitäten der Öffentlichkeit online zur Verfügung stellen. Im zweiten Schritt wurden statistische Vergleiche zwischen der Kunstuniversität Graz, der Universität Mozarteum Salzburg und der Universität für Musik und darstellende Kunst Wien angestellt.

Die Zusammensetzung der Studierenden an Österreichs Universitäten

Mithilfe der online veröffentlichten Statistiken österreichischer Universitäten lässt sich ein Überblick über die Herkunft der Studierenden schaffen; diese Daten werden semesterweise erhoben.[7] Im Folgenden wurde die Verteilung zwischen Studierenden österreichischer bzw. internationaler Herkunft auf der Basis der Datensätze der Sommersemester 2008 bis 2015 dargestellt.

---

6   Vgl. Bauman: *Liquid Modernity* (wie Fußnote 1), S. 22.
7   Karl-Franzens Universität, https://online.uni-graz.at/kfu_online/Studierendenstatistik.html [28.11.2016]; Kunstuniversität Graz, https://online.kug.ac.at/KUGonline/StudierendenStatistik.html [28.11.2016]; Technische Universität Graz, https://online.tugraz.at/tug_online/Studierendenstatistik.html [28.11.2016]; Mozarteum Salzburg, https://mozonline.moz.ac.at/mozonline/StudierendenStatistik.html [28.11.2016]; Musikuniversität Wien, https://online.mdw.ac.at/mdw_online/StudierendenStatistik.html [28.11.2016].

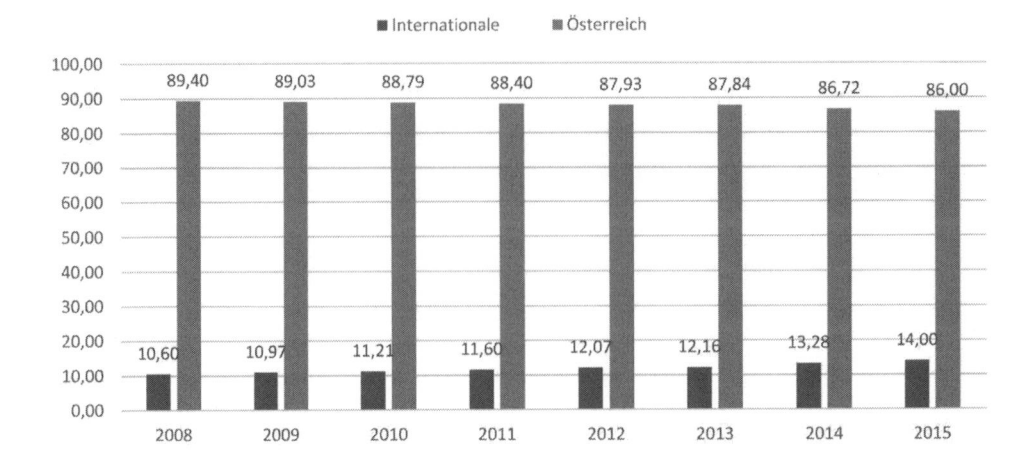

Abbildung 1: Prozentuelle Verteilung der Studierenden an der Karl-Franzens-Universität Graz 2008–2015. Quelle: https://online.uni-graz.at/kfu_online/Studierendenstatistik.html [28.11.2016]

An der Karl-Franzens-Universität Graz kann ein linearer Anstieg von Studierenden internationaler Herkunft verzeichnet werden: 2008 waren 10,6 % der Studierenden internationaler Herkunft, 2015 bereits 14 %.

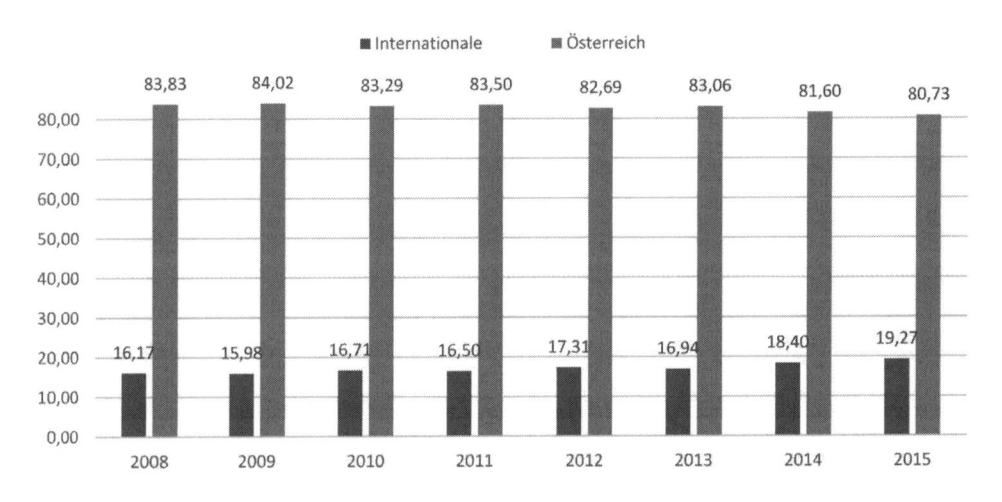

Abbildung 2: Prozentuelle Verteilung der Studierenden an der Technischen Universität Graz 2008–2015. Quelle: https://online.tugraz.at/tug_online/Studierendenstatistik.html [28.11.2016]

Im selben Zeitraum stieg auch an der TU Graz der Anteil an Studierenden internationaler Herkunft an, wenn auch nicht so stark wie an der Karl-Franzens-Universität: Im Jahr 2015 betrug dieser Anteil 19,27 %.

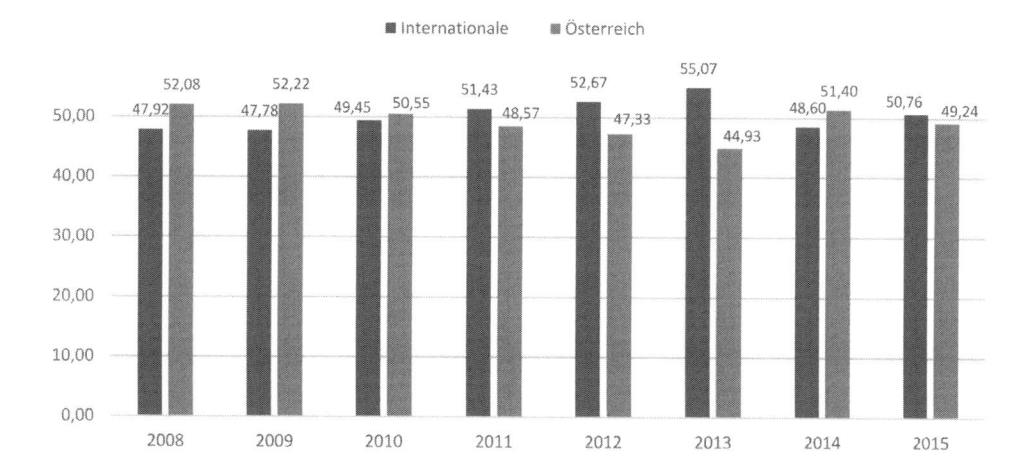

Abbildung 3: Prozentuelle Verteilung der Studierenden an der Kunstuniversität Graz 2008–2015. Quelle: https://online.kug.ac.at/KUGonline/StudierendenStatistik.html [28.11.2016]

Der Anteil von Studierenden internationaler Herkunft ist an der Kunstuniversität Graz vergleichsweise hoch. In den Jahren 2011 bis 2013 sowie 2015 übertrifft die Gesamtzahl der internationalen Studierenden sogar die der Studierenden österreichischer Herkunft.

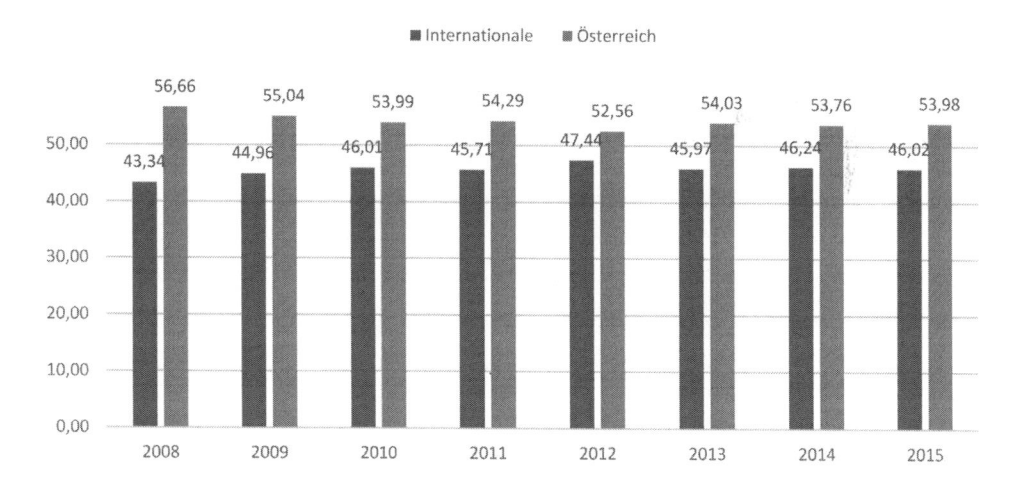

Abbildung 4: Prozentuelle Verteilung der Studierenden an der Universität für Musik und darstellende Kunst Wien 2008 bis 2015. Quelle: https://online.mdw.ac.at/mdw_online/StudierendenStatistik.html [28.11.2016]

Ein ähnliches Bild in punkto Verteilung findet sich auch an der Universität für Musik und darstellende Kunst in Wien.

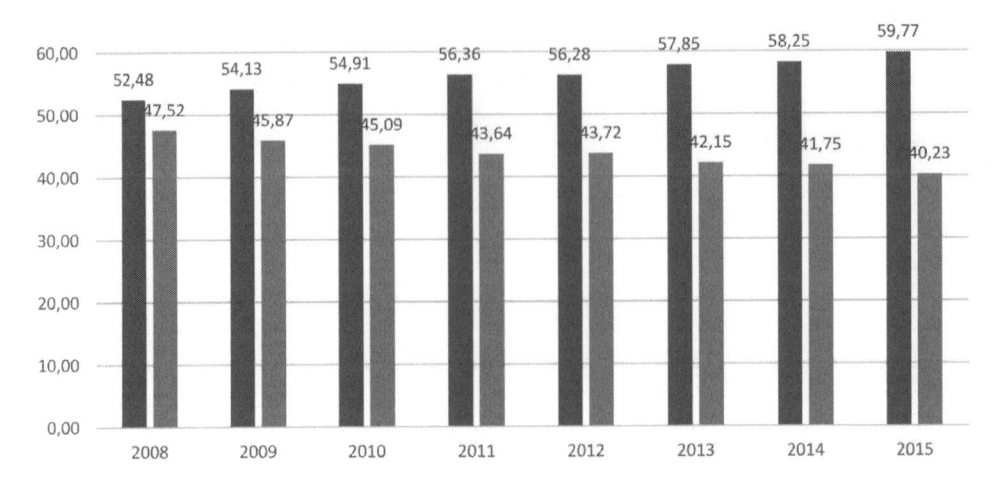

Abbildung 5: Prozentuelle Verteilung der Studierenden an der Universität Mozarteum Salzburg 2008–2015. Quelle: https://mozonline.moz.ac.at/mozonline/StudierendenStatistik.html [28.11.2016]

An der Universität Mozarteum Salzburg findet sich sogar ein noch höherer Anteil an internationalen Studierenden mit bis zu 59,77 % im Jahr 2015.

Um eine für die Fragestellung geeignete Untersuchungsgruppe auszuwählen, wurde ein Blick auf die Liste der von den Studierenden vertretenen – insgesamt 67 – Nationen geworfen. Dabei kristallisieren sich einige Länder mit auffälligen Geschlechterdistributionen heraus. Insgesamt bleibt die Geschlechterverteilung innerhalb der internationalen Studierenden an der Kunstuniversität Graz zwischen 2008 und 2015 statistisch annähernd gleich.

Kunstuniversität Graz

Jahr	International			Summe insgesamt
	Frauen	Männer	Summe international	
2008	419	456	875	1826
2009	436	459	895	1873
2010	446	452	898	1816
2011	507	464	971	1888
2012	506	491	997	1893
2013	515	512	1027	1865
2014	515	560	1075	2212
2015	532	577	1109	2185

Tabelle 1: Geschlechterdistributionen an der Kunstuniversität Graz

Gründe für die steigende Mobilität am Beispiel chinesischer Studierender

Zirkuläre Wanderbewegungen sind nicht möglich, solange hermetisch geschlossene Grenzen den Aktionsraum abschotten.[8] Innerhalb der letzten dreißig Jahre kann an der Kunstuniversität Graz ein annähernd konstanter Anstieg an Studierenden aus dem internationalen Raum beobachtet werden. Am stärksten nutzen Studierende aus ostasiatischen Staaten diese Möglichkeit, wobei Studierende aus der Volksrepublik China statistisch gesehen stark an Bedeutung gewinnen.[9] Dieser Zuwachs korrespondiert mit Tendenzen zur politischen und wirtschaftlichen Öffnung ostasiatischer Staaten Richtung Westen sowie mit der Tendenz, innerstaatlich nicht genügend Studienplätze anbieten zu können. Zum Beispiel fehlten China 2014 zwei Millionen Studienplätze. Im selben Zeitraum gab es in den USA 274000 chinesische Studierende,[10] in Deutschland immerhin 24000 chinesische Studierende, sie sind damit die größte Gruppe internationaler Studierender in Deutschland.[11] In China wirkt sich nicht nur der Mangel an Studienplätzen, sondern auch der Eignungstest auf die Mobilität der Studierenden aus: Der Gao Kao, d.h. die Große Prüfung vor dem Zugang zu Chinas höherem Bildungssystem, dauert typischerweise drei Tage und findet im Juni des letzten Oberstufenjahres statt. 1987 wurden alle Prüfungen zur selben Zeit angesetzt, sie hatten zudem den gleichen Inhalt. Später erlaubte der chinesische Bildungsminister einigen Provinzen, eigene Tests zu verwenden, was dazu führte, dass diese untereinander nicht mehr vergleichbar waren. Die Universitäten reagierten daraufhin mit einem Vergleichspunktesystem.[12] Dieses System wird als unfair wahrgenommen und dadurch wird ein Studieren im Ausland noch attraktiver. Ein weiterer, Mobilität begünstigender Faktor ist das mit der Industrialisierung einhergehende Phänomen einer wachsenden Mittelschicht. Diese ist mittlerweile finanziell in der Lage, ihren Kindern eine höhere Ausbildung auch im Ausland zu ermöglichen.[13] (Vergleichbare strukturelle Veränderungen sind in vielen Herkunftsländern zu beobachten, die in den erwähnten Statistiken über den Anteil internationaler Studierender in Österreich von Belang sind.)

Rachel Brooks beschreibt in ihrer Untersuchung zur Motivation von chinesischen Studierenden drei Entwicklungsphasen: Zwischen 1970 und 1980 wurden chinesi-

---

8 Fassmann, Heinz: *Transnationale Mobilität: Empirische Befunde und theoretische Überlegungen.* In: *Leviathan* 30.3 (2002), S. 345–359.
9 Vgl. Brooks, Rachel und Waters, Johanna: *Student Mobilities, Migration and the Internationalization of Higher Education.* Basingstoke: Palgrave Macmillan, 2011, S. 45.
10 Institute of International Education: *International Students in the US.* Online unter: http://www.iie.org/Services/Project-Atlas/United-States/International-Students-In-US [21.01.2018].
11 Statistisches Bundesamt (destatis): *Statistisches Jahrbuch. Deutschland und Internationales.* Wiesbaden: Statistisches Bundesamt, 2014, S. 92. Online unter https://www.destatis.de/DE/Publikationen/StatistischesJahrbuch/StatistischesJahrbuch2014.html [21.01.2017].
12 Vgl. Sun 2005 in Yu, Kai: *Diversification to a degree: An exploratory study of students' experience at four higher education institutions in China.* Frankfurt a. M.: Lang, 2010, S. 62.
13 Vgl. die entsprechenden statistischen Daten der Central Intelligence Agency. Online unter: www.worldfactbook.com [21.01.2017].

sche Studierende vielfach international entsendet, um im Ausland Erfahrungen zu machen und Kenntnisse zu erwerben, die der späteren Arbeit in hohen Regierungspositionen zugutekommen sollte. Zwischen 1980 und 1990 konnte man eine große Gruppe von Studierenden aus wohlhabenden Familien bemerken, die ins Ausland gingen, um u. a. Sprachkompetenz zu erwerben. Seither zieht es chinesische Studierender v. a. an renommierte Universitäten, um an Prestige zu gewinnen.[14]

Auffällige Geschlechterdistributionen und Auswahlkriterien der InterviewpartnerInnen

Während im Beobachtungszeitraum (2008–2015) die Geschlechterverteilung annähernd gleich ist – mit einer Tendenz zu etwas mehr männlichen Studierenden (maximal 53,5 %) –, lassen sich bei den osteuropäischen Ländern im Detail strukturelle Veränderungen feststellen, wie zum Beispiel bei serbischen Studierenden (siehe Abb. 6). Vor allem aus dem asiatischen Raum, namentlich aus Taiwan, Südkorea, Japan und der China, befinden sich überproportional viele weibliche Studierende an der Kunstuniversität Graz.

Beim Blick auf die statistischen Daten zu den asiatischen Herkunftsländern ist zu erkennen, dass diese angesprochene Geschlechterverteilung auch für jedes einzelne Land annähernd zutrifft. Bezüglich der Geschlechterverteilung bei Studierenden aus dem osteuropäischen Raum sind hingegen starke Schwankungen zu bemerken. In Serbien zum Beispiel kommen im Jahr 2008 mehr Männer (28) als Frauen (18) an die Kunstuniversität, allerdings hat sich dieses Verhältnis umgekehrt: 2015 kommen aus Serbien mehr Frauen (33) als Männer (14) an die Kunstuniversität in Graz. Dies ist keine plötzliche Entwicklung, sondern eine langsame, aber kontinuierliche Verschiebung im Laufe dieser acht Jahre.

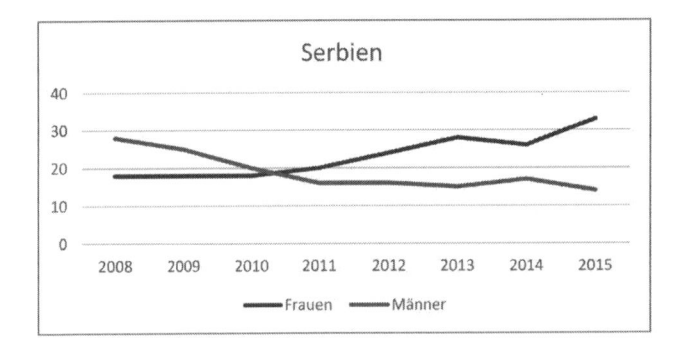

Abbildung 6: Geschlechterverteilung serbischer Studierender. Quelle: https://online.kug.ac.at/KUGonline/Studierenden Statistik.html [28.11.2016]

---

14 Vgl. Brooks und Waters: *Student Mobilities* (wie Fußnote 9), S. 46.

Um einen Einblick in die Gründe für die angesprochenen statistischen Unterschiede zu gewinnen, entschied ich mich für sechs Interviews mit sechs Studierenden: Aus dem asiatischen Raum wurden zwei Frauen (Japan, Taiwan) sowie ein Mann (Südkorea), aus dem osteuropäischen Raum hingegen zwei Männer (Polen, Slowenien) sowie eine Frau (Serbien) ausgewählt.

Neben Herkunft und Geschlecht wurde die Aufenthaltsdauer als Auswahlkriterium gewählt: Die InterviewpartnerInnen sollten ihr Studium an der Kunstuniversität in Graz absolvieren und nicht nur an einem einsemestrigen Austauschprogramm teilnehmen. Somit wurde die Mindeststudiendauer an der Kunstuniversität mit vier Semestern als Richtwert festgelegt. Ein längerer Aufenthalt, so die Vorannahme, würde die Sprachbarriere etwas senken und es den Befragten ermöglichen, ihre eigenen Erfahrungen betreffend kultureller Unterschiede differenziert darzustellen.

Methodologie

Wir interpretieren, ordnen und verstehen ›die‹ Welt durch Verfahren der Abstraktion und Kategorisierung. Wir interpretieren neue Phänomene und Erfahrungen mithilfe unseres impliziten Wissens und den Erfahrungen, welche wir selbst oder unsere Eltern und LehrerInnen machten.[15] Laut Gert Pickel und Kornelia Sammet gehört es zu den Aufgaben der Sozialwissenschaften, Daten zur sozialen Welt in einer methodologisch kontrollierten Weise zu verstehen.[16]

Narratives Interview

Gegliedert in drei Teile begann das narrative Interview[17] sinngemäß mit einer Erzählaufforderung. Zuerst wurde erläutert, worüber genau erzählt werden soll bzw. worauf der Fokus liegen sollte. Danach wurden die Befragten gebeten, so detailliert wie möglich zu erzählen.[18] Da mit Sprachbarrieren zu rechnen war, wurde den Befragten angeboten, die Interviews auf Deutsch oder Englisch zu führen. Zu meiner Überraschung wurde Englisch als Interviewsprache nur zweimal gewählt. Die Sprachbarriere, so war festzustellen, störte gelegentlich den Redefluss, vor allem nach Vokabeln wurde öfters gesucht.

---

15 Vgl. Pickel, Gert und Sammet, Kornelia: *Einführung in die Methoden der sozialwissenschaftlichen Religionsforschung.* Wiesbaden: Springer, 2014, S. 32.
16 Vgl. ebd., S. 31.
17 Vgl. Schütze, Fritz: *Biographieforschung und narratives Interview.* In: *Neue Praxis. Kritische Zeitschrift für Sozialarbeit und Sozialpädagogik* 13.3 (1983), S. 283–293.
18 Kleemann, Frank, Krähnke, Uwe und Matuschek, Ingo: *Interpretative Sozialforschung. Eine praxisorientierte Einführung.* Wiesbaden: VS Verlag für Sozialwissenschaften, 2009, S. 64.

Thematische Analyse

Die thematische Analyse – hier angewandt nach dem Modell von Braun und Clark – ist eine Methode, die es erlaubt, inhaltliche Muster zu identifizieren, um diese anschließend inhaltlich und strukturell zu analysieren.[19] Diese Analyse dient dazu, die Daten zu ordnen und reichhaltig zu interpretieren.[20]

In Fall der oben angesprochenen Studien sollte durch die thematische Analyse erkennbar werden, inwiefern sich inhaltliche Muster interkulturell überschneiden oder unterscheiden.

Auswertung der Ergebnisse[21]

Werdegang

Alle InterviewpartnerInnen starteten sehr früh mit ihrer musikalischen Erziehung, die jüngste mit drei Jahren und der älteste mit sieben. Vier der sechs interviewten Personen studieren das Instrument, welches sie in ihrer Kindheit gelernt haben; vier haben den musikalischen Stil gewechselt, zwei von diesen haben sich dazu entschieden, Korrepetition zu studieren. Sie alle besuchten entweder ein freies Wahlfach an der Schule, um musikalisch aktiv zu sein, oder bekamen Privatunterricht in der Zeit zwischen sechs und zehn Jahren. Mit einer Ausnahme besuchten alle im Anschluss eine Mittelschule mit musikalischem Schwerpunkt, für vier von diesen bedeutete dies aufgrund zu großer Reisewege, statt bei ihren Familien im Internat zu leben. Einer der Befragten nahm für die anvisierte musikalische Laufbahn bis zu drei Stunden Fahrtzeit in Kauf, was nach eigenen Angaben ein Burnout mit nicht einmal ganz 17 Jahren zur Folge hatte.

---

19 Vgl. Braun, Virginia und Clarke, Victoria: *Using thematic analysis in psychology*. In: *Qualitative Research in Psychology* 2 (2006), S. 77–101, hier S. 79. Online unter: http://eprints.uwe.ac.uk/11735 [28.11.2016].
20 Vgl. Fereday, Jennifer und Muir-Chochrane, Eimear: *Demonstrating rigor using thematic analysis: A hybrid approach of inductive and deductive coding and theme development*. In: *International Journal of Qualitative Methods* 5.1 (2006), S. 82.
21 Zitate von Befragten werden aufgrund der Anonymisierungsklausel in der Zustimmungserklärung nicht mit Namen, Nationalität oder sonstigen auf die Identität der InterviewpartnerInnen hinweisenden Informationen versehen. Umfassend zum Thema dieses Beitrags siehe Harm, Paul: *Kulturelle Mobilität an der Universität für Musik und darstellende Kunst in Graz*. Masterarbeit, KFU Graz, 2017.

Das erste Instrument

Bei der Wahl des ersten Instruments sind zwei Einflussgrößen zu unterscheiden: eine Prägung durch musikalische Aktivitäten im familiären Umfeld oder eine Prägung durch Freunde bzw. LehrerInnen. Diejenigen, die nicht aus sogenannten musikalischen Familien kamen, hatten entweder Freunde, die musikalisch waren oder LehrerInnen, welche ihnen die Musik näherbrachten. Eine diesbezügliche Aussage:

> Als ich zuerst eine Violine gesehen habe, das war toll. Mein Freund hat eine Violine gespielt und ich habe gesagt: Wow, das ist toll, darf ich – das ist mein Wunsch – darf ich einmal spielen, das war toll.

Zwei InterviewpartnerInnen gaben an, das Instrument gewechselt zu haben; eine Interviewte erwähnte, dass sie nicht das gleiche Instrument wie ihr Bruder spielen wollte; ein anderer kam erst mit zehn Jahren mit dem Saxophon in Kontakt und wechselte dann zu diesem. Nach der Unterstufe besuchten fünf die Oberstufe. Auffällig ist, dass eine der interviewten Frauen bereits mit 15 Jahren nach Graz kam, um ihre Oberstufe hier zu beginnen. Eine weitere Frau fing bereits mit 16 Jahren an in Oberschützen zu studieren.

Warum Musik?

Verschiedene Gründe für die Wahl eines Musikstudiums wurden genannt, wie die folgenden Zitate zeigen.

In einem Fall war ein Dirigent ausschlaggebend:

> Der hat mich einfach so begeistert, bei der Probe da sieht man so viel Freude und Begeisterung bei ihm und man spürt das direkt, und ich meine ich habe dann schon eine Zweiflungsphase [sic] gehabt aber jetzt habe ich mich konzentriert und gefunden.

Eine befragte Studierende über ihre Brüder:

> Yeah, it was really for me I admired them so much. For me listening to them was so wow they are really good musicians so for me I always wanted to be like them.

Ein befragter Studierender über seine Lehrerin in der Volksschule:

> […] actually the same teacher I took music classes in the school and she was also in the choir and then she offered me to start to learn piano.

Alle interviewten Studierenden wurden durch emotionale Erlebnisse zum eigenen Musizieren inspiriert. Diese persönliche Komponente trat in fünf Fällen bereits sehr früh, vor dem zehnten Lebensjahr, ein, bei einer Interviewpartnerin erst mit sechzehn. In den diesbezüglichen narrativen Sequenzen ist die starke Anerkennung gegenüber jenen Personen gekennzeichnet, die das emotionale Initialerlebnis ermöglichten.

Warum Graz?

Auf die Frage, wie sie auf die Idee kamen, im Ausland und im Besonderen in Österreich bzw. Graz zu studieren, wurden Hinweise auf ein intaktes globales Netzwerk an AkteurInnen gegeben. Die Studierenden aus dem asiatischen Raum hatten durchwegs Kontakt zu LehrerInnen, welche in Graz studierten. Derartige persönliche Kontakte motivierten auch viele osteuropäische Studierende, nach Graz zu kommen und sich selbst ein Bild vor Ort zu machen. Den asiatischen Studierenden war vielfach ein ›Studieren bei den Meistern‹ das Ziel, wobei der hohe Stellenwert sogenannter Europäischer Klassik für Österreich als Studienort sprach.

Unter allen InterviewpartnerInnen gab es also keinen Studierenden, der nicht zuvor schon mit jemandem in Kontakt stand, welcher wiederum an einer österreichischen Kunstuniversität studierte. Fiel die Wahl auf Graz, so waren persönliche Empfehlungen für bestimmte ProfessorInnen und Studienschwerpunkte ausschlaggebend.

Kulturelle Differenzen

Die internationalen Studierenden stellen teilweise starke kulturelle Differenzen zwischen ihren Herkunftsländern und Österreich fest. Manchmal wurden diese negativ gesehen, vor allem aber in der Lehre wurden die Unterschiede überaus positiv wahrgenommen. Überraschenderweise fielen die Ergebnisse in den befragten zwei – geographisch extrem getrennten und ethnisch stark differenzierten – Gruppen in gewissen Punkten sehr homogen aus. Vor allem in Bezug auf den Unterricht sind sich die Studierenden aus allen Ländern einig, dass in Graz Unterrichtende tolerant sind, oder zumindest toleranter als sie es vom Unterricht in ihrem Ursprungsland gewohnt sind. ›Toleranz‹ meint in diesem Fall die Aufhebung jener hierarchischer Schüler-Lehrer-Beziehungen, welche die Studierenden gewohnt waren. Zudem wird aktives Nachfragen und die Grundhaltung, dass nichts ›einfach selbstverständlich‹ ist, als wesentlicher Unterschied zu bisherigen Unterrichtserfahrungen in den Heimatländern wahrgenommen.

Darüber hinaus sprachen die Befragten an, dass sie die multikulturelle Vielfalt innerhalb der Studierendenszene sehr schätzen. Für jene, die bereits in ihren Heimatländern studierten, war diese Vielfalt neu. Geschätzt wird die multikulturelle Vielfalt vor allem im zwischenmenschlichen Austausch und in der Verortung der eigenen Fähigkeiten. Diese Eindrücke treten bei allen Befragten mehr oder weniger stark ausgeprägt zutage. Scheinbar unabhängig von der jeweiligen kulturellen Assimilation werden Respekt, Anerkennung und das Akzeptieren des Anderen geschätzt.

Resümee und Ausblick

Mobilität lässt sich nicht nur am zunehmenden Umlauf und der erhöhten Zirkulationsgeschwindigkeit von Waren, Ideen und Symbolen erkennen. Mobilität spielt zudem bei Studierenden eine wichtige Rolle, wie Interviews mit internationalen Studierenden an der Kunstuniversität Graz zeigen.

Wirft man einen Blick auf die Studierendenstatistiken der Jahre 2008–2015, so kann von einem Equilibrium der internationalen zu nationalen Studierenden gesprochen werden. Bei den Interviews stellt sich heraus, dass Unterschiede zwischen asiatischen und osteuropäischen Studierenden nur in wenigen Aspekten gegeben sind. Beispielsweise erwähnten asiatische Studierende, dass man in Europa bei den ›alten Meistern‹ studiert und dass Musik hier stärker in den Alltag integriert sei, was von osteuropäischen Studierenden so nicht wahrgenommen wurde. Gemeinsamkeiten wie z. B. die positive Einschätzung der Unterrichtsmethoden (kritisches Hinterfragen von scheinbar Selbstverständlichem u. ä.) überwiegen.

Es bietet sich an, im Anschluss an meine Studie Interviews an den verbleibenden Kunstuniversitäten zu führen, um Vergleiche ziehen zu können.

Kulturelle Mobilität und die Verflechtung von Kulturen und Nationen sehe ich persönlich als die große Herausforderung unserer Zeit. Bei den Interviews mit internationalen Studierenden der Grazer Kunstuniversität kam ein Bewusstsein für kulturelle Differenzen zum Vorschein. Gemeinsamkeiten im Zugang zu Unterricht und Lehre, zum Erlernen des ersten Instruments, der Wahrnehmung von kulturellen Differenzen zwischen Graz und dem Ursprungsland und dem Zugang zur Musik weisen große Gemeinsamkeiten auf. Die Unterschiede treten am stärksten ausgeprägt auf beim Thema Auswahl des Studienstandortes, welcher sich als differenziert motiviert zwischen den zwei Gruppen herausstellt.

III

Musikhistorische Perspektiven

Marko Deisinger

Soziale und ökonomische Strategien einer privilegierten Migrantengruppe
Italienische Musiker am Habsburgerhof in Wien zur Zeit des Barock

> In no other period in history was the Italian influence in Vienna greater than in the time of the Baroque Habsburg rulers. Immigration from Italy peaked under Leopold I in the second half of the seventeenth century. Among the migrants were artists, whose presence in Vienna ensured that Baroque art reached maturity on a large scale. A well-paid group of migrant workers were the Italian court musicians. During their time in Vienna, they transferred money home and established a strong network through which they supported each other and members of their families. While only a few integrated into the German-speaking population, in most cases the migrants returned to their place of origin. In the eighteenth century, the Italian court musicians' quantity and significance began to wane.

In keiner anderen Epoche war der italienische Einfluss in Wien so groß wie zur Zeit der barocken Habsburgerherrscher. Die Zuwanderung aus Italien in die kaiserliche Reichshauptstadt nahm seit der Regentschaft Ferdinands II. stetig zu und erreichte unter Leopold I. ihren Höhepunkt. Die Ursachen für diese Immigration waren unterschiedlich. Eine entscheidende Rolle spielten neben der geistigen und kulturellen Bindung der Habsburger an Italien die engen politisch-dynastischen Beziehungen zwischen dem katholischen Erzhaus und den italienischen Kleinstaaten. So wurden im 17. Jahrhundert durch die beiden aus der mantuanischen Herzogsfamilie Gonzaga stammenden Kaiserinnen Eleonora I. und Eleonora II. zahlreiche Italiener[1] an den Kaiserhof gezogen. Viele der im Dienst dieser Herrscherinnen stehenden Italiener waren bereits mit dem Brautgefolge nach Wien gekommen. Andere kamen erst später, vor allem während der Witwenschaft der Kaiserinnen, die in dieser Zeit ihres Lebens einen eigenen Hofstaat unterhielten.

Die Schaffung eines Hofstaats für eine verwitwete Kaiserin war damals eine übliche Maßnahme, für die bereits im Ehevertrag rechtliche Voraussetzungen geschaffen

---

1 Im Folgenden wird aus Gründen der besseren Lesbarkeit nicht ausdrücklich in geschlechtsspezifischen Personenbezeichnungen differenziert. Die gewählte Form des generischen Maskulinums schließt eine adäquate weibliche Form gleichberechtigt ein.

worden waren. Um bis zum Lebensende eine angemessene Versorgung zu erhalten, stand der Gattin des verstorbenen Kaisers in der gesamten Zeit ihrer Witwenschaft ein vollständiger Hofstaat zu, den die beiden italienischen Kaiserinnen zu einem guten Teil mit Landsleuten besetzten.[2]

Für die Zuwanderung von Italienern nach Wien sorgten zudem die heftigen Auseinandersetzungen zwischen Frankreich und Habsburg um die Vorherrschaft in Norditalien, die im Mantuanischen und Spanischen Erbfolgekrieg kulminierten.[3] Neben der kriegsbedingten Auswanderung gab es aber vor allem eine wirtschaftlich motivierte Emigration. Viele der in Wien lebenden Italiener stammten aus wirtschaftsschwachen Gegenden oder aus der ärmeren Bevölkerung reicherer Gebiete. Nicht zu unterschätzen ist zudem die Zahl jener, die in ihrer Heimat eine Schuld auf sich geladen hatten und auf der Flucht vor Gläubigern, der Polizei oder Agenten ehemaliger Dienstherrn in die Regionen nördlich der Alpen gelangten.[4] Das Spektrum der von den italienischen Migranten in Wien ausgeübten Berufe reichte vom hohen Militär bis hin zum armen Hausierer. Einen hohen Anteil nahmen die Künstler ein, ohne deren Anwesenheit die Entfaltung des Barock, wie sie in den verschiedenen Kunstgattungen erfolgte, so nicht möglich gewesen wäre.[5]

Eine privilegierte Gruppe von Arbeitsmigranten waren die italienischen Hofmusiker. Diese wurden entweder gezielt in Italien angeworben, oder es gelang ihnen im Alleingang, einen der lukrativen Posten in der Wiener Hofmusik zu bekommen. Bereits

---

2   Vgl. Pölzl, Michael: *Kaiserin-Witwen in Konkurrenz zur regierenden Kaiserin am Wiener Hof 1637–1750. Probleme der Forschung.* In: *Wiener Geschichtsblätter* 67.2 (2012), S. 165–189, hier S. 172–175; Schnettger, Matthias: *Die Kaiserinnen aus dem Haus Gonzaga. Eleonora die Ältere und Eleonora die Jüngere.* In: *Nur die Frau des Kaisers? Kaiserinnen in der Frühen Neuzeit.* Hg. von Bettina Braun, Katrin Keller und Matthias Schnettger. Wien: Böhlau, 2016, S. 117–140, hier S. 132–134.

3   So trieb der Mantuanische Erbfolgekrieg (1628–1631) etliche Musiker des Herzogs von Mantua in den Norden, wo sie Anstellungen in den habsburgischen Hofkapellen fanden. Siehe: Seifert, Herbert: *Nordwärts reisende Gesangsvirtuosen aus Italien und ihr stilistisches »Gepäck« im Seicento.* In: ders.: *Texte zur Musikdramatik im 17. und 18. Jahrhundert. Aufsätze und Vorträge.* Hg. von Matthias J. Pernerstorfer. Wien: Hollitzer, 2014, S. 159–173, hier S. 163 und ders.: *1619–1705: »Die kaiserlichen Hofkapellen«.* In: ebd., S. 575–612, hier S. 581.

4   Dazu zählten etwa die Sänger Francesco Rasi, Francesco Campagnolo oder Pompeo Sabbatini. Siehe: Seifert: *Nordwärts reisende Gesangsvirtuosen* (wie Fußnote 3), S. 160, 162 und 172, sowie Deisinger, Marko: *Pompeo Sabbatini. Die Skandale um einen römischen Sopankastraten.* In: *Römische Historische Mitteilungen* 51 (2009), S. 231–256.

5   Vgl. Schindling, Anton: *Bei Hofe und als Pomeranzenhändler. Italiener im Deutschland der Frühen Neuzeit.* In: *Deutsche im Ausland – Fremde in Deutschland. Migration in Geschichte und Gegenwart.* Hg. von Klaus J. Bade. München: Beck, ³1993, S. 287–294, und ders.: *Priester und Gelehrte, Baumeister und Kaufleute. Italiener als Elite im Heiligen Römischen Reich der Frühen Neuzeit.* In: *Religiöse und konfessionelle Minderheiten als wirtschaftliche und geistige Eliten* (16. bis frühes 20. Jahrhundert). Hg. von Markus A. Denzel, Matthias Asche und Matthias Stickler. St. Katharinen: Scripta Mercaturae, 2009, S. 161–176.

in der ersten Hälfte des 17. Jahrhunderts waren die Musikkapellen der kunstsinnigen und am neuen italienischen Musikstil interessierten Habsburger weitgehend italianisiert.

Wie viele italienische Musiker im Barock den Habsburgern dienten, ist aufgrund der teils ungünstigen Quellenlage nicht exakt festzustellen. Vorauszuschicken ist, dass im sogenannten ›Goldenen Zeitalter‹ der Wiener Hofmusik, das sich vom Regierungsantritt Ferdinands II. 1619 bis zum Tod Karls VI. 1740 erstreckte, am Hof temporär mehrere Kapellen parallel existierten. Neben dem Kaiser beschäftigten auch andere Mitglieder des Herrscherhauses wie Erzherzog Leopold Wilhelm, der zeitweise am Wiener Hof residierte, oder die verwitweten Kaiserinnen im Rahmen ihres selbstständigen Hofstaats Musiker.[6] Während die Geschichte der kaiserlichen Kapelle, die nach 1637 durchschnittlich 60 und unter Karl VI. ca. 120 Mitglieder zählte, relativ gut dokumentiert ist, fehlen zur 19 Musiker umfassenden Kapelle Leopold Wilhelms[7] und zu den zur Zeit der beiden Kaiserinnen Eleonora 25-köpfigen Witwenkapellen weitgehend Quellen über deren Personal. So sind die Rechnungsbücher der Witwenhofstaate aus den Jahren bis 1740 nicht erhalten.

Anhand der von Ludwig von Köchel auf Basis der kaiserlichen Hofzahlamtsrechnungen erstellten Musikerlisten lassen sich für den Zeitraum von 1619 bis 1740 rund 222 italienische Angehörige der kaiserlichen Kapelle errechnen.[8] Herbert Seifert listet in seiner Studie zu den Musikern der beiden Kaiserinnen Eleonora insgesamt 46 italienische Kapellmitglieder auf, die er mithilfe von Quellen wie Briefen, Totenprotokollen oder den Hofquartierbüchern ermitteln konnte.[9]

Neben einem im Vergleich zu italienischen Löhnen höheren Durchschnittsgehalt erhielten die am Wiener Hof beschäftigten Musiker aus Italien eigene Wohnungen im Rahmen des Hofquartierwesens, womit sie sich oft den Unmut der Bürgerschaft Wiens zuzogen. Die Quartierspflicht sah nämlich vor, dass Hausbesitzer Wohnungen

---

6 Zu den Kapellen der Kaiserinwitwen Amalie Wilhelmine, Eleonore und Elisabeth Christine, in denen sich nur wenige Italiener befanden, siehe Eybl, Martin: *Die Kapelle der Kaiserinwitwe Elisabeth Christine (1741–1750) I: Besetzung, Stellung am landesfürstlichen Hof und Hauptkopisten.* In: *Studien zur Musikwissenschaft* 45 (1996), S. 33–66.

7 Wien, Haus-, Hof- und Staatsarchiv, Obersthofmeisteramt, Ältere Zeremonialakten 4 (Nr. 39), Besoldungsliste von Leopold Wilhelms Hofstaat: »Unter dem Erz-Herzog Leopold Wilhelm, alß selbiger von a.° 1654, biß a.° 1663 die Spanischen Niderlanden gubernirte, bestunde deren Hoffbedienten Besoldung, Kost- und Quartiergelt in folgendem. Die Hoff-Music bestunde in einem Capellmeister und 18. Musicis, so monathlichs an Besoldung gehabt haben 1682 fl. 20 k. thut jährlichs fl. 20188.« Viele der erzherzoglichen Musiker waren Italiener. Vgl. Seifert: *1619–1705* (wie Fußnote 3), S. 588 f., und Knaus, Herwig: *Beiträge zur Geschichte der Hofmusikkapelle des Erzherzogs Leopold Wilhelm.* Wien: Böhlau, 1966.

8 Ludwig von Köchel: *Die Kaiserliche Hof-Musikkapelle in Wien von 1543 bis 1867.* Wien: Beck'sche Universitätsbuchhandlung (Alfred Hölder), 1869.

9 Seifert, Herbert: *Die Musiker der beiden Kaiserinnen Eleonora Gonzaga.* In: ders.: *Texte zur Musikdramatik* (wie Fußnote 3), S. 633–664.

zur Unterbringung der Hofbediensteten bereitstellen mussten, wobei die Miete etwa ein Drittel des normal üblichen Zinses betrug.[10]

Die Fluktuation der italienischen Musiker in den Wiener Hofkapellen war hoch. Dies geht aus verschiedenen Quellen wie Rechnungsbüchern, Passbriefen oder den Obersthofmeisteramtsakten hervor. Auffallend ist, dass keine Arbeitsverträge überliefert sind. Daraus lässt sich schließen, dass es damals nicht üblich war, schriftliche Verträge abzuschließen, die die Dauer des Aufenthalts geregelt oder den Arbeitnehmer gar unter einen Kündigungsschutz gestellt hätten. Ob es zu einem langfristigen Dienstverhältnis kam, hing allein vom Erbringen der gewünschten Leistung und nicht zuletzt von der Bereitschaft zu einer dauerhaften Niederlassung in der Fremde ab. Diese Voraussetzungen erfüllten beispielsweise die kaiserlichen Kapellmeister Giovanni Valentini, Antonio Bertali und Giovanni Felice Sances. Alle drei wurden für ihre Verdienste in den Adelsstand erhoben und blieben bis zum Lebensende in Wien. Die Nobilitierung durch den Kaiser trug wesentlich zur Etablierung ihrer Familien in der Hofgesellschaft und damit zum Integrationsprozess bei. So unterstrich Bertali in seiner Eingabe um Wappenbesserung, dass die Nobilitierung zum Nutzen seines Sohnes Domenico geschehen solle. Während von Bertali kein einziges deutsches Wort tradiert ist, bewegte sich Domenico im Erwachsenenalter in Kreisen deutschsprachiger Adliger und beherrschte nachweisbar deren Sprache.[11]

Während diese Beispiele nur einen Teil der Migrantengruppe repräsentieren, ist in den meisten Fällen eine Remigration festzustellen. Eine Abwanderung war entweder erzwungen oder geschah freiwillig. Die Gründe für eine Rückkehr nach Italien reichten von gesundheitlichen Problemen über Heimweh bis hin zu familiären Verpflichtungen in der Heimat. Nicht zuletzt ist hier die Entlassung durch den Dienstgeber zu nennen, die die Musiker dazu bewog, heimzukehren oder ihr Glück an anderen Fürstenhöfen außerhalb Italiens zu versuchen.

Es ist nicht auszuschließen, dass in vielen Fällen von vornherein die Absicht bestand, lediglich genügend Geld zu verdienen, um finanziell gestärkt in das Herkunftsland zurückzukehren. Dies lässt etwa der Werdegang der aus einem guten Haus der Stadt Gallipoli stammenden Brüder Antonio und Giuseppe Tricarico vermuten. Ersterer versuchte bereits 1656 in der Kapelle des Kaisers unterzukommen. Erst nachdem sein Bruder 1657 zum Leiter der neu gegründeten Hofmusik der Kaiserin Eleonora II. berufen worden war, gelang es ihm in Wien Fuß zu fassen. Die Brüder dienten der Kaiserin fünf Jahre lang. In dieser Zeit schickten sie immer wieder verdientes Geld mittels Wechselbriefe nach Hause, wo es ihr älterer Bruder in Grund und Boden anlegte. Die Tatsache, dass die beiden Brüder bald nach ihrem Dienstantritt Teile ihres

---

10 Vgl. Knaus, Herwig: *Wiener Hofquartierbücher als biographische Quelle für Musiker des 17. Jahrhunderts*. Graz u. a.: H. Böhlau, 1965, S. 178 f.
11 Vgl. Erhardt, Tassilo: *Der Ehrsam undt Khunstreich Antonius Bertalli. Eine biographische Skizze*. In: *Studien zur Musikwissenschaft* 57 (2013), S. 93–115, hier S. 106, 108 f.

Lohnes zuhause investierten, um damit offensichtlich eine Vorsorge für sich selbst zu treffen, lässt den Schluss zu, dass sie von Anbeginn an eine Rückkehr dachten. Diese traten sie 1662 nach Erhalt der von ihnen erbetenen Entlassung an und ließen sich in ihrer Heimatstadt Gallipoli nieder, wo sie heirateten, Familien gründeten und sich im öffentlichen Leben engagierten. Neben der eigenen ökonomischen Lage hatte sich durch das Wiener Dienstverhältnis auch ihr Ansehen erheblich verbessert. Wie aus ihrem von der Kaiserin ausgestellten Entlassungszeugnis hervorgeht, durften sich die Brüder weiterhin als Mitglieder des Hofes bezeichnen.[12]

Ein anderes Beispiel für einen Musiker mit einer erfolgreichen Remigrationskarriere wäre der noch über ein Jahrhundert nach seinem Tod bekannte Soprankastrat Baldassare Ferri, der vom Kaiser hoch geschätzt und dementsprechend gut besoldet wurde. Dass er als Vorzeigemusiker und prestigeträchtige Attraktion gehandelt wurde, belegt u. a. die Aufmerksamkeit, die man ihm in dem an den Herzog von Modena gerichteten Bericht *Frutti Autumnali* von 1659 schenkte. In diesem hielt der herzogliche Gesandte Guglielmo Codebò im Zuge seiner Beschreibung der kaiserlichen Hofmusik Folgendes fest: »La musica veramente imperiale era composta di famosissimi cantori trà quali S. M:ta tiene un castrato di settant' anni nomato il S:re Cav:re Baldassar stipendiato con 240 Doppie l'anno per esser soprano e musico cellebre nel numero de sudetti.«[13] 1675 zog sich Ferri mit einer kaiserlichen Pension in seine Heimatstadt Perugia zurück, der er nach seinem Tod das enorme Vermögen von ca. 600 000 Scudi hinterließ.[14]

Während ihrer Zeit in Wien blieben die Musiker aus Italien weitgehend unter sich. Sie pflegten enge Kontakte untereinander, etwa durch Taufpatenschaften bei Kindern italienischer Kollegen oder durch Einheiraten in deren Familien. Letzteres geht aus den Trauungsbüchern von Wiener Kirchen hervor. So heirateten die im Dienst Eleonoras II. stehenden Musiker Raffaele Caccialupi und Antonio Draghi je eine Verwandte ihres Kapellkollegen Carlo Seliprandi. Die Trauzeugen waren in beiden Fällen ausschließlich Italiener. Dies lässt sich auch bei der Hochzeit von Eleonoras Organisten Giovanni Battista Pederzuoli mit der Tochter des Violinisten Carlo Gorani[15] als auch

---

12　Vgl. Deisinger, Marko: *Auf den Spuren des Violinisten Antonio Tricarico: Gallipoli – Rom – Ferrara – Wien*. In: *Wolfenbütteler Barock-Nachrichten* 40.2 (2013), S. 167–177, hier S. 169–174 und ders.: *Eleonora II. und die Gründung ihrer Hofkapelle. Ein Beitrag zur Geschichte des kulturellen Lebens am Wiener Kaiserhof*. In: *Frühneuzeit-Info* 18 (2007), S. 45–54, hier S. 47–49.
13　Modena, Archivio di Stato, Cancelleria ducale, Ambasciatori Germania, busta 100; Codebò, Guglielmo: *Frutti Autumnali*, S. 108.
14　Vgl. Di Fazio, Giovanna: *Ferri, Baldassarre*. In: *Dizionario Biografico degli Italiani* 47 (1997), http://www.treccani.it/enciclopedia/baldassarre-ferri_(Dizionario-Biografico)/ [16.08.2017].
15　Vgl. Deisinger, Marko: *The Music Chapel of Empress Eleonora II. Source-related Difficulties in Researching the History of an Italiandominated Institution in Vienna (1657–1686)*. In: *Athens Journal of Humanities and Arts* 3.3 (2016), S. 171–180, hier S. 176.

bei der Eheschließung zwischen den beiden vom Kaiser beschäftigten Musikern Antonio Bertali und Maria Toppa beobachten.[16]

Unter der Schutzherrschaft ihrer Geldgeber und Förderer bauten die italienischen Hofmusiker tragfähige Netzwerke auf, in denen sie sich gegenseitig und ihren Angehörigen bestmögliche Unterstützung zukommen ließen. Davon zeugen z. B. an die Habsburger gerichtete Bittbriefe[17] oder die Akten und Protokolle des kaiserlichen Obersthofmeisteramts. Zahlreich dokumentiert sind Gesuche um Unterstützung bedürftiger Familienmitglieder mittels Unterhaltsgelder, Pensionen oder Rentenabfertigungen sowie Gesuche um Empfehlungen für arbeitsuchende Verwandte.[18]

Nicht zuletzt nutzten die Italiener jede Gelegenheit, um in ihr Heimatland zu reisen, das sie schon aus klimatischen Gründen der Region nördlich der Alpen vorzogen. Anlässe für vorübergehende Aufenthalte in Italien waren z. B. Gastspiele oder krankheitsbedingte Erholungsurlaube. Zu Ersteren zählten die in Venedig absolvierten Auftritte des Sängers Giovanni Battista Muzzi (genannt Speroni), der seine Gastspielreisen mit Besuchen in seiner Heimatstadt Cremona verband.[19] Beispiele für Musiker, die auf Erholung nach Italien reisten, wären der Sänger Antonio Massucci oder der Organist Carlo Cappellini.[20] Auch der kaiserliche Musiktheaterintendant Antonio Cesti erhielt 1668 vom Kaiser die Erlaubnis zur Heimreise aus Krankheitsgründen. Jedoch kehrte dieser entgegen der Vorstellung des Kaisers nicht mehr an den Hof zurück. Cesti bevorzugte eine Anstellung in seiner Heimat und berief sich bei seiner Entscheidung u. a. auf seine Ärzte, die ihm aus gesundheitlichen Gründen dazu geraten hätten, eine Rückkehr in den kalten Norden zu unterlassen.[21]

Abschließend sei noch auf die musikgeschichtliche Bedeutung der von den Wiener Habsburgern engagierten Musiker aus Italien hingewiesen. Sie brachten den neuen monodischen Stil in die kaiserliche Residenzstadt, wo bald Musiziergattungen wie die Kantate, das Oratorium oder die Oper heimisch wurden. Letztere entwickelte sich zu einem wesentlichen Bestandteil der Wiener Musikkultur. Wie in den meisten mit-

---

16   Vgl. Erhardt: *Der Ehrsam undt Khunstreich Antonius Bertalli* (wie Fußnote 11), S. 99 f.
17   Zu Bittgesuchen, die von Eleonora II. erhört wurden, siehe Seifert: *Die Musiker* (wie Fußnote 9), S. 661, 663 f. und Deisinger, Marko: *Mäzenin und Künstlerin. Studien zu den Kunstbestrebungen der Kaiserin Eleonora II. am Wiener Hof (1651–1686)*. In: Acta Musicologica 85.1 (2013), S. 43–73, hier S. 48.
18   Vgl. Knaus, Herwig: *Die Musiker im Archivbestand des kaiserlichen Obersthofmeisteramtes (1637–1705)*. Band 1–3. Wien: Böhlau, 1967–1969.
19   Vgl. Monaldini, Sergio: *L'Orto dell'Esperidi. Musici, attori e artisti nel patrocinio della famiglia Bentivoglio 1646–1685*. Lucca: LIM, 2001, S. 355 f., S. 527–529, S. 536 f., S. 546 f.
20   Vgl. Knaus: *Die Musiker* (wie Fußnote 18), Band 1, S. 145 f. und Band 2, S. 21.
21   Vgl. Seifert, Herbert: *Cesti and His Opera Troupe in Innsbruck and Vienna, with New Informations about His Last Year and His Oeuvre*. In: ders.: *Texte zur Musikdramatik* (wie Fußnote 3), S. 218–224, S. 235.

tel- und nordeuropäischen Städten blieb auch in Wien die Produktion von Opern lange Zeit eine vorwiegend italienische Domäne.[22]

Die italienischen Hofmusiker übten bis ins 18. Jahrhundert hinein einen starken Einfluss auf das Wiener Musikleben aus. Erst mit dem vermehrten Engagement deutschsprachiger Musiker und der politischen und kulturellen Annäherung der Habsburger an Frankreich begannen die Zahl der Italiener sowie die Bedeutung des italienischen Kultureinflusses zu schwinden. In der späteren deutschen Geschichtsschreibung wurden die Musiker aus Italien mitunter negativ beurteilt. Beispiele für Diffamierungen, denen sie posthum meist aus nationalistischen Gründen ausgesetzt waren, finden sich in der Mozart-Literatur im Zusammenhang mit Wolfgang A. Mozarts ›Konkurrenten‹ Antonio Salieri[23] oder in Johann Friedrich Daubes Anekdote um die 1698 erfolgte Anstellung von Johann Joseph Fux als Hofkomponist durch Kaiser Leopold I.[24] In dieser 1798 erschienenen Anekdote, die wiederum auf eine von Johann Adolf Scheibe tradierte Schilderung zurückgeht, zeichnete Daube von der italienischen Musikerelite am Wiener Hof das Bild einer eingeschworenen und deutschfeindlichen Gemeinde mit eigennützigen Interessen. Diese Darstellung lässt sich in den erhaltenen Quellen so nicht bestätigen. Unter den Italienern existierte lediglich das oben skizzierte starke soziale Netzwerk, das ihnen zur Verwirklichung von Eigeninteressen diente. Deutschfeindliche Tendenzen sind bei ihnen nicht nachweisbar.[25]

---

22 Zur Mobilität und Migration italienischer Opernschaffenden um 1750 siehe Daniel Brandenburgs Beitrag in diesem Band.
23 Vgl. Rice, John A.: *Antonio Salieri and Viennese opera*. Chicago und London: University of Chicago Press, 1998, S. 459–492, und Angermüller, Rudolph: *Salieri in der Forschung und in der Mozart-Literatur*. In: *Florilegium Pratense: Mozart, seine Zeit, seine Nachwelt. Ausgewählte Aufsätze von Rudolph Angermüller anläßlich seines 65. Geburtstages*. Hg. von Geneviève Geffray und Johanna Senigl. Würzburg: Königshausen & Neumann, 2005, S. 327–346.
24 Daube, Johann Friedrich: *Anleitung zum Selbstunterricht in der Musikalischen Komposition sowohl für die Instrumental- als Vokal-Musik. Zweyter Theil, welcher die Composition enthält*. Wien: In Commission der Schaumburgschen Buchhandlung, 1798, S. 54.
25 Vgl. Hochradner, Thomas: *Johann Joseph Fux und die ›italienische Partei‹. Beweggründe einer kulturpolitischen Entscheidung im Jahre 1698*. In: *Colloquium. Die Instrumentalmusik (Struktur – Funktion – Ästhetik). Brno, 1991. Ethnonationale Wechselbeziehungen in der mitteleuropäischen Musik mit besonderer Berücksichtigung der Situation in den böhmischen Ländern. Brno 1992*. Hg. von Petr Macek. Brno: Masarykova univerzita, 1994, S. 271–280.

Daniel Brandenburg

Mobilität und Migration der italienischen Opernschaffenden um 1750

In the eighteenth century, Italian opera was present in all parts of Europe – constituting a cultural medium which connected courts and centres of power and commerce from Naples to St Petersburg, including Bologna, Venice, Milano, Vienna, Hamburg, Copenhagen, London and Berlin. Previous research into opera as a European phenomenon has mostly focused on composers, scores and locations, less so on artistic personnel. This increasingly appears as an oversight, given that recent studies concerning the role of the singers in the production process have suggested that the single workmanship of Italian opera was marked much more by the respective production process and every single performance than previously assumed: the work would undergo changes from performance to performance. Singers, dancers, musicians, librettists and conductors (»Kapellmeister«, not necessarily the composers themselves) would generate operatic works anew through their own creativity every night, adjusting them to the performance conditions in a process of permanent transformation. The migrating artists, who assembled either in cooperatives (travelling ensembles) or were employed individually in changing engagements, substantially contributed to the fact that operas could be performed across Europe, on the basis of a well-functioning network and system of communication which formed the necessary infrastructure for the successful activity of the »operisti«. The paper presents first results of a project funded by the FWF and based at Salzburg University (Italian Operisti as Cultural Network: Insights and Contexts of the Pirker Correspondence).

Das italienische Opernbusiness des 18. Jahrhunderts gehörte im damaligen Europa zu den wenigen Wirtschaftszweigen, die überregional und über die Grenzen der Herrschaftsgebiete hinaus produzierten.[1] Möglich machte das ein künstlerisches Produkt, das einerseits in seinen ästhetischen und formalen Grundlagen, Konventionen und musiktheatralen Praktiken so weit vordefiniert war, dass es dadurch Unverkennbarkeit besaß, andererseits aber auch ein so hohes Maß struktureller, inhaltlicher und musikalischer Anpassungsfähigkeit aufwies, dass es – ohne seinen ›Markenkern‹ aufzugeben – fast überall realisiert werden konnte. Hoftheater, aber auch Bühnen in genossenschaftlicher und/oder städtischer Trägerschaft sowie temporäre Spielstätten, die aus besonderen Anlässen eingerichtet wurden, bildeten für das einschlägige Fachpersonal, das je nach geforderter Spezialisierung auch überregional eingeworben werden musste, ein weit gespanntes Netz der Betätigungsmöglichkeiten. Oder umge-

---

1 Vgl. dazu Duchardt, Heinz: *Europa am Vorabend der Moderne (1650–1800)* (Handbuch der Geschichte Europas 6). Stuttgart: UTB, 2003, S. 120 f.

kehrt gesagt: Je nach Beruf und personellen Vorrausetzungen vor Ort ergaben sich für diese sogenannten Operisti, die Schaffenden des italienischen Opernbetriebs und deren Mobilität unterschiedliche Anforderungen. Während Instrumentalisten z. B. häufig bereits im Kirchendienst oder in einer Hofkapelle in loco vorhanden waren, musste im italienischen Bühnengesang geschultes Sängerpersonal zumeist von auswärts engagiert werden, denn nur wenige Höfe leisteten sich den Luxus, eigene lokale Kräfte zur Fortbildung nach Italien zu schicken oder längerfristig ein stehendes Ensemble vorgebildeter Spezialisten zu unterhalten.

Obwohl die Mobilität der Opernkünstler (und -handwerker) konstitutiver Bestandteil der Verbreitung, formalen Definition, ästhetischen Entwicklung und Werkhaftigkeit der italienischen Oper war, ist sie erst in jüngerer Zeit zum Forschungsgegenstand geworden.[2] Auf der Suche nach Mustern und Erklärungsmodellen für die Reisetätigkeit der Operisti und die damit verbundenen Produktionsmechanismen des Opernbetriebs hat sich inzwischen herausgestellt, dass es zwischen Wanderensemble auf der einen – landläufig die Verkörperung der Künstlermobilität par excellence – und allein reisenden Künstlern auf der anderen Seite vielfältige Berührungspunkte gab, die eine klare Trennung dieser beiden Phänomene nicht zulassen: Sängerkarrieren konnten sich durch wiederholte vorübergehende Zugehörigkeit zu einem oder verschiedenen Ensembles entwickeln, aber auch ganz ohne eine solche auskommen. Und Wandertruppen waren in ihrer Zusammensetzung (nach einzelnen Personen und Berufsgruppen), der Zahl ihrer Mitglieder und Grad ihrer Sesshaftigkeit nach auch so flexibel, dass sie sich einer allgemeingültigen Typisierung entziehen. Noch komplizierter wird die Lage, wenn man die ›Produktionsinstitutionen‹ (›stehende‹ Hofoper und ›Impresario-Oper‹) in die Überlegungen miteinbezieht. Vermeintlich sesshafte Hofopernensembles spielten z. B. auch in Sommersitzen oder, wie etwa im Falle des Sächsischen Hofes, je nach Aufenthaltsort des Kurfürsten und polnischen Königs in gleich zwei Residenzen (Dresden und Warschau). Zu großen dynastischen Anlässen wie einer Fürstenhochzeit wurden ferner auch schon einmal einzelne Hofopernmitglieder unter den beteiligten Höfen ausgeliehen.[3] Reinhard Strohm hat deshalb jüngst den Versuch unternommen, mit dem Begriff der »Pendleroper« diese Mobilitätsphänomene und die mit diesen in Wechselbeziehung stehenden Produktionsorte und -institutionen auf einen gemeinsamen definitorischen

---

2   Siehe u. a. Strohm, Reinhard: *Europäische Pendleroper. Alternativen zu Hoftheater und Wanderbühne.* In: *Gluck und Prag* (Gluck-Studien 7). Hg. von Thomas Betzwieser und Daniel Brandenburg. Kassel u. a.: Bärenreiter, 2016, S. 13–28; Calella, Michele: *Migration, Transfer und Gattungswandel. Einige Überlegungen zur Oper des 18. Jahrhunderts.* In: *Migration und Identität. Wanderbewegungen und Kulturkontakte in der Musikgeschichte* (Analecta musicologica 49). Hg. von Sabine Ehrmann-Herfort und Silke Leopold. Kassel u. a.: Bärenreiter, 2013, S. 171–181.

3   Beispiele für diese Praxis sind anlässlich der Hochzeit Carl Eugens von Württemberg mit Elisabeth Friederike Sophie von Brandenburg-Bayreuth in Bayreuth im Jahr 1748 zu finden, Henze-Döhring, Sabine: *Markgräfin Wilhelmine und die Bayreuther Hofmusik.* Bamberg: Heinrichs-Verlag, 2009, S. 90–92.

Nenner zu bringen.[4] Dieses Unterfangen erweist sich unter forschungspraktischen Gesichtspunkten als hilfreich, fußt aber (noch) auf einem gleichsam von außen auf den Opernbetrieb gerichteten Blick, der in erster Linie institutionelle Aspekte der europäischen Spielstätten des italienischen Opernbetriebs erfasst. In den folgenden Ausführungen soll deshalb auf der Grundlage der Briefe der Musiker Franz und Marianne Pirker dem von Strohm entwickelten Gedanken die Perspektive der Künstler selbst hinzugefügt und damit u. a. gezeigt werden, welche Motive zu Reisen und migratorischen Bewegungen führen konnten. Zunächst sei kurz auf die beiden genannten Korrespondenten, ihre Karriere, die Entstehung und Überlieferung des Schriftwechsels eingegangen und dann die Reisetätigkeit selbst beleuchtet.

Die Pirkers und der Briefwechsel

Die künstlerische Karriere des Ehepaars Pirker entfaltete sich, soweit wir sie heute kennen, auf für den italienischen Opernbetrieb der Mitte des 18. Jahrhunderts durchaus typische Weise: Franz, der Geiger, Kopist, Textdichter, Übersetzer und Arrangeur war[5], und Marianne als Sängerin gehörten mit Unterbrechungen dem renommierten Ensemble Pietro Mingottis an,[6] waren aber auch teils gemeinsam, teils getrennt, teils auf eigene Rechnung und teils in fürstlichem Auftrag in Graz, Wien, Venedig, Bologna, Livorno, Rom, London, Hamburg, Kopenhagen sowie Stuttgart tätig und damit quer durch Europa unterwegs.[7] Anders als die meisten anderen bekannten Operisten-Korrespondenzen, die zwar in großer Zahl, jedoch als Einzelquellen und weit verstreut überliefert sind[8], hat sich im Falle der Pirkers ein relativ geschlossener Briefbestand von ca. 250 Schreiben aus den Jahren 1743 bis 1756 (mit einem Schwerpunkt auf den Jahren 1748/49) erhalten.[9] Dieser glückliche Umstand ist darauf zu-

---

4 Strohm, Reinhard: *Europäische Pendleroper* (wie Fußnote 2), S. 14.
5 Erich Müller listet eine Reihe Libretti auf, die von Franz Pirker übersetzt oder bearbeitet wurde, siehe Müller von Asow, Erich: *Angelo und Pietro Mingotti*. Dresden: Richard Bertling, 1917, S. XLVIII–L et passim.
6 Theobald, Rainer: *Die Opern-Stagioni der Brüder Mingotti*. Wien: Hollitzer, 2015, S. 11, 32, 53 f.
7 Zwei Aufenthalte in Italien sind nachweisbar: von 1743 bis 1746 in Venedig und Oberitalien sowie 1753 in Begleitung und im Auftrag Carl Eugens, siehe dazu auch Mahling, Christoph-Hellmut: »*Zu anherobringung einiger Italienischer Virtuosen*«. *Ein Beispiel aus den Akten des Württembergischen Hofes für die Beziehungen Deutschland–Italien im 18. Jahrhundert*. In: *Studien zur italienisch-deutschen Musikgeschichte* 8 (Analecta musicologica 12). Köln: Arno Volk, 1973, S. 193–208; zu einzelnen Stationen zwischen 1743 und 1746 siehe Sartori, Claudio: *I libretti italiani a stampa dalle origini al 1800*. Cuneo: Bertola & Locatelli, 1990–1994, Nr. 2871, 2980, 15486, 16072, 22939, 15527, 21968, 1481, 390, 25418, 20117.
8 Einen Zensus dieser Quellen gibt es bisher nicht. Einzelne Briefe von Opernsängern des 18. Jahrhunderts sind z. B. in I Mas Fondo Greppi, I Bc und I Moe nachweisbar.
9 Eine kommentierte Edition der Briefe wird derzeit (2016) vom Verfasser im Rahmen eines vom Fonds zur Förderung der wissenschaftlichen Forschung (FWF) unterstützten Projekts

rückzuführen, dass Franz einerseits ein penibler Archivar war, andererseits in den Zeiten der glücklich erlangten Sesshaftigkeit der Pirkers als Mitglieder der Stuttgarter Hofoper ab dem Jahr 1750 fürstliche Willkür ins Spiel kam, die aus bis heute nicht endgültig geklärtem Grund im September 1756 zur Einkerkerung der beiden Musiker und Beschlagnahmung (und damit Konservierung) ihres persönlichen Schriftwechsels führte.[10] Seine Entstehung verdankt dieser in seinem Kernbestand der Tatsache, dass sich die Pirkers nach drei erfolgreichen Jahren in Ober- und Mittelitalien zur Saison 1746/47 dazu entschlossen, den Weg nach London einzuschlagen und sich dort am Haymarket Theatre verpflichten zu lassen. Für diesen Schritt sprachen zahlreiche Gründe: London war damals eine pulsierende Metropole, die seit der Übernahme des britischen Throns durch das Haus Hannover im Jahr 1714 auch viele Künstler aus dem deutschsprachigen Raum anzog.[11] Das in der britischen Hauptstadt ansässige diplomatische Corps, dem Vertreter aller großen und mittleren europäischen Mächte angehörten, bot ferner vielseitige Möglichkeiten des Networkings und war ein erprobter Multiplikator von künstlerischen Erfolgsmeldungen. Hinzu kam ein trotz wechselhafter Geschicke durch große Namen wie Angelo Maria Monticelli oder Francesco Borosini künstlerisch florierendes Operntheater, das um die Mitte des Jahrhunderts unter der administrativen Leitung des Charles Sackville, Earl of Middlesex stand. Wirtschaftlich stand die Unternehmung allerdings auf unsicherem Boden,[12] weshalb es Sackville in den Saisonen 1746/47 und 1747/48 nicht gelang, alle Opernmitarbeiter vertragsgemäß zu bezahlen,[13] mit nachhaltigen Folgen für den weiteren Spielplan (der wurde von der Opera seria auf die Opera buffa umgestellt) und das Fortkommen der düpierten Operisti. Bis zur Auszahlung der Gage finanzierten die Opernschaffenden ihren Lebensunterhalt üblicherweise auf der Basis von Schulden und mithilfe des Pfandhauses.[14] Blieb der Lohn durch Bankrott der Impresa

---

erarbeitet (Italian Operisti as Cultural Network: Insights and Contexts of the Pirker Correspondence). Die Erforschung der künstlerischen Biographie Marianne Pirkers ist Ziel einer aus dem genannten Projekt hervorgehenden Dissertation von Mirijam Beier (Die *operisti* im 18. Jahrhundert: Biographie, künstlerisches Profil und Karrierestrategien der Sängerin Marianne Pirker, ca. 1717–1782).

10 Gleichwohl ist der überlieferte Bestand in der Weise lückenhaft, dass z. B. nicht zu jedem Brief Franzens auch das dazugehörige Antwortschreiben Mariannes überliefert ist (und umgekehrt).

11 Fiedler, Herma: *German Musicians in England and their influence to the end of the eighteenth century*. In: *German Life and letters* 4.1 (1939), S. 1–15, hier S. 6–12.

12 King, Richard G. und Willaert, Saskia: *Francesco Crosa and the first Italian comic operas in London, Brussels and Amsterdam, 1748–50*. In: *Journal of the Royal Musical Association* 118.2 (1993), S. 246–275, hier S. 247–250; Tylor, Carole: *From losses to lawsuit: Patronage of the Italian opera in London by Lord Middlesex, 1739–45*. In: *Music & Letters* 68.1 (1987), S. 1–25, hier S. 17–25.

13 King und Willaert: *Francesco Crosa* (wie Fußnote 12).

14 Im Opernbetrieb war es üblich, Sänger in ›Quartali‹ zu entlohnen. Aufgrund fehlender Rücklagen versuchte die Opernleitung zunächst einmal durch Subskribenten und Tageseinnahmen genügend Geld zu erwirtschaften, um überhaupt den laufenden Betrieb bezahlen zu

aus, wurde auch eine Abreise zu neuen Erwerbsquellen unmöglich, da Reisen teuer waren und je nach Ausgangsort und Ziel, das kann man den Korrespondenzen entnehmen, bis zu einem Viertel der üblichen Gage einer Opernsaison kosten konnten.[15]

Während der Tenor Francesco Borosini sich 1747 für seine Rückreise von London nach Wien bei den Pirkers Geld lieh,[16] zogen es andere Künstlerkollegen vor, den Rückzug ohne Begleichung der Schulden durch Flucht anzutreten.[17] Versuche dieser Art endeten allerdings meist im Schuldgefängnis. Die Pirkers selbst wählten einen dritten Weg: Da ihnen von ihrem Hausherrn, einem Londoner Schneider, ein Koffer mit ihrer gesamten Habe, vor allem Kleidung und Bühnenkostümen Mariannes, gepfändet wurde, blieb Franz als Garant seines Zahlungswillens und Bewacher des Eigentums in London, während Marianne sich im Spätsommer 1748 auf den Weg nach Hamburg machte, um sich dort wieder der Truppe des Pietro Mingotti anzuschließen. Franz konnte ihr erst im September 1749 folgen.

Schon dieser kurze Abriss zu den Umständen der Entstehung des Quellenkomplexes zeigt, dass in einem Geschäftszweig, dessen Erfolg oder Misserfolg wesentlich von der Suche nach einer gelungenen Balance von Kunst und Kommerz geprägt wurde, vor allem wirtschaftliche Gründe die beruflichen Ortswechsel bestimmten.[18] Die durch das Londoner Engagement herbeigeführte prekäre Ausgangslage bestimmt den gesamten regen Briefwechsel, der sich zwischen Mai 1748 und September 1749 zwischen Franz und Marianne sowie zwischen den beiden und dem Kastraten Giuseppe Jozzi entspann. Letzterer hatte aus ähnlichem Grund die britische Hauptstadt verlassen. Neben persönlichen Nachrichten sowie Neuigkeiten aus dem Opernbetrieb werden vor allem Überlegungen zu Erwerbsmöglichkeiten und damit verbunden Reisen, Reiseanlässe, Reiseziele und -wege diskutiert. Aus diesem Gedankenaustausch lässt sich im Hinblick auf die Mobilität auf folgende Muster schließen:

Reisen konnten als Einzelreisen (1) der Suche nach einem Engagement dienen bzw. mit zufälligen Konzerten an vorher ausgewählten Zwischenetappen als Marketingmaßnahme in eigener Sache gedacht sein[19], oder (2) von einem Opernengagement

---

können, vgl. Walter, Michael: *Oper: Geschichte einer Institution*. Kassel und Stuttgart: Bärenreiter und J. B. Metzler, 2016, S. 20.

15 In einem Brief aus Kopenhagen an ihren Mann vom 26. November 1748 schreibt Marianne in Zusammenhang mit einem Angebot für ein Engagement in Wien: »[…] mir woll[en] sie 400 ducat[en] geb[en] nebst dir, was bliebe mir dann im Beutel wann ich die reiße von hier biß wien mache[n] solte auf meine Spesen?« (HStAS, Signatur A 202 Bü 2840), Brief Nr. 77.

16 Siehe dazu den Brief von Borosini vom 19. April 1749 (HStAS, Signatur A 202 Bü 2842), Brief Nr. 133. Franz hatte später Mühe, das Geld wieder einzutreiben.

17 Dies tat u. a. die la Tedeschina genannte Tänzerin, die Schulden in Höhe von 600 Pfund hinterließ, siehe Brief vom 8. Juli 1749 (HStAS, Signatur A 202 Bü 2841), Nr. 189.

18 Calella: *Migration* (wie Fußnote 2).

19 Marianne wählte z. B. für ihre Reise von Stuttgart nach Hamburg im Sommer 1749 die Etappen so aus, dass sie die Residenzen des Markgrafen Karl Friedrich von Baden Durlach (1728–1811) in Karlsruhe und die Residenz des Landgrafen Ludwig VIII. (1691–1768) in

zum nächsten stattfinden. In dieser Form waren sie auf eigene Faust und Kosten zu bewerkstelligen[20] und mit einem relativ hohen individuellen Risiko des Scheiterns verbunden. Dieses konnte in dem Maße abgemildert werden, in dem es möglich war, in Gruppen unterwegs zu sein: Ehepaare, Geschwisterpaare, Gruppen von zwei, drei oder mehr Kollegen in Zweckgemeinschaft bilden den fließenden Übergang zu den Ensemblereisen im eigentlichen Sinne, die gleichsam im Auftrag und unter der Verantwortung eines Truppenimpresario organisiert wurden. In all diesen letztgenannten Fällen diente die Gemeinschaft u. a. dazu, die Grundbedürfnisse wie z. B. die tägliche Verpflegung für alle zu sichern. In welcher Konstellation auch immer die Operisti unterwegs waren, die Reisen wurden hinsichtlich des Zeitpunkts und der Wahl des Reisewegs von einer Vielzahl äußerer Faktoren bestimmt: Neben den Wetterbedingungen und den zur Verfügung stehenden Transportmitteln, deren Kosten sowie der Dauer und der Sicherheit des Transfers (in dieser Reihenfolge) waren das u. a. besondere politische Feierlichkeiten, die Anlass zur Hoffnung auf Verdienstmöglichkeiten boten, oder auch die Pläne konkurrierender Kollegen.

Der Kastrat Giuseppe Jozzi bietet ein Beispiel für das erste der genannten Mobilitätsmuster: Er verließ London im Mai 1748, um in den Niederlanden und in Paris als Cembalist sowie gegebenenfalls auch als Sänger zu konzertieren und damit Einkünfte zu generieren. Vor dem Hintergrund des großen Aufgebots an Diplomaten, Militärs und Fürsten, die die Verhandlungen und Feierlichkeiten zum Aachener Frieden in der Region in Bewegung setzten, versprach er sich internationale Kontakte und vielfältige Gelegenheiten zu Konzerten. Stolz berichtet er über seine Aussicht auf Bekanntschaft mit Hermann Moritz Graf von Sachsen, dem berühmten Maréchal de Saxe, von dem er als Türöffner in Versailles eine Empfehlung an die Frau des Dauphins, Maria Josepha von Sachsen, erhalten sollte.[21] Einen Konkurrenten, den Kastraten Nicola Reginelli, der ebenfalls von London aus nach Frankreich auf Konzertreise gegangen war, behielt er dabei fest im Blick und ließ sich über ihn von Franz Pirker, der sich dazu in der Londoner Gesellschaft umhörte, genau informieren. Die Nachrichten hielt Jozzi für wichtig, um seine eigenen Erfolgschancen abschätzen zu können. Im Ergebnis war die Reise nicht sehr ergiebig. Kastratengesang wurde am französischen Hof nicht sonderlich goutiert, weshalb schon Reginellis Reise nicht die erhofften Früchte trug. Aber auch Jozzis Bemühungen, sich als Cembalo-Virtuose zu präsentieren, liefen dort ins Leere.[22] Durch eine geschickte Planung vermochte er jedoch, trotz finanzieller Verluste seine Mobilität sicherzustellen. Jozzi gelang es zumindest in den Niederlanden Konzerte zu geben und bei einem Besuch in Bonn dem Kurfürsten von Köln, Clemens August, vorzusingen: Beides brachte ihm offenbar ge-

---

      Darmstadt besuchen konnte, um dort ein Konzert zu geben, siehe Brief vom 24. Mai 1749 (HStAS, Signatur A 202 Bü 2840), Nr. 143.
20   Es sei denn es gelang, sich dem Gefolge eines Adeligen anzuschließen, siehe Brief von Giuseppe Jozzi vom 18. Januar 1749 (HStAS Signatur A 202 Bü 2841), Nr. 97.
21   Brief vom 11. Oktober 1748 (HStAS, Signatur A 202 Bü 2841), Nr. 48.
22   Brief vom 4. Januar 1749 (HStAS, Signatur A 202 Bü 2841), Nr. 91.

nug ein, um sogar noch einmal nach London zurückzukehren. Erst briefliche Verhandlungen mit Pietro Mingotti, in die er mit Unterstützung seines Freundes Franz Pirker eintrat, führten ihn dann in ein neues Engagement nach Kopenhagen und später in den Dienst des Herzogs von Württemberg.[23]

Während Jozzi als Einzelreisender unterwegs war, reflektieren Marianne Pirkers Briefe Gedankengänge, die vom gemeinsamen Reisen mit ihrem Mann Franz und dem Geschäftsmodell des Operisti-Ehepaares ausgehen, das gemeinsam seine Dienste anbietet. Franz und Marianne waren schon 1736 in Graz bei Pietro Mingotti engagiert: Sie als Sängerin, er als Geiger, Kopist, Textbearbeiter und Übersetzer italienischer Libretto-Texte. Das Paar hatte im selben Jahr geheiratet und wurde von da an wahrscheinlich überwiegend zusammen verpflichtet. Für Mariannes Gastspieljahre in Oberitalien ist eine gemeinschaftliche vertragliche Bindung des Paares an das Teatro San Gristostomo in Venedig 1743/44 zwar nicht eindeutig belegbar, dank der Korrespondenzen gibt es jedoch den Hinweis, dass beide nebenher Auftritte in der oberitalienischen Umgebung wahrgenommen haben und damit offensichtlich zusammen unterwegs waren.[24] Als Künstlerin alleine zu reisen, wurde von Marianne während der Zeit der Trennung von ihrem Mann nicht nur als ökonomischer Nachteil, sondern auch als Einschränkung ihrer Freiheit im Alltag angesehen. Deshalb und weil die Sängerin in drei weiteren Fällen wie selbstverständlich von einer gemeinsamen Scrittura ausgeht, dürfte diese Variante die Regel gewesen sein. Sowohl als es um Franz' Abreise aus London und Rückkehr zur Mingotti-Truppe geht als auch in Zusammenhang mit Mariannes Verhandlungen mit den Wiener Theatern sowie dem Stuttgarter Hof, diskutieren die beiden die dafür einschlägigen Bedingungen: Im Rahmen des vertraglich fixierten Engagements Mariannes sollte Franz beispielsweise von Pietro Mingotti neben einem Platz im Orchester die Kopiatur der Truppe übertragen und damit das Recht zuerkannt werden, diese Tätigkeit auf eigene Rechnung auszuüben.[25] Im Falle der bereits erwähnten Wiener Verhandlungen hingegen war die angebotene Gage niedriger als üblich und keine Kompensation im Hinblick auf Franzens Tätigkeit in Sicht, was mit dazu beitrug, dass Marianne das Angebot ablehnte.[26] In Stuttgart war das Salär in Ordnung und für Franz bestand zugleich die Aussicht, in absehbarer Zeit ebenfalls in den bezahlten Hofdienst aufgenommen zu werden.[27]

---

23 Wichtiger Bestandteil der Vertragsverhandlungen war auch hier, die richtige Balance zwischen Höhe der Gage, Reisekosten und täglichem Auskommen zu finden.
24 Während Marianne in Bologna ein Gastspiel gab, betätigte Franz sich auch jenseits der Opernhäuser als Musiker, siehe Brief vom 11. September 1748 (HStAS, Signatur A 202 Bü 2840), Nr. 16.
25 Bei ihrem Engagement mit Mingotti in Kopenhagen 1749/50, siehe u. a. Brief vom 15. Juli 1749 (HStAS, Signatur A 202 Bü 2840), Nr. 194.
26 Brief vom 18. Oktober 1748 (HStAS, Signatur A 202 Bü 2840), Nr. 55.
27 Er wird mit Dekret vom 20. September 1752 als Konzertmeister angestellt, vgl. Schauer, Eberhard: *Das Personal des Württembergischen Hoftheaters 1750–1800.* In: *Musik und Musiker am*

Das Modell des Künstlerehepaares verband die Flexibilität des Einzelreisenden mit den Vorzügen des als Gruppe reisenden Ensembles. Da ein gemeinsames Reisen mit Franz Marianne 1748/49 verwehrt war, schloss sie sich im Mai 1748 von London kommend folgerichtig dem Ensemble Pietro Mingottis in Hamburg an und zog mit diesem im November des Jahres weiter nach Kopenhagen. Treffpunkt der Truppe war Hamburg, von dort sollte die Reise gemeinsam per Schiff fortgesetzt werden. In einem Brief vom 1. November 1748[28] an ihren Mann gibt die Künstlerin interessante Details zur personellen Zusammensetzung der Opernwandertruppen nach Berufssparten, zur Zahl der Köpfe und den Modalitäten ihrer Reisen preis und bestätigt damit u. a. die von mir eingangs aufgestellte These der nach künstlerischem Handwerk unterschiedlichen Anforderungen an die Mobilität:

> […] ich finde aber gar kein Vergnüg[en] zu waßer zu gehen, dann man sagt mir hier wunderliche sach[en] von den meer vor, bey jeziger Zeit; allein es ist unmöglich zu land zu gehen weg[en] derer Spesen, dann sind 5: Fraue[n], 4: Menscher, 11 Männer, und 10 Kerl[en], des pompea[tischen] Kind29, und ei[n] habduzent Hund, | stelle dir alßo die confiosion vor.

Zieht man die aus den Libretto-Drucken bereits bekannten Daten zu den damaligen Mitgliedern der Truppe hinzu, so lassen sich die fünf Frauen mit den fünf Sängerinnen der Unternehmung identifizieren.[30] Diesen standen vier männliche Interpreten gegenüber, der Kapellmeister Christoph Willibald Gluck sowie der Impresario selbst. Bei den fünf weiteren männlichen Personen des künstlerischen Personals (»Männer«) könnte es sich um den mitreisenden Tänzer Angelo Pompeati (Ehemann der Sängerin Teresa Pompeati) sowie Instrumentalisten gehandelt haben (etwa ›hauseigene‹ Stimmführer, die jeweils mit lokal vorhandenem Orchesterpersonal eingesetzt wurden). Mit 15 Personen bisher ungeahnt umfangreich ist das Dienstpersonal, hier als »Menscher« und »Kerle« angegeben.

Für den Impresario – und deshalb im Nachgang auch für die Ensemblemitglieder – war diese Kopenhagener Spielzeit mit wirtschaftlichen Einbußen verbunden, weil durch die Schwangerschaft der Königin Louise von Dänemark und dem damit verbundenen Rückzug der Monarchin aus dem gesellschaftlichen Leben der Publikumsandrang in der Hofoper zurückging.[31] Wegen der in Obhut ihrer Eltern in Stuttgart

---

Stuttgarter Hoftheater (1750–1918). Hg. von Reiner Nägele. Stuttgart: Württembergische Landesbibliothek, 2000, S. 40.
28 Der Brief (N. 67) wurde vom 1. bis 5. November 1748 verfasst (HStAS, Signatur A 202 Bü 2840).
29 Kind der Sängerin Teresa Pompeati.
30 Maria Masi, Marianne Pirker, Teresa Pompeati, Maria Giustina Turcotti und Gaspera Beccheroni.
31 Die kunstsinnige Königin Louise zog sich wegen ihrer bevorstehenden Niederkunft im Dezember 1748 zurück, was sich nachhaltig negativ auf das gesellschaftliche Leben und die Besucherzahlen in der Oper auswirkte. Erst nach der Geburt des Thronfolgers nebst anschließender Fastenzeit wurde die zur Feier dieses Ereignisses von Gluck komponierte Serenata *La contesa dei numi* zur Aufführung gebracht und damit das Engagement beendet.

befindlichen Töchter Aloysia und Rosalia erhöhte Marianne währenddessen einerseits ihre Anstrengungen, zu einer dauerhaften Anstellung am württembergischen Hof zu gelangen, versuchte aber andererseits auch mit Pietro Mingotti für die nächste Spielzeit in Kopenhagen im Winter 1749/50 gleichsam als Rückversicherung im Geschäft zu bleiben. Erst als sich ihre Aussichten in Stuttgart durch persönlichen Einsatz vor Ort in der zweiten Hälfte des Jahres 1749 konkretisierten, wurde sie zur Pendlerin (im Sinne Strohms) und reiste, um nicht Mingotti gegenüber wortbrüchig zu werden, ein letztes Mal wieder gen Norden, um mit ihrem alten Ensemble noch einmal in Kopenhagen zu gastieren.

Aus den Angaben der Sängerin ergibt sich, dass es sich bei den Truppen vermutlich meist nur um die Gruppe der spezialisierten Opernkräfte gehandelt hat, die sich zu einem gemeinsamen Transfer zusammenfanden. Tänzer gehörten nicht ständig dazu und wurden wohl nur nach Maßgabe der Möglichkeiten jeweils punktuell verpflichtet.[32] Ebenso wenig technisches Personal: Angehörige dieses Bereichs übten meist mehrere, auch jenseits des Theaters anzutreffende Berufe aus, weshalb sie meist schon resident am jeweiligen Auftrittsort anzutreffen waren.

Neben dem wirtschaftlichen Aspekt der Spesen bestätigt Marianne in der Kernzusammensetzung des Ensembles indirekt auch eine wichtige künstlerische Komponente, nämlich die Bedeutung der Sänger für die formale Wandelbarkeit, die ästhetische Innovationsfähigkeit der italienischen Oper. Bühnenbilder folgten z. B. in Ausgestaltung und Szenentypen einem vordefinierten Standard, wurden deshalb mehrfach verwendet und nur in Ausnahmefällen überhaupt neu angefertigt. Bühnenmaler musste also ebenfalls nicht zwingend Mitreisende eines Wanderensembles sein. Der eigentliche Garant für kreative Neuerfindung des nur äußerlich statischen Repertoires waren die Gesangskräfte und diesen als Dienstleister nachgeordnet der Kapellmeister und der Textarrangeur. Auch deshalb gilt es, die Zusammenhänge zwischen italienischer Oper als work in progress und künstlerischer Mobilität noch tiefergehend zu klären, differenziert nach Operngattungen (Opera buffa vs. Opera seria), aber auch unter dem Aspekt der Institutionen, die weit weniger ›unbeweglich‹ und stationär waren, als bisher angenommen wurde.

---

32 Mingotti zog es aus Kostengründen vor, zwischen den Opernakten Intermezzi zu spielen, statt Tänzer auftreten zu lassen, siehe Brief vom 16. März 1749 (HStAS, Signatur A 202 Bü 2839), Nr. 117.

Mirijam Beier

Mobilität der *operisti* um 1750: Die Karriere der Sängerin Marianne Pirker (ca. 1717–1782)

> Mobility was an inherent part of the eighteenth century European opera business, not only due to changes of location but also through changes within the different forms of employment in the operatic system. However, a lack of sources, in particular personal statements, makes it difficult to retrace singers' careers. This gap is partly closed through the correspondence of the *operisti* couple Franz and Marianne Pirker in the mid-eighteenth century. This article analyses this correspondence in view of Marianne Pirker's reflections regarding her next career steps as an opera singer.

Der italienische Opernbetrieb des 18. Jahrhunderts war geprägt von Mobilität. Dies galt sowohl hinsichtlich der Werke als auch des Personals: So machte die Mobilität einen Großteil der Berufsausübung und des Alltags der *operisti* aus, was sich an vielen Lebensläufen nachvollziehen lässt und insbesondere am Beispiel von Sängern und Musikern schon oft beschrieben und festgestellt worden ist.[1] Die Sängerin Marianne Pirker bildet dafür ein gutes Beispiel.[2] Es ist jedoch häufig nicht möglich, die Beweggründe zu erfahren, die zur Annahme oder Ablehnung eines bestimmten Engagements durch einen Sänger oder Musiker führten oder nachzuvollziehen, wie die Engagements an verschiedenen Orten und Institutionen zustande kamen.

---

[1] Vgl. hierzu u. a. zur Nieden, Gesa: *Frühneuzeitliche Musikermigration nach Italien. Fragen, Verflechtungen und Forschungsgebiete einer europäischen Kulturgeschichtsschreibung der Musik*. In: *Europäische Musiker in Venedig, Rom und Neapel* (Analecta musicologica 52). Hg. von Anne-Madeleine Goulet und Gesa zur Nieden. Kassel u. a.: Bärenreiter, 2015, S. 9–30 sowie Strohm, Reinhard: *Italian Operisti North of the Alps c. 1700 – c. 1750*. In: *The Eighteenth-Century Diaspora of Italian Music and Musicians* (Speculum musicae 8). Hg. von dems. Turnhout: Brepols Publishers, 2001, S. 1–59.

[2] Einen biographischen Überblick zu Marianne Pirker bieten die beiden Aufsätze von Haidlen, Richard: *Marianne Pirker. Sängerin, Gefangene Herzog Carl Eugens 1717–1782*. In: *Lebensbilder aus Schwaben und Franken* 10 (1966), S. 78–100, und Krauß, Rudolf: *Marianne Pirker. Ein deutsches Künstlerleben aus dem Zeitalter Herzog Karls*. In: *Württembergische Vierteljahrshefte für Landesgeschichte. Neue Folge* 12 (1903), S. 257–283. In beiden Aufsätzen finden sich allerdings viele Ungenauigkeiten und in einigen Fällen fehlen eindeutige Quellenangaben, sodass die Aussagen als ungesichert gelten müssen. Vgl. auch Seedorf, Thomas: *Marianne Pirker*. In: nMGG, Personenteil 13 (2005), Sp. 621 f.

Um ihre Motivationen zu beleuchten, sind persönliche Äußerungen der Protagonisten vonnöten, welche aber von den *operisti* des 18. Jahrhunderts kaum überliefert sind. Doch hierbei stellt Marianne Pirker die Ausnahme dar: Ihre Korrespondenz mit ihrem Ehemann Franz Pirker aus den Jahren 1748/49 ermöglicht Einblicke in die Engagementpraxis des 18. Jahrhunderts aus Sicht der Sängerin. Hier werden Themen wie die weitere Karriereplanung oder Überlegungen zu bestimmten Engagements diskutiert, wodurch sich die Hintergründe einiger ihrer Karrierestationen erhellen lassen. Franz Pirker gehörte u. a. als Violinist, Arrangeur und Übersetzer der italienischen Libretti ebenfalls zu den *operisti* und reiste zusammen mit Marianne 1746 nach London. Im Sommer 1748 war das Ehepaar gezwungen, vorläufig ihre gemeinsame Reisetätigkeit zu beenden: Franz blieb in London zurück, um die von dem englischen Opernimpresario Charles Sackville Earl of Middlesex nicht bezahlte Gage einzutreiben. Marianne hingegen reiste zunächst nach Hamburg, um sich der Operntruppe Pietro Mingottis anzuschließen. Aus dieser Zeit der räumlichen Trennung stammt ein intensiver Briefwechsel des Ehepaares, der sich im Hauptstaatsarchiv Stuttgart erhalten hat.[3]

Doch bereits vor dem beschriebenen Aufenthalt Marianne Pirkers in London (1746–48) lässt sich ihre Mobilität anhand ihrer Karrierestationen und Aufenthaltsorte nachvollziehen: Erstmalig trat sie 1736 in Graz als Mitglied der Operntruppen von Angelo und Pietro Mingotti[4] als Sängerin in Erscheinung.[5] Dort blieb sie vier Jahre lang, bis ihre Wege sie 1740/41 wahlweise mit einem der Brüder Mingotti nach Hamburg, Bratislava und Ljubljana führten.[6] Danach verließ sie die Mingotti'schen Trup-

---

3   Hauptstaatsarchiv Stuttgart (HStAS), A202 Bü 2839–2842. Die Korrespondenz des Ehepaares Pirker, die außerdem noch einige Briefe an den bzw. von dem Kastraten Giuseppe Jozzi sowie weitere Briefe Dritter umfasst, wird zur Zeit in dem FWF-Projekt »Die ›Operisti‹ als kulturelles Netzwerk: Einblicke und Kontexte der Pirker-Korrespondenz« an der Universität Salzburg (Leitung: PD Dr. Daniel Brandenburg) transkribiert und kontextualisiert.

4   Dabei trat immer nur einer der beiden Brüder als Impresario auf. In dem genannten Zeitraum wurde die Truppe meistens von Pietro Mingotti geleitet, nur in den beiden *stagioni autunno* 1737 und *carnevale* 1737/38 war Angelo Mingotti Impresario. Vgl. zu den Mingotti'schen Wandertruppen Müller (von Asow), Erich H[ermann]: *Angelo und Pietro Mingotti. Ein Beitrag zur Geschichte der Oper im XVIII. Jahrhundert*. Dresden: Bertling, 1917, und Theobald, Rainer: *Die Opern-Stagioni der Brüder Mingotti 1730–1766. Ein neues Verzeichnis der Spielorte und Produktionen. Chronologie aus Quellen zur Verbreitung und Rezeption der venezianischen Oper nördlich der Alpen*. Wien: Hollitzer, 2015.

5   In den meisten Fällen lassen sich die Karrierestationen anhand von Libretti nachvollziehen. Vgl. zu Graz daher Sartori, Claudio: *I libretti italiani a stampa dalle origini al 1800. Catalogo analitico con 16 indici*, 7 Bde. Cuneo: Bertola & Locatelli, 1990–1994, Nr. 2730, 9919, 4356, 7770, 24114, 2863, 24475, 732, 13352, 24684, 2952, 13313, 22118, 24547, 294, 7480, 5698, 20199, 14482, 1428, 5249 und 700. (Hier und im Folgenden richtet sich die Reihenfolge der Nummern chronologisch nach den *stagioni*.)

6   Vgl. zu Hamburg (1740) Sartori, Nr. 13556 und zu Bratislava (1741) Sartori, Nr. 743. Zu Ljubljana (1741) vgl. Kokole, Metoda: *Two operatic Seasons of Brothers Mingotti in Ljubljana*. In: *De musica disserenda* 8.2 (2012), S. 57–89, bes. S. 72–77.

pen vorerst und organisierte sich als Einzelkünstlerin Engagements in Norditalien, zunächst in Venedig. So bedankte sich die Sängerin im Mai 1743 von Wien aus brieflich bei dem venezianischen Adeligen Pietro Vendramin für ihr Engagement als *seconda donna* am Teatro San Giovanni Grisostomo in Venedig.[7] Die genauen Umstände des Zustandekommens dieses Engagements sind unklar. Sicher ist aber, dass Pirker von *autunno* 1743 bis *carnevale* 1744 in Opernproduktionen des Teatro San Giovanni Grisostomo auftrat.[8] Bis 1746 konzentrierte sich ihr Tätigkeitsbereich auf Norditalien: Auf das Engagement in Venedig folgten Opernproduktionen in Bologna, Parma und Livorno.[9] 1746 ging sie schließlich für etwa zwei Jahre zusammen mit ihrem Ehemann nach London, wo sie u. a. am King's Theatre engagiert war.[10] Im August 1748 reiste sie dann allein aus London ab, um sich in Hamburg erneut der Wandertruppe Pietro Mingottis anzuschließen. Mit dieser gastierte sie zunächst in Hamburg, danach in Kopenhagen.[11] Im Juni 1749 erhielt sie schließlich ein Anstellungsdekret[12] als *virtuosa* am württembergischen Hof und reiste daher nach Stuttgart. Mit einer kurzen Unterbrechung, während der sie nochmals zur Operntruppe Pietro Mingottis in Kopenhagen stieß[13], wirkte Pirker etwa sechs Jahre lang in württembergischen Diensten in den Residenzen Stuttgart bzw. Ludwigsburg. Ihre musikalische Karriere endet mit ihrer Verhaftung 1756 und der darauffolgenden achtjährigen Haft auf dem Hohenasperg.[14] Die Zeit danach verbrachte sie alternierend in Heilbronn und Eschenau, wo sie 1782 starb.[15] Dieser Überblick über Marianne Pirkers Karriereweg zeigt außer der Mobilität in Form von häufigen Ortswechseln noch eine weitere Mobilitätsform: Sie bewegte sich ohne Weiteres flexibel innerhalb verschiedener Formen des Opernbetriebs, der Wandertruppe, den Hoftheatern und den öffentlichen Operninstitutionen.

Über die sich während der Zeit der Korrespondenz (1748/49) ergebenden Engagement- oder Auftrittsmöglichkeiten schrieb Pirker an ihren Mann Franz in London. Dieser legte in seinen Antworten auch seine eigene Sicht dar, sodass mitunter lebhafte Diskussionen über einzelne Punkte entstanden. Da die derzeitige Truppe von Pie-

---

7   Vgl. HStAS, A202 Bü 2842, Brief vom 11. Mai 1743.
8   Vgl. Sartori, Nr. 2871, 15486, 22939, 2980 und 16702.
9   Vgl. zu Bologna (1745 und 1746) Sartori, Nr. 1481, 15527 und 20117, zu Parma (1745) Sartori, Nr. 21968 und zu Livorno (1746) Sartori, Nr. 390 und 25418.
10 Vgl. Sartori, Nr. 2041, 15655, 3927, 10112, 14529, 20210, 7739, 13215 und 21560.
11 Vgl. zu Hamburg (1748) Sartori, Nr. 3641 und Müller (von Asow), Nr. 42, sowie zu Kopenhagen (1748/49) Müller (von Asow), Nr. 31 und 130.
12 Das Anstellungsdekret vom 12. Juni 1749 befindet sich im HStAS als Teil der Signatur A21 Bü 620.
13 Vgl. Müller (von Asow), Nr. 5, 8, 45 und 126.
14 Vgl. hierzu die Arrestanten-Akte im HStAS unter der Signatur A8 Bü 253. Auch aus diesen Unterlagen wird der genaue Verhaftungsgrund nicht deutlich. Aufgrund der hohen Geheimhaltung lässt sich aber vermuten, dass es sich um eine persönliche Anordnung des Herzogs Carl Eugen handelte.
15 Vgl. Haidlen, S. 96–98, und Krauß, S. 280–283.

tro Mingotti nur für die Auftritte in Hamburg und Kopenhagen 1748/49 zusammengestellt worden war, musste Marianne nach neuen Perspektiven und – möglichst gut bezahlten – Engagements suchen, um weiterhin ihren Lebensunterhalt bestreiten und die Schulden bezahlen zu können. Dabei wurden drei Orte besonders häufig diskutiert: Wien, Stuttgart und Kopenhagen.

Mehrmalig schrieb Marianne Pirker über ein mögliches Engagement in Wien: Diese Option wurde über den Kaufmann Franz von Churfeld eröffnet, der von Wien aus mit den Pirkers korrespondierte und sie über die aktuellen Geschehnisse der Wiener Opernwelt informierte. Doch nachdem sich die Sängerin genauer über die Bedingungen des Engagements informiert hatte, kam sie zu dem Schluss, dass ihr die angebotenen Konditionen zu schlecht waren: Die Gage wäre vergleichsweise gering gewesen, die Übernahme der Reisekosten von Kopenhagen nach Wien wäre im Angebot nicht enthalten und zudem wäre die Reise witterungsbedingt erst spät im Jahr möglich, sehr beschwerlich und teuer gewesen.[16] Im Vergleich von eventuell selbst organisierten Auftritten in Hamburg, einem möglichen Engagement unter Pietro Mingotti als Impresario in Holland und dem Wiener Angebot entschied sie sich gegen das Letztere, denn »wien wäre der geringste profit unter allen«[17]. Außerdem wäre ein Engagement in Wien für sie nur von Interesse gewesen, wenn sie die Zusicherung erhalten hätte, ausschließlich als *prima donna* aufzutreten.[18]

Ein weiteres mehrfach diskutiertes Thema bildete dann die Möglichkeit eines Engagements am württembergischen Hof. Bereits das Gerücht, dass die berühmte *prima donna* Francesca Cuzzoni ihre Stelle als *virtuosa* am Hof Herzog Carl Eugens verlassen könnte, veranlasste Marianne Pirker in Hinblick auf ihre Nachfolge initiativ zu werden. Ihre in Stuttgart lebende Familie (ihre Mutter, ihr Stiefvater und zwei ihrer Töchter) drängte sie, sich um diese Anstellung zu bemühen und zur Eile, damit sie rechtzeitig vor anderen Sängern in Stuttgart einträfe, um das Anstellungsdekret zu erhalten.[19] Umgekehrt gab auch Marianne in ihren Briefen die Nähe zur Familie als Hauptgrund an, an den württembergischen Hof gehen zu wollen. Von ihrer Familie wurde sie über die aktuelle Situation am württembergischen Hof informiert und sie selbst versuchte ihre Absichten innerhalb der Mingotti'schen Truppe, mit der sie in Kopenhagen weilte, geheim zu halten.[20] Nach Erhalt der Anstellung als *virtuosa* änderte sie ihre Informationstaktik: Die Nachricht, dass sie nicht nur die Anstellung Francesca Cuzzonis erhalten, sondern auch eine Besoldung in gleicher Höhe wie derjenigen Cuzzonis verhandelt hatte, ließ Marianne sogleich unter den *operisti* verbrei-

16 Vgl. HStAS, A202 Bü 2840, Briefe vom 15. und 18. Oktober sowie vom 14. und 28. November 1748.
17 HStAS, A202 Bü 2840, Brief vom 14. November 1748.
18 Vgl. HStAS, A202 Bü 2840, Brief vom 17. Dezember 1748.
19 Vgl. HStAS, A202 Bü 2840, Briefe vom 11. Oktober und 14. November 1748 sowie vom 1. März und 8. April 1749.
20 Vgl. HStAS, A202 Bü 2840, Brief ohne Datum (zwischen dem 3. und 7. Januar 1749 verfasst) und Brief vom 8. April 1749.

ten.²¹ Am württembergischen Hof war sie zunächst insbesondere für die Kirchen- und Kammermusik zuständig, nützte aber im Folgenden zusammen mit ihrem Mann ihre Kontakte, um beim Aufbau eines Opernensembles mitzuhelfen.²² Dabei versuchte sie auch, Familienmitglieder und Freunde besonders zu empfehlen.²³

Bevor die Entscheidung für den württembergischen Hof getroffen und die Anstellung gesichert war, lotete Pirker ausgehend von Hamburg bzw. Kopenhagen möglichst viele Alternativen aus. Dabei bediente sie sich der Taktik des ›Doppelengagements‹: Sie verhandelte mehrere Engagements gleichzeitig, um möglichst gute Konditionen auszuhandeln und dann das beste Angebot anzunehmen.²⁴ Auch in Kopenhagen selbst gab es Bemühungen, aus Sängern der Operntruppe ein eigenes Opernensemble aufzubauen. Marianne berichtete mehrfach über die Schwierigkeiten, die sich bei diesem Unterfangen von Anfang an ergaben. Daher bezog sie Kopenhagen als zukünftigen Wirkungsort zwar in ihre Überlegungen ein, maß dieser Möglichkeit aber keine allzu großen Chancen bei.²⁵ Wie am Beispiel des Wiener Angebots gezeigt, wog sie schließlich alle Optionen gegeneinander ab und entschied sich für die Anstellung am Hof Herzog Carl Eugens, weil diese ihr die Nähe zu ihrer Familie ermöglichte, ein lukratives Angebot darstellte und ein hohes Renommee versprach. Zusätzlich nutzte sie die verschiedenen Optionen taktisch, um darüber an bestimmten Stellen ihren Marktwert zu demonstrieren: In Württemberg hatte sie offenbar gezielt verbreitet, dass sie im folgenden Jahr erneut als Mitglied der Operntruppe Pietro Mingottis in Kopenhagen gastieren würde, was sie bereits während des ersten Aufenthalts in Kopenhagen ausgehandelt hatte. Nachdem sie das Anstellungsdekret erhalten hatte, musste sie dieses Engagement nun wahrnehmen, obwohl sie lieber am württembergischen Hof geblieben wäre, da sie sonst Gefahr lief, als Lügnerin angesehen zu werden. Dies hätte ihrem Ruf und damit ihrer Karriere dermaßen geschadet, dass sie die erneute Reise nach Kopenhagen auf sich nahm.²⁶

Dieser Blick auf die Karriere von Marianne Pirker verdeutlicht, dass sie ihre Entscheidungen stark von der Situation abhängig machte, in der sie sich gerade befand. Es wurden möglichst mehrere Optionen gleichzeitig eruiert und verhandelt sowie immer mitbedacht, dass auch sicher scheinende Engagements nicht zustande kommen konnten. Dabei unterschied sie nicht zwischen spezifisch beruflichen und per-

---

21 Vgl. HStAS, A202 Bü 2840, Brief vom 19. Juni 1749 und Bü 2841, Brief vom 17. Juni 1749.
22 Vgl. HStAS, A202 Bü 2842, Brief vom 14. August 1753 sowie die Akte zur Virtuosen-Akquise in Italien HStAS, A21 Bü 616. S. hierzu auch Mahling, Christoph-Hellmut: »Zu Anherobringung einiger italienischer Virtuosen«. Ein Beispiel aus den Akten des württembergischen Hofes für die Beziehungen Deutschland-Italien. In: *Studien zur Italienisch-Deutschen Musikgeschichte* 8 (Analecta musicologica 12). Köln: Arno Volk, 1973, S. 193–208.
23 So z. B. ihre Tochter Aloysia, den Kastraten Giuseppe Jozzi und ihren Ehemann. Vgl. HStAS, A202 Bü 2840, Briefe vom 15. April sowie vom 6. und 19. Juni 1749.
24 Vgl. HStAS, A202 Bü 2840, Brief vom 11. Oktober 1748.
25 Vgl. HStAS, A202 Bü 2840, Briefe vom 15. Januar, 21. Februar, 1. März, 1. und 15. April 1749.
26 Vgl. HStAS, A202 Bü 2840, Brief vom 19. Juni 1749.

sönlichen Belangen: Vertragsbedingungen und Renommee fanden in den Überlegungen genauso Berücksichtigung wie Reisebedingungen oder die Möglichkeit, Familienmitglieder und befreundete Sänger zu unterstützen. Damit erreichte sie gleichzeitig auch die Stärkung der eigenen Position innerhalb der Gruppe der *operisti* und steigerte ihren persönlichen Marktwert.

Gesa zur Nieden

Von Glückstadt nach Kopenhagen
Mobilität und kulturelle Horizonte frühneuzeitlicher Musiker im norddeutschen Raum

> During the 18th century, musicians in Northern Germany cultivated different perceptions and scopes of travels ranging from self-promotion with the intent to obtain a better position to travel in order to enlarge one's own cultural education. In the article, the physical and social movements of 18th century musicians from Glückstadt and Schwerin are analyzed with a focus on their cultural horizons. While town musicians relied on dynastic symbols known in larger parts of Europe, court musicians benefited from their transregional networks and mediums of music reception. Since both types of cultural horizons were present in small towns, like Glückstadt, and were often connected, the approach of cultural horizons facilitates a socially comprehensive view on early modern musicians' mobility beyond political instrumentalizations of musical styles.

In den Jahren 1803/1804 beschreibt der Schriftsteller August Gottlieb Meißner (1753–1807) den Aufenthalt des Dresdner Hofkapellmeisters Johann Gottlieb Naumann (1751–1801) vom November 1783 in Kopenhagen mit folgenden Worten:

> bei seiner zweiten Schwedischen Reise hatt' er zwar einige Tage in Kopenhagen verweilt, hatte einige flüchtige Bekantschaften alda angeknüpft; aber blos als ein Reisender, der sich umzusehen und mit der Landes-Art bekannt zu machen sucht; durchaus nicht als ein Künstler, der Ruhm oder Vortheile zu erbeuten strebt.[1]

Während hier bereits ein moderner Unterschied zwischen einer Mobilität aus Gründen der Profession und derjenigen aus Gründen kultureller Bildung gemacht wird, benutzt Johann Wilhelm Hertel gut 20 Jahre früher das Wort ›Reise‹ in Bezug auf das Musikleben der Ludwigsluster Hofkapelle während des Siebenjährigen Kriegs zwar vornehmlich als Begriff für einen punktuellen, nicht dauerhaften Ortswechsel fernab von professionellen Verpflichtungen. Er schreibt:

> Doch ehe die gute Musik ihr Haupt empor heben konnte, legte ihr der Kummervolle Krieg, der noch im Jahre 1756 erfolgte, ein trauriges Stillschweigen auf […]. Der Hof hielt sich während der kriegerischen Zeiten bald in Hamburg, Altona und Lübeck auf und von den Musikern gieng unterdeßen einer hie, der andere dorthin auf Reisen.[2]

---

1 Meißner, August Gottlieb: *Bruchstücke zur Biographie Johann Gottlieb Naumanns*. 2. Aufl. Wien: Doll, 1814, S. 99f.
2 Hertel, Johann Wilhelm: *Autobiographie* (Wiener musikwissenschaftliche Beiträge 3). Hg. und kommentiert von Erich Schenk. Graz u. a.: Böhlau, 1957, S. 47.

Dennoch wird das Reisen auch bei ihm als kulturelle Horizonterweiterung verstanden, im Gegensatz zu einem professionell begründeten Ortswechsel. Während Letzterer eher mit Worten wie »hingehen«, »sich aufhalten« oder »zurückgehen« beschrieben wird, sind Reisen für Hertel als Besuche künstlerischer Sehenswürdigkeiten wie der Gemäldesammlung am Braunschweiger Hof oder auch als biographisch-individuelle Ortswechsel wie die Rückkehr an seinen Geburtsort Eisenach während eines höfischen Trauerjahrs konnotiert.[3] Eine Überlagerung von Profession und Horizonterweiterung ergab sich für ihn lediglich bei der Möglichkeit, seinen Fürsten und Arbeitgeber auf Reisen zu begleiten, z. B. nach Frankreich, was sich im Jahr 1751 aufgrund eines anhaltenden Fiebers jedoch nicht realisieren ließ.[4] Über seine Zeit als Musikdirektor der Hauptkirche in Stralsund 1759–1760 schreibt Hertel dann schließlich:

> Vielfältig von den sich erworbenen Gönnern und Freunden nach Schweden eingeladen, hatte er jetzt zweymal Gelegenheit in der besten Gesellschaft frey, dahin zu reisen; allein da es ihm dieß in Ansehung anderer Länder, die er gern gesehen hätte, nicht hatte glücken wollen, so wollte er auch nun nicht grade da mit nordwärts anfangen.[5]

Wenn man den Begriff ›kultureller Horizont‹ als Vorstellungsraum versteht, der sich aus vielfältigen Grenzziehungen zwischen Politik und Soziabilität, aber auch aus künstlerischen und professionellen Intentionen ergibt, scheinen in diesen mobilitätsbezogenen Beispielen also ganz unterschiedlich angelegte kulturelle Horizonte auf. Diese sind nicht nur in verschiedener Weise mit Profession und individueller Bildung verknüpft, sondern scheinen sich zudem in diesen beiden Bereichen auch nicht immer zwingend überlagern zu müssen.

Im folgenden Beitrag möchte ich dem Verhältnis von Profession und kulturellem Horizont während des 17. und 18. Jahrhunderts anhand einer frühneuzeitlichen Mobilitätsgeschichte im norddeutschen Raum nachgehen. Mobilität wird dabei sowohl im Sinne einer geographischen Mobilität, also als dauerhafter Ortswechsel oder Reise verstanden, als auch im Sinne einer karriereretechnischen sozialen Mobilität. Insgesamt geht es mir darum, die Bedingungen und Möglichkeiten von Mobilität bzw. auch die Fähigkeit, sich im Räumlichen und zugleich im Sozialen zu bewegen (*motility*)[6], als kulturelle Horizonte zu begreifen und dabei die Lebenswelten städtischer

---

3   Ebd., S. 42 und S. 45–46.
4   Ebd., S. 41.
5   Ebd., S. 49.
6   »Motility is the capacity of an actor to move socially and spatially. This is therefore reinforced by networks and can be defined as all forms of access obtainable (both technologically and socially), the skills possessed to take advantage of this access, and their appropriation (or what the actor does with this access and these skills). Consequently, motility is how an individual or group endorses the field of movement possibilities and uses them, also referring to intentionality.« Canzler, Weert, Kaufmann, Vincent und Kesselring, Sven: *Tracing Mobilities – An Introduction.* In: *Tracing Mobilities. Towards a Cosmopolitan Perspective.* Hg. von Weert Canzler. Aldershot: Ashgate, 2008, S. 1–12, hier S. 3. Die Tendenz in dieser Definition, dass die

und höfischer Musiker im Ostseeraum zwischen Zentrum und Peripherie zu kontrastieren. Meine übergreifende These ist, dass sich kulturelle Horizonte frühneuzeitlicher Musikerinnen und Musiker im 17. Jahrhundert lange innerhalb von Rückgriffen auf Herrscher- und Stadtpanegyrik ausdrückten, dass diese zum Teil sehr individuellen Rückgriffe in einem zunehmenden administrativen Apparat im Verlauf des 18. Jahrhunderts aber mehr und mehr durch die lokalen Arbeitsbedingungen überdeckt wurden.

Als Beispiel wird mir erstens das Musikleben in der 1617 von Christian IV., König von Dänemark und Norwegen gegründeten »Exulantenstadt« Glückstadt an der Elbe dienen, die bereits 1649 zum Verwaltungsmittelpunkt Holsteins wurde.[7] Zweitens sollen die kulturell ebenso offenen Mecklenburgischen Höfe und ihr seit dem Ende des 16. Jahrhunderts bestehender dynastischer Bezug zur dänischen, aber auch zur kursächsischen Krone herangezogen werden.[8] Ziel ist es, anhand des Vergleichs von Stadt und Hof im norddeutschen Raum kulturelle Horizonte im Rahmen der Profession und der übergreifenden Bildung aus Sicht der Musikerinnen und Musiker herauszuarbeiten und mit den politischen Kontexten zu verbinden.

Glückstadt

Bei Glückstadt handelt es sich um eine Stadtneugründung des dänischen Königs Christian IV., der bereits seit Ende des 16. Jahrhunderts an einer Erweiterung seines Königreichs gen Süden interessiert war. Durch die strategisch vorteilhafte Lage oberhalb Hamburgs sollte Glückstadt der Hansestadt u. a. durch die Erhebung von Schiffszöllen Konkurrenz machen.[9] Doch fernab der ökonomischen Intentionen ging es Christian IV. bei Glückstadt auch um eine starke symbolisch-politische Repräsentati-

---

Akteure geradezu eine Mobilität im Sinne einer heutigen Flexibilität anstrebten, muss zwar in Bezug auf das 17. und 18. Jahrhundert relativiert werden. Dennoch eröffnet der Begriff der Motilität gerade Einsichten in Bezug auf die Frühe Neuzeit und ihre Neuentwicklungen hin zu Individualisierung und Verstaatlichung. Zum Mobilitätsbegriff in der Frühen Neuzeit vgl. Bonß, Wolfgang und Kesselring, Sven: *Mobilität am Übergang von der Ersten zur Zweiten Moderne*. In: *Die Modernisierung der Moderne*. Hg. von Ulrich Beck und Wolfgang Bonß. Frankfurt a. M.: Suhrkamp, 2001, S. 177–190, hier S. 187 und 189.

7   Zum Terminus »Exulantenstadt« vgl. Esser, Raingard: Art. *Exulantenstadt*. In: *Enzyklopädie der Neuzeit. Bd. 3: Dynastie-Freundschaftslinien*. Hg. von Friedrich Jaeger. Stuttgart: Metzler, 2006, S. 732–733.
8   Christian IV. war der älteste Sohn König Friedrichs II. von Dänemark und Norwegen und dessen Gemahlin Sophie von Mecklenburg, einer Nachfahrin Friedrichs I. von Dänemark.
9   Zur Geschichte Glückstadts siehe *Glückstadt im Wandel der Zeiten*, 3 Bände. Glückstadt 1963–1968, zur Frühen Neuzeit insbesondere den Band 2, Glückstadt 1966. Einen überblicksartigen Abriss über die Gründung der Stadt Glückstadt und deren Motive gibt Köhn, Gerhard: *Die Bevölkerung der Residenz, Festung und Exulantenstadt Glückstadt von der Gründung 1616 bis zum Endausbau 1652*. Neumünster: Wachholtz, 1974, S. 22–26.

on. Dies wird bereits an seinem Einzug in die Stadt Hamburg im Jahr 1603 deutlich, bei dem er mit einem Festzug zum Treueeid der Hansestadt durch einen Handschlag und zu einem Ringrennen auf dem Pferdemarkt ritt. Der Festzug ist von Mara Wade und Arne Spohr bereits als Kernelement der neuen europäischen Rolle des dänischen Königs interpretiert worden.[10] In der Tat symbolisieren die musikalische Ausgestaltung, der Einbezug von Tugenden, die Ausstattung der Wagen und nicht zuletzt die Bezugnahme auf auswärtige Völker die herausgehobene Stellung des Königs als ›Sonne‹, die sich gegenüber des Römischen Reichs als nordische Instanz abhebt.[11] Dabei ist es nicht unerheblich, dass das zukünftige Emblem der Stadt Glückstadt, die Göttin Fortuna, im Festzug eine herausgehobene Position erhält, und zwar sowohl in Bezug auf die herrschaftliche Macht als auch auf die Lebenswelt der Untertanen, die von Christian IV. in der symbolischen Darstellung gleichermaßen berücksichtigt wurden: Die Fortuna thront einerseits über dem Flammenring, innerhalb dessen der König auf seinem Wagen Platz nimmt, andererseits schmückt sie aber auch den Ring des Ringrennens, an dem der König in seinem Flammenkostüm teilnahm:

> Insonderheit so ist der fünffte und letzte Wagen zumahl herrlich unnd köstlich gewesen / auffwelchem gar hoch in der höhe / als auff einen Königlichen Pallast / eine grosse Sonne mit Gülden Stralen von sich schiessent / künstlich zugerichtet / gestanden / In welcher der König mit einem Gülden Zepter in seiner rechten Hand / zwischen zwey Güldenen Löwen / als auff einem Stuel / wie König Salomonis Stuel gestalt gewesen / gesessen. Und ist er der König / gleich wie man den Planeten Solem / gemeiniglich abzumahlen pfleget / bekleidet gewesen / mit Güldenen Strahlen an seinem Haupt / in welchem Habith er auch nach dem Ringer gerennet. [...] Fortuna aber hat ihr Fehnlein über den Ringel fliegen lassen.[12]

---

10   Wade, Mara R.: *Publication, Pageantry, Patronage. Georg Engelhard von Loehneyss' Della Cavalleria (1609; 1624) and His Hamburg Tournament Pageant for King Christian IV of Denmark (1603).* In: Daphnis 32.1–2 (2003), S. 165–197; Spohr, Arne: *»Was hört man da vor Seitenspiel/ Orpheus nicht dabey gleichen wil«. Die Huldigung Hamburgs vor Christian IV. (1603) und ihre musikgeschichtlichen Folgen.* In: *Hamburg: Eine Metropolregion zwischen früher Neuzeit und Aufklärung.* Hg. von Johann Anselm Steiger und Sandra Richter. Berlin: Akademischer Verlag, 2012, S. 561–578.

11   Spohr, Arne: *Concealed Music in Early Modern Diplomatic Ceremonial.* In: *Music and Diplomacy from the Early Modern Era to the Present.* Hg. von Rebekah Ahrendt, Mark Ferraguto und Damien Mahiet. New York: Palgrave Macmillan, 2014, S. 19–44, hier S. 33.

12   *Historischer begrieff/ Welcher Gestalt der Durchleuchtigste/ ... Herr Christian der vierde dieses Nahmens/ zu Dennemarck/ Norwegen/ der Wenden vnnd Gotten König/ ... Deßgleichen ... Herr Iohan Adolph, Erbe zu Norwegen/ Hertzog zu Schleswigk/ Holstein/ ... Beyde jtziger zeit Regierende Herren im Lande zu Holstein/ eines Theils: Vnd die ... Handelsstadt Hambvrgk, andern Theils: den 30. Tag Octobris, Anno 1603. jhre Huldungs vnd annehmungs Verbündnus/ wegen der beyden Fürstenthüme/ Holstein vnnd Stormarn/ deren gelidmaß sich die Stadt erkennet/ ernewert: Jtem mit was gepreng vnd Solennitet, ... jeder seinen Einzug/ vnd folgendes jhre Auffzüge/ Ringrennen/ Turnier vnd ander Ritterspiel gehalten ; Jtem was vor andere Fürsten/ ... empfangen worden / Jn Druck verfertiget Durch Thobiam Loncivm.* Magdeburg 1603, S. 14, 16.

In Bezug auf die hier zitierte Festbeschreibung des Tobias Lonz und ihre Zentrierung auf das Bild der Sonne und die Göttin Fortuna sind dabei zwei weitere Dinge erwähnenswert: Zum einen berichtet er über den Einbezug von Fremden und ihren Spielleuten in den Festzug, was zur Kurzweiligkeit beigetragen habe, und zum anderen ist er darauf bedacht, die Aufstellung des Zugs als Interpretationsregel für seine symbolische Bedeutung herauszustellen. Während durch die Auswahl der Bilder und Symbole anscheinend Fehlinterpretationen seitens des breiten Publikums ausgeschlossen werden sollten,[13] scheint die Musik eine ebenso deutliche Symbolik widerzugeben:

> Es seind noch viel andre Auffzüge neben diesen Beyden auff die Rennebahn auffgeführet / mit welchen die von der Ritterschafft auffgezogen / Einer als ein Türck / einer als ein Polack / der dritte als ein Unger / der als ein Mohr aus India / Ein ander als der Moschowitter / der als ein Franzoß / einer als ein Wilder Man / welcher Behren mit sich geführet / das sonderlich kurzweilich ist anzusehen gewesen. Widerumb einer als ein Tarter / der als eine Reitende Post. Item / einer ist auffgezogen mit einem Pfluge / wie ein Ackersman. Welche allesampt statlich und wol bekleidet gewesen / und hat ein jeder seine sonderliche Spielleute / nach des Landes art vor sich hergehent gehabt / Die alle durch des Mantenirers verordnete / mit Kön: Majest: Trommetern auff die Rennebahn gebracht / und wider abgeführet worden.[14]

Dieses zeitgenössische Zitat verweist auf zwei grundlegende Dimensionen des Festzugs: Einerseits wurden hier sehr unterschiedliche Musiken gespielt, wozu der Forschung nach auch zeitgenössische Lautenmusik aus Hamburg gehörte.[15] Andererseits diente die Militärmusik als ordnendes Element der vielen Spielleute[16] – eine Ordnung, welche sich auch in den fanfarenhaften Musiken, den zum Teil türkischen, persischen, polnischen oder moskowitischen Intraden, spiegelt, die Georg Engelhard Löhneysen in seiner Schrift *Della Cavalleria* von 1609 für den Festzug mitlieferte.[17]

Genau diese Zweiteiligkeit von herrschaftlicher Macht und vielfältigem Musikleben charakterisiert auch die musikalische Präsenz des dänischen Königs in den ersten Jahren nach der Gründung Glückstadts: Als Christian IV. sich 1637 in der Schloss- und Garnisonsstadt aufhielt, unterstrich der französische Gesandte Louis Aubery du Maurier, der ihn begleitete, zwar die Kargheit seines Aufzugs, aber gleichzeitig auch die Präsenz militärischer Symbole.

---

13 Vgl. Wade, Mara: *Triumphus Nuptialis Danicus. German Court Culture and Denmark. The »Great Wedding« of 1634*. Wiesbaden: Harrassowitz, 1996, S. 52–53.
14 Ebd., S. 15–16.
15 Spohr: »*Was hört man da vor Seitenspiel*« (wie Fußnote 10), S. 571.
16 Hedwig, Prinzessin von Dänemark und Kurfürstin von Sachsen, Schwester von Christian IV., brachte eine »sächsische Bergmusik« aus Dresden mit. Ebd., S. 569.
17 Löhneysen, Georg Engelhard: *Della Cavalleria Das ist: Gründlicher vnd außführlicher Bericht, von allem was zu der löblichen Reuterey gehörig, vnd einem Cavallier zu wissen von nöhten: Jnsonderheit von Turnier- vnd Ritterspielen, Erkentnis vnd Vnterschied, Auch Cur vnd Wartung der Pferde, vnd wie man dieselben auff allerley Manier abrichten vnd zeumen sol*. Remlingen, 1624, S. 74–82.

Une heure après que nous fûmes arrivés à Gluckstad, nous entêntimes dans la Ville deux grands coups de Canon, signal ordinaire pour marquer l'arrivée du Roy de Danemarck dans la Place. Il venoit de Copenhague en un Calèche à deux chevaux, accompagné seulement de quatre ou cinq Cavaliers, ce qui nous fit admirer à tous le mépris que ce sage Prince faisoit du faste et de la pompe des Rois.[18]

Vom Aufenthalt Christians V. in Glückstadt im Jahr 1672 ist überliefert, dass er Trompeter mit sich führte, die vor Ort einquartiert wurden.[19] Doch Christian IV. und seine Nachfolger übertrugen nicht nur die militärischen Anklänge auf Glückstadt, sondern verfolgten zudem eine hohe wirtschaftliche und auch kulturelle Prosperität, die ebenfalls mit der Göttin Fortuna und der länder- wie schichtenübergreifenden Ausrichtung der königlichen Repräsentation wie in Hamburg 1603 zusammenhingen. Das wirtschaftliche Fortkommen wurde stark mit Glücksbegriffen beschrieben: Am 17. Juni 1640 schrieb Christian IV. an seinen Kanzleisekretär Corfitz Ulfeld: »Geht es, wie es jetzt geplant ist, glücklich weiter, wie es mit Gottes Hilfe wohl geschieht, dann wird Glückstadt eine Stadt und Hamburg eine Landstadt.«[20] Die Privilegien von 1718, welche u. a. holländische, englische, portugiesische und französische neue Bürger für die neue Stadt anziehen sollten, wurden schließlich mit kulturellen Elementen in Form eines Emblems einer Laute vor einem Baum, der Wurzeln schlägt, ausgeschmückt.[21]

Vor diesem die Musik stark miteinbeziehenden Hintergrund ist es kein Wunder, dass auch lokale Dichter und Musiker auf die in Hamburg und Glückstadt verbreiteten Symbole und Darstellungsmodi des Königs eingingen. Auch hier ist eine starke Orientierung am Glücksbegriff gegeben, verstanden als positive Fügung des Schicksals. In der Glückstädter Literatur wird ›Glück‹ jedoch auch in Bezug auf die nur schleppende Entwicklung der noch jungen Stadt, ihre Kriminalität und ihre schlechten Witterungsverhältnisse als ehemaliges Marschland verwendet. Dies ist nach den eher stadtlobenden Gedichten über Glückstadt von Johann Rist aus dem 17. Jahrhundert[22] vor allem in Christoph Wolterecks Holsteinischen Musen von 1712 der Fall. Während

---

18 Maurier, Louis Aubery du: *Mémoires de Hambourg, de Lubeck et de Holstein, de Danemarck, de Suède et de Pologne.* Blois: Masson, 1735, S. 9–10.
19 Landesarchiv Schleswig-Holstein, Abt. 133 – Glückstadt 1: Quartier für König Christian V. und sein Gefolge in Glückstadt während seiner Reise durch die Herzogtümer, 1672.
20 Christians IV. Breve Bd. 4, S. 356, zitiert nach Köhn: *Die Bevölkerung der Residenz, Festung und Exulantenstadt Glückstadt…* (wie Fußnote 9), S. 43.
21 *Königlich allergnädigstes PRIVILEGIUM für die / der Reformirten Religion zu-gethane / so wol Deutsch- und Französischer / als auch Engell- und Holländischer Nationen, welche sich etwa alhie in Glückstadt zu setzen und häuslich nieder zulassen resolviren möchten…*, Glückstadt, 1718.
22 Zu Johann Rist und Glückstadt vgl. Dammann, Günter: »*Johann Rist auf zwei Fürstenhochzeiten: Glückstadt 1643 und Celle 1653*«. In: *Johann Rist (1607–1667). Profil und Netzwerke eines Pastors, Dichters und Gelehrten* (Studien und Dokumente zur deutschen Literatur und Kultur im europäischen Kontext 195). Hg. von Johann Anselm Steiger und Bernhard Jahn. Berlin und Boston: De Gruyter, 2015, S. 71–108, insbes. S. 91–92.

Wolterecks Widmungsgedicht höchste lokal verankerte Treue vom schläfrigen Stern am Wohlfahrtsstrom Elbe verheißt und sicherlich auch in karriereetechnischer Intention in Bezug auf den dänischen Königshof verfasst war, schlägt der Glückstädter Dichter auch zünftigere Töne in seiner Textsammlung an. Ebenfalls enthalten ist dort das Madrigal *Auf einen Sauf-Bruder* sowie *Auf einen Bankrottierer* und mehrere Madrigale über das Bauen.[23] In einem Sonett drückt das lyrische Ich seine Angst vor »Nordia«, dem nordischen Wind aus, denn »mein Glücks-Baum stehet kahl / und ist von Früchten frey«[24].

Auf musikalischer Seite tritt der Stadtmusikus Georg Baltzer Bertram, dessen Familie anscheinend schon seit dem 17. Jahrhundert in und um Glückstadt etabliert war,[25] mit Kompositionen hervor, die sich an Woltereck Texte anlehnen und die gleichzeitig Bilder aufnehmen, die bereits in Hamburg zu Beginn des 17. Jahrhunderts präsent waren. Dies wird aus seiner *Weynachts-Cantate* samt Ode von 1712 deutlich, deren Text im Hinblick auf den geborenen Heiland, aber im Sinne der Bildtradition auch im Hinblick auf den dänischen König die Begriffe Meer, Wind, aber auch Himmel, Sonne und Leuchten in den Vordergrund stellt.[26] Der Text der Ode kulminiert im Ausruf »Mich bestrahlt ein Himmelsbogen«, der auf der Grundlage des Textes »Ihr kalten Trübsals-Nächte! Jetzt müßt ihr glücklich seyn. Die Sonne / der Gerechte Bringt Wärm und Licht herein« ebenfalls ein Bewerbungsgesuch des Dichters und Musikers an den dänischen Königshof darstellen könnte.[27] Obwohl die *Weynachts-Freude* mit »eine[r] Sing-Stimme / einem Instrument, zween Bassons und dreyen Hautboes«, wahrscheinlich unter Mitwirkung der Oboisten des ortsansässigen Regiments, ausgeführt wurden, ist es wahrscheinlich, dass Bertram mit seiner Kantate ein Anwerbungsgesuch für Kopenhagen verband:[28] Mit dem »Himmelsbogen« wäre somit auf eine Violine als einem zentralen Instrument des musikalisch italienisierten Kopenhagener Hofs angespielt.[29]

---

23 *Christoph Woltereckes Holsteinische Musen, Worinnen enthalten Ehren-Gedichte/Briefe/Cantaten/Oden/Sonette/Madrigalen/Sinngedichte und Grabschriften*. Glückstadt: Bey Gotthilff Lehmann Königl. Privil. Buchhändler, 1712, S. 289–291.
24 Ebd., S. 246.
25 Vgl. die Erwähnung des Musicus Bertram in: Stadtarchiv Glückstadt, Mf1 LVI: *Glückstädtische Pfandbrüche* 1673–1674.
26 *Weynachts-Freude, In der Stadt und Schloß-Gemeine zu Glückstadt vormittags Musicalisch vorgestellet durch Georg Baltzer Bertram*, Gedruckt im Jahr Christi 1712, unpaginiert.
27 Bertram bewarb sich 1709 auch um das Amt des Stadtmusikanten in Flensburg. Soll, Mirko: *Verrechtlichte Musik. Die Stadtmusikanten der Herzogtümer Schleswig und Holstein. Eine Untersuchung aufgrund archivalischer Quellen* (Kieler Studien zur Volkskunde und Kulturgeschichte 5). Münster u. a.: Waxmann, 2006, S. 303.
28 Es ist zudem überliefert, dass Bertram mit dem Organisten der Stadtkirche Johann Conrad Rosenbusch zunehmend in Streit geriet, der 1715 eskalierte. Ebd., S. 420.
29 Zum Hof in Kopenhagen s. Moe, Bjarke: »Italian Music at the Danish Court during the Reign of Christian IV. Presenting a picture of cultural transformation«. In: *Danish Yearbook of Mu-*

Aus den Akten zum Glückstädter Stadtmusikus geht hervor, dass sich Bertram während seiner Amtszeit von 1696 bis 1735 immer stärker gegen die ansässigen Militärmusiker durchsetzen musste. Er griff zwar anscheinend wie bei der Weihnachtskantate durchgehend auf sie zurück, um größere Ensemblemusiken ausführen zu können, beschwerte sich aber 1725 und 1732 gleichzeitig in Kopenhagen über die unautorisierten Hochzeitsmusiken, mit denen die Garnisonsmusiker seine Privilegien als Stadtmusikus verletzten, und erreichte letztlich eine Neupublikation seiner Privilegien durch den Hof in Kopenhagen.[30] Insbesondere bat Bertram den dänischen König, »dem Magistrat zu Glückstadt allergnädigst anzubefehlen, dieser wegen eine richtige Ordnung zu machen, daß so, daß nicht außer Stand gesetzt werde, meine zu der Music benötigten Läute halten zu können«[31].

Während Bertrams musikalische Aktivitäten mit ihrem Dauerbezug nach Kopenhagen also sowohl der Herrscherpanegyrik als auch der Prosperität des lokalen Musiklebens und nicht zuletzt seiner eigenen karrieretechnischen Mobilität im Sinne der Aufrechterhaltung einer ihm dienlichen Ordnung gedient zu haben scheinen, lag in den Glückstädter Bürgerhäusern ein ganz anders gearteter, durch Musik hergestellter kultureller Horizont vor. Zeigen lässt sich dies anhand einer Hochzeitsmusik eines gewissen »Philomuso« für den Regierungs- und Kanzleirat Friedrich Helms und Anna Jungen von 1664.[32] Die Vertonung des Hohelieds Salomons weist Instrumenten- und Vortragsbezeichnungen in niederdeutsch, französisch und italienisch auf. Diese spielerische Zusammenstellung wird von einem Rätselkanon begleitet.[33] Weitere Drucke von Hochzeits- und Trauermusiken belegen, dass sich das Glückstädter Bürgertum oft an Musiker aus Hamburg oder Altona wie Dietrich Becker wandte, um die Feierlichkeiten musikalisch auszugestalten.[34] Somit ist nicht auszuschließen,

---

sicology 38 (2010/2011), S. 15–32; Hammond, Susan Lewis: »Italian Music and Christian IV's Urban Agenda for Copenhagen«. In: *Scandinavian Studies* 77.3 (2005), S. 365–382.

30 Soll: *Verrechtlichte Musik* (wie Fußnote 27), S. 355–356.

31 Brief von Georg Baltzer Bertram an den dänischen König vom 8. Februar 1732. Landesarchiv Schleswig-Holstein, Abt. 65.2 Nr. 3411[IV].

32 *Gespräch des himlischen Bräutigambs mit seiner Braut aus dem Hohen Liede Salomonis/ Auff den hochzeitlichen Ehren und Freuden-Tag/ Des Wol Edlen/Vest und Hochgelahrten Herrn Friderici Helms/ der Rechten wohlgewürdigten Doctoris, Als Bröutigambs mit seiner holdseligen Braut/ Der Hochehr und Viel Tugendreichen Jungfer Anna Jungen/ Des Wol Ehrenwesten/ Groß Achtbahrn und Wolfurnehmen Herrn Detlef Jungen/ Landes-Gevollmächtigten im Südertheil Dithmarschen/ Einigen herzlich geliebten Tochter/ In Glückstadt celebriret am 24. Novembris dieses 1664ten Jahres. In die Sing- und Spiel-Kunst verfasset à Philomuso.* Glückstadt/ Druckts Melchior Koch.

33 Vgl. hierzu auch Kremer, Joachim: »Höfische und städtische Hochzeitsmusiken: Serenata und Hochzeitsarie in Norddeutschland um 1700«. In: *Tisch und Bett. Die Hochzeit im Ostseeraum seit dem 13. Jahrhundert* (Kieler Werkstücke 19). Hg. von Thomas Riis. Frankfurt a. M. u. a.: Lang, 1998, S. 245–274, hier S. 268–269.

34 *Traur= und Begräbnuß=Music Bey Hochansehnlicher Christlicher Leichbestättigung Des Hoch-Edlen und Gestrengen Herrn/ Herrn Johann Helms/ Dero zu Dännemarck Norwegen Königl: Mayest: hocbetrauten Raths/ und Cantzlern in denen Fürstenthümbern Schleswig Hollstein; wie*

dass in Glückstadt zwei Arten von kulturellen Horizonten vorherrschten: ein herrscherbezogener bis Kopenhagen und ein netzwerktechnisch-künstlerischer mit Hamburg. Letzterer konnte sich anscheinend im privaten Rahmen der Hochzeitsfeiern ohne paradigmatische Anklänge an die dänische Krone äußern. Stattdessen scheint er eher an eine vielseitig gebildete lokale Gemeinschaft angepasst, die vor Ort in Glückstadt und anscheinend auch über Hamburg sowohl niederländische als auch französische und italienische Musik rezipierte.

Ende des 18. Jahrhunderts gab es in Glückstadt schließlich zwei Arten und Weisen, als Stadtmusikus aus dem Dienst zu treten: Während der ehemalige Neustädtische Hofmusiker Heinrich Conrad Wille 1792 gedachte, sich »auf Reisen zu begeben, um zu sehen, ob Mad: Fortuna nicht in ihrem Glückstöpfchen noch ein gutes Loos für mich aufgehoben«[35], bewarb sich Nicolaus Daniel Palschau 1759 mit seiner Fertigkeit, italienische Saiten und Instrumente anzufertigen, von Glückstadt nach Kopenhagen. Mit der Begründung, dass sein Verdienst in Glückstadt bei der vielen musikalischen Konkurrenz und der steuerlichen Abgaben nicht mehr für ihn ausreiche, war er schon vor seiner Bewerbung nach Kopenhagen übergesiedelt. Er sah sich »genöthigt […] mich von da weg zu begeben, und andererwärts zu establiren«.[36] In Kopenhagen traf er eventuell auf Familienmitglieder wie Peter Jacob Palschau und Johann Gottfried Wilhelm Palschau, die dort als Geiger und Cembalist tätig waren.[37] Im kleinstädtischen Musikleben Holsteins waren also unter dänischer Herrschaft sowohl die kulturelle Horizonterweiterung als auch die professionelle, musikerfamiliengebundene Karriere präsent und auch möglich. Gegen Ende des 18. Jahrhunderts beförderten das geringe Auskommen und spezielle Fähigkeiten eine geographische und auch soziale Mobilität.

---

auch hochbestalten Praesidenten der Pinnenberg= und Altonaischen Ober=Appellation=Gerichten; Wie dessen Leiche am 15. Augusti 1678, bey Volckreicher Versamblung zugetragen und beygesetzet worden/ Zu Glückstadt in der Stadt=Kirchen gehalten von Diedrich Beckern/ bestalten Rahts Violisten in Hamburg. Gedruckt durch Melchior Kochen, Glückstadt 1678. Zu den Beziehungen zwischen Glückstadt und Altona s. a. Neubacher, Jürgen: *Zur Musikgeschichte Altonas während der Zeit von Telemanns Wirken in Hamburg.* In: *Beiträge zur Musikgeschichte Hamburgs vom Mittelalter bis in die Neuzeit* (Hamburger Jahrbuch für Musikwissenschaft 18). Hg. von Hans Joachim Marx. Frankfurt a. M. u. a.: Lang, 2001, S. 267–310, insbes. S. 275–276.

35 Stadtarchiv Glückstadt, Nr. 1015, Brief des Stadtmusikanten Heinrich Conrad Wille vom 8. August 1792, zit. nach Soll: *Verrechtlichte Musik* (wie Fußnote 27), S. 208.
36 Brief von Daniel Nicolaus Pallschau an den dänischen König aus Kopenhagen, Mai 1759, Stadtarchiv Glückstadt, Akte Stadtmusikus.
37 Norris, Geoffrey und Koch, Klaus-Peter: *Palschau, Johann Gottfried Wilhelm.* In: *Grove Music Online. Oxford Music Online.* http://www.oxfordmusiconline.com/subscriber/article/grove/music/20787 [23.03.2017].

Schwerin

Schaut man zunächst auf ähnlich kleinstädtischer Ebene nach Mecklenburg, so geben die Mecklenburgischen Nachrichten um 1750 eine ähnliche soziale Hierarchie von Musikerinnen und Musikern wider. Diese lässt sich bereits an der Standardisierung der Nachrichten über die Musik bei Hofe ablesen, die zu »Trompeten- und Pauken-Schall« Trinksprüche für die fürstlichen Jubilare abhielten,[38] familiäre Feste und die Rückkehr von Reisen mit Kantaten feierten,[39] Maskenbälle veranstalteten[40] und Schlittenfahrten ebenfalls durch Trompeter und Oboisten begleiten ließen.[41] Wichtig schienen auch hier die Titel der Kantaten zu sein, die meistens angegeben werden, wie im Fall von Adolf Carl Kunzens Geburtstagskantate für die Herzogin Amalia 1751 in Rostock mit dem Titel *Bündnis der Jugend, der Tugend, der Unschuld und des Glücks*.[42] Was die bürgerlichen kulturellen Horizonte im Schweriner Umfeld angeht, äußern sie sich in diesem Intelligenzblatt durch Gesuche nach französischsprachigen und des Herrichtens von Perücken mächtigen Angestellten für den Hausunterricht und weitere häusliche Arbeiten. In der Ausgabe *Anno 1749. No. IX. Sonnabend den 21 Junius* heisst es:

> VIII. Eine adeliche Herrschaft in dem Stargardischen Crayse verlanget einen Studiosum, welcher in den schönen Wissenschaften gegründet ist, um einen fast erwachsenen jungen Herrn darinn zu unterweisen. Selbiger aber muß dabey eine gute Conduite haben, und den General=Baß aus dem Grunde verstehen, wie auch den Flügel zu stimmen und zu befiedern wissen. Wer nun sich zu solcher Hofmeister=Stelle tüchtig befindet, und dazu Belieben hat, kann hier in Schwerin bey dem Herrn Post-Secret. Hennemann, nähere Nachricht bekommen.[43]

Nur wenig später, *Anno 1750, No. IV., Sonnabend den 24 Januar*, ließ sich in den Mecklenburgischen Nachrichten dagegen lesen:

> I. Es wird ein Laquais, welcher gut Artestata vorzeigen kann, bevorstehenden Ostern in Dienste verlanget. Er muß, weil er Korn=Bodens in seiner Aufsicht und Verwaltung hat, schreiben und rechnen können. Weil er auf nicht täglich zu schreiben, oder mit dem Korn zu

---

38 Zu Schwerin vgl. z. B. *Mecklenburgische Nachrichten*, Anno 1749. No. IV. Sonnabend den 17 May; Anno 1750. No. XXXII. Sonnabend den 8 August; Anno 1750. No. XLVI. Sonnabend den 14 Nov.; Anno 1750. No. L. Sonnabend den 12 Dec.

39 Vgl. z. B. *Mecklenburgische Nachrichten*, Anno 1740. No. XXX. Sonnabend den 15 Novbr.; Anno 1749. No. XXXVI. Sonnabend den 27 Decbr.; Anno 1750. No. XXXII. Sonnabend den 8 August; Anno 1750. No. XLIII. Sonnabend den 24 Octob.; Anno 1750. No. XLVI. Sonnabend den 14 Nov.

40 Vgl. z. B. *Mecklenburgische Nachrichten*, Anno 1749. No. IV. Sonnabend den 17 May; Anno 1750. No. XXXII. Sonnabend den 8 August; Anno 1750, No. XXXIV. Sonnabend den 22 August; Anno 1750. No. XXXV. Sonnabend den 29. August; Anno 1750. No. XLIII. Sonnabend den 24 Octob.; Anno 1750. No. XLVI. Sonnabend den 14 Nov.; Anno 1750. No. L. Sonnabend den 12 Dec.

41 Vgl. *Mecklenburgische Nachrichten*, Anno 1751. No. VIII. Sonnabend den 20 Febr.; Anno 1751. No. IX. Sonnabend den 27 Febr.

42 *Mecklenburgische Nachrichten*, Anno 1751. No. XI. Sonnabend den 13 März.

43 *Mecklenburgische Nachrichten*, Anno 1749. No. IX. Sonnabend den 21 Junius.

thun hat, so sähe man gerne, wenn er sich mit der Musik, oder mit Mahler= oder Schneider=Arbeit einen Zeitvertreib zu machen wüste. An Lohn beköm̈t er 16 Rthlr., und an Lust= Geld 14 Rthlr. Auch alle 2 Jahr neue Livrée. Wer davon nähere Nachricht haben will, kann sich hier in Schwerin bey Mons-Stehr in des Hern. Amts=Verwalter Streubels Hause, oder in Wismar bey dem Hern. Schrep von dem Pöhler=Thor angeben.[44]

Folgt man hingegen einer ähnlichen Herrscher- und Stadtpanegyrik, wie bei der Darstellung des Glückstädter Musiklebens, lassen sich auch im Mecklenburg um 1600 Anzeichen einer Orientierung an Dänemark über die Allegorie der Fortuna finden, motiviert durch die dynastischen Verbindungen zwischen Dänemark und Mecklenburg in Person der Mutter Christians IV., Sophie Herzogin von Mecklenburg-Güstrow. Adolph Friedrich I. von Mecklenburg-Schwerin, der zu Beginn seiner Regentschaft noch unter der Vormundschaft von Ulrich zu Mecklenburg-Güstrow, dem Vater Sophies, gestanden hatte, ließ 1612 eine Münze mit der ein Segel haltenden Fortuna prägen.[45] Im Jahre 1666 wurde ein sehr ähnliches Bild auch bei den Dresdener Festlichkeiten zur Hochzeit zwischen der dänischen Prinzessin Anna Sophia mit dem sächsischen Kronprinzen Johann Georg genutzt, bei einer Fahrt mit Schlitten von Giovanni Maria Nosseni aus dem Jahr 1600.[46] Zudem wurde 1666 in Dresden das *Ballett der Glückseligkeit* aufgeführt, unter Mitwirkung des Tanzmeisters François de la Marche.[47] An diesem Ballett waren nicht nur zahlreiche weitere Tanzmeister aus Bayreuth und den Niederlanden beteiligt, sondern auch das Glück wurde natürlich prominent thematisiert.[48]

Etwa in der gleichen Zeit sahen die Ballette am Hof in Güstrow unter Gustav Adolf ganz ähnlich aus – nur dass sie statt reiner politischer Repräsentation auch auf den Bildungshorizont des Fürsten abhoben. Das Ballett *Die Lust der Musik* zum Beispiel

---

44   *Mecklenburgische Nachrichten*, Anno 1750, No. IV. Sonnabend den 24 Januar.
45   Vgl. Fried, Torsten: *Geprägte Macht. Münzen und Medaillen der mecklenburgischen Herzöge als Zeichen fürstlicher Herrschaft*. Köln, Weimar und Wien: Böhlau, 2015, S. 55.
46   Brink, Claudia: *Anna Sophia: »Fortuna auf dem Glücksschiff«*. In: *Mit Fortuna übers Meer. Sachsen und Dänemark – Ehen und Allianzen im Spiegel der Kunst (1548–1709)*. Hg. von Jutta Kappel und Claudia Brink. Berlin und München: Deutscher Kunstverlag, 2009, S. 207–211, hier S. 209 und Wade, Mara R.: *Dänisch-sächsische Hoffeste der Frühen Neuzeit*. In: ebd., S. 63–70, hier S. 66–68. Zum Zusammenhang von dänischer und Dresdener Repräsentation in Bezug auf Glückstadt vgl. Wade: *Triumphus Nuptialis Danicus* (wie Fußnote 13), S. 111.
47   Wade: *Dänisch-sächsische Hoffeste* (wie Fußnote 46), S. 69.
48   Vgl. z. B. *Die Vierdte Haupt=Entrée. Die Güter des Glückes*. In: *Ballet der Glückseligkeit/ mit welchem die Durchleuchtiste Fürstin und Frau/ Frau Magdalena Sibylla/ Chur-Fürstin zu Sachsen und Burggräfin zu Magdeburg/ Die Durchleuchtigste Princeßin und Frau/ Frau Anna Sophien/ gebohrne Königliche Erb=Princeßin zu Dännemarck und Vermählete Chur=Princeßin zu Sachsen/ Nach dem Sie von Dero gelibeten Herren Sohn Dem Durchleuchtigsten Hochgebohrnen Fürsten und Herrn Herr Johann Georgen dem Dritten/ Chur=Printzen zu Sachsen/etc. Aus dem Königreich Dännemarck heimgeführet/ und dem 31. Decembr. 1666, in die Chur=Residentz=Stadt Dresden glücklich eingebracht worden/ Dem S. Martii 1667 Hoch=Fürstlich bewillkommen/ und empfangen wollte. Inventiret von Francois de la Marche, Tantzmeister zu Straßburg. Dresden. Gedruckt bey Melchior Bergen/ Churf. Sächs. Hoff=Buchdrucker*, unpaginiert.

thematisierte 1671 die unterschiedlichen sogenannten ›nationalen‹ Tanzstile der Franzosen, Italiener und Deutschen, die den beiden ersten in nichts nachstehen sollten.[49] Diese Ballette waren einerseits eine Anlehnung an die Musiktheateraufführungen des italianisierten Hofs in Dresden, gingen aber wohl aus den Interessen des Fürsten selbst hervor, der dichterisch tätig war, zwischen 1649 und 1653 einen Grand Tour nach Frankreich und Italien unternommen und sich lange am Hof von Frankreich aufgehalten hatte.[50] In diesem Zusammenhang scheint es auch nicht unmöglich, dass Gustav Adolf von der Aufführung von Molières und Lullys comédie-ballet *Le Bourgeois Gentilhomme* und ihrem »ballet des nations« Kenntnis hatte, die ein Jahr zuvor in Versailles stattgefunden hatte. Auf diese Weise finden sich hier tatsächlich ein kultureller Bildungshorizont und ein politisch-kultureller, symbolischer Horizont perfekt überlagert. Zugleich ist offensichtlich, dass sich Gustav Adolf an den großen Höfen orientierte, die mit ihrer symbolischen Repräsentation selbst den dänischen Königshof klar überdeckten.[51]

Als Johann Wilhelm Hertel dann vor und nach dem Siebenjährigen Krieg in den Diensten des Hofs von Mecklenburg-Schwerin stand, hatte sich dieses kulturell differenzierte, als bereits individualisiert erscheinendes Verständnis von Musikrepertoire um die öffentliche Dimension erweitert. Aus Hertels autobiographischen Ausführungen und aus seinen Schriften wie *Sammlung musikalischer Schriften, größtentheils aus den Werken der Italiäner und Franzosen* (Leipzig 1757) wird ersichtlich, dass er sich an den Opernhäusern und Verlagen in Leipzig orientierte sowie am Schrifttum und am Repertoire Hamburgs.[52] In seiner 1757 publizierten Sammlung verweist er auf die

---

49 *Die Lust der Music. Ballett Auff befehl des Durchleuchtigsten Fürsten und Herrn Herr Gustaff Adolph/ Hertzogen zu Mecklenburg/ Fürsten zu Wenden/ Schwerin und Ratzeburg/ auch Graffen zu Schwerin/ der Lande Rostock und Stargard Herrn. In Gegenwart vieler Fürstlichen Persohnen Getantzet in Dero Residentz Güstrow den 1. Martii Anno 1671*. Güstrow. Gedruckt durch Christian Schrippeln. Anno 1671.

50 Stuth, Steffen: *Höfe und Residenzen. Untersuchungen zu den Höfen der Herzöge von Mecklenburg im 16. und 17. Jahrhundert* (Quellen und Studien aus den Landesarchiven Mecklenburg-Vorpommerns 4). Bremen: Themmen, 2001, S. 232.

51 Zum Zusammenhang von kultureller Bildung und politischer Repräsentation in frühneuzeitlichen Balletten und im Musiktheater vgl. auch zur Nieden, Gesa: *Jeux charmants: Transkulturelle Mehrfachverortungen in André Campras* L'Europe Galante *(1697) zwischen Musikhistoriographie, Politik und Publikum*. In: *Transkulturelle Mehrfachzugehörigkeiten: Räume, Materialitäten, Erinnerung* (Praktiken der Subjektivierung). Hg. von Dagmar Freist, Sabine Kyora und Melanie Unseld. Bielefeld: transcript (in Druck).

52 Flaherty, Gloria: *Opera in the Development of German Critical Thought*. Princeton: Princeton University Press, 1978, S. 185–187. Zu Hertels kompositorischer Ausrichtung zwischen Berlin, Hamburg, Frankreich und Italien vgl. Diekow, Reinhard: *Zum sinfonischen Schaffen Johann Wilhelm Hertels als Hofkapellkomponist in Schwerin (1754–1767)*. In: *Studien zur lokalen und territorialen Musikgeschichte Mecklenburgs und Pommerns*, Band 1. Hg. von Ekkehard Ochs. Greifswald: Landesmusikrat, 1999, S. 49–53.

bereits vorliegenden Publikationen beim Leipziger Buchhändler Mizler.[53] Sein 1760 vertontes Metastasio-Libretto *Il vero Omaggio* (Wien 1754) zeugt von seinem Wissen um die europäische Libretto-Rezeption durch die großen Höfe und öffentlichen Opernhäuser der Zeit.[54] Berücksichtigt man Hertels pragmatische Entscheidung, während des Kriegs eine Stelle in der Kirchenmusik anzunehmen, von dort aber auch nicht nach Schweden aufzubrechen, und berücksichtigt man auch seine vehementen Hinweise auf die vielen Abschriften seiner Metastasio-Vertonung,[55] dann wird klar, dass die wissenstechnische Infrastruktur für Hertel den kulturellen Horizont schaffte, den er reisend und zur Wahrung seines Einkommens nicht erfahren konnte. Dennoch blieb die kulturelle Bildung – frei nach seiner Maßgabe »man müße sich von jeder sache, von jeder Wißenschaft so viel wie möglich eine wenigstens allgemeine Kenntniß verschaffen. Zu dem Ende hatte er sich in jedem Fache ein Paar gute Haupt-Bücher angeschafft, die ihm hiezu behülflich sein mußten«[56] – auch bei ihm mit dem Reisen verbunden. Die Stralsunder Gesellschaft, wo Hertel sich während des Siebenjährigen Krieges aufhielt, »übertraf bey weitem seine Erwartung« aufgrund der »wohlhabende[n], gutherzige[n], zum Theil durch fremde Reisen sehr wohl conduisirte[n] Bürgerschaft«[57]. Auch das weitere Reisen blieb für ihn – wie auch bereits die Reisen, die er innerhalb seiner Ausbildung getätigt hatte – ein Glück, nur dass sich jetzt die Blickrichtung von Schweden nach Italien gewandelt hatte.[58]

Wie sehen nun also die kulturellen Horizonte frühneuzeitlicher Musikerinnen und Musiker aus? Sie sind in der Zeit und in den unterschiedlichen hierarchischen Positionen ganz unterschiedlich konturiert, dabei in ihren Reichweiten durchaus vergleichbar. Während dieses Ergebnis wenig erstaunlich ist, macht eine Untersuchung der kulturellen Horizonte zwischen Profession und Bildung jedoch zwei wichtige Dinge klar: (1) Von einer politischen Instrumentalisierung musikalischer Stile zu sprechen, wird in dieser biographischen Perspektive recht schwierig, zu unterschiedlich sind die sozialen Intentionen, welche seitens der Musikerinnen und Musiker, aber auch seitens ihrer Mäzene mit bestimmten geographischen Fluchtpunkten verbunden wurden. (2) Der Glücksbegriff und seine politisch eingesetzte Allegorie der Fortuna wurden sowohl von Stadtmusikern als auch von Hofmusikern aufgegriffen. Hierbei sind soziale Differenzierungen zwischen Stadtmusikern und Hofmusikern

---

53 Hertel, Johann Wilhelm: *Sammlung musikalischer Schriften, größtentheils aus den Werken der Italiäner und Franzosen.* Leipzig: Breitkopf, 1757, S. 2–3.
54 Zum Transfer italienischer Arien von Leipzig nach Schwerin vgl. Maul, Michael: *Barockoper in Leipzig (1693–1720)* (Rombach Wissenschaften 12.1). Freiburg i. Br., Berlin und Wien: Rombach, 2009, S. 625–626. Zu *Il vero Omaggio* vgl. Hertel: *Autobiographie* (wie Fußnote 2), S. 51.
55 Ebd.
56 Ebd., S. 52.
57 Ebd., S. 47.
58 Vgl. ebd., S. 14 und S. 49. Zudem schreibt Hertel, dass »er willens war, sich neben seinen Studien in der Musik, so viel wie möglich, zu perfektioniren; überzeugt, daß hiedurch schon mehr als einem in der Welt der Weg zu seinem Glück geöffnet worden«, ebd., S. 25.

möglich, wobei die Stadtmusiker die dynastischen Darstellungen für die Beförderung ihrer Karrieren nutzten, die Hofmusiker dagegen vom vielleicht nicht als standesgemäß verstandenen Glück profitierten, Reisen unternehmen zu können und dabei eine kulturelle Mobilität bewiesen, die der kulturellen Bildung ihrer Fürsten angeglichen war. Der Begriff des Glücks taucht – so wäre es z. B. auch bei Quantz nachweisbar – in mannigfachen Lebensbeschreibungen von Musikerinnen und Musikern auf, für glückliche Wendungen, erfolgreich absolvierte Reisen oder Netzwerkbildungen mit positiven Folgen.[59]

Insgesamt orientierten sich paradoxerweise also gerade die Musiker kleiner norddeutscher Städte an der offiziell geregelten symbolischen Repräsentation maßgeblicher Höfe, im Gegensatz zu den Hofmusikern mit ihrer kontinuierlichen Horizonterweiterung im Hinblick auf musikalische Bildung. In diesem Sinne beförderten sowohl die kulturellen Überschneidungen von Hof und Stadt kulturelle Horizonterweiterungen, als auch die Mobilität von Hofmusikern eben diese Verbindung von Hof und Stadt immer weiter festigte. Anhand der glücklichen Wendungen, mit denen frühneuzeitliche Musikerinnen und Musiker ihre Motilität umschrieben oder vorantrieben, könnte also eine institutionenübergreifende Professionalisierungsgeschichte geschrieben werden, die den kulturell übergreifenden mentalitätsgeschichtlichen Verortungen der Musikerinnen und Musiker im 17. und 18. Jahrhundert genauso Rechnung trägt wie den sozialen Intentionen, die mit bestimmten geographischen Fixpunkten verbunden sind und die stilgeschichtliche Pointierungen damit in ein neues Licht setzen.

---

59 Vgl. Quantz, Johann Joachim: *Herrn Johann Joachim Quantzens Lebenslauf, von ihm selbst entworfen.* In: *Historisch-Kritische Beyträge zur Aufnahme der Musik*, Bd. 1, St. 3. Hg. von Friedrich Wilhelm Marpurg. Berlin: Schütze, 1755, S. 197–250.

Cristina Scuderi

Netzwerke und Organisationssystem der italienischen Oper im östlichen Adriaraum (1861–1918)

> Preparing and overseeing an opera season was a very difficult task in Dalmatia at the end of the nineteenth century. Securing necessary funds was not always easy and resulted in the employment of inadequate artists, delays concerning the sets and costumes, which sometimes arrived late by sea or were loaded onto the wrong steamboat in the first place, the protests of shareholders, denouncement from other impresarios, and an ethnically mixed audience which demanded to be satisfied. The impresarios had to work with a system that was becoming less and less able to guarantee opera performances and their wider circulation.
>
> The need to create a dialogue between theatrical directions in the organization of the seasons was growing stronger; the network between theatres was seen as one of the possible turning points to cope with the many problems that the territory presented.

Die Geschichte der Produktion und Verbreitung der Oper entlang der östlichen Adriaküste ist bis heute weitgehend unbekannt. Oper war hier überwiegend italienischer Herkunft und allem Anschein nach auf komplexe Weise multikulturell geprägt. Ein laufendes Forschungsprojekt am Institut für Musikwissenschaft der Karl-Franzens-Universität Graz zielt darauf ab, Präsenz, Organisationssystem und Rolle der italienischen Oper in den Theatern an der heutigen slowenischen und kroatischen Küste in der Zeit unmittelbar nach der Einigung Italiens bis zum Ende des Ersten Weltkriegs zu untersuchen. Ein wesentlicher Teil der Arbeit liegt in der Rekonstruktion von Reisetätigkeiten und Auftritten der Künstler und Künstlerinnen sowie von organisatorischen Arbeiten, die die Prozesse einer Opernproduktion begleiteten und überhaupt erst ermöglichten.

Das bis jetzt von Fiume (Rijeka) bis Ragusa (Dubrovnik) über Zara (Zadar), Sebenico (Šibenik) und Spalato (Split)[1] gesammelte Archivmaterial erlaubt es nicht nur, die Aktivitäten der wichtigsten Opernkompanien sowie die Geschäftsbeziehungen zwischen den Impresari und den Theaterdirektoren zu dokumentieren, sondern auch die Netzwerke zwischen den Verlegern und ihren Vertretern in Mailand, Rom und Venedig und den Theaterverantwortlichen im östlichen Adriaraum.

---

1   Die Städte Fiume, Ragusa, Zara, Sebenico und Spalato wurden von den damaligen Impresari meistens mit ihren italienischen Namen genannt.

Da mit Beginn der napoleonischen Herrschaft für dieses Gebiet Italienisch zur offiziellen Amtssprache wurde, ist der Großteil der aufgefundenen handgeschriebenen Dokumente auf Italienisch verfasst. Die ab 1866 von Kaiser Franz Joseph betriebene Politik der ›Entitalianisierung‹ von Istrien und Dalmatien hat später zu einer verminderten Präsenz dieser Sprache geführt.[2] Die fortschreitende Germanisierung und Slawisierung der Region hatte zum Ziel, die geistige Vorherrschaft Venedigs zu überwinden; dies hielt die Impresari jedoch nicht davon ab, italienische Opernkompanien für eine oder mehrere Saisons zu engagieren. Die Kompaniemitglieder stammten aus dem Hinterland und auch die Musiker waren oft nicht ortsansässig. Fehlten in Dubrovnik Orchestermusiker, dann wurden diese zuweilen direkt in Bari engagiert und kamen auf dem Seeweg in die Stadt. Die Städte entlang der dalmatinischen Küste nördlich von Dubrovnik rekrutierten ihr künstlerisches Personal überwiegend aus Triest, einer Stadt, die nach ihrer Eingliederung in das Reich der Habsburger die Rolle Venedigs als kultureller Knotenpunkt übernommen hatte und nächstliegender Anlaufpunkt für die Vermittlung professioneller Musiker war.

Aus geografischen Gründen stellte der Seeweg die bestmögliche Verbindung zwischen Italien und den Städten an der dalmatinischen Küste dar. Die Schifffahrtsgesellschaften boten den Künstlern und Künstlerinnen verbilligte Überfahrten an, trotzdem waren die Fahrtkosten im Durchschnitt höher als auf dem Landweg. Zusätzlich durfte der Preis für die Eintrittskarten meist nicht erhöht werden: All dies stellte für einen Impresario ein erhöhtes finanzielles Risiko dar.

Zu den Schwierigkeiten kam hinzu, dass viele Theatergruppen nicht ersten Ranges waren und dass kleine Theaterhäuser entlang der dalmatinischen Küste bei Opernaufführungen wenig Publikumszulauf hatten. Nicht zuletzt kam es vor, dass eine Opernpremiere an der dalmatinischen Küste wegen Nichterscheinens der Künstler und Künstlerinnen abgesagt oder verschoben werden musste, und zwar nicht nur aus gesundheitlichen Gründen, sondern auch wegen Nichterscheinens zur vereinbarten Zeit, wenn z. B. ein Dampfer wegen der Bora nicht aus dem Hafen von Triest auslau-

---

2 Am 12. November 1866 befahl Kaiser Franz Joseph dem *Consiglio della Corona*, dem Einfluss italienischer Elemente entschieden entgegenzutreten: »Se. Majestät sprach den bestimmten Befehl aus, dass auf die entschiedenste Art dem Einflüsse des in einigen Kronländern noch vorhandenen italienischen Elementen entgegentreten durch geeignete Besetzung der Stellen von politischen, Gerichtsbeamten, Lehrern sowie durch den Einfluss der Presse in Südtirol, Dalmatien und dem Küstenlande auf die Germanisierung oder Slawisierung der betreffenden Landesteile je nach Umständen mit aller Energie und ohne alle Rücksicht hingearbeitet werde. Se. Majestät legt es allen Zentralstellen als strenge Plifcht auf, in diesem Sinne planmäßig vorzugehen.« Vgl. den Text der Sitzung vom 12. November 1866 in *Das Ministerium Belcredi. 8. April 1866–6. Februar 1867*. Bearbeitet von Horst Brettner-Messler. Mit einer Einleitung von Friedrich Engel-Janosi (Die Protokolle des Österreichischen Ministerrates 1848–1867, VI. Abteilung, Bd. 2). Hg. vom Österreichischen Komitee für die Veröffentlichung der Ministerratsprotokolle, Wien: Österreichischer Bundesverlag für Unterricht, Wissenschaft und Kunst, 1971, S. 297.

fen konnte.³ Die Wetterbedingungen waren für das Festlegen der Proben- und Aufführungszeiten entscheidend.

Verschifft wurden nicht nur Menschen, sondern auch unterschiedliche, für die Aufführungen notwendige Materialien wie Bühnenbilder, Kostüme und Requisiten. Auch Partituren wurden auf dem Seeweg befördert; Letztere wurden z. B. von Carlo Schmidl, Antonio Gallo⁴ oder vom Lucca Verlag bei Geschäftspartnern gegen Gebühren ausgeliehen. Aus Mailänder Schneidereien und Schustereien wurden all diese Utensilien per Zug bis Venedig oder Triest und dann weiter per Schiff befördert.⁵

In Bezug auf die Transportbedingungen könnte man verschiedene Beispiele nennen: Materialien blieben trotz Beschädigung mancher Schiffe unversehrt; Warenladungen aus Italien wurden immer wieder falsch adressiert, was Theaterdirektoren zur Verzweiflung brachte. Der Direktor des Theaters Mazzoleni in Šibenik wartete beispielsweise vergeblich auf seine Lieferung: Die notwendigen Theaterutensilien wurden nicht an den Bestimmungsort, sondern auf »eine lange Vergnügungsreise« zuerst nach Griechenland und dann in die Türkei geschickt.⁶

Ein weiteres Problem stellten für reisewillige Sänger und Sängerinnen sowie Musiker und Musikerinnen zu jener Zeit auch Epidemien dar: Im Jahr 1866 sah sich die Stadt Zadar mit der Gefahr einer Choleraepidemie konfrontiert. Theaterkompanien aus Italien mussten dementsprechend sogar ihr Gepäck desinfizieren lassen. Die aus solchen Maßnahmen resultierenden Kosten wirkten sich hemmend auf die Mobilität der ausländischen Künstler aus. Bei Epidemien blieben die Besucher aus, und das Theater mochte auch von der Schließung bedroht sein. Die angereisten Künstler und Künstlerinnen gerieten in solchen Fällen in finanzielle Schwierigkeiten und fielen der Stadt zur Last.⁷

---

3 Der Agent Enrico Gallina z. B. telegrafierte von Triest aus an die Theaterdirektion von Šibenik: »Coristi partono domani causa tempo oribile [sic] giovedì partono riflettori accessori [Choristen fahren morgen wegen schlechtem Wetter, Donnerstag werden zusätzliche Scheinwerfer geschickt]«, [nicht lesbares Datum], HR-DAŠI-103, Kazalište i kino »Mazzoleni« – Šibenik (1863–1945), Schachtel 8. Der Bariton Silvetti telegrafierte auch an die Theaterdirektion von Šibenik anlässlich einer anderen Aufführung: »Impossibilitato proseguire viaggio causa mare pessimo ritarderò [Da es mir wegen stürmischem Meer nicht möglich ist, die Reise fortzusetzen, werde ich mich verspäten]«. [Datum unleserlich], HR-DAŠI-103, Kazalište i kino »Mazzoleni« – Šibenik (1863–1945), Schachtel 8.
4 Vertreter von Ricordi jeweils in Triest und Venedig.
5 Das persönliche Gepäck der Künstler von Mailand konnte auch der Firma Gondrand anvertraut werden, die für den Versand sorgte. Die in Mailand ansässige Firma Gondrand (nationale und internationale Transporte und Umzugsdienste), im Jahr 1866 gegründet, existiert heute noch. Sie eröffnete Filialen in 19 italienischen Städten. Vgl. Korrespondenz in HR-MGS: Kazalište 4/I-XVII.
6 Vgl. Brief von Giovanni Mazzoleni an Paolo Rocca, [Šibenik], 6.2.[1909], HR-DAŠI-103, Kazalište i kino »Mazzoleni« – Šibenik (1863–1945), Schachtel 9.
7 Vgl. Brief des Bürgermeisters von Zadar an die Direktion des Teatro Nuovo in Zadar: »[…] Si deve inoltre riflettere che la città sta ancora sempre sotto il pericolo di un'invasione del contaggio [sic] che tale pericolo aumenterebbe coll'arrivo in piazza di tante persone provenienti

Eine 1910 in Bari ausgebrochene Choleraepidemie machte in Dubrovnik die Entscheidung nötig, ob man Künstler und Künstlerinnen von dort verpflichten sollte oder nicht.[8]

Angesichts der oft erheblichen Länge der Reisewege hatten die Impresari großes Interesse, mit mehreren Theatern zu kooperieren; so wurden vielen Theaterhäusern in Istrien und Dalmatien Aufführungsangebote gemacht. Die Theaterkompanien verlangten dabei Garantien für eine beträchtliche Anzahl an Aufführungen und deren finanzielle Abgeltung. Kam eine Terminzusage für Pula zustande, so bemühte man sich um Folgeaufführungen etwa in Zadar und Split. Gereist wurde meistens von Norden Richtung Süden und nicht umgekehrt.[9]

Die meisten Impresari, die den dalmatinischen Theaterdirektoren ihre Vorschläge unterbreiteten, waren Italiener und kamen zu einem hohen Prozentsatz aus Mailand und Umgebung.[10] Von Seiten der wenigen Proponenten unter den kroatischen Impresari (wie in Osijek und Zagreb) kam es äußerst selten zu Vorschlägen italienischer Opernwerke, und dieser waren dann auf jeden Fall in kroatischer Sprache aufzuführen.

Ein interessanter Fall trug sich in Split zu: Nach der Amtsübergabe des italienischen Bürgermeisters an seinen kroatischen Kollegen – der Bürgermeister hatte zugleich die Funktion des Theaterdirektors inne[11] – wurde vorgeschrieben, Opernwerke ausschließlich in kroatischer Sprache zu singen. Seither wurden auch die Spielpläne und Plakate auf Kroatisch verfasst. Ab der Wende zum 20. Jahrhundert kam es langsam und schrittweise erneut zur Koexistenz italienischer Opern mit anderen Bühnengenres wie kroatischsprachigen Opern und Operetten.

---

probabilmente da luoghi infetti, con bagagli dei quali assai difficile sarebbe una disinfezione pienamente efficace e tranquilla.[…] La scrivente in riflesso a tutto ciò è d'avviso che l'apertura del teatro in ottobre con qualsiasi spettacolo non è prudente e sarebbe consigliabile di differirla piuttosto ad epoca più lontana, quando le condizioni economiche sanitarie anche fuori della provincia fossero migliori e fossero tolte tutte le attuali riserve sanitarie [Es gilt außerdem zu bedenken, dass in der Stadt nach wie vor Ansteckungsgefahr herrscht und dass diese Gefahr weiter zunehmen könnte durch das Eintreffen so vieler Menschen aus wahrscheinlich infizierten Gegenden, deren Gepäck kaum effizient zu desinfizieren sein wird. In Anbetracht all dessen ist der Verfasser der Ansicht, dass eine Eröffnung des Theaters im Oktober mit einer wie auch immer gearteten Aufführung nicht ratsam und daher besser auf einen späteren Zeitpunkt zu verschieben ist, wenn die hygienischen Bedingungen auch außerhalb unserer Gegend wieder besser und gegenwärtige Bedenken aus dem Weg geschafft sind]«. Zadar, 31.8.1886, HR-DAZD-252, Kazalište »Verdi« u Zadru 1863–1936, Schachtel 25.

8   Vgl. Brief von Giovanni Mazzoleni an Enrico Gallina, [Šibenik], 5.3.1911, HR-DAŠI-103, Kazalište i kino »Mazzoleni« – Šibenik (1863–1945), Schachtel 24.
9   Nach derzeitigem Forschungsstand zeigen die meisten Dokumente eine Bewegung dieser Art.
10 Dieser Umstand ist nicht erstaunlich: Mailand war damals die ›Opern-Metropole‹ Italiens.
11 Der Theaterdirektor Gajo Filomen Bulat (1836–1900) war auch Bürgermeister in Split von 1885 bis 1893. Vgl. den Vertrag zwischen der Theaterdirektion in Split und Johann Pistek, Buchstabe ›m‹ des Artikels 1, Split, Januar 1896, HR-MGS: Kazalište, 1/I, XII.

Im späten 19. Jahrhundert wurden vermehrt Aufführungen in italienischer und kroatischer Sprache inszeniert. Geradezu paradigmatisch für den Prozess der Vermischung unterschiedlicher Kulturen an der Schnittstelle zur slawischen, deutschsprachigen und lateinischen Welt erwies sich das Mazzoleni-Theater in Šibenik.

Die Theater, die die Künstler und Künstlerinnen verpflichteten, beschwerten sich mitunter über mangelnde Kommunikation und sprachen sich für eine stärkere Vernetzung unter den Direktoren aus:

> […] und es wird immer schlechter. Die fehlende Zusammenarbeit unter den Theaterdirektionen wird zu keinem guten Ergebnis führen, immer im letzten Moment zu handeln, birgt viele Gefahren in sich: Wir werden mindere Ware als gute Ware bezahlen müssen und das arme Dalmatien wird auf diese Weise immer mehr diskreditiert. »Zusammen sind wir stark.« Aber wir sind nicht zusammen und agieren allein. Umso schlimmer für uns.[12]

Zu den ersten Schritten, Synergien herzustellen, zählt die Initiative Pietro Ciscuttis, Gründer der Politeama von Pula, im Jahre 1884. Ciscutti bemühte sich um eine koordinierte Vorgehensweise der Theaterhäuser von Pula, Rijeka und Zadar bei der Verpflichtung von Theaterkompanien. Die Theaterdirektion von Zadar zeigte sich zum größten Teil mit diesem Vorschlag einverstanden. Ein erster Versuch wurde mit der auf Operetten spezialisierten Theatergruppe ›Meridionale‹ gewagt: Diese hätte im Oktober 1884 zuerst nach Pula reisen sollen, um dann im November in Zadar anlässlich der Wiedereröffnung des Theaters aufzutreten.[13]

Später zeigten sich auch Direktionen in Dubrovnik und Šibenik von der Idee überzeugt, ein Netzwerk aufzubauen. Ciscutti hatte mehrmals auf die Schwierigkeiten hingewiesen, nur für einen Auftrittszyklus (20–24 Abende) an einem einzigen Theater an die kroatische Küste zu reisen. Könnten, so seine Einschätzung, die Kompanien in mehreren Theaterhäusern gastieren, dann wäre die Einsparung bei Reise- und Transportkosten durchaus eine Erleichterung.

Mit Blick auf die Reisetätigkeit der Theaterkompanien lässt sich feststellen, ob die kroatischen Theaterdirektoren bei der Programmierung ihres Spielplanes eine bestimmte dramaturgisch-künstlerische Linie verfolgten oder sich alleine an Angeboten der italienischen Operntruppen orientierten.

Dokumente zu den endlosen Verhandlungen zwischen Impresari und Theaterdirektoren erlauben die Rekonstruktion nicht allein der Routen, sondern weiterer dynamischer Prozesse. Solche Dokumente stellen eine wertvolle Grundlage unseres Projektes dar.

---

12   Vgl. Brief von Ant. Jeoli [?] an den Direktor des Teatro »Mazzoleni« Šibenik. Split, 6.10.1870, HR-DAŠI-103, Kazalište i kino »Mazzoleni« – Šibenik (1863–1945), Schachtel 6.
13   Vgl. den Brief der Direktion des Teatro Nuovo in Zadar an Francesco Lucerna, Zadar, 28.7.1884, HR-DAZD-252, Kazalište »Verdi« u Zadru 1863–1936, Schachtel 22.

Anna K. Windisch

Hugo Riesenfeld: Kulturelle Mobilität und Strategien musikalischer Nobilitierung in der Stummfilmbegleitung

> This chapter examines issues of cultural mobility and transfer in the realm of silent film exhibition and music by highlighting the role of Viennese conductor and composer Hugo Riesenfeld (born 1879 in Vienna, died 1939 in Los Angeles, CA). As a »musical mediator«, Riesenfeld blended his European cultural heritage with his activities in a new artistic field and cultural environment during his tenure at various Broadway motion picture palaces between 1916 and 1927. He not only redefined exhibition methods according to his own artistic sensibilities but saw himself as a musical missionary trying to raise musical standards while at the same time balancing audience expectations by integrating popular music genres such as jazz into his programs.

Das *Österreichische biographische Lexikon* verzeichnet Hugo Riesenfeld[1] (1887, Wien – 1939, Los Angeles, CA) als »Komponisten, Dirigenten und Filmtheaterdirektor«. Diese professionellen Zuschreibungen geben Auskunft über die beruflichen Tätigkeiten des in Wien geborenen Künstlers, sie sind aber nicht im Stande, die gesamte Bandbreite seiner Karriere abzudecken, welche vier Jahrzehnte und zwei Kontinente umfasste, und ihn von den Bühnen der Wiener Konzertsäle, Opernhäuser und Operettentheater in die Filmpaläste am New Yorker Broadway und in deren Chefetage führte. Der Werdegang und das Schaffen von Riesenfeld stehen paradigmatisch für eine Reihe von europäischen Emigranten, die zu Beginn des 20. Jahrhunderts Europa verließen, um für die florierende amerikanische Filmindustrie zu arbeiten.

Im Folgenden werde ich der Frage nachgehen, inwiefern Riesenfeld nicht nur zwischen zwei Kontinenten, sondern auch zwischen musikalischen Traditionen und kulturwirtschaftlichen Industrien tätig war und durch seine Herkunft die Geschichte des amerikanischen Stummfilms mit europäischen kulturellen Traditionen verstrickte. Neben einer Übersicht über seinen künstlerischen Werdegang widmet sich dieser Artikel hauptsächlich dem Spannungsverhältnis, das sich aus den beiden durch Riesenfeld verkörperten Berufsbildern Künstler und Geschäftsführer ergibt.

---

1 In: *Österreichisches biographisches Lexikon 1815–1950*. Hg. von der Österreichischen Akademie der Wissenschaften. Bd. 9.2 (Lfg. 42). Wien: u. a. Böhlau, 1985, S. 157 f.

Riesenfelds kulturelles Erbe

Hugo Riesenfeld wurde am 26. Januar 1879 im 16. Wiener Bezirk Ottakring in eine Familie jüdischer Einwanderer, die Mitte des 19. Jahrhunderts aus den österreichisch-ungarischen Kronländern nach Wien kamen, geboren. Sein Vater war ein Anwalt aus Kroměříž (heute Tschechische Republik), seine Mutter stammte aus Straža (heute Slowenien). Im Alter von sieben Jahren spielte Riesenfeld Geige und Klavier und wurde als musikalisches Wunderkind bezeichnet. Wenn der autobiographischen Darstellung seiner Tochter Janet Riesenfeld Glauben geschenkt werden darf, musizierte ihr Vater im Alter von vierzehn Jahren für den Kaiser und verdiente seinen Lebensunterhalt bereits als Musiklehrer.[2] Als Schüler des bekannten Violinisten Jakob Grün – zu der Zeit Konzertmeister der Wiener Staatsoper – erhielt der junge Riesenfeld seine musikalische Ausbildung am Konservatorium der Gesellschaft der Musikfreunde Wien. Angeblich holte 1897 Gustav Mahler persönlich den 18-jährigen Musiker an die Staatsoper zu den Wiener Philharmonikern.[3] Ein Jahr darauf gründete Riesenfeld gemeinsam mit Artur Bodanzky, Edward Falck und Arnold Schönberg ein Streichquartett.[4] Während seiner Zeit an der Wiener Staatsoper wurde er zum ersten Konzertmeister ernannt und schuf das Ballett *Chopins Tänze* (1905), eine Adaption verschiedener Werke des polnischen Komponisten, das unter seiner Leitung uraufgeführt wurde. 1901 spielte er auf Einladung von Cosima Wagner als Soloviolinist bei den Bayreuther Festspielen.

1907 verließ Riesenfeld 28-jährig seine Position an der Wiener Staatsoper und landete am 18. März 1907 nach der achtwöchigen Überfahrt auf dem Dampfer ›Amerika‹ auf Ellis Island, angeblich den Klavierauszug seiner Lieblingsoper *Tristan und Isolde* unter dem Arm.[5]

In den folgenden sieben Jahren arbeitete Riesenfeld für die renommiertesten Musiktheaterinstitutionen in New York City – darunter die Manhattan Opera, die Metropolitan Opera, die Theaterproduzenten Klaw & Erlanger und die New Yorker Century Opera Company – und zwar sowohl im Opernfach als auch in der Operette und der Musical Comedy, wie das Musiktheatergenre am Broadway genannt wurde.[6] 1915 war er erstmals im Filmgeschäft tätig, als er die Premiere von Cecil B. DeMilles Verfilmung des Opernstoffs *Carmen* (1915) in der Bostoner Symphony Hall dirigierte.

---

2   Riesenfeld, Janet: *Dancer in Madrid*. With Drawings by Lyle Justis. New York: Funk & Wagnalls, 1938, S. 15.
3   Hall, Ben M.: *The Best Remaining Seats: The Story of the Golden Age of the Movie Palace*. New York: Clarkson N. Potter, 1961, S. 48.
4   Stuckenschmidt, Hans H.: *Schönberg. Leben, Umwelt, Werk*. Zürich u. a.: Atlantis, 1974, S. 32.
5   Riesenfeld: *Dancer in Madrid* (wie Fußnote 2), S. 15.
6   [Anon.:] *Hugo Riesenfeld*. In: *Motion Picture News Blue Book. The Authoratative Who's Who of Filmdom*. New York: Motion Picture News Inc., 1929, S. 153. Online verfügbar unter: https://archive.org/stream/motionpicturenew1929moti#page/152/mode/2up/search/ Riesenfeld [10.02.2017].

Diese Aufführung stand unter der Leitung eines anderen Pioniers der amerikanischen Kinoindustrie: Samuel L. Rothapfel, besser bekannt als ›Roxy‹ und Amerikas bedeutendster Filmimpresario.[7] Roxy gilt als Vorreiter auf dem Gebiet der aufwendig gestalteten Filmpräsentation und als einer der ersten, die den musikalischen Darbietungen im Programm seiner Großkinos einen nahezu ebenbürtigen Stellenwert wie den Filmen einräumten. Er erweiterte das musikalische Programm um eine eröffnende Ouvertüre und um musikalische Soli aus der Opern-, Operetten- und klassischen Konzertliteratur und platzierte seine Orchestermusiker für diese Darbietungen zentral und gut beleuchtet auf der Bühne. Mit Beginn der 1910er-Jahre waren Roxys inszenatorische Methoden der Filmvorführung Gegenstand der Besprechungen in der Fachpresse, deren lebhafter Diskurs die Entwicklungen auf dem Gebiet der Filmvorführung begleiteten und vorantrieben.[8]

Im April 1916, ein Jahr nach der *Carmen*-Premiere in Boston, wurde Riesenfeld von Roxy als musikalischer Leiter an den New Yorker Lichtspielpalast Rialto Theatre (ab 1917 auch an das Rivoli Theatre) bestellt.[9] Die genauen Umstände, wie die erfolgreiche Kollaboration zwischen Roxy und Riesenfeld begann, bleiben unklar. Laut dem ersten Jubiläumsprogramm des Rialto stellte Roxy den Wiener Dirigenten ein, nachdem er gehört habe, wie Riesenfeld »einen Strauß-Walzer interpretierte« und »nach der europäischen Art dirigierte«.[10] Gleichwohl diese Anekdote wenig greifbare Informationen über den Anfang ihrer Zusammenarbeit enthält, so markiert der Kommentar dennoch den Beginn eines Mythos um die Person Hugo Riesenfeld – ein Mythos, den Roxy in den folgenden Jahren weiter prägen sollte: Roxy betonte mit Vorliebe die Herkunft und musikalische Vorgeschichte des Dirigenten und dessen implizite ›europäische Kultiviertheit‹, um seinen Angestellten (und bald Kollegen) in der Öffentlichkeit als Vertreter einer Hochkultur zu porträtieren, der aus der ›Stadt der Musik‹ gekommen war, um Roxys Bestrebungen in der Kinomusik zu verwirklichen. Um das Bild des europäischen, klassisch-ausgebildeten Künstlers zu vervollständigen, ›verlieh‹ Roxy Riesenfeld einen Doktortitel, welcher von der Presse im Jahr 1918 aufgegriffen und häufig verwendet wurde. Eine derartige Nobilitierung, wie Roxy sie durch die Verweise auf Riesenfelds musikalische Herkunft erzielen wollte, durchzog sämtliche Aspekte der Filmindustrie, angefangen bei der Verfilmung literarischer Werke, der architektonischen Anlehnung von Kinos an Theater- und Opernbauten, der be-

---

7   Eine umfangreiche Studie zu Roxys Leben und Werk liefert Ross Melnick in *American Showman: Samuel ›Roxy‹ Rothafel and the Birth of the Entertainment Industry, 1908–1935* (Film and Culture). New York: Columbia University Press, 2012.
8   Vgl. Altman, Rick: *Silent Film Sound*. New York: Columbia University Press, 2007, S. 231 f. Auch Martin M. Marks betont den starken Einfluss des Diskurses in der Fachpresse auf die Entwicklung der Kinomusik in den Vereinigten Staaten. Marks, Martin M.: *Music and the Silent Film: Contexts & Case Studies 1895–1924*. New York: Oxford University Press, 1997.
9   [Anon.] *Rialto Music Director*. In: *Moving Picture World*, 17.7.1915, S. 499.
10 Hall: *The Best Remaining Seats* (wie Fußnote 3), S. 48.

vorzugten Auswahl bekannter Theaterschauspieler, und sie äußerte sich nicht zuletzt in der Konzeption und Auswahl der Filmbegleitmusik.

Dichotomische Kinomusik – der Filmpalast als Konzertsaal

An dieser Stelle sei eine wichtige Differenzierung in der Musikpraxis amerikanischer Großkinos erwähnt: Ab 1914/15 muss zwischen dem konzertanten Musikprogramm und der Filmillustrationsmusik unterschieden werden. Mit der Einführung von abendfüllenden Spielfilmen zu einem Zeitpunkt, der in der Filmgeschichte als Übergang vom frühen Kino zum klassischen Erzählkino beschrieben wird,[11] umfasste das Unterhaltungsprogramm in Amerikas Kinopalästen neben dem Hauptfilm in der Regel eine einleitende Ouvertüre, eine Reihe von Kurzfilmen, musikdramatische Intermezzi (darunter meist eine inszenierte Opernarie) und ein abschließendes Orgelsolo. Live-Darbietungen dieser Art fungierten als »Erweiterung der Vaudeville-Ästhetik«[12] und nahmen einen großen Stellenwert in dem transmedialen Amalgam von Unterhaltungsformen ein. In einem Interview beschreibt Riesenfeld 1926 die Zweiteilung des musikalischen Programms in Großkinos wie folgt:

> Motion picture music may be divided into two groups. There is the program music, which includes the overture, solos, ballet and dance music, and the like. And there is the accompanying synchronized score, which forms the background of the film.[13]

Als Verfechter der inhaltlich kohärenten Zusammenführung verschiedenartiger medialer Darstellungsformen verband Riesenfeld die konzertanten Programmpunkte in seinen Häusern thematisch häufig mit dem Hauptfilm. Der kollektive Vorführmodus, den Ross Melnick als »unitary text« bezeichnet, umfasst »all of the film, music, and live performance offered by a theater and often bracketed by breaks in the schedule.«[14] Die einleitende Ouvertüre – ein musikalischer Marker, der bis in die Tonfilmzeit erhalten blieb[15] – bildete meist das Herzstück des musikalischen Programms mit einer Dauer von zehn bis zwanzig Minuten und je nach gewähltem Musikstück wurde diese durch Solisten und Chöre ergänzt. Zu den beliebtesten Werken zählten

---

11 Vgl. Elsaesser, Thomas: *Filmgeschichte und frühes Kino: Archäologie eines Medienwandels.* München: Edition Text und Kritik, 2002, S. 13, 87 und bes. S. 190–193.
12 Buhler, James, Neumeyer, David und Deemer, Rob: *Hearing the Movies: Music and Sound in Film History.* Oxford und New York: Oxford University Press, 2009, S. 264.
13 Riesenfeld, Hugo: *Music and Motion Pictures.* In: *Annals of the American Academy*, November 1926, S. 59.
14 Vgl. Melnick: *American Showman* (wie Fußnote 7), S. 8 und S. 13–15.
15 Die Ouvertüre eines Tonfilms stammte für gewöhnlich vom Komponisten des Films und setzt sich, wie auch in der Oper und Operette des 19. Jahrhunderts üblich, aus dem Gesamtwerk entnommenen musikalischen Motiven zusammen. Beispiele für Tonfilme mit Ouvertüren und Zwischen- bzw. Schlussmusik sind *Gone with the Wind* (1939), *Spellbound* (1945), *Ben Hur* (1959), *Spartacus* (1960) und *Lawrence of Arabia* (1962).

Richard Wagners *Tannhauser Ouvertüre*, Franz Liszts *Rhapsodien* und Gioachino Rossinis Ouvertüre zu *Guillaume Tell*.[16] Die Darbietung dieser Werke in orchestraler Besetzung und durch gut ausgebildete Musiker und Dirigenten diente sowohl der kulturellen Aufwertung der Filmindustrie im hochkulturellen Sinne als auch der Diversifizierung des Kinoprogramms.

Dem autonomen Musikprogramm stand die ›eigentliche‹ Filmmusik, die musikalische Illustration der bewegten Bilder gegenüber. Die Begleitmusik für Stummfilme in dem Zeitraum, als Riesenfeld in der Filmindustrie tätig war, bediente sich hauptsächlich präexistenter Stücke, die miteinander kombiniert wurden (*compilation scores*) und teilweise auch Originalkompositionen enthielten.[17] Die Zahl der durchgehend originalen Filmmusiken (*special scores*) aus dieser Zeit ist überschaubar. Als musikalischer Leiter und Dirigent mehrerer Lichtspielhäuser erstellte Riesenfeld eine Vielzahl von *compilation scores*, in die er eigene Kompositionen einfügte. Überzeugt vom ästhetischen Zusammenhang zwischen Stummfilm und Oper war Riesenfelds Zugang zur Filmillustration direkt von seiner Arbeit für die Oper inspiriert:

> Mr. Riesenfeld compares the screen to opera without singing. His twenty years of grand opera has stood him in good stead. [...] Of course, when he must fit pictures which are based on the stories of grand operas, he is at home and the difficulties become very slight. Even while selecting numbers for light pictures his experience in comic opera can be drawn upon with telling effect.[18]

Riesenfelds Erfahrung im Opernfach bewährte sich nicht zuletzt in dessen bevorzugtem Einsatz von Leitmotiven:

> We have adopted the leitmotif idea – on the cue sheets they call it the theme – the idea that was brought to perfection in grand opera by Richard Wagner. It is a constant reminder to the audience that a certain character, with certain traits, is about to do something which has a vital connection with what he has done before in that same play. It is the thread of the story in music, something that keeps the various parts, acts and scenes from becoming separate units. Properly done, it unifies a picture play and its music.[19]

Der Verweis auf die Wagnersche Leitmotivtechnik wurde im zeitgenössischen Diskurs zur Filmillustration regelmäßig bemüht, um das Kino mit der Ästhetik des Musikdramas des 19. Jahrhunderts, und darin vor allem mit dem Konzept des ›Gesamtkunstwerks‹, das verschiedene Kunstformen vereint, in Verbindung zu bringen. Der Begriff ›Leitmotiv‹ war im Zusammenhang mit früher Filmmusik ein durchaus

---

16 Gillian B. Anderson liefert eine Auflistung sämtlicher Ouvertüren in Riesenfelds Kinopalästen von Januar 1918 bis Juli 1921. Anderson, Gillian B.: *The Presentation of Silent Films, or, Music as Anaesthesia*. In: *Journal of Musicology* 5 (1987), S. 273–276.
17 Eine aufschlussreiche Übersicht über die dominanten Methoden der Filmillustration während der Stummfilmzeit präsentieren Buhler, Neumeyer und Deemer in *Hearing the Movies* (wie Fußnote 12), S. 253 f.
18 Beynon, George W.: *Music for the Picture*. In: *Moving Picture World*, 15.6.1918, S. 1567.
19 Riesenfeld, Hugo: *The Motion Picture Impresario*. In: *Motion Picture News*, 19.2.1921, S. 1510.

dehnbares Konzept, denn häufig wurde die bloße Wiederholung eines Musikstückes innerhalb eines Films als Leitmotiv deklariert. Riesenfeld jedoch arbeitete mit Leitmotiven, um die Begleitmusik zu einem narrativen Gestaltungsmittel zu machen; er versah nicht nur Filmfiguren oder Handlungsschauplätze mit musikalischen Themen, die im Laufe des Filmes in veränderter Form wiederkehrten, sondern er strebte eine musikalische Steigerung im Einklang mit dem dramatischen Höhepunkt gegen Ende des Films an. Folgendes Beispiel von Riesenfels Musikzusammenstellung für den Film *Forever* (vö. 1921) veranschaulicht die Methode des Wiener Dirigenten:

> The use of theme per person or a theme for every mood is sound musicianship. It is the principle upon which that master of operas Richard Wagner worked. At the end of the picture, when events move in rapid succession certain measures from the phrases are re-heard. This arrangement has the effect of a swift summary. The action ascends rapidly. A dream of Mimsey flashes through Peter's mind. The orchestra returns to the ›Vision Fugitive,‹ only to blend with Shubert's ›Misterioso‹ the theme of Peter's exile, and then into the kindergarten music as the picture dissolves into the orphanage. Soon every mood in the picture is brought to a focal point at the peak of the action which culminates in Peter's death.[20]

»Wiener Komponist leitet Kinoorchester!« – Zwischen Kunstanspruch und Massenunterhaltung

Im Bemühen, seine musikalische Sozialisation mit seinen Tätigkeiten in der Filmindustrie in Einklang zu bringen, vollführte Riesenfeld beständig einen Balanceakt zwischen ernster und leichter Musik, zwischen den entgegengesetzten Vorstellungen von Hochkultur und Massenunterhaltung, und nicht zuletzt zwischen absoluter und funktionaler Musik, eindrücklich veranschaulicht durch die Zweiteilung des Musikprogramms der Kinopaläste in konzertante Darbietungen und Filmillustrationsmusik. Dieser Konflikt beeinflusste die ästhetischen, stilistischen und marktwirtschaftlichen Ebenen seiner Arbeit und griff darin vor auf das ab den späten 1940er Jahren lebhaft diskutierte Thema der Gleichschaltung der amerikanischen Kulturindustrie sowie der Warenförmigkeit jeglicher Kunst, gegen die sich besonders die Kulturkritik von Adorno[21] und Horkheimer[22] richtete.

Wie Derek Scott bemerkt, bestand das zentrale Unterscheidungsmerkmal zwischen sogenannter Trivialmusik und ernster Musik oder Kunstmusik weniger im Grad der

---

20 [Anon.:] *Broadway's Score for »Peter Ibbetson«*. In: *Motion Picture News*, 10.12.1921, S. 3094.
21 Adorno, Theodor W. und Eisler, Hanns: *Komposition für den Film*. Hamburg: Europäische Verlagsanstalt, 1996.
22 Horkheimer, Max und Adorno, Theodor W.: *Dialektik der Aufklärung. Philosophische Fragmente*. Frankfurt a. M.: Fischer, 1988.

Schwierigkeit – ernste Musik kann formal simpel sein – oder in der ›Ernsthaftigkeit‹ der Musik selbst[23], sondern vorrangig im sozialen Zuschauerverhalten:

> Serious music […] was regarded as music that ought always to be listened to attentively. Nonserious music was perceived as that which did not tax the mind and was consumed merely as an amusement, usually alongside the distractions of talking, laughing, or dancing. What defined music as nonserious was its supposed complicity with acts of effortless consumption.[24]

Die Wahrnehmung von Musik als Konsumgut, das seine Daseinsberechtigung von einem anderen künstlerischen Medium ableitet und diesem als funktionale Musik untergeordnet ist, war und ist nach wie vor der Hauptgrund für eine gewisse Geringschätzung von Filmmusik im Vergleich zu ›absoluter‹ Musik.

Die durch seine Arbeit als musikalischer und geschäftlicher Leiter von Kinopalästen gestellten Anforderungen verlangten von Riesenfeld, diese konstruierte Kluft zwischen ›Kunst und Kommerz‹ zu navigieren, was sich nicht zuletzt in der Verwendung von Werken des klassischen europäischen Kanons in der Filmbegleitmusik offenbarte. Für die Zusammenstellung komplexer Musikkompilationen musste Riesenfeld permanent klassische Kompositionen ›zerlegen‹ um kurze Musiksegmente mit entsprechenden Stimmungsgehalten der Schnittfolge des Films anzupassen. Eine Aufgabe, die ihm nicht leicht fiel, wie er George Beynon, dem Musikredakteur der Fachzeitschrift *Moving Picture World* in einem Interview 1918 gestand:

> Mr. Riesenfeld is extremely conscientious and is continually at war with himself on the subject of picture setting. His inherent sense of the artistic and his reverence for the great works of the masters rebel within him when he is forced to distort their music to fit a scene adequately.[25]

Die Wortwahl »inherent sense of the artistic« und »reverence for the great works of the masters« bestärkt das in der Tages- und Fachpresse propagierte Hochkulturimage des Dirigenten, das seinen Teil zur Mystifizierung der Person Riesenfeld beitrug.

Als Geschäftsführer war Riesenfeld darauf angewiesen und bedacht, eine größtmögliche Auslastung seiner Kinos zu erreichen und die musikalischen Vorlieben seines sozial breit gestreuten Publikums zu befriedigen. Zu diesem Zweck fügte er neben der europäischen, klassischen Konzert- und Opernliteratur auch populäre Schlager, bekannte Balladen sowie aktuelle musikalische Trends in seine Musikprogramm ein.

Im Jahr 1921 präsentierte Riesenfeld seine neueste musikalische Sensation, den so genannten ›Classical Jazz‹.[26] Die vage Definition des Begriffs ›Jazz‹ erlaubte Riesenfeld seine eigene Interpretation des Musikstils. Es ging Riesenfeld mit seiner Technik

---

23 Scott, Derek B.: *Sounds of the Metropolis. The Nineteenth-Century Popular Music Revolution in London, New York, Paris, and Vienna.* New York: Oxford University Press, 2008, S. 87.
24 Ebd.
25 Beynon: *Music for the Picture* (wie Fußnote 18), S. 1567.
26 Die Integration von Jazz in den konzertanten Programmteil war offensichtlich beeinflusst von den Erfolgen des Paul Whiteman Orchesters zu Beginn der 1920er-Jahre, welches Jazz mit

um die ästhetische Aufwertung populärer Werke durch eine symphonische Besetzung und durch die technische und spielerische Kunstfertigkeit seiner Orchestermusiker. Er begriff ›klassischen Jazz‹ somit als »Ritterschlag für populäre Musik«[27]. Klar wird diese Auffassung vor allem durch eine Aussage Riesenfelds, in der er sich von einer anderen Art der Verbindung von Jazz und klassischer Musik distanzierte: »One thing I wish to emphasize strongly, […] Classical jazz must not be confused with that vicious practice of jazzing the classics.«[28] Riesenfeld verwendet den Begriff ›Jazz‹ als Synonym für populäre Musik wohl auch aus marktwirtschaftlichen Gründen, um von dem allgegenwärtigen Hype um den neuen Musikstil als neue Attraktion für seine Kinopaläste zu profitieren.

Die Hybridisierung des musikalischen Programms, die Einbeziehung von Jazz in das ansonsten im Wesentlichen klassische Musikprogramm seiner Kinopaläste zeugt von einem spezifischen, kulturell-interaktiven Prozess, welcher als Teil kultureller Mobilität und im Besonderen einer Emigrationserfahrung gelesen werden kann. In diesem speziellen Fall generiert die Interaktion zwischen Riesenfelds Herkunftskultur und dessen neuer Umgebung ein musikstilistisches Amalgam, das durch seinen Massenanreiz einerseits den Ansprüchen der Filmindustrie und andererseits den Standards des aus der sogenannten Hochkultur stammenden Dirigenten genügen soll.

Musikalische Nobilitierung

> DAS VERLANGEN NACH GUTER MUSIK
> IST EINE FRAGE DER GEWOHNHEIT![29]
> Hugo Riesenfeld, 1919

Mit seinem Eintritt in die Filmbegleitung 1915 begannen Riesenfelds Bestrebungen, das Kinopublikum aus musikalischer Sicht nicht nur zufriedenzustellen, sondern den künstlerischen Geschmack seiner Zuseher zu formen und zu verfeinern. Dies betraf sowohl die Filmmusik als auch das konzertante Musikprogramm, in dessen Fokus Riesenfeld – zunächst in Kollaboration mit Roxy und bald als dessen Nachfolger – die Musik der Hoch- bis Spätromantik stellte. Um die Erwartungshaltungen seines teils an ›leichte musikalische Kost‹ gewohnten Publikums nicht zu enttäuschen, war Riesenfeld auf ein eklektisches musikalisches Repertoire bedacht: Er wusste um die Wirksamkeit eines populären Schlagers inmitten von Werken klassischer Musik und

---

sinfonischer Musik verband und beispielsweise 1924 George Gershwins *Rhapsody in Blue* uraufführte.
27 [Anon.:] *Classical Jazz Creator Works In Late Hours*. In: *New York Herald Tribune*, 23.10.1927, S. E3.
28 Ebd.
29 Riesenfeld, Hugo: *Music in the Picture Theater*. In: *Music Picture News,* 22.11.1919, S. 3729 [Übersetzung durch die Autorin].

setzte auch den psychologischen Effekt der Wiedererkennung (z. B. durch die Verwendung von Leitmotiven) gezielt ein.[30] Wie seine Dirigentenkollegen Theodore Thomas oder John Philip Sousa wenige Jahrzehnte vor ihm, fühlte sich Riesenfeld veranlasst, die Hybridisierung musikalischer Genres und die Einbeziehung populären Liedguts in ein größtenteils klassisches Musikprogramm mit dem Ziel zu rechtfertigen, sein Massenpublikum musikalisch zu erziehen und dadurch geistig zu ›erhöhen‹. Riesenfelds Methode war denkbar simpel: »By familiarizing the public with classical compositions once beyond it, they have gradually developed an appreciation for deeper and more pretentious music.«[31] Es ist also nicht verwunderlich, dass er auf die starke Anziehungskraft seiner Filmpaläste zählte, um den Tausenden, die wöchentlich in die Kinosäle strömten, Konzerthaus- und Opernliteratur zu präsentieren.

Riesenfelds pädagogischer Anspruch ist der europäischen Tradition der Volksbildung verpflichtet und diente nicht zuletzt der Legitimierung seines eigenen beruflichen Werdegangs. 1924 verglich er in einem Artikel amerikanische Lichtspielpaläste mit europäischen Musikinstitutionen:

> It is well known that practically every city of 50,000 inhabitants in Western and Central Europe has its own municipal theater, where opera and light opera are presented regularly. [...] Here in the United States, with the exception of the Chicago and Metropolitan Opera Houses, and one or two traveling companies, we have no organization that furnishes us with good operatic performances. Nor have we anything that duplicates the promenade concerts abroad.[32]

Riesenfeld war also der Überzeugung, dass das musikalische Angebot der amerikanischen Großkinos eine Lücke der musikalischen Volksbildung füllen solle und er empfand, dass deren Vorbildfunktion dazu stimuliere, Geld und Energie in die Errichtung hochwertiger Symphonieorchester nach europäischem Muster zu investieren. Riesenfelds persönliche Motivation nimmt somit Anlehnung an die europäische Geisteshaltung der Jahrhundertwende sowie an die europäische Tradition der Volksaufklärung, nicht zuletzt um seine eigene Laufbahn zu legitimieren. Riesenfeld wusste beispielsweise um die Aktivitäten in der Erwachsenenbildung der Wiener und Berliner Urania, für die Filmvorführungen und Konzerte integraler Programmbestandteil waren.[33]

---

30 [Anon.:] *How New York Stages the Show*. In: *Motion Picture News*, 8.2.1919, S. 859–860.
31 Riesenfeld, Hugo: »*Movies*« *and America's Musical Tastes*. In: *The Outlook*, 23.7.1924, S. 471.
32 Ebd.
33 [Anon.:] *The Motion Picture Moves*. In: *The Century Magazine* 115.5 (1928), S. 573.

Fazit

Den ästhetischen Einfluss eines Einzelnen auf eine ganze Unterhaltungsbranche zu bemessen ist ein komplexes Unterfangen. Wie Tim Bergfelder in der Einleitung zu seiner Anthologie über deutschsprachige Emigranten im britischen Kino festhält, ist es zunächst hilfreich, das »Ausmaß der Kontrolle«[34] eines Individuums zu bestimmen, um dessen Einfluss auf ästhetische und künstlerische Praktiken beobachten zu können. Ausgehend davon können gewisse Phänomene und künstlerische Ausdrucksweisen, die mit der Sozialisation und der kulturellen Herkunft eines Künstlers zusammenhängen, nachvollziehbar gemacht werden. Als musikalischer Direktor erstreckte sich Riesenfelds Arbeit von der Auswahl, Einstudierung und Ausführung sämtlicher musikalischer Programmpunkte über die Musikzusammenstellungen für die Filme bis hin zur Selektion der aufzutretenden Künstler. Als Riesenfeld 1919 zusätzlich die geschäftliche Leitung des Rivoli- und des Rialto-Theaters übernahm, schlossen seine Aktivitäten sämtliche Aufgabenbereiche wie Pressearbeit, Personalentscheidungen etc. mit ein. Für die öffentliche Verbreitung seiner Methoden sorgte vornehmlich die Fachpresse. Musikredakteur Charles D. Isaacson der Zeitschrift *Motion Picture News* publizierte wöchentlich die Kolumnen »How New York Stages The Show«, »Tips From First Showings Here«, und »Music Hints For Entire Programs«, die Einblicke in die Bühnenproduktionen und Filmillustrationen der größten Kinopaläste am Broadway, namentlich des Rivoli, Rialto und Strand, lieferten. Die detaillierten Beschreibungen sowohl der Bühnenshow als auch der Filmillustrationsmusik, welche Kinomusikern und Dirigenten gleichermaßen als Vorbild dienten, zeugen von Riesenfelds Autorität als Kinoimpresario und bescheinigen den weitreichenden kreativen Einfluss des Künstlers auf nationale Kinomusikpraktiken. Andere Fachblätter veröffentlichten Interviews mit Riesenfeld, in denen er seine Methoden erläuterte und in denen der Subtext von Riesenfelds volksbildnerischer Arbeit eindeutig ablesbar ist.

Riesenfelds musikalische Sozialisation ist von entscheidender Bedeutung für das Verständnis seines ästhetischen Ansatzes im Hinblick auf das Filmmusik- und Vorführwesen. In seiner Arbeit vereint er klassische und zum Teil elitäre Musiktraditionen Europas mit der populären Unterhaltungsindustrie in Amerika. Er vollzieht so gesehen eine doppelte Migration, einerseits eine kulturelle über Nationalgrenzen hinweg und andererseits eine gattungsästhetische Migration von der Konzertmusik und Oper hin zur Kino- und Filmmusik, wobei sich musikalische Genrebegrenzungen in seiner Arbeit als Kinoorchesterdirigent durch die Heterogenität der erforderlichen musikalischen Stile nahezu auflösen. Die Präsenz klassischer Musik hebt den Status der populären Musik sowie des Kinos, während Populärmusik und Jazzelemente der Konzertmusik zugängliche Qualitäten verleihen. Riesenfelds klassische Arrange-

---

34 *Destination London: German-Speaking Emigrés and British Cinema, 1925–1950.* Hg. von Tim Bergfelder und Christian Cargnelli. New York und Oxford: Berghahn, 2008, S. 7 f.

ments von populären Werken fungieren als Paradebeispiel für die Verschränkung von Massenunterhaltung und Hochkultur. Er repräsentiert in dieser Hinsicht den Prototypen des emigrierten Filmmusikers, dessen europäische, klassische Ausbildung sich in die kommerziell-orientierte, amerikanische Filmindustrie einschreibt. In dem von ihm angetriebenen Nobilitierungsprozess des Filmwesens ist er sowohl produktiver Akteur als auch Instrument. Zum einen agiert er als kultureller Vermittler zwischen Hoch- und Populärkultur sowie zwischen seinen eigenen künstlerischen Ansprüchen und den Anforderungen eines modernen Massenunterhaltungsbetriebes. In zweiter Linie wird Riesenfelds Persönlichkeit (vor allem durch Roxy) mystifiziert, um durch die Konnotationen seiner soziokulturellen Herkunft die Kinomusik zur Kunstform zu erheben.

Riesenfelds an europäische Musikinstitutionen angelehnte volksbildnerische Bestrebungen beschreiben eine Kontinuitätslinie zur europäischen Hochkultur und lassen sich als ein Streben nach seiner eigenen kulturellen Identität, die er als Teil einer europäischen musikalischen Tradition und Geisteshaltung begreift, verorten. Die Fortführung europäischer Traditionen in einem neuen Kontext führte letztendlich zur *Transkulturation*[35] im Sinne Fernando Ortiz', zur Verschmelzung und zur Hybridisierung kultureller Praktiken im Filmvorführwesen. Das Konzept der Transkulturation, dem kulturanthropologischen Kontext entlehnt, begreift den Kontakt und Austausch zwischen kulturellen Systemen als interaktiven Prozess, gekennzeichnet durch die Kreation neuer kultureller Erscheinungen.[36] Die durch Riesenfeld teils begründeten, teils propagierten eigenständigen Phänomene – von der inszenatorisch aufwendig gestalteten Ouvertüre über die Re-Semantisierung von Opernfragmenten, das Verdichten ganzer Opern auf 15-minütige Segmente bis zu Riesenfelds ›Classical Jazz‹ – sollten die Rezeption der historischen Kinoerfahrung der 1920er-Jahre bis heute prägen.

Vermutlich diente Riesenfelds pädagogischer Anspruch auf einer unterbewussten Ebene letztlich dazu, seine eigenen Karriereentscheidungen innerhalb des professionellen Musikschaffens zu legitimieren. Seine erfolgreiche Laufbahn in der amerikanischen Kinoindustrie bot ihm die Möglichkeit, seine eigene Identität in einem neuen soziokulturellen System aufzuarbeiten und zu rekonstruieren. Wie Montserrat Guibernau festhält[37], ist Kontinuität einer der Schlüssel zur Erhaltung des kollektiven Selbst; ein Konzept, das im Hinblick auf eine Migrations- oder Exilerfahrung eine gleichsam höhere Bedeutung erlangt.

---

35 Ortiz, Fernando: *Cuban Counterpoint: Tobacco and Sugar*. Übersetzt von Harriet de Onís. Durham, NC: Duke University Press, 1995.
36 Vgl. ebd., S. 97 f.
37 Guibernau, Montserrat: *Anthony D. Smith on Nations and National Identity: A Critical Assessment*. In: *Nations and Nationalism* 10.1–2 (2004), S. 125–141, hier S. 136.

Ingeborg Zechner

Migration als Perspektive in der Karriere des Komponisten Franz Waxman

The career of the German born composer Franz Waxman (1906–1967) in Hollywood's film industry was considerably influenced by his emigration to France and the USA. This paper aims at a reconsideration of the emigration of German film industry personal between 1933 and 1935 using Waxman as an example. The pre-existing artistic, political, economic and socio-cultural networks which played a crucial role, not only in the process of emigration but also in the development of Waxman's career, will be presented.

Am 22. Dezember 1944 erschien in der deutschsprachigen New Yorker Exilzeitschrift *Aufbau* ein Artikel des österreichischen Journalisten Hans Kafka (1902–1974) mit dem Titel *What Our Immigration Did for Hollywood – and Vice Versa*. Das Ziel des Autors war es offenkundig, den Anteil deutscher Migranten innerhalb der Hollywood-Filmindustrie hervorzuheben.[1] Auffällig ist hier nicht nur, dass der Artikel in englischer Sprache erschien und somit eindeutig einen weiteren Adressatenkreis ansprach, sondern auch, dass er durch das nachgestellte Attribut »vice versa« auf die unterstützende Rolle Hollywoods bei der Etablierung der prägenden Wirkung deutscher Migranten innerhalb seiner Filmindustrie hinweist. Der Fokus von Kafkas Ausführungen liegt, wie der Titel erahnen lässt, vorranging auf der Hervorhebung der Leistungen der genannten Personengruppe, wobei hier exemplarisch Personennamen und Kurzbiographien aus allen künstlerischen wie organisatorischen Ebenen der Filmindustrie angeführt werden. Dies geschieht vor dem Hintergrund eines historischen Überblicks über die Emigration aus Deutschland. Die schwerwiegenden politischen Umwälzungen Deutschlands Anfang der 1930er-Jahre mit ihren desaströsen Folgen kommen lediglich in einer Randnotiz vor. Verglichen damit widmet Kafka den Beschreibungen der professionellen künstlerischen Netzwerke und den Verflechtungen zwischen deutscher und amerikanischer Filmindustrie viel mehr Raum.

Kafka kann im Hinblick auf seine eigene Biographie als Teil dieses migrantischen Hollywood-Systems bezeichnet werden, dessen Errungenschaften er nicht ohne Stolz erwähnt. So war er in den 1920er-Jahren in Berlin als Film- und Theaterkritiker tätig, bevor er dann 1933 zunächst in Wien, London und Paris als Drehbuchautor lebte

---

1 *Aufbau*, 22.12.1944, S. 40 f. Die 1934 gegründete Zeitschrift *Aufbau* weist im Allgemeinen ein buntes Konglomerat an deutsch- sowie englischsprachigen Artikeln wie auch Werbeanzeigen auf. In den Anfangsjahren der Zeitschrift dominierten allerdings die deutschsprachigen Artikel.

und arbeitete. Danach wanderte er 1940 in die USA aus, kehrte aber 1958 wieder nach München zurück.[2] Es mag zunächst verwundern, dass Kafka in seiner Darstellung den aktuellen schrecklichen Ereignissen des Weltkriegs und ihren antisemitischen Vorboten in Deutschland Anfang der 1930er-Jahre sowie der daraus resultierenden deutschen Migrationswelle relativ wenig Bedeutung beimisst und seine Meinung damit nicht unbedingt mit der in der musikwissenschaftlichen Exilforschung verbreiteten Einschätzung einer »Fluchtmigration« korrespondiert.[3] Die Tragik und die Auswirkungen der Ereignisse der 1930er-Jahre ist unbestritten, dennoch empfiehlt es sich gerade vor dem Hintergrund von Kafkas Artikel, die Emigrationswelle deutscher, meist auch jüdischer, Filmschaffender in die USA unter einem anderen Fokus zu betrachten.[4] Schließlich war die Tragweite der politischen Umwälzungen und der Machtergreifung der Nationalsozialisten in den 1930er-Jahren nicht bekannt. Natürlich wurden die aktuellen Entwicklungen, die nationalsozialistische Propaganda und die antisemitischen Ausschreitungen gegen Juden mit Sorge betrachtet – welche Dimensionen diese Ereignisse allerdings annehmen sollten, war wohl für die meisten Zeitgenossen unvorstellbar. Diese Aufarbeitung folgt der Frage nach einem differenzierten Blick auf die europäische Emigrationswelle in den 1930er-Jahren nicht vor dem Hintergrund einer vom Holocaust retrospektiv geprägten Perspektive, sondern versucht bewusst, den ›unwissenden‹ Blick der Zeitgenossen einzunehmen.[5]

Die folgenden Betrachtungen sollen durch spezifische Stationen in der Karriere des Komponisten Franz Waxman illustriert werden, der im Hollywood der 1930er- bis 1960er-Jahre nicht nur zu einem der bedeutendsten Filmkomponisten seiner Zeit avancierte, sondern durch die Gründung des Los Angeles Music Festival 1947 gleich-

---

2 Vgl. Zohn, Harry: *John Kafka*. In: *Deutsche Exilliteratur seit 1933*. Band 1/1: Kalifornien. Hg. von John M. Spalek. Bern: Francke, 1976, S. 423–432.

3 Vgl. dazu unter anderem die Aufsätze von Brinkmann, Reinhold: *Reading a Letter* und Gay, Peter: *»We miss our Jews«: The Musical Migration from Nazi Germany*. In: *Driven Into Paradise. The Musical Migration from Nazi Germany to the United States*. Hg. von Reinhold Brinkmann und Christoph Wolf. Berkeley: University of California Press, 1999, S. 3–20 bzw. S. 21–30. In diese Richtung weist auch der Titel von Dorothy Lamb Crawfords Monographie, der neben seinen politischen Implikationen auch provokanterweise einen direkten Einfluss der Person Hitlers (und nicht des nationalsozialistischen Systems) auf die Musikemigration nach Hollywood ausmacht (Crawford, Dorothy Lamb: *A Windfall of Musicians. Hitler's Émigrés and Exiles in Southern California*. New Haven und London: Yale University Press, 2009).

4 Vgl. dazu Grosch, Nils: *»Gewohntes zu überdenken«. Der andere Blick auf Musik in der Migration*. In: *Österreichische Musikzeitschrift* 72.2 (2017), S. 30–35.

5 Vgl. dazu Jünger, David: *Jahre der Ungewissheit. Emigrationspläne deutscher Juden 1933–1938*. (Schriften des Simon-Dubnow-Instituts 24). Göttingen: Vandenhoeck & Ruprecht, 2016, S. 22. Augenscheinlich wird die Unwissenheit der Zeitgenossen bei der Betrachtung von Berichten in der deutschsprachigen Exilpresse wie dem *Pariser Tageblatt*, in dessen Artikeln die Machtübernahme der Nationalsozialisten mit Zweckoptimismus und auch Polemik kommentiert wurden.

falls das amerikanische Musikleben maßgeblich prägt. Das Ziel ist nicht allgemeine Postulate aufzustellen, sondern anhand eines spezifischen Fallbeispiels und dessen soziokulturellem Umfeld den Blick auf die komplexen Mechanismen der Migrationswelle der 1930er-Jahre von Filmschaffenden, im Besonderen von Filmkomponisten, zu lenken. Die Betrachtungen sollen vor dem Hintergrund künstlerischer, politischer, ökonomischer und sozialer Netzwerke geschehen und mögliche Perspektiven für die historische Evaluation der Karriere von Waxman bzw. für die sich mit Musik und Musikern beschäftigenden Migrationsforschung aufzeigen. Der Schwerpunkt liegt dabei vor allem auf dem Zeitraum zwischen 1932 bis 1935, in den Waxmans Migration zunächst nach Paris und dann nach Los Angeles fiel.

Franz Waxman (1906–1967)[6] studierte in Berlin Dirigieren und Komposition und fasste bereits während dieser Studien Fuß in der deutschen Unterhaltungsindustrie: Als Pianist und Arrangeur der populären Jazz-Band Weintraubs-Syncopators[7] fand er nicht nur finanzielles Auslangen, sondern knüpfte wichtige Kontakte zu Schlüsselfiguren der deutschen Unterhaltungs- und Filmindustrie, wie Friedrich Hollaender (1896–1976) und Erich Pommer (1889–1966). Ersterem hatte er die Arbeit als Orchestrator des Films *Der blaue Engel* zu verdanken, dessen Filmmusik Hollaender komponierte.[8] Durch die Verbindung zu Pommer, der im weiteren Verlauf von Waxmans Karriere eine Schlüsselfigur darstellen sollte, gelang Waxman der Sprung in die deutsche Filmindustrie und somit die Etablierung als Filmkomponist. Bis zu seiner Emigration nach Paris im Jahr 1933 komponierte er unter anderem die Musiken zu *Das Mädel vom Montparnasse* (1932), *Scampolo, ein Kind der Straße* (1932), *Paprika* (1932), *Ich und die Kaiserin* (1933; gemeinsam mit Hollaender) und *Gruß und Kuß – Veronika* (1933), aus denen populäre Schlager im Rundfunk und in Tanzsälen Verbreitung fanden.[9]

Pommer war zum Zeitpunkt von Waxmans Karrierestart als Filmkomponist einer der Magnaten der internationalen Filmindustrie, in der er seit den 1910er-Jahren wirkte. Im Laufe seiner Karriere hatte er unter anderem für die französische Filmgesellschaft Éclair gearbeitet, war anschließend Mitbegründer der deutschen Decla, be-

---

6   Der Geburtsname des Komponisten lautete Franz Wachsmann. Aus Gründen der Einheitlichkeit wird in diesem Artikel mehrheitlich die amerikanisierte Schreibweise ›Waxman‹ verwendet. Abweichungen finden sich nur, wenn explizit das Problem der Schreibweise diskutiert wird.
7   Als Nachfolger Friedrich Hollaenders.
8   Vgl. dazu u. a. Lucchesi, Joachim: »*I believe in Strong Themes*«. Franz Waxman: Ein Filmkomponist Hollywoods. In: *Emigrierte Komponisten in der Medienlandschaft des Exils 1933–1945* (Veröffentlichungen der Kurt-Weill-Gesellschaft Dessau 2). Hg. von Nils Grosch, Joachim Lucchesi und Jürgen Schebera. Stuttgart: M und P, 1998, S. 111–118, hier S. 111–113 und Palmer, Christopher: *The Composer in Hollywood*. London und New York: Boyars, 1990, S. 94–96.
9   Beispiele sind u. a. die Titel *Das Glück kommt nur einmal im Leben, Mir ist heut' so Millionär zu Mut, Die Mädels vom Montparnasse, Für'n Groschen Liebe* und *Gruß und Kuß, Veronika*.

vor diese 1921 mit der UFA (Universum Film AG) fusionierte. 1926 erfolgte nach seinem kurzfristigen Rücktritt als Produktionsleiter der UFA die Arbeit bei den beiden renommierten amerikanischen Produktionsfirmen Paramount und MGM, bevor er 1927 erneut als Produktionsleiter der UFA unter Vertrag genommen wurde.[10] In der Filmpresse der Zeit wurde Pommers Wiedereinstellung hauptsächlich damit argumentiert, dass er durch seinen Aufenthalt in den USA wertvolle Erfahrungen gesammelt habe, die nun der deutschen Filmindustrie zu Gute kämen.[11] Tatsächlich hatte die Filmindustrie der Weimarer Republik, trotz ihres erheblichen Wertschöpfungspotentials, in den 1920er-Jahren mit den hohen und noch dazu innerhalb Deutschlands in der Höhe uneinheitlichen Vergnügungssteuern zu kämpfen, was die Produktionskosten erheblich steigerte. Zusätzlich entstand eine massive Konkurrenz mit der amerikanischen Filmindustrie, der unter den bestehenden Bedingungen nur schwer beizukommen war. Dass der Film als wesentliches Medium für jegliche Art von Werbung und Reklame diente (vornehmlich allerdings dem Tourismus), führte schließlich zur Vereinheitlichung und Senkung der Vergnügungssteuer und somit zu verbesserten Wettbewerbsbedingungen in der Weimarer Republik.[12]

Pommer als Produktionsleiter der UFA stand Ende der 1920er-Jahre zusätzlich vor einer weiteren essenziellen Entscheidung: 1927 hatte der erste Tonfilm der Geschichte, *The Jazz Singer*, für Furore gesorgt und zog eine vermehrte amerikanische Produktion innerhalb dieser innovativen Technologie nach sich, welche die deutsche Filmindustrie unter erheblichen Zugzwang brachte.[13] Pommer war von der Technologie des Tonfilms überzeugt und tat seine positive Meinung dazu mehrfach in von ihm verfassten Artikeln und Interviews kund, was sich schließlich in einer vorrangigen Behandlung des Tonfilms innerhalb der Erich-Pommer-Produktionsgruppe niederschlug.[14] Gleichermaßen eröffnete sich durch die innovative Technologie auch für den Komponisten Waxman durch seinen Kontakt zu Pommer ein fruchtbares Betätigungsfeld. Nichtsdestotrotz bedeutete die internationale Distribution des Tonfilms und der damit in Verbindung stehende hohe Aufwand einen wesentlichen Nachteil gegenüber dem Stummfilm, der durch die einfach zu bewerkstelligende Übersetzung

---

10 Für detaillierte Studien über die Person Erich Pommer als Filmproduzent vgl. Jacobsen, Wolfgang: *Erich Pommer. Ein Produzent macht Filmgeschichte*. Berlin: Argon, 1989 und Hardt, Ursula: *From Caligari to California. Erich Pommer's Life in the International Film Wars*. Oxford: Berghahn Books, 1996.
11 Vgl. ebd., S. 84.
12 Vgl. Torp, Claudius: *Konsum und Politik in der Weimarer Republik* (Kritische Studien zur Geschichtswissenschaft 196). Göttingen: Vandenhoeck & Ruprecht, 2011, S. 272–278. Torp geht hier auch auf die politischen Implikationen dieser Praxis ein.
13 Lange Zeit herrschte gegenüber dieser neuen Technologie eine hohe Skepsis vor; vgl. dazu Korte, Helmut: *Der Spielfilm und das Ende der Weimarer Republik. Ein rezeptionshistorischer Versuch*. Göttingen: Vandenhoeck & Ruprecht, 1998, S. 90–92.
14 Im Jahr 1929 wurden lediglich 50 % der UFA-Gesamtproduktion auf Tonfilm umgestellt. Vgl. dazu u. a. Jacobsen: *Erich Pommer* (wie Fußnote 10), S. 90–92 und Hardt: *From Caligari to California* (wie Fußnote 10), S. 126–129.

der Stummfilmtitel in verschiedenen Märkten distribuiert werden konnte. Als Lösung dieses Distributionsdilemmas – eine rein nationale Produktion war kaum sinnvoll – etablierte sich der europäische Versionenfilm, der vor allem in der Verbreitung zwischen Deutschland, Frankreich und England auch noch nach 1933 eine wichtige Rolle spielte.[15] So fanden beispielsweise Filme wie *Ich und die Kaiserin*[16] als *Moi et l'Impératrice* in Frankreich bzw. als *The Only Girl* im englischsprachigen Raum und damit auch ihre Musik eine internationale Verbreitung.[17]

Die deutsche Filmindustrie verfügte Anfang der 1930er-Jahre über eine hohe Anzahl an jüdischen Mitarbeitern in allen Bereichen, was den an Einfluss gewinnenden Nationalsozialisten ein Dorn im Auge war und zu einer Vielzahl von propagandistischen, antisemitischen Artikeln in der Presse führte.[18] Nicht von ungefähr lancierte der international gut vernetzte Pommer bereits 1932 erste Kontakte zur Fox Film Corporation, die schließlich 1933 zu einem Vertrag führten. In der Vereinbarung wurde festgelegt, dass Pommer innerhalb der Fox eine eigene Produktion bekommen sowie sechs Filme in jeweils drei Sprachen produzieren sollte. Es sollte in Deutschland produziert werden, allerdings war es auch möglich, den Produktionsstandort nach Frankreich oder in die USA zu verlegen.[19] Vor dem Hintergrund der noch in der Zukunft liegenden politischen Ereignisse erscheint diese Entscheidung Pommers geradezu prophetisch und richtungsweisend. Durch den Vertrag mit Fox Film sicherte er sich ökonomisch und finanziell gegenüber den sich andeutenden schwierigen Zeiten und einer möglichen Flucht (wenn auch nur auf eine gewisse Zeit) ab, obwohl der allgemeine Tenor der von offiziellen Organen des deutschen Judentums ausgegeben wurde, nach wie vor von Optimismus geprägt war.[20] Möglich war eine derartige Strategie allerdings nur durch seine einflussreiche Stellung innerhalb der internationalen Filmindustrie. Mit der Machtübernahme der Nationalsozialisten am 30. Januar 1933 kam es Ende März in Einvernahme mit dem UFA-Vorstand zur Massenentlassung von jüdischen Mitarbeitern und auch der Vertrag mit Pommer wurde aufgekündigt; er selbst emigrierte nach Paris.[21] Seinem Vertrag mit Fox zufolge waren für 1933 drei Filme geplant: *On a volé un homme* (Regie: Max Ophüls), *Liliom* (Regie: Fritz Lang) und *Music in the Air* (Regie: Ludwig Berger); für die Musik der beiden letztgenannten zeichnete Franz Waxman verantwortlich. *On a volé un homme* und *Liliom* wurden

---

15 Vgl. dazu Philipps, Alastair: *City of Darkness, City of Light. Emigré Filmmakers in Paris, 1829–1839* (Film Culture in Transition). Amsterdam: Amsterdam University Press, 2003, S. 50.
16 In Österreich wurde der Film als *Das Strumpfband der Kaiserin* gezeigt.
17 Von *Gruß und Kuß, Veronika* gab es eine spanische Version mit dem Titel *Véronica, la florista*.
18 Vgl. Philipps: *City of Darkness* (wie Fußnote 15), S. 50 f.
19 Vgl. Jacobsen: *Erich Pommer* (wie Fußnote 10), S. 120.
20 Vgl. Jünger: *Jahre der Ungewissheit* (wie Fußnote 5), S. 53 f.
21 Vgl. Jacobsen: *Erich Pommer* (wie Fußnote 10), S. 120 f. Wolfgang Jacobsen gibt an, dass es Bemühungen gab, Pommer aufgrund seines Einflusses in der deutschen Filmindustrie zu halten.

beide in Paris realisiert, bevor Fox 1934 die Produktion endgültig in die USA verlegte.[22]

Waxmans Emigration nach Paris im Jahr 1933 stand in enger Beziehung zur Person Pommer, seiner vertraglichen Verbindungen und dessen Netzwerk. Aus diesem Grund wurde Pommer an dieser Stelle entsprechender Raum gewidmet, da er sich als prägend für Waxmans Karriere herausstellen sollte. Tatsächlich kann die Produktion von Fritz Langs *Liliom*, sowohl für Pommer als auch für Waxman, als ein Erfolg bezeichnet werden, obwohl die Meinungen zwischen den positiv konstatierenden Kritikern und dem Kinopublikum differierten.[23] Paris avancierte durch die bereits beschriebenen engen Verbindungen innerhalb der Filmindustrie und durch die Ereignisse in Deutschland am Beginn des Jahres 1933 und die darauf folgende Emigrationswelle deutscher Filmschaffender zu einem Zentrum des europäischen Films.[24] Besonders das Pariser Hotel Ansonia diente als ein Auffangbecken und Vernetzungsort für emigrierte Filmschaffende.[25] Der Film *Mauvaise Graine* aus dem Jahr 1934, mit Musik von Waxman, ging als »deutsch-französischer Kollektivfilm«[26] aus diesem Netzwerk hervor. Maßgeblich beteiligt an der Richtung der Migrationsbewegungen waren allerdings Filmproduktionsfirmen wie Fox. Nicht zufällig emigrierten viele Filmschaffende – so auch Waxman – nach der Entscheidung, den französischen Produktionsstandort aufzulösen, in die USA.[27] In Waxmans Fall spielte der Auftrag für die Musikbearbeitung von Jerome Kern und Oscar Hammersteins Musical *Music in the Air* und damit verbunden die Aussicht auf eine finanzielle Absicherung sicherlich eine maßgebliche Rolle für dessen Emigration in die USA und seine weitere erfolgreiche Karriere in Hollywoods Filmindustrie.[28] So signalisierte ihm der Regisseur

---

22 Vgl. ebd., S. 121–125 und Hardt: *From Caligari to California* (wie Fußnote 10), S. 144f.

23 Vgl. v. a. Hardt: *From Caligari to California* (wie Fußnote 10), S. 143f., Neumeyer, David und Platte, Nathan: *Franz Waxman's ›Rebecca‹. A Film Score Guide* (Scarecrow Film Score Guides 12). Lanham: Scarecrow Press, 2012, S. 6, und Segal, Rachel: *Franz Waxman. The Composer as »Auteur« in Golden Era Hollywood*. Diss. Newcastle University, 2010, S. 163f.

24 Diese Entwicklung schürte gleichermaßen anti-deutsche Ressentiments in der französischen Filmindustrie, vgl. Philipps: *City of Darkness* (wie Fußnote 15), S. 59–62, und Hardt: *From Caligari to California* (wie Fußnote 10), S. 144.

25 Vgl. Platte; Neumeyer: *Franz Waxman's »Rebecca«* (wie Fußnote 23), S. 4–6. Neben Franz Waxman und seiner Frau Alice zählten Friedrich Hollaender, Billy Wilder, Peter Lorre, Hans G. Lustig und Max Kolpe in den Jahren 1933/34 zu den Bewohnern des Hotels.

26 *Pariser Tageblatt* 2/206, 6.7.1934. In Zusammenhang mit *Mauvaise Graine* bzw. auch mit *Music in the Air* wird auch der Terminus »Exilfilm« verwendet. Für eine Begriffsdiskussion vgl. Horak, Jan-Christopher: *Exilfilm, 1933–1945. In der Fremde*. In: *Geschichte des deutschen Films*. Hg. von Wolfgang Jacobsen, Anton Kaes und Hans Helmut Prinzler. 2. Aufl. Stuttgart und Weimar: Metzler, 2004, S. 99–117, hier S. 99–101.

27 Für die Rolle von Fox in Verbindung mit Erich Pommer innerhalb der französischen Filmindustrie und die genauen Hintergründe für das Abstoßen der Europa-Produktion vgl. Hardt: *From Caligari to California* (wie Fußnote 10), S. 141–145.

28 Vgl. u. a. die Ankündigung in der Exilzeitschrift *Pariser Tagblatt* 2/157, 18.5.1934: »Der bekannte Filmkomponist Franz Waxmann [sic], der eben erst in Paris in dem ›Liliom‹-Film ei-

James Whale, dessen Bekanntschaft Waxman während seines USA-Aufenthalts für *Music in the Air* machte, seine Begeisterung für seine Musik zu *Liliom* und offerierte ihm aus diesem Grund den Kompositionsauftrag für die Musik zu *The Bride of Frankenstein*.[29]

Wie umfassend schon Anfang der 1930er-Jahre das professionelle Netzwerk der Filmindustrie in einem internationalen Rahmen agierte, lässt sich des Weiteren anhand der unterschiedlichen Schreibweisen des Namens ›Wachsmann‹ bzw. ›Waxman‹ veranschaulichen. Allgemein herrscht in der spärlichen Forschung zum Komponisten die durchaus plausible Annahme vor, dass Franz Waxman seinen Namen erst nach seiner Emigration in die USA amerikanisiert hätte.[30] Bei genauerer Betrachtung lässt sich feststellen, dass der Komponist aber beispielsweise im Vorspann des deutschsprachigen UFA-Films *Paprika* bereits in der amerikanisierten Version geführt wurde – gleiches gilt für *Liliom*.[31] Die amerikanisierte Namensvariante wurde zudem auch in Artikeln der deutschsprachigen Pariser Exilpresse verwendet.[32] In Anbetracht der internationalen Dimension des Versionenfilms und der Vernetzung der Filmindustrie liegt der Schluss nahe, dass ›Waxman‹ im Allgemeinen besser zu vermarkten war und dementsprechend eine internationale Ausrichtung und damit verbunden eine gewisse Mobilität schon während der Anfänge von Waxmans Kompositionskarriere mitgedacht wurde. Ein direkter Zusammenhang der Namensänderung mit Waxmans Emigration lässt sich folglich nicht feststellen.[33] Da die Filmindustrie schon seit ihren Anfängen, wie auch an Pommers Beispiel zu sehen ist, über eine internationale Ausrichtung verfügte, war auch der Arbeitsmarkt der Filmschaffenden in diese Richtung orientiert, wobei die USA mit ihrer hohen Dichte an Produktionsfirmen und der Masse an Filmproduktionen eine Vorrangstellung einnahmen. Diese Vormacht wurde Ende der 1930er-Jahre durch die neue Technologie des Tonfilms weiter gestärkt, wobei sich die Skepsis in Deutschland, die aus einer Angst vor einer

---

      nen grossen Erfolg gehabt hat, ist von der Pommer-Produktion der Fox-Film nach Hollywood engagiert worden. Er wird dort zunächst für den Film ›Music in the Air‹ tätig sein.«

29 Vgl. Neumeyer und Platte: *Franz Waxman's* »*Rebecca*«, S. 6, und Segal: *Franz Waxman* (wie Fußnote 23), S. 163–164.

30 Vgl. u. a. Lucchesi: »*I believe in Strong Themes*« (wie Fußnote 8), S. 111.

31 In der deutschen Version von *Ich und die Kaiserin* scheint im Vorspann der Name »Wachsmann« auf – auf den Plakaten zur französischen und englischen Version aber lediglich »Hollander« als Komponist. Dies mag damit zusammenhängen, dass Friedrich Hollaender für die musikalische Schlüsselnummer (*Wie hab' ich nur leben können ohne dich*) verantwortlich zeichnet, die sich quasi als ›idée fixe‹ durch den Film zieht und Hollaender gegenüber Waxman zu dieser Zeit über eine größere Popularität verfügte.

32 Vgl. Fußnote 21 und die Kritik des Billy-Wilder-Films *Mauvaise Graine* vom 6.7.1934 im *Pariser Tageblatt* 2/206, 6.7.1934.

33 Waxmans Co-Komponist bei *Mauvaise Graine*, Jean Lenoir, hieß ursprünglich Jean Bernard Daniel Neuberger. Die Namensänderung verstärkte seine französische Herkunft und war wohl ebenso zur Verbesserung seiner Marktchancen am französischen Filmmarkt intendiert. Neumeyer und Platte: *Franz Waxman's* »*Rebecca*« (wie Fußnote 23), S. 6.

zu großen Abhängigkeit von den amerikanischen Patentgebern entsprang, nachteilig auf die deutsche Filmindustrie und deren internationalen Einfluss auswirkte. Selbst die schleppende Etablierung des Tonfilm-Standards führte aufgrund der bereits angesprochenen Schwierigkeiten von unterschiedlichen Sprachversionen und vor dem Hintergrund der zunehmend national ausgerichteten politischen Entwicklung zu einer schleichenden Marginalisierung des deutschen Films im Vergleich zum US-amerikanischen.[34] Der Tonfilm stellte zudem neue Herausforderungen an das Komponieren von Filmmusik, da die dadurch mögliche Gleichzeitigkeit von Dialog und Musik neue kompositorische Perspektiven im Sinne des Underscoring eröffnete.[35] Der Erhalt der dialogischen Textverständlichkeit bei gleichzeitiger Transparenz musikalischer Motive erforderte von den Komponisten vor allem fundierte Fähigkeiten im Orchestrieren, die Inhalt einer klassischen Kompositionsausbildung waren, wie sie auch Waxman in Berlin durchlaufen hatte. Die neuen Filmtechnologien eröffneten schon vor der immer prekärer werdenden Situation in Deutschland für Komponisten im Allgemeinen eine reizvolle Karriereperspektive in den USA.[36]

In anderen Bereichen der Musikindustrie war die internationale Mobilität schon vor den 1930er-Jahren an der Tagesordnung: Der Pionier der Filmmusik Max Steiner (1888–1971) verfolgte Zeit seines Lebens lukrative Jobangebote, die ihn zunächst nach Großbritannien und dann in die USA führten, wo er zunächst am Broadway arbeitete, bevor er in der Filmindustrie Hollywoods Fuß fassen konnte, die sich als potentieller Arbeitsmarkt vielversprechend entwickelte.[37] Eine Remigration nach Österreich kam für ihn daher, ungeachtet der zukünftigen politischen Entwicklungen, schon aus ökonomischen Gründen nicht in Frage. Für Komponisten wie Waxman, die bereits innerhalb der europäischen Filmindustrie tätig waren und noch dazu über eine klassische Kompositionsausbildung verfügten, stellte sich die Einsetzbarkeit in einem internationalen Arbeitsmarkt wesentlich leichter dar, als beispielsweise für Schauspieler, die durch Sprachbarrieren an lokale Märkte gebunden waren. Der für Komponisten neue Perspektiven eröffnende Tonfilm wirkte sich auf Stummfilmschauspieler stark limitierend aus und erschwerte im Vergleich zu Filmkomponisten deren internationale Vermittelbarkeit und damit auch deren unmittelbare Emigration in einen neuen Arbeitskontext.[38] Vor diesem Hintergrund ist auch David Jüngers Beobachtung zu sehen, dass eine große Fluchtwelle des deutschen Judentums bis

---

34 Vgl. dazu Korte: *Der Spielfilm und das Ende der Weimarer Republik* (wie Fußnote 13), S. 92–94.
35 Max Steiners Musik zu *King Kong* kann in diesem Sinne als Pionierarbeit verstanden werden, vgl. auch Crawford: *A Windfall of Musicians* (wie Fußnote 3), S. 162–163.
36 Vgl. ebd., S. 30.
37 Vgl. Wegele, Peter: *Der Filmkomponist Max Steiner: 1888–1971* (Exil.arte Schriften 2). Wien: Böhlau, 2012, S. 75–83.
38 Diesen Sachverhalt spricht auch Hans Kafka in seinem eingangs erwähnten Artikel in *Aufbau* an. Nicht alle Komponistenkarrieren in der Filmindustrie waren langfristig von Erfolg gekrönt – unter den prominentesten Beispielen ist Friederich Hollaender zu nennen, vgl. Crawford: *A Windfall of Musicians* (wie Fußnote 3), S. 166–169.

1938 ausblieb – gleichzeitig betont er die ökonomische Dimension der Migrationsbewegung:

> Die meisten Juden verließen Deutschland, weil ihre ökonomischen Existenzbedingungen gefährdet waren oder weil sie nicht als Deklassierte in einer judenfeindlichen Gesellschaft leben wollten. Die Zukunftsaussichten schienen in anderen Ländern im Vergleich zur schwierigen Situation im Heimatland erheblich besser zu sein.[39]

Vor diesem ökonomischen Hintergrund ist auch zu erklären, warum die Emigrationswelle jüdischer Filmschaffender[40] vergleichsweise früh, nämlich bereits 1933 erfolgte: Schließlich waren gerade die Filmindustrie, als bedeutsames Propagandainstrument, und ihre jüdischen Mitarbeiter den Nationalsozialisten ein Dorn im Auge. Diese wurden gleichsam nicht müde, den hohen Anteil an jüdischen Beschäftigen im Filmsektor (kolportierte 81 %) propagandistisch auszuschlachten.[41] Die Arbeitsmöglichkeit in Deutschland war, aufgrund des gegenüber der französischen, englischen und vor allem amerikanischen Filmindustrie weniger attraktiven Status, eingeschränkt, weswegen sich der Arbeitsmittelpunkt vieler Filmschaffender in andere Länder verlegte. Der erste Weg führte zudem meist nicht direkt nach Hollywood, sondern, wegen der historisch engen Verbindung zwischen deutscher und französischer Filmindustrie, nach Frankreich, womit der simplifizierende Eindruck einer ausschließlich politisch motivierten, linear verlaufenden Migrationsbewegung schwer haltbar ist.[42] Zudem kann und muss, gerade aufgrund der Ausnahmestellung von Filmkomponisten und ihrer universellen Einsetzbarkeit innerhalb der Filmproduktion, die internationale Ausrichtung ihrer Karriereperspektiven in direktem Zusammenhang zu den technologischen Innovationen der Filmindustrie bereits vor 1933 verortet werden. Gerade amerikanische Filmproduktionsfirmen nutzten die ästhetische Zuschreibung zur Hochkultur innerhalb eines massenkulturellen Kontexts, die mit dem Engagement von in Europa klassisch ausgebildeten Komponisten für ihre Filmproduktionen einherging und boten somit lukrative Perspektiven.[43] Selbstverständlich wurden die Arbeitsbedingungen von Filmkomponisten in den USA, die in den meisten Fällen erst in der Postproduktion und unter extremem Zeitdruck mit der Herstellung eines Filmscores beauftragt wurden[44], von vielen Komponisten, die aus dem europäischen Konzertkontext kamen, harsch kritisiert. Die Prominenz des

---

39 Jünger: *Jahre der Ungewissheit* (wie Fußnote 5), S. 19. Jünger spricht in diesem Zusammenhang auch an, dass der verlustfreie Transfer von Vermögen und Devisen in das Ausland lange kein Problem darstellte.
40 Dies betraf beispielsweise auch Regisseure wie Billy Wilder, Max Ophüls oder Robert Siodmak.
41 Vgl. Philipps: *City of Darkness* (wie Fußnote 15), S. 50.
42 Vgl. dazu auch Hardt: *From Caligari to California* (wie Fußnote 10), S. 141 f.
43 Vgl. dazu Franklin, Peter: *Reclaiming Late Romantic Music. Singing Devils and Distant Sounds*. Berkeley: University of California Press, 2014, S. 109 f. Franklin differenziert hier die ästhetische Evaluation, mit der Korngold im Kontext der amerikanischen Filmindustrie bedacht wurde, in Bezugnahme auf die Debatte rund um die ›musikalische Moderne‹.
44 Vgl. Segal: *Franz Waxman* (wie Fußnote 23), S. 136 f.

neuen Mediums innerhalb der internationalen Populärkultur verhieß dennoch neue ökonomische Perspektiven für eine ganze Berufsgruppe.[45] Waxman war zudem seit den Anfängen seiner Karriere in der populären Unterhaltungs-, Schlager- und Filmindustrie tätig, weshalb eine derartige Karriereperspektive und die damit verbundene Emigration für ihn sicherlich eine hohe Attraktivität besaß.

Eine Beschäftigung mit den Migrationsbewegungen des 20. Jahrhunderts sowie einem Fokus auf die Filmschaffenden erfordert daher eine Differenzierung nach den Tätigkeitsfeldern innerhalb der Filmindustrie, deren Transferierbarkeit, den technologischen Entwicklungen des Films und der Ausgestaltung des spezifischen Arbeitsmarktes innerhalb der Tätigkeitsfelder. Politische und menschliche Repression als Hauptbeweggründe für die Emigrationswelle aus Deutschland Anfang der 1930er-Jahre auszumachen mag, retrospektiv betrachtet, plausibel und nachvollziehbar erscheinen. Im Hinblick auf das gewählte Fallbeispiel Waxman ist es aber unter Umständen lediglich ein simplifizierender Erklärungsansatz eines komplexen Sachverhalts der die Wichtigkeit der ökonomischen Absicherung des eigenen Lebensunterhalts als wesentliche Motivation im Entscheidungsprozess der Migration unterschätzt. In Waxmans Fall ist es bezeichnend, dass er nach seinen durchschlagenden Erfolgen mit den Filmmusiken zu *Sunset Boulevard* und *A Place in the Sun* in den Jahren 1950 und 1951, für die er jeweils mit einem Academy Award bedacht wurde, nicht über eine Remigration nach Europa nachdachte.[46] Waxmans Lebensmittelpunkt hatte sich in die USA verlagert, seine ökonomische Basis war gesichert und er verfügte dort über ein weitreichendes Netzwerk innerhalb der Film- und der Musikindustrie.[47] Man könnte an dieser Stelle die durchaus provokante und spekulative Frage stellen, ob Waxmans Karriere ohne seine Emigration in die USA ebenso erfolgreiche Züge angenommen hätte – es darf bezweifelt werden.

---

45 Vgl. Crawford: *A Windfall of Musicians* (wie Fußnote 3), S. 163–165.
46 Eine derartige Entscheidung lässt sich im Übrigen auch in den Biographien von u. a. Max Steiner, Erich Wolfgang Korngold und Miklós Rózsa beobachten.
47 Zur Vielfältigkeit des kalifornischen Musikernetzwerks und seiner Protagonisten vgl. die Monographie von Crawford: *A Windfall of Musicians* (wie Fußnote 3).

Anna Fortunova

Russische Musikerinnen und Musiker im Berlin der 1920er-Jahre
Rezeption – Identität – Integration[1]

Researchers who investigate the migration from Russia after World War I (also known as ›the first wave of Russian migration‹) have pointed out its heterogeneity. Germany at the beginning of the 1920s was one of the most significant countries for Russian émigrés: about 600,000 out of 2 million lived in the Weimar Republic and about 350,000 in Berlin. The musical life of the Russian migrants in Berlin was very active; many Russian musicians who lived in other countries (for instance Rachmaninov, Stravinsky or Prokofiev) came to Berlin and played concerts there. This article will discuss the following questions: How saw German Berlin critics the musical life of Russian emigration of the first wave? Which music-connected aspects were decisive for the Russian national identity in exile? How successful were the attempts of the Russian musicians to integrate themselves within the capital of the Weimar Republic?

Rezeption

»Der Mensch ohne jene Staatsangehörigkeit, ein Flüchtling, ein Emigrant, ein Apolid wurde zum Symbol des zwanzigsten Jahrhunderts«,[2] so der Historiker Karl Schlögel. Die russische Emigration zwischen den zwei Weltkriegen – auch russische Emigration der ersten Welle genannt – war einerseits eine eigenartige (bereits aus dem Grund, dass es das erste Massenphänomen dieser Art war), andererseits aber für die Geschichte des 20. und des 21. Jahrhunderts eine im höchsten Grade typische Erscheinung.[3]

---

1 Mit dem Begriff russisch ist in diesem Beitrag gemeint, dass eine Person oder eine Gruppe Menschen aus dem Russischen Reich, Russland oder der Sowjetunion kam. Mein herzlicher Dank gilt Stefan Weiss für wichtige Hinweise und Christine Weber für das überaus sorgfältige Lektorat dieses Beitrags.
2 Šlëgel', Karl: *Russkij Berlin: Popytka podchoda* [*Das russische Berlin: Versuch eines Ansatzes*]. In: *Russkij Berlin: 1920–1945* [*Das russische Berlin 1920–1945*]. Hg. von Lazar' Flejšman. Moskau: Russkij Put', 2006, S. 19.
3 Vgl.: »Eine Definition des Begriffes ›Flüchtling‹ ist in das internationale Recht im Juli des Jahres 1922 eingegangen. Sie erklang auf der Genfer Konferenz, die nach einer Initiative des Völkerbundes einberufen war, und betraf nur Russen. Als ›russischer Flüchtling‹ war ein ›Flüchtling russischer Herkunft‹ anerkannt, der ›keine andere Staatsbürgschaft angenommen hat‹.

Etwa ein Drittel der russischen Migrantinnen und Migranten,[4] 600.000 Menschen, lebte am Anfang der 1920er-Jahre in Deutschland und etwa eine Hälfte davon in Berlin, das um diese Zeit zu einem der wichtigsten Zentren der russischen Emigration der ersten Welle wurde.[5] Das rege musikalische Leben der »zweiten Hauptstadt von Russland«[6] wurde in den deutschsprachigen Musikzeitungen und -zeitschriften[7] in den 1920er- und 1930er-Jahren stark rezipiert, wobei die Stimmen der Musikkritiker und -kritikerinnen viel zu vielfältig waren, um als ein Unisono gehört werden zu können. Sie zeigen eine breite Palette der menschlichen Gefühle in all ihrer Komplexität und Dialektik. Einige der gegensätzlichen Äußerungen werden in der folgenden Tabelle dargestellt.

Negative Bewertung Russlands	**Positive Bewertung Russlands**
»Berlin ist halt die zweite Hauptstadt von Russland geworden!«[8]	»Alle diese Dinge und Personen, mit denen diese Russen umgehen, sprechen. Sie deklamieren nicht, sie stellen nicht etwas vor, sie sollen nicht Kunststücke sein – sie sprechen – sie sprechen und wir verstehen. Da hört jedes Kritisieren auf. Wo etwas grüßt, muss man wieder grüßen. Das sei in Herzlichkeit getan.«[11]
»Die Physiognomie ›Wild-East‹ herrscht vor, deutsche Laute dringen kaum einmal an's Ohr. Es macht Spaß, in der Hauptstadt des Deutschen Reichs sich als Deutscher völlig vereinsamt zu fühlen.«[9]	»Es sind [in Modest Musorgskijs Oper *Der Jahrmarkt von Sorotschinzy*] Liedchen und Tänzchen, aber sehr schöne, echt russische, mit diesem ewig schwingenden Takt, eine kleine Träne im Auge und ein kleines Lächeln im Mund, von all der slawischen traurigen Süßigkeit, die wir lieben gelernt haben.«[12]
»[…] doch muss man nach dieser neuen Verbeugung vor Russland der Erwartung Ausdruck geben, dass der orientselige Generalmusikdirektor Richard Lert sich nun auch einmal mit seiner ganzen Würde für einen deutschen Komponisten einsetzt. Es darben deutsche Künstler, die uns nicht weniger wert sind als Borodin […] Nun etwas Herz für sie, und wenn es damit hapert, etwas Hirn, zum mindesten aus Gründen des kulturellen Gleichgewichts!«[10]	»Es ist wohl russische Musik, die zu uns spricht und doch wird sie uns vernehmlich wie eine Muttersprache der Menschheit.«[13]

[…] [Im Jahr 1926] entstand der Begriff ›armenischer Flüchtling‹, […] im Jahr 1936, 1938 klärte sich der Status der Flüchtlinge aus Deutschland, Österreich … Auf dieser Art und Weise wurden russische Flüchtlinge zu Pionieren in der Sache der Rechtsregelung der Personen, die aus verschiedenen Gründen ihre Heimat verließen« Bočarova, Zoja: *Uregulirovanie prav*

Unabhängig davon, ob deutsche Kritikerinnen und Kritiker Russland und die Musik dieses Landes positiv oder negativ bewerteten, ist offensichtlich, dass russische Musikerinnen und Musiker im kulturellen Leben Berlins eine wichtige Rolle spielten. Unbemerkt konnten sie für die Einwohnerinnen und Einwohner der deutschen Hauptstadt damals jedenfalls kaum bleiben. In der Philharmonie und in den Opernhäusern, in den Musikhochschulen und Konzertsälen, Restaurants und Gaststätten usw. haben russische Künstlerinnen und Künstler gewirkt. Die Tatsache, dass in den deutschen Berliner Musikzeitungen und -zeitschriften nicht nur über bekannte Russinnen und Russen (wie Sergej Rachmaninov, Anna Pavlova, Igor' Stravinskij oder Sergej Prokof'ev) geschrieben wurde, zeigt, dass russische Emigrantinnen und Emigranten in das musikalische Leben Berlins aktiv involviert waren. Für die Autori-

---

rossijskich bežencev v Germanii v 1920–1930-e gg. [Rechtsregelung der russischen Flüchtlinge in Deutschland in den 1920er- und 1930er-Jahren]. In: *Šlegel': Russkij Berlin: 1920–1945* (wie Fußnote 2), S. 369. Die Übersetzung aus dem Russischen in diesem und in allen anderen Fällen stammt von der Autorin dieses Beitrags.

4   Zum »Begriffsinventar Migration« siehe den Beitrag *Musik und Migration. Vier Thesen / Vier Vorschläge* von Wolfgang Gratzer in diesem Band.

5   Mehr dazu in der Monographie *Das russische Berlin: Ostbahnhof Europas* von Karl Schlögel. München: Hanser, 2007.

6   So Paul Schwers im Jahr 1922: »Berlin ist halt die zweite Hauptstadt von Russland geworden!« (Schwers, Paul: *Rezension*. In: *Allgemeine Musikalische Zeitung* [im Folgenden *AMZ*], Nr. 45, 10.11.1922, S. 832.)

7   Die Autorin stützt sich vor allem auf die *Allgemeine musikalische Zeitung*, *Signale für die musikalische Welt* und *Melos* aus den Jahren 1918–1932, *Musikblätter des Anbruch* 1919–1932, einige Nummern der *Vossischen Zeitung* aus den Jahren 1918–1932 und alle Ausgaben der *Musikblätter* der *Vossischen Zeitung* (1924–1926).

8   Schwers: *Rezension* (wie Fußnote 6).

9   Chop, Max: *Fedor Schaljapin*. In: *Signale für die musikalische Welt*, Nr. 38, 17.09.1924, S. 1403–1404, hier S. 1403.

10 Droop, Fritz: *Borodins »Fürst Igor«. Deutsche Uraufführung im Mannheimer Nationaltheater.* In: *AMZ*, Nr. 16, 17.04.1925, S. 378–379, hier S. 379.

11 Haager, Ferdinand: *Der Wanderflug des ›Blauen Vogels‹*. In: *Russen in Berlin. Literatur, Malerei, Theater, Film 1918–1933*. Hg. von Fritz Mierau. Leipzig: Reclam, 1990, S. 346–349, hier S. 348–349.

12 Bie, Oscar: *Der Jahrmarkt von Sorotschinzi. Städtische Oper*. In: *Berliner Börsen Curier*, 16.05.1927. (Zeitungsausschnitt im Nachlass von Isaj Dobrovejn. In: Vserossijskoje musejnoe ob'edinenie muzykal'noj kul'tury im. M. I. Glinki). Bei dieser Oper geht es nicht um russische, sondern um ukrainische Volkslieder, die Mussorgski 1879 in der Ukraine gesammelt hatte und sich dann freute, dass die Ukrainer seine Oper »durchweg volkstümlich« fanden (siehe Redepenning, Dorothea: *Sorotschinskaja jarmarka* [Der Jahrmarkt von Sorotschinzy]. In: *Pipers Enzyklopädie des Musiktheaters*. Band 4. Hg. von Carl Dahlhaus und dem Forschungsinstitut für Musiktheater der Universität Bayreuth. München: Piper, 1991, S. 381. Zit. nach: ebd.).

13 O. H.: *Prof. Issay Dobrowen dirigiert in der J. G. F*. In: *Neue Pfälzische Landeszeitung*, 25.02.1932 (Zeitungsausschnitt im Nachlass von Isaj Dobrovejn. In: Vserossijskoje musejnoe ob'edinenie muzykal'noj kul'tury im. M. I. Glinki).

tät mancher russischer Musikerinnen und Musiker im Berlin jener Zeit spricht auch das Faktum, dass sie in der deutschen Presse für Unternehmen wie *Blüthner*, *Bechstein* oder *Steinway* warben.[14]

Kollektive Identität der russischen Migrantinnen und Migranten[15]

Der Kritiker und Hauptredakteur von *Signale für die musikalische Welt*, Max Chop, schrieb in einer Rezension über ein Konzert des Sängers Fedor Schaljapin in Berlin im Jahr 1924:

> Von den russischen Texten verstand ich natürlich nichts, aber die Leute um mich herum tobten vor Entzücken, es muss mithin ›schon etwas dran gewesen sein‹. Bei der starken Meinungsverschiedenheit zwischen der Masse und mir hielt ich es für höflich, die Begeisterung durch keine skeptische Miene zu trüben, und trat in der Pause den Heimweg an.[16]

---

14   Beispielsweise: »Issay Dobrowen, der berühmte russische Dirigent, über Blüthner: ›Wenn ich vom Orchester einen weichen samtigen Klang bekommen will, so muss ich immer sagen: ›Spielen Sie doch so, wie ein schöner Blüthner-Flügel klingt, da der prachtvolle Klang dieser Instrumente nicht zu übertreffen ist‹‹« (*AMZ*, Nr. 50, 12.12.1924, S. 927; *AMZ*, Nr. 41, 09.10.1925, S. 815); »Ich liebe die Blüthner-Flügel, weil sie in allen Registern gleich schön klingen. Ich liebe die Blüthner-Flügel, weil ich auf ihnen laut spielen kann, ohne hart zu sein. Ich liebe die Blüthner-Flügel, weil ich auf ihnen mühelos das größte Fortissimo erreichen kann. Ich liebe die Blüthner-Flügel, weil ich auf ihnen mühelos Pianissimo spielen kann. Und weil ich sie liebe, spiele ich sie.« (Leonid Kreutzer. In: *AMZ*, Nr. 42, 16.10.1925, S. 839); »Steinway. Das Instrument der Unsterblichen! Wladimir Horowitz spielt ausschließlich ›STEINWAY‹. Sein Urteil über diese Instrumente lautet: ›Ich bin glücklich, dass von den ersten Schritten meiner Konzerttätigkeit an in allen Ländern ›Steinway‹ mein untrennbar treuer Freund geworden ist‹« (*AMZ*, Nr. 46, 18.11.1927, S. 1190); »Es erfüllt mich täglich von neuem mit großer Freude, STEINWAY zu spielen, weil ich mir bewusst bin, dass Ihre Instrumente in jeder Beziehung vollkommen sind« (Sergej Rachmaninov. In: *AMZ*, Nr. 50, 13.12.1929, S. 1228); »Der klangvolle Gesang aller ›Blüthner‹ ist herrlich und muss jeden Komponisten zur Schöpfung begeistern« (Alexander Glasunow. In: *AMZ*, Nr. 34–35, 22.08.1930, S. 809); »Ich halte den kleinen Flügel für ein großes Wunder. Der 1,48 m Blüthner ist das beste, was ich in dieser Größe hörte und spielte. Ich kann Blüthner zu diesem Meisterwerk nur gratulieren« (Jascha Spiwakowski. In: *AMZ*, Nr. 51–52, 19.12.1930, S. 1175).

15   »Menschen mit einer kollektiven Identität müssen zunächst *gemeinsame Bewusstseinsgehalte* haben. Zweitens müssen sie auch *wissen, dass sie über gemeinsame Bewusstseinsgehalte verfügen*. Ja, sie müssen drittens sogar wissen, dass alle wissen, *dass sie über gemeinsame Bewusstseinsgehalte verfügen*: erst diese Steigerung der Reflexivität in die dritte Potenz konstituiert kollektive Identität. […] Doch nicht nur die Annahme eines gemeinsamen Bewusstseins, sondern auch die Ansetzung eines *kollektiven Unbewussten* ist durchaus plausibel.« Hösle, Vittorio: *Moral und Politik. Grundlagen einer politischen Ethik für das 21. Jahrhundert*. München: Beck, 1997, S. 349–350.

16   Chop, Max: *Fedor Schaljapin* (wie Fußnote 9), S. 1403–1404, hier S. 1403.

Die Diskrepanzen zwischen der eigenen Wahrnehmung (und der Wahrnehmung des deutschen Publikums) und der von russischen Migranten und Migrantinnen wurden in den deutschsprachigen Kritiken im Berlin der 1920er-Jahre mehrmals aufgerufen.[17]

Eine der wichtigsten Missionen der russischen Emigration der ersten Welle[18] hieß: »Wir sind nicht im Exil, wir sind Gesandte«.[19] Die Migrantinnen und Migranten haben es als eine ihrer Hautaufgaben gesehen, das alte Russland und seine kollektive Identität in gutem Andenken zu behalten, ›die kleine Heimat‹ außerhalb des sowjetischen Russlands zu pflegen und dadurch ›ihre‹ eigene (vorrevolutionäre) Kultur zu ›retten‹. Dies war mit der Konstruktion einer neuen kollektiven Identität verbunden.

Der Grund für die Begeisterung der russischen Zuhörenden auf den Konzerten von ihren Landsleuten kann auf folgende Art und Weise erklärt werden: Man jubelte nicht nur dem Künstler oder der Künstlerin zu, sondern oft der ›schönen alten Zeit‹, der alten Heimat, die nie wieder zurückkehren sollte: »Wenn man sein Singen hört, taucht man in die Illusion einer besseren Vergangenheit ein, und vergisst, wenn auch nur für kurze Zeit, die hässliche Gegenwart«,[20] so liest man über ein Konzert vom Tenor Aleksandr Aleksandrovič in Rul, einer der wichtigsten Tageszeitungen des ›Russlands jenseits der Grenzen‹ in den 1920er-Jahren. Es ist bemerkenswert, dass manche russische Künstlerinnen und Künstler, die in Berlin lebten, so wie z. B. Aleksandrovič, in ihren Konzerten meistens russische Musik gespielt und gesungen haben. Der Sänger organisierte Anfang der 1920er-Jahre in Berlin die Reihe ›Historische Konzerte‹, die er der russischen Vokalmusik des 19. Jahrhunderts widmete.

Jeder dieser Auftritte war für die russische Kolonie immer mehr als nur ein Konzert, sondern eine wichtige Zusammenkunft und ein unvergessliches kulturelles und manchmal auch politisches Erlebnis, dessen Bedeutung für sie nicht zu unterschät-

---

17 Siehe u. a. Heinz Pringsheim über ein Konzert der Kontraaltistin und Mezzosopranistin Anna Mejčik: »[…] muss ich feststellen, dass eine Reihe von Liedern und Gesängen Dargomysch[s]kis, Borodins, Kuis, Glazunoffs, Glinkas und Tscherepnins, die bei dem russischen Publikum lebhaften Widerhall weckten und größtenteils wiederholt werden mussten, uns wenig zu sagen haben« (Pringsheim, Heinz: *Rezension*. In: *AMZ*, Nr. 4, 27.01.1922, S. 79 und S. 81, hier S. 79) oder Hugo Rasch über ein Konzert des Tenors Alexander Alexandrowitsch: »Für unsere Empfindung ist dieses traumdurchwehte, resignierte Gesäusel auf längere Zeit schwer zu ertragen, aber vielleicht kommt es diesmal nicht so darauf an, da meiner Schätzung nach mindestens neun Zehntel der Besucher Landsleute des Konzertgebers waren und ihnen das Gebotene, an dem Beifall gemessen, gar wohl zu gefallen schien.« (Rasch, Hugo: *Rezension*. In: *AMZ*, Nr. 41, 07.10.1921, S. 695).
18 Vgl. Nazarov, Michail: *Missija russkoj ėmigracii. [Die Mission der russischen Emigration]*. Band I. Moskau: Rodnik, 1994, S. 3.
19 Ebd.
20 Legato: *Koncert A. D. Aleksandroviča, posvjaščennyj Čajkovskomu [Aleksandrovičs Konzert, das Čajkovskij gewidmet wurde]*. Rul', 26.05.1921, S. 5.

zen war. All das half die Verbindung mit ›ihrem‹ Russland zu bewahren, worauf beispielsweise der Chansonnier Aleksandr Vertinskij in seinen Erinnerungen hingewiesen hat:

> Am Abend war der Blüthner-Saal überfüllt. Zu meinen bescheidenen Konzerten zog es die Leute aus verschiedenen Gründen. Meine Lieder vereinigten alle. Sie ›spülten‹ die Emigration weg, ›zehrten‹ Schritt für Schritt an ihrer ›Überzeugung‹, diesem nachgiebigen Gebäude ohne Fundament, wie das Meer das Sandufer auswusch. Meine organische Liebe zum Heimatland, die alles mit klarer und verständlicher Form umhüllte, durchdrang sie durch und durch. Und verwundete sie süß und schmerzlich … Bei meinen Konzerten weinten die einen, die anderen schauten finster drein, mit geschlossenem Mund. Die dritten lachten ironisch.
>
> Doch alle kamen. Weil sich jeder von ihnen die Heimat so vorstellte, wie er wollte … und ich sang ja über die Heimat.[21]

Integration der russischen Musikerinnen und Musiker in Berlin

Andere russische Musiker und Musikerinnen, im Gegensatz zu Aleksandrovič und Vertinskij, wollten sich nicht nur an ihren Landsleuten, die in der Emigration lebten, orientieren, sondern auch das Publikum über das ›russische Berlin‹ hinaus ansprechen. Beispiele dafür sind Grigorij (Gregor) Pjatigorskij, der es mit Anfang bzw. Mitte zwanzig bis zur Stelle des ersten Solocellisten der Berliner Philharmoniker, zu Lehrpositionen an den Berliner Musikhochschulen und Solokonzerten in Europa schaffte, oder die Sopranistin Zinaida Jur'evskaja, die ab dem Jahr 1922 in der Berliner Staatsoper nicht nur in den russischen, sondern auch in den italienischen und deutschen Opern sang und auch seitens der deutschen Kritik positiv rezipiert worden war.

Solche Fälle waren allerdings seltene Ausnahmen, denn längst nicht alle, darunter auch prominente russische Musikerinnen und Musiker, konnten (oder wollten) sich in Deutschland integrieren. So schrieb beispielsweise Sergej Prokof'ev, der von März 1922 bis Oktober 1923 in Ettal lebte: »Es ist sonderbar, dass ich während anderthalb Jahren Aufenthalt in Deutschland keine einzige Verbindung mit der deutschen Musikwelt anknüpfte.«[22] Man sollte bei der Lektüre dieser Aussage in Betracht ziehen, dass Prokof'ev seine Autobiographie während des Zweiten Weltkriegs niederschrieb, denn ganz stimmt letzte Behauptung des Komponisten nicht. Im Herbst 1925 wurde Prokof'evs Ballett *Das Trapez*, ein Auftragswerk vom *Russischen Romantischen Theater* Boris Romanovs, in Berlin uraufgeführt, noch davor (am 17. Juni 1925) erhielt er

---

21   Vertinskij, Aleksandr: *Sila pesni* [*Die Kraft des Liedes*]. In: ders.: *Za Kulisami* [*Hinter den Kulissen*]. Moskau: Sovetskij fond kultury, 1991, S. 95–106, hier S. 101.
22   Prokofjew, Sergej: *Dokumente, Briefe, Erinnerungen*. Zusammenstellung, Anmerkungen und Einführungen von Semen Šlifštejn. Ins Deutsche übertragen von Felix Loesch. Leipzig: VEB, 1965, S. 159.

einen Brief vom Ballettmeister der Berliner Staatsoper Max Terpis mit dem Vorschlag, ein Ballett zu komponieren. Obwohl der Künstler dieses Angebot nicht annahm, hat er den Brief von Terpis als ein »Dokument des Druckes an Djagilew«[23] benutzt und innerhalb eines Monats den Auftrag für das Ballett *Der stählerne Schritt* von dem berühmten Impresario bekommen. Etwa ein Jahr später, am 9. Oktober 1926, wurde *Die Liebe zu den drei Orangen* in der Krolloper aufgeführt, und Bruno Walter zeigte Interesse an dem *Feurigen Engel* für die Berliner Städtische Oper. Jedoch ging es für Prokof'ev nicht darum, in Berlin zu leben: »Im Oktober 1923 siedelte ich [aus Ettal] schließlich nach Paris über«.[24]

Ein anderer renommierter russischer Komponist und Pianist, Nikolaj Metner (Medtner), der in der deutschen Hauptstadt zweieinhalb Jahre lebte, fühlte sich trotz einiger Auftritte in der westeuropäischen Metropole nicht wohl und verließ Berlin am 30. März 1924 endgültig. Er schrieb am 20. April 1922 an seinen Bruder Aleksandr:

> Mein Konzert am 10. [April 1922] ist hervorragend gelaufen […] Der Konzertsaal war voll. Ich hatte beim Publikum einen riesigen Erfolg. Aber die Kritik hat mich so zerrissen, dass ich keine Hoffnung für weiteren Erfolg in diesem schändlichen Ort haben soll. […] Abgesehen davon, dass meine Muse hierher nicht passt, ich selber, als ein Fremder, als ein Russe (genauso wie Glazunov), kann hier nicht auf Zuneigung rechnen. Wenn ich mit meinen Verlagssachen fertig bin, gehe ich weg von hier. Wohin, weiß ich selbst noch nicht…[25]

Metner lebte bis zum Jahr 1935 in Frankreich und danach bis zu seinem Tod im Jahr 1950 in London. Die allermeisten der anderen russischen Musikerinnen und Musiker verließen ebenfalls spätestens bis zur Mitte der 1930er-Jahre die deutsche Hauptstadt. Das ›goldene Zeitalter‹ der russischen Musik in Berlin, das zwar kurz aber intensiv und ertragreich war, ging zu Ende. Eine systematische Erforschung dessen historischer Bedeutung steht jedenfalls noch aus.

---

23 Prokofjew, Sergej: *Aus meinem Leben*. Hg. von Willi Reich. Zürich: Die Arche, 1962, S. 87.
24 Ebd.
25 Metner, Nikolaj: *Pis'ma* [*Briefe*]. Hg. von Zoja Apetjan. Moskau: Sov. Kompozitor, 1973, S. 226.

Carolin Stahrenberg

»Such occasions form a poignant link with the past«[1]
Die kulturelle Praxis des Konzertbesuchs als Identitätsmarker und Erinnerungsanker im britischen Exil

> In the course of migration movements, not only music is transferred as a moving, sounding (song and melody) ›good‹ but also music-related ideas, values and cultural practices are brought to a new place and must prove themselves within this new context. A form of negotiation through identity and the self-assurance of social as well as artistic affiliations forms the institution of the ›classical‹ concert enterprise which is becoming a kind of vanishing point within music emigrant networks. The article discusses, according to sources, a revaluation process to the cultural institution of the concert by a refugee family in British exile. This shows the various functions of a concert visit in the everyday life of the family members – for example, positioning in social space, self-assurance and an emotional ›memory anchor‹.

Die Frage nach dem Verhältnis zwischen musikalischem und identitätsbildendem Handeln, auch in Zusammenhang mit Migrationsphänomenen, ist eine grundlegende, die sich bereits in zahlreichen wissenschaftlichen Publikationen zu diesem Thema niedergeschlagen hat.[2] Im Mittelpunkt meines Beitrags steht die Frage, inwiefern Musik als Identitätskonzept beim Publikum als einem Akteur, der eine zentrale Rolle im kommunikativen System musikalischer Öffentlichkeit einnimmt, wirkt. Quellen zum Musik-Erleben des Publikums, hier insbesondere des Konzertpublikums, erschließen sich der historischen Forschung vor allem im Bereich professioneller Mu-

---

1 Freyhan, Hans Walter: *Yehudi Menuhin.* In: *Our congregation*, May 1958, No. 83, S. 6 f., Salzburg Music and Migration Collection (Paris Lodron Universität Salzburg), Sammlung Kate und Hans Walter Freyhan [im Folgenden: MMC/Freyhan]/Box 25 Hans Freyhan. Newspaper reviews and articles [https://www.uni-salzburg.at/index.php?id=68167]. Die Bearbeitung und wissenschaftliche Auswertung des Freyhan-Nachlasses wurde dankenswerterweise durch eine Projektförderung des Tiroler Wissenschaftsfonds (TWF) ermöglicht.
2 Vgl. z. B. *Musik und kollektive Identität* (3 Bände). Hg. von Detlef Altenburg und Rainer Bayreuther. Kassel: Bärenreiter, 2012; Celestini, Federico: *Musik und kollektive Identitäten*. In: *Historische Musikwissenschaft: Grundlagen und Perspektiven*. Hg. von Michele Calella und Nikolaus Urbanek. Stuttgart: Metzler, 2013, S. 318–337; Frith, Simon: *Music and Identity.* In: *Questions of cultural identity*. Hg. von Stuart Hall und Paul du Gay. London: Sage, 1996, S. 108–127 und ders.: *Popular music, Vol. 4: Music and identity*. London: Routledge, 2004; Hargreaves, David J., Miell, Dorothy und MacDonald, Raymond A. R.: *What are musical identities, and why are they important?* In: *Musical Identities*, Hg. von dens. Oxford: Oxford University Press, 2002, S. 1–20.

sikreflexion, also in Form von Konzertkritiken oder aus Musikerbriefen. Private Äußerungen von nicht professionell mit Musik befassten Hörerinnen und Hörern geraten dagegen seltener in den Blick der Forschung und sind oftmals auch nicht leicht aufzufinden.

Die Quellengrundlage für die nachfolgenden Beobachtungen ist ein Mischbestand: Zur Sammlung der Familie Freyhan, die aufgrund nationalsozialistischer Verfolgung im Jahr 1938/39 von Berlin nach England emigrieren musste, gehören sowohl Briefe und Dokumente der nicht professionell mit Musik befassten Elterngeneration Clara und Max Freyhan als auch Rezensionen, Essays und Kritiken des Musiklehrers und -journalisten Hans Freyhan. Seine Frau Kate kann als semiprofessionell bezeichnet werden, da sie zwar kein Musikstudium absolvierte, in der Emigration aber als Musiklehrerin und Blockflötistin tätig war. Die Sammlung wird in der Salzburg Music and Migration Collection (Paris-Lodron-Universität Salzburg) aufbewahrt.[3] Musik und insbesondere erlebte Konzerte kommen in den verschiedenen Quellen immer wieder zur Sprache. Im Alltag der einem bürgerlichen, gebildeten Milieu entstammenden Familie und in Hans Freyhans publizistischer Reflexion über Musik kristallisieren sich aufschlussreiche Informationen über die Bedeutung von Musik und ihre symbolische Auflaadung in Zusammenhang mit migratorischen, kommunikativen und identitätsbildenden Prozessen heraus, die ich im Folgenden beispielhaft analysieren möchte.

»Reunions« und »Revivals«: Das Konzert als Erinnerungsanker und emotionales Ereignis

> For the concert 24 April of H. v. Karajan I asked in a letter to the Book. Office for 4 tickets á 21 sh. [...] My son was punctually there and was told there were not any tickets for me. Was it really not possible to wait for my money till 7 o clock p.m. on the same day? Was it really not possible to grant an old woman, 84 years old, the favour to listen to Beeth. IX, to a great Cond. and to a great Orchestra? I feel very much disappointed by such a lack of respect for my high age. I cannot be sure to have the great opportunity again. I hope to get an explanation from you![4]

Der emotionale Aspekt, der mit diesem Konzertereignis verbunden ist – es handelte sich um Herbert von Karajans Auftritt mit den Wiener Philharmonikern am 24. April 1963 in der Londoner Royal Festival Hall[5] – ist für die Verfasserin dieser Zeilen, Clara

---

3   Paris Lodron Universität Salzburg, MMC/Freyhan.
4   Undat. Brief [Entwurf] von Clara Freyhan ans Book. Office der Royal Festival Hall. Universität Salzburg, MMC/Freyhan/Box 23 Paternal Grandparents Max and Clara Freyhan.
5   Konzert: 24. April 1963, London: Royal Festival Hall, 8:00 PM. Programm: Beethoven Symphony No. 1, Beethoven Symphony No. 9 (Karajan, Janowitz, Rössel-Majdan, Dermota, Wiener, Wiener Philharmoniker mit Philharmonia Chorus). Vgl. http://www.karajan.org [10.07.2017].

Freyhan, offenbar hoch: Die Frustration über den Verlust der »great opportunity« ist ausreichend, um die 84-Jährige zum Stift greifen zu lassen, einen englischsprachigen Brief zu formulieren, diesen zu frankieren und zur Post zu bringen[6] – ein gewisser Aufwand, der wohl nur bei einem entsprechend ausreichenden inneren Beweggrund unternommen wird.

Wie einleitend erwähnt, war Clara Freyhan eine jüdische Immigrantin. Sie konnte ihr Leben ca. 25 Jahre vor dem besagten Konzert durch Flucht vor dem NS-Regime retten – vor eben jenem Regime, das den Aufstieg Karajans beförderte[7], und dessen einzig zugelassener Partei, der NSDAP, der Dirigent als Mitglied angehörte.[8] Claras Ehemann Max war, bevor ihnen die Ausreise gelang, zeitweise sogar im KZ Oranienburg inhaftiert gewesen, die Freyhans hatten also die antisemitische Bedrohung im damaligen Deutschland direkt erfahren. Karajans erster Auftritt in Berlin (30. September 1938) sowie seine Berufung an die Berliner Staatsoper (April 1939) fielen in die Emigrationsphase der Familie. Trotz dieser Hintergründe war es für Clara Freyhan wichtig, dieses Konzert in der Royal Festival Hall zu besuchen. Entweder war ihr Karajans NSDAP-Mitgliedschaft zum Zeitpunkt, als sie den Brief verfasste, nicht bewusst[9] oder sie war für sie nebensächlich – es zählten ausschließlich »Beethoven IX,

---

6   Dass ein entsprechender Brief abgeschickt wurde, zeigt ein Antwortschreiben des verantwortlichen Managers im selben Bestand: R. G. F. Howden, Box Office Manager, Royal Festival Hall London, an Mrs. C. Freyhan, 29.3.1963. Universität Salzburg, MMC/Freyhan/Box 23 Paternal Grandparents Max and Clara Freyhan.

7   Vgl. hierzu Oliver Rathkolb: »›Das Wunder Karajan‹ – Mit dieser Eloge Edwin von der Nülls […] in der ›B. Z.‹ vom 22. Oktober 1938 wurde ganz bewußt im Auftrag Heinz Tietjens und mit politischer Deckung durch das ›Hermann-Ministerium‹, d. h. durch Göring, der jüngste deutsche, in Aachen tätige Generalmusikdirektor, Herbert von Karajan, in der Öffentlichkeit zum direkten Konkurrenten Wilhelm Furtwänglers ›hochgejubelt‹«, Rathkolb, Oliver: *Führertreu und gottbegnadet. Künstlereliten im Dritten Reich*. Wien: ÖBV, 1991, S. 203.

8   Vgl. weiters zu Karajans Aufstieg im NS-Staat: Rathkolb, ebd., S. 203–219; ders.: »*Geschichte(n) einer Karte*«. *Anmerkungen zur Wechselbeziehung zwischen Nationalsozialismus und Künstlern am Beispiel von Herbert von Karajans NSDAP-Mitgliedschaft*. In: *Über die österreichische Geschichte hinaus. Festschrift für Gernot Heiss*. Hg. von Friedrich Edelmeyer u. a.: Münster: Aschendorff, 2012, S. 191–214; ders.: *Herbert von Karajan*. In: Autengruber, Peter u. a.: *Umstrittene Wiener Straßennamen. Ein kritisches Lesebuch*. Wien: Pichler, 2014, S. 68–73.

9   Dass Karajans nationalsozialistische Vergangenheit international zum Zeitpunkt des Konzertes öffentlich bekannt war, zeigen z. B. die Proteste anlässlich von Karajans erster US-Tournee 1955 in New York (also bereits acht Jahre vor dem besagten Konzert in der Royal Albert Hall). In Großbritannien allerdings herrschte insgesamt ein liberaleres Klima gegenüber den Nazi-Verstrickungen einiger deutscher Künstlerinnen und Künstler. Der über London in die USA emigrierte Musikwissenschaftler Alfred Einstein brandmarkte dies in einem Brief an Eric Blom, den damaligen Herausgeber von *Grove's Dictionary of Music and Musicians*, in dem er seine Mitarbeit aufkündigte: »Es ist leider eine Tatsache, dass gewesene Nazis in der britischen Oeffentlichkeit viel besser behandelt werden, als ›exiles‹, sagen wir der Staatsrat und philharmonische Standartenführer Furtwängler, oder Herr Friedrich Blume, der es verstanden hat sich in den Geruch eines heroischen Gegners der ›Bewegung‹ zu setzen und auch in ›Music and Letters‹ ein überschwängliches Lob geerntet hat.« Alfred Einstein an Eric Blom,

a great conductor and a great orchestra«. Wäre nicht der »great conductor« extra erwähnt, könnte man denken, die Musik würde in der Vorstellung Clara Freyhans als Werk von ihren Produzenten abgekoppelt, wobei Beethovens Neunter Sinfonie op. 125 eine Funktion als besonderes kulturelles Symbol zukommt (war Clara Freyhan doch das weitere Programm, immerhin auch eine Beethoven-Sinfonie, keiner Erwähnung wert). Doch gerade, dass Karajan und die Wiener Philharmoniker musizieren, wurde von Clara Freyhan extra erwähnt und unterstreicht somit die besondere Bedeutung dieses Konzertes für sie.

Eine ähnlich hohe emotionale Beteiligung an Konzertveranstaltungen, gebunden an Personen, zeigt sich auch in Äußerungen Hans Walter Freyhans, des Sohns von Clara und Max Freyhan. Hier kommt insbesondere Wilhelm Furtwängler und Richard Strauss große Bedeutung zu:

> In 1947, the 83-old master [...] conducted the Philharmonia orchestra in the Royal Albert Hall. I was fortunate enough to attend this concert, and was deeply moved when he started with ›Don Juan‹, the masterpiece which he had written 54 years earlier, that the old man down there at the rostrum had created this music, now a classic. I had heard him conduct before, but this was an unexpected ~~great~~ *tremendous* experience.[10]

Hans Walter Freyhan, zu diesem Zeitpunkt seit ca. zehn Jahren in England, suchte in seinem Entwurf für einen Nachruf auf Richard Strauss nach dem Adjektiv, das seine damaligen Gefühle bei diesem Konzert adäquat beschreiben sollte. Auch wenn die Auswahl des Werks, die Tondichtung *Don Juan* op. 20, seine Empfindung noch steigerte, war es nicht die Musik an sich, die in diesem Fall zur besonderen Erlebnisqualität des Konzertes führte – es war vor allem die Tatsache, dass der ›Schöpfer‹ des ›Klassikers‹ selbst dirigierte. Dabei betonte Hans Walter Freyhan den zeitlichen Aspekt, indem er den Abstand zur Erstaufführung des Stückes verbal markierte; gleichzeitig wurde Strauss durch die Attribuierung als »alter Mann« zur augenfälligen Verkörperung der seit der Komposition verronnenen Zeit. In diesem Sinne war das Konzert ein spannungsreiches, doppelgesichtiges Ereignis: Freyhan konnte sich einerseits einem im ästhetischen Erleben scheinbar zeitlosen Musikerlebnis hingeben, das ihn virtuell in seine Vergangenheit zurückversetzte – gleichzeitig wurde aber durch die wahrgenommene fortgeschrittene Alterung der beteiligten Personen und die trotz allem fühlbare Veränderung der verschiedensten Parameter, u. a. des Ortes, die Lücke zwischen vor- und nachmigrantischer Phase nur noch schärfer markiert. Der Bruch schien also paradoxerweise überwunden und wurde doch gleichzeitig umso deutlicher gekennzeichnet.

        10.10.1948, TL, Konzept, folder 167, Alfred Einstein Collection 1, zit. nach Gehring, Melina: *Alfred Einstein: Ein Musikwissenschaftler im Exil*. Hamburg: von Bockel, 2007, S. 140.

10   Entwurf zu einem Nachruf auf Richard Strauss, Typoskript, undat., Streichungen und Hervorhebungen im Original. Universität Salzburg, MMC/Freyhan/Box 25 Hans Freyhan. Newspaper reviews and articles.

Anhand von Konzerttagebüchern aus dem Nachlass Freyhan lässt sich nachweisen, welche Künstlerinnen und Künstler eine prägende Rolle in Hans Walter Freyhans musikalischer Sozialisation als bevorzugte Interpretinnen und Interpreten gespielt haben und auf diese Weise zu einem Identitätsmarker wurden: Neben Furtwängler und Strauss war dies u. a. Bruno Walter.[11] Die Wiederbegegnung, die »reunion«, mit diesen Akteuren des Musiklebens befördert jene emotionale Qualität, die Hans Walter Freyhan gerade diesen Konzerten zuschreibt. Die durch das Konzert erfahrene Erinnerung taucht als positives Motiv in seinen Schriften immer wieder auf und wird von ihm auch verallgemeinert. So geht er wie selbstverständlich davon aus, dass die von ihm empfundene, emotionale Verbundenheit zwischen Publikum und Interpret, die sich in einer gemeinsamen Vergangenheit begründet, auch von anderen jüdischen Emigrantinnen und Emigranten geteilt und positiv assoziiert wird. Er kennzeichnet dieses Empfinden sogar überindividuell als »natürlich«:

> It is only natural that the music lovers in our community feel especially drawn to the concerts of those artists whom they knew already on the Continent. Such occasions form a poignant link with the past, in spite of all the changes which the artists themselves may have undergone. As time goes by theses musical ›reunions‹ are bound to become rare [...].[12]

Diese Äußerung, die sich ebenso auf die bereits vom ›Kontinent‹, her bekannten Künstler Strauss oder Furtwängler beziehen könnte, tätigt Hans Walter Freyhan im Vereinsblatt der liberalen jüdischen Gemeinde (*Our Congregation*) im Kontext eines jüdischen Musikers, nämlich Yehudi Menuhin. Tatsächlich erscheint es als durchaus fraglich, ob die von ihm rhetorisch vereinnahmten Mitglieder der »community«, also der jüdischen Gemeinde, einer »reunion« mit den im ›Dritten Reich‹ nicht emigrierten und zeitweise in Schlüsselstellungen tätigen Furtwängler und Strauss ebenso positiv gegenübergestanden hätten. Jedenfalls erntete Freyhan in der Mitgliederzeitschrift der englischen Association of Jewish Refugees (AJR), der *AJR information*, für seine liberale Haltung gegenüber Strauss und Furtwängler Kritik. So vermerkt z. B. ein Leserbrief von John E. Woolf als Reaktion auf Hans Walter Freyhans Rezension einer neuen Ausgabe von Furtwänglers Briefen, in der Freyhan Verständnis für die Entscheidung des Dirigenten signalisiert hatte, NS-Deutschland nicht zu verlassen: »A pity the famous conductor was not equally great as a human being«[13] – Worte, die von Clara Freyhan in ihrem Exemplar der Zeitschrift handschriftlich emotional mit einem lapidaren »blöde« kommentiert wurden.[14] Ihr Sohn war in seiner Rezension sogar so weit gegangen, Furtwängler eine »innere Emigration« zu bescheinigen.[15]

---

11 Vgl. Konzert-Merkbüchlein, MMC/Freyhan/Box 3.2 Programme Notes.
12 Freyhan, Hans Walter: *Yehudi Menuhin*. In: *Our congregation* 83, Mai 1958, S. 6 f. Universität Salzburg, MMC/Freyhan/Box 25 Hans Freyhan. Newspaper reviews and articles.
13 Woolf, John E.: *The Case of Furtwaengler*. In: *AJR information*, November 1965, S. 12. MMC/Freyhan/Box 23 Paternal Grandparents Max and Clara Freyhan.
14 Ebd.
15 Freyhan, Hans Walter: *The case of Furtwängler*. In: *AJR information*, September 1965, S. 8. Universität Salzburg, MMC/Freyhan/Box 25 Hans Freyhan. Newspaper reviews and articles.

Auch Hans Walter Freyhans Rezension zu Norman Del Mars »Richard Strauss. A critical commentary on his life and works«, in der er sich auf »Richard Strauss under the Nazis«[16] konzentriert, erhielt kritische Reaktionen einer Leserin: »Your reviewer's exertions on behalf of Mr. Del Mar are sadly misplaced«[17], wirft Anne Bloch den Herausgebern der Zeitschrift vor, und bezeichnet sowohl Del Mars Buch als auch Freyhans Rezension als »whitewashing of Strauss«[18]. Freyhan, der sich genötigt sah, seine Rezension öffentlich zu verteidigen, formulierte seine Sicht auf Strauss' Fall und damit auch auf den Zusammenhang von Kunst und Politik prägnant: »Strauss' grief over the destruction of German opera houses [...] just fits the image of the apolitical musician to whom his art matters more than anything else. Whether his attitude is defensible is quite another question.«[19] Allerdings lässt Freyhan seine eigene Haltung in dieser Frage kaum offen, wenn er am Ende der Rezension wie auch ähnlich in seiner Replik auf den Leserbrief, konstatiert: »I am fully aware of the diversity of opinions on this matter, but I felt that the views of the scholarly English author deserve to be taken into consideration.«[20]

Nebenbemerkungen, die implizit Strauss oder Furtwängler positiv herausstellen und die innerhalb der Texte eigentlich keine notwendige inhaltliche bzw. thematische Ergänzung darstellen, finden sich in mehreren Artikeln Hans Walter Freyhans, so z. B. auch im bereits zitierten Artikel über Menuhin. Hier versäumt es Freyhan nicht, auf dessen Nachkriegskonzerte mit Furtwängler in positiver Weise hinzuweisen und zu erwähnen, dass den Geiger Furtwänglers Hilfe für jüdische Musiker in der Nazi-Zeit sehr beeindruckt (»impressed«) habe. In diesem Zusammenhang erwähnt er auch, dass Menuhin nie eine »Kollektivschuld« habe anerkennen wollen.[21] Solche Nebenbemerkungen zeigen, wie wichtig es ihm war, seine Haltung in dieser Sache immer wieder zu platzieren und Position gegen von ihm als ungerechtfertigt angesehene Maßnahmen, wie z. B. das Verbot der Aufführung Strauss'scher Werke in Israel, zu beziehen.[22]

Auf diese Weise sichert Freyhan aber auch sein eigenes emotionales Konzerterleben, das er bei den Auftritten gerade dieser Künstler erlebt, gegen Anfeindungen und Kri-

---

16 Freyhan, Hans Walter: *Richard Strauss under the Nazis*. In: *AJR information*, March 1974, S. 8. Universität Salzburg, MMC/Freyhan/Box 25 Hans Freyhan. Newspaper reviews and articles.
17 Bloch, Anne: *Richard Strauss under the Nazis* (Letters to the Editor). In: *AJR information*, May 1974, S. 12. Universität Salzburg, MMC/Freyhan/Box 25 Hans Freyhan. Newspaper reviews and articles.
18 Ebd.
19 Ebd.
20 Ebd.
21 »not recognising any ›collective guilt‹«. Freyhan, Hans Walter: *Yehudi Menuhin*. In: *Our congregation* 83, Mai 1958, S. 6 f. Universität Salzburg, MMC/Freyhan/Box 25 Hans Freyhan. Newspaper reviews and articles.
22 Z. B. Freyhan, Hans Walter: *The case of Richard Strauss* [Rezension George M. Marek, Richard Strauss. The Life of a Non-Hero]. In: *AJR information*, November 1968, S. 6. Universität Salzburg, MMC/Freyhan/Box 25 Hans Freyhan. Newspaper reviews and articles.

tik von außen ab. Die für seine Identität und sein Selbstbild wichtige Praxis wird nämlich durch die Herrschaft der Nationalsozialistinnen und Nationalsozialisten und die daraus folgende Vertreibung doppelt in Frage gestellt:

Zum einen wird durch die konstruierte ›Rassenzugehörigkeit‹ die Zugehörigkeit zur ›deutschen‹ Musik, als deren Repräsentanten u. a. Strauss und Furtwängler paradigmatisch verhandelt werden, in Frage gestellt – von Seiten der Nationalsozialistinnen und Nationalsozialisten, aber in der Folge, auf der Suche nach einer ›jüdischen‹ Identität, auch immer wieder durch Freyhan selbst. So sieht er sich beispielsweise angesichts einer Würdigung des 250. Geburtstages von Georg Friedrich Händel und Johann Sebastian Bach für die *Jüdische Allgemeine Zeitung* zu einer Rechtfertigung dieser Würdigung genötigt: »Diese erschöpft sich nun aber nicht in der Tatsache, daß jüdische Künstler in Schaffen und Nachschaffen eine besondere Beziehung zu den beiden Großmeistern aufweisen […]«[23]. Die »fruchtbare Forderung unserer Stunde« sei, »ernsthaft vom Boden des Judentums aus an eine Auseinandersetzung mit jenen Kulturwerten heranzugehen, die bisher oft allzu unbedenklich rezipiert wurden.« Man dürfe sich »nicht mehr bei der Ansicht beruhigen, daß alles Schöne und Große auch unser sei, sondern es erwächst die Aufgabe, tieferen und andern als nur ästhetischen Beziehungen nachzugehen.« Die Rezeption ›deutscher‹ Musik durch Angehörige der jüdischen Religion hat sich zu diesem Zeitpunkt (1935) ›ent-selbstverständlicht‹. Die von den Nationalsozialistinnen und -sozialisten praktizierten Abgrenzungen von ›Judentum‹ und ›Deutschtum‹ werden dabei zunächst auch von Freyhan übernommen. Über Argumente, die außerhalb eines ästhetischen bzw. künstlerischen Diskurses stehen, versucht er dann, die Rezeption der Musik Händels und Bachs für jüdische Zuhörer zu rechtfertigen. Die »tieferen […] Beziehungen« findet er schließlich in der Religiosität der Komponisten, in ihrer trotz der »durchaus christlichen« Struktur »echte[n] und radikale[n] Gottesverbundenheit«, die »uns in richtig verstandenem Sinne Maßstab und Vorbild sein« dürfe, wie er seinen Text beschließt. Als gemeinsamen Nenner kennzeichnet Freyhan somit ein »religiöses Urerlebnis« »jenseits aller Grenzen«, das sowohl in Bachs und Händels Musik als auch im Talmud des Judentums zum Ausdruck komme.[24]

Zum anderen erfolgt in der anschließenden Emigration die Infragestellung seiner musikalischen Vorlieben von anderer Seite – die Vorbildfiguren Furtwängler und Strauss werden nun als Repräsentanten des nationalsozialistischen Regimes wahrgenommen, insbesondere (aber nicht nur) von Seiten einiger Mitglieder der »Jewish Refugees«, deren Gruppe er sich in der Emigration zugehörig fühlt. Durch die Bemerkung, dass er gerade unter Emigrantinnen und Emigranten zahlreiche Gleichgesinnte finde, verstärkt er die Absicherung seines Selbstkonzepts: »Many former refu-

---

23   Freyhan, Hans Walter: *Händel – Bach. Versuch einer jüdischen Würdigung*. In: *Jüdische Allgemeine Zeitung*, 2. Beilage, 20. März 1935. Universität Salzburg, MMC/Freyhan/Box 25 Hans Freyhan. Newspaper reviews and articles.
24   Ebd.

gees from Germany and Austria also felt no inhibitions in attending his [Furtwänglers] concerts and reviving unforgettable musical experiences.«[25] Dabei stellt er nicht nur – gegen die Kritiker – eine Gruppenzugehörigkeit her bzw. akzentuiert diese, auch das Erinnerungsmotiv, hier »reviving«, also »wiederbeleben«, spielt eine herausragende Rolle.

Der Konzertbesuch als (inter-)nationale kulturelle Praktik und Identitätsversicherung

Das Symphoniekonzert wird in der Emigration aber nicht nur zum ›Erinnerungsanker‹ durch die empfundene und tatsächliche Kontinuität von Akteurinnen und Akteuren. Auch die mit dem Konzert als Institution verbundenen Praktiken und die innerhalb von Konzertprogrammen repräsentierten Musikpräferenzen können in der durch Veränderung und Verunsicherung gekennzeichneten Migrationsphase Bedeutung für die Identitätssicherung erhalten. Im Zuge von Migrationsbewegungen wird nicht nur Musik selbst in medialen Speichern wie Notenmaterial, Schallplatten oder einfach im menschlichen Gedächtnis als bewegliches, klingendes Gut ›mitgenommen‹. Auch mit Musik verbundene Vorstellungen, Wertungen und kulturelle Praktiken werden in einen neuen Raum transferiert und müssen sich in diesem bewähren.

Eine solche mit Musik verbundene Praktik ist der Konzertbesuch. Die diesen konstituierenden ›mitgebrachten‹ Routinen – von festlicher Kleidung über die zuhörende Haltung und den Applaus bis zur diskursiven Einbettung der Musik in den Pausen-Small Talk[26] – können mit den Routinen am Emigrationsort verglichen werden. Dabei zeigt sich, dass der hohe internationale Austausch, der für die Etablierung des klassischen bürgerlichen Konzertbetriebs bereits gegen Ende des 19. Jahrhunderts kennzeichnend war[27] sowie die starke Standardisierung von Verhaltensmustern und (austro-germanozentrisch orientierten) Werkrepertoires[28] diese Institution zu einem

---

25 Freyhan, Hans Walter: *The case of Furtwängler*. In: *AJR information*, September 1965, S. 8. Universität Salzburg, MMC/Freyhan/Box 25 Hans Freyhan. Newspaper reviews and articles.

26 »THE SYMPHONY concert is not exclusively, nor in one sense primarily, a musical event. For, so complex and inseparable are human interests, that every social occurrence is a blended experience of varied and simultaneous motives. […] A symphony concert is similarly a pluralistic event, which may supply an outlet for fashion, prestige, civic pride, heightened national consciousness, as well as musical delight. It is therefore no disparagement, but a psychological and sociological truth, that music is often secondary to nonmusical considerations.« Mueller, John H.: *The American Symphony Orchestra. A Social History of Musical Taste*, Bloomington: Indiana University Press, 1951, S. 286.

27 Weber, William: *Mass Culture and the Reshaping of European Musical Taste, 1770–1870*. In: *International Review of the Aesthetics and Sociology of Music* 25.1–2 (Juni–Dezember, 1994), S. 175–190.

28 Repertoirestudien, wie sie beispielsweise in Desmond Marks *Wem gehört der Konzertsaal?* für Wien und New York unternommen wurden, beweisen nicht nur die starke austro-germano-

idealen Fluchtpunkt innerhalb musikaffiner Emigranten- und Emigrantinnen-Netzwerke werden lässt. Das Konzert als Institution trägt zur Selbstversicherung von Identität und zu einem Gefühl der Stabilität innerhalb der ansonsten durch Veränderung gekennzeichneten Phase der Emigration bei.

Die Vertrautheit mit den Routinen aus dem Vormigrations-Kontext kann dabei so weit gehen, dass wie selbstverständlich gegenüber dem Mit-Publikum des Emigrationslandes eine eigene bessere Kenntnis von Werken und Interpretationsweisen vorausgesetzt wird. Gleichzeitig wird das vorgefundene musikalische Wissen und Können am Emigrationsort gering geschätzt bzw. gar nicht wahrgenommen.[29] So warf beispielsweise der in der Integration von geflohenen Musikerinnen und Musikern äußerst engagierte Ralph Vaughan Williams den eingewanderten Österreicherinnen und Österreichern ihren Übereifer bei der Vermittlung ihrer Kultur und implizit auch ihre Arroganz vor: »They think […] that they have a mission to impose their culture wherever they go as being the only one worth having.«[30] Und auch Kate Freyhan, Musikerin und Frau Hans Walter Freyhans, beschwerte sich über die Ignoranz einiger Mit-Flüchtlinge in Bezug auf englisches Repertoire. Anlässlich einer Feier mit Mitgliedern der *Association of Jewish Refugees* stellte sie fest: »That famous Christmas Carol, ›Hark the Herald Angels sing‹, sung to a tune by Mendelssohn, has never been heard by any of the members of the audience present. I found it quite incredible.«[31] Der Vorwurf Kate Freyhans berührt nicht nur die Frage des nationalen Repertoires, sondern auch die eines (fehlenden) interreligiösen Dialogs. Während in der Alltagskultur und im kirchenmusikalischen Kontext, die Kate Freyhan durch ihre Mitwirkung in einer Choral Society in ihrer neuen Wahlheimat Bedford gut vertraut waren, am Emigrationsort offensichtlich auch anderes Repertoire als in Deutschland und Österreich erklang,[32] wurden im Symphoniekonzert größtenteils die aus der Her-

---

zentrische Tendenz der Konzertprogramme, sondern auch die starke internationale Übereinstimmung in der Programmkonzeption. So findet sich bspw. unter den von 1890 bis 1970 von 27 amerikanischen Symphonieorchestern gespielten Komponisten nur ein einziger aus dem nichtdeutschsprachigen Raum, nämlich Tschaikowsky. Desmond, Mark: *Wem gehört der Konzertsaal?* Wien: Guthmann-Peterson, 1998, S. 154.

29 So schreibt beispielsweise der über London in die USA emigrierte Musikwissenschaftler Oswald Jonas nach dem Krieg an Wilhelm Furtwängler: »in all der Zeit sind Sie mir das Symbol geblieben, das Sie immer für mich gewesen sind: das Vorbild von reiner und großer Art, wie Musik zur Darstellung gebracht werden soll. Eine Art, von der man hierzulande keinen Begriff hat […].« Chicago, 10.9.1947, Oswald Jonas an Wilhelm Furtwängler. University of California Riverside, Oswald Jonas Memorial Collection, Box 36, Fol 19, Furtwängler, Wilhelm.

30 Brief von Ralph Vaughan Williams an Ferdinand Rauter, Dorking, 16.8.1942. Universität Salzburg/MMC/Rauter.

31 Brief von Kate Freyhan an Margot Pottlitzer, 21.10.1975. Universität Salzburg/MMC/Freyhan/Box 11 Kate Freyhan. Diaries and other (work-related) documents.

32 So berichtet Kate Freyhan, in England erstmals mit der Musik Purcells in Berührung gekommen zu sein. Pottlitzer, Margot: *Interview with Kate Freyhan*. Leo Baeck Institute [LBI], Memoir Collection, ME 242. MM 25.

kunftsgesellschaft vertrauten Werke gespielt – die Anpassung an neue Routinen und Hörgewohnheiten war hier nicht vonnöten.

Nicht nur bezüglich der Handlungsroutinen, auch hinsichtlich der mit Musik verbundenen Wertungsfragen stellen sich mit der Migration neue Herausforderungen, z. B. wenn ein einstmals positiv assoziiertes Attribut wie ›deutsch‹ durch die politische Situation sowie durch gegebenenfalls abweichende Wertzuschreibungen am Emigrationsort hinterfragt wird. Durch die gedankliche Abkoppelung des als ›deutsch‹ verstandenen Werke- (und Interpreten-)Kanons vom ›Deutschtum‹ nach Muster des Nationalsozialismus, durch die Metapher des »von Himmler vergewaltigten Deutschland«[33], also des Opferkonzepts, sowie durch die für sich reklamierte Idee, in der Emigration »Das andere Deutschland«[34], also eigentlich das wahre, echte Deutschland, zu repräsentieren, kann die positiv besetzte nationale Zuschreibung zum ›Deutschen‹ und damit ein für viele Emigrantinnen und Emigranten wichtiger Baustein der eigenen kulturellen Identität gerettet werden. In ihrer Funktionalität zur Stabilisierung von ideologischen Konzepten werden die Wertzuschreibungen nicht hinterfragt, bzw. sie erscheinen insgesamt als unhinterfragbar. Diese Strategie ermöglicht eine Kontinuität und Kohärenz des Selbstbildes bzw. der Selbstinterpretation vor dem Hintergrund des erzwungenen Verlustes nicht nur der Staatsbürgerschaft, sondern auch des drohenden Herausfallens aus einer imaginierten ›deutschen Nationalkultur‹. Dass gerade das Konzept der ›deutschen Kunst‹ letztlich die, mit Oliver Rathkolbs Worten formuliert, »Ausschaltung jener Kulturproduktion, die die perverse NS-Ideologie auf ›jüdische Ursprünge‹ zurückführte, [legitimierte]«[35], tritt im Zuge dieser Selbstversicherung in den Hintergrund.

So zeigt sich auch bei Freyhan, dass die während der musikalischen Sozialisationsphase im positiven Sinne als ›deutsch‹ markierten, mit der bürgerlichen und auch der jüdischen Emanzipation des 19. Jahrhunderts verbundenen Werte wie Nationalgefühl, Patriotismus und ein gewisser Konservatismus, für ihn auch nach der Flucht positiv besetzte Werte blieben – auch in der Musik. So bezog sich Freyhans Kritik an Fred Priebergs Veröffentlichung *Musik im NS Staat* (der er insgesamt positiv gegenüberstand) bezeichnenderweise auf dessen Einschätzung von musikalischem Nationalismus sowie auf das starke Interesse an »modern trends«, das er bei Prieberg zu erkennen glaubt:

---

33 »Denn ein Deutschland Himmlers hat es nie gegeben, nur ein von Himmler vergewaltigtes Deutschland.« Wilhelm Furtwängler an Thomas Mann, Clarens, 4.7.1947, zit. nach Kanzog, Klaus: *Offene Wunden. Wilhelm Furtwängler und Thomas Mann*. Würzburg: Königshausen & Neumann, 2014, S. 91.

34 Vgl. Pasdzierny, Matthias und Schmidt, Dörte: »*Interprets the best of Germany in song.« Aufführungskulturen des Lieds und das Exil*. In: *Liedersingen. Studien zur Aufführungsgeschichte des Liedes* (Jahrbuch Musik und Gender 6). Hg. von Katharina Hottmann. Hildesheim: Olms, 2013, S. 127–143.

35 Rathkolb: *Führertreu und gottbegnadet* (wie Fußnote 7), S. 199.

> He [Prieberg] tends to mete out harsh judgement of minor offences, oblivious, perhaps, of the fact that nationalism in music is not necessarily to be condemned. It is not limited to Nazis but exists in most countries such as Russia, France and Britain. His views are to some extent determined by his keen interest in modern trends, and this leads him to be tolerant of a few Nazi composers.[36]

Weder die Kategorie der ›Nazi-Komponisten‹ noch die Zuschreibungsprozesse nationaler Identität werden hier hinterfragt, im Gegenteil wird das Konzept nationaler Musik explizit positiv gewertet.

Insgesamt veränderten sich Freyhans musikalische Vorlieben und das im Konzert von ihm bevorzugte Repertoire nach der Migration kaum, auch wenn sich ihm die Musik einiger englischer Komponisten, wie Ralph Vaughan Williams oder Edward Elgar, gerade vor dem Hintergrund seines Interesses an Nationalmusiken neu erschloss.

Fazit

> Gestern war ich zu einem Konzert von Yehudi Menuhin, es war ein Erlebnis, er spielte wunderbar, dabei erinnerte ich mich, dass ich ihn, zusammen mit Deiner Mutter, in Hamburg hörte, als er wohl 12 J. alt war.[37]

Konzerte zu besuchen, bedeutet nicht einfach nur, Musik zu hören – ein Konzert ist gleichermaßen Kommunikationsmittel und -anlass, es ist Ausdruck von Identität und von kulturellem Kapital, über Konzerte wird Gemeinschaft hergestellt und es kann als Erinnerungsanker fungieren. Wenn die ehemalige Sekretärin Olga Rosin in ihrem oben zitierten Brief ein Konzerterlebnis schildert, weist sie damit nicht nur auf ihre gemeinsame Geschichte mit der Briefadressatin Kate Freyhan hin, sie überbrückt auch die soziale Lücke zwischen ihr selbst und der Tochter ihres ehemaligen Arbeitgebers, indem sie signalisiert, dass sie die sozialen Codes beherrscht und musikalische Präferenzen teilt. Last but not least überbrückt sie den zeitlichen und geographischen Abstand, der zwischen Israel und Großbritannien, zwischen der letzten Begegnung der Kommunikationspartnerinnen und diesem Brief liegt, durch die Erwähnung eines Ereignisses, das in gleicher Weise in London wie in Tel Aviv oder Berlin, vor 35 Jahren wie zum Zeitpunkt des Verfassens dieses Briefes, stattfinden kann. Die suggerierte und tatsächliche Beständigkeit der sozialen Codes, der Routinen und der Werte stellt eine Gemeinsamkeit her, wie sie wohl nur mit wenigen Verweisen auf anderes kulturelles Kapital in dieser Prägnanz und Kürze herzustellen ist.

---

36 Hans Walter Freyhan: *Music in the Nazi Period*. In: *AJR information*, Januar 1983, S. 6. Universität Salzburg, MMC/Freyhan/Box 25 Hans Freyhan. Newspaper reviews and articles.
37 Olga Rosin, geb. Josephy, an Kate Freyhan, Yarkona (Post: Ramatayim – Israel), 12.3.1963. Universität Salzburg/MMC/Freyhan/Box 11 Kate Freyhan. Diaries and other (work-related) documents.

Anknüpfend an Pierre Bourdieus Habitus-Konzept lässt sich im Falle der Freyhans, und hier insbesondere Hans Walter Freyhans, beobachten, dass sich die Lebensstile, als aus dem Habitus folgende Praktiken, in der Emigration nicht gravierend verändern. Die den Habitus hervorbringenden Existenzbedingungen bleiben trotz des Ortswechsels weitgehend konstant bzw. werden in dieser Konstanz explizit gesucht – und zwar aufgrund der Position, die die Person bereits vor der Emigration im »Raum der Lebensstile«[38] eingenommen hat. Der Geschmack und die Praktiken sind dabei die entscheidenden Operatoren, über die die Distinktion bzw. die Positionierung im sozialen Raum auch im neuen Umfeld wahrnehmbar wird; über diese sichtbaren Zeichen erfolgt die Re-Integration in das angestammte Milieu: »›They could see in spite of our accent, the background we came from. This was marvellous.‹«[39], kommentierte Kate Freyhan rückblickend ihre Immigration in einem Interview. Musikalische Vorlieben und Handlungsmuster spielten dabei eine entscheidende Rolle.

Der Konzertbesuch als soziale Praktik wird auf diese Weise im Migrationsprozess zur Identitätsversicherung innerhalb eines in weiten Strecken neuen und ungewohnten Umfeldes und zum Mittel der (Wieder-)Herstellung der Position im »Raum der Lebensstile«, als eines vorübergehend verlorenen Zusammenhangs.

---

38   Vgl. Bourdieu, Pierre: *Die feinen Unterschiede. Kritik der gesellschaftlichen Urteilskraft.* Frankfurt a. M.: Suhrkamp, 1987, S. 277–286, hier S. 278.

39   Pottlitzer, Margot: *Interview with Kate Freyhan,* S. 20. Leo Baeck Institute [LBI], Memoir Collection, ME 242. MM 25. Kate Freyhan verweist in dieser Passage darauf, dass man der Familie verschiedene Unterbringungen nach der Flucht nicht habe zumuten wollen (»the women in charge […] said: ›Not suitable. Not good enough‹«, ebd.).

Kyungboon Lee

Musikemigration in Japan als Kulturtransfer

This article explores unknown exiled musicians from Europe to Japan in the 1930s. Contrary to existing research it concentrates on exiled musicians as mediators rather than victims. How could they have contributed to building a Western music culture in Japan? This question will be answered not only with German, English and Japanese research materials but also with primary materials from the Archives and Research Collections of McMaster University Library in Canada and the Archive of Fakultät Musik of UdK Berlin.

Emigrationswellen nach Ostasien

In der ersten Hälfte des 20. Jahrhunderts gab es zwei große Emigrationswellen nach Ostasien. Eine davon führte, im Umfeld der Russischen Revolution, nach China, eine weitere, von – überwiegend jüdischen – Nazi-Flüchtlingen in den 1930er- und 1940er-Jahren aus Europa in verschiedene Länder Ostasiens. Diese zweite Gruppe wuchs insbesondere 1939 stark an, mit 15000–20000 Exilanten war dies die Zeit des stärksten Auswanderungsdrucks in Shanghai.[1] Darunter waren zwischen 150 und 450 Musiker.[2] Damit kamen die Aufnahmegesellschaften in einer ganz anderen Dimension mit der westlichen Musik in Berührung als etwa durch die vorangegangene christliche Mission. Während die Exilforschung häufig die Emigration aus der Perspektive der Exilanten und Exilantinnen betrachtet, geht es mir darum, in Umkeh-

---

1   Bis 1936 lebten ca. 150 deutsche Emigranten einschließlich Kinder in Shanghai (Kaneko, Martin: *Die Judenpolitik der japanischen Kriegsregierung*. Berlin: Metropol, 2008, S. 105). Die exakte Zahl der Flüchtlinge in Shanghai ist nicht zu ermitteln; Schätzungen gehen für Shanghai von 18000 Personen im Jahr 1939 aus. Bei Wolfgang Benz (*Flucht vor Hitler: Das politische und das jüdische Exil ab 1933*. In: *Flucht und Rettung. Exil im japanischen Herrschaftsbereich (1933–1945)*. Hg. von Thomas Pekar. Berlin: Metropol, 2011, S. 35) findet sich die Zahl von 20000 Exilanten.

2   Sophie Fetthauer schätzt (in ihrem Beitrag zu diesem Band: *Das Far Eastern Jewish Central Information Bureau in Harbin und Shanghai: Nachrichtensteuerung und individuelle Beratung für NS-verfolgte Musiker und Musikerinnen mit dem Fluchtziel Shanghai bzw. Ostasien*) die Gesamtzahl auf über 450 Musiker und Musikerinnen in Shanghai. Bei ca. 150 Personen ist eine musikalische Berufsausübung in japanischen und deutschen Dokumenten nachzuweisen, zu dieser Gruppe vgl. Stompor, Stephan: *Künstler im Exil: in Oper, Konzert, Operette, Tanztheater, Schauspiel, Kabarett, Rundfunk, Film, Musik- und Theaterwissenschaft sowie Ausbildung in 62 Ländern*. Frankfurt a. M. u. a.: Lang, 1994, S. 714; Junko, Iguchi: *Osaka and Shanghai: Revisiting the Reception of Western Music in Metropolitan Japan*. In: *Music, Modernity and Locality in Prewar Japan. Osaka and beyond*. Hg. von Hugh de Ferranti and Alison Tokita. Farnham, Surrey: Ashgate, 2013, S. 283–299, hier S. 284.

rung dieser Perspektive die Migration als Kulturtransfer von Europa nach Ostasien, Japan insbesondere, zu analysieren. Anhand deutscher und japanischer Dokumente lässt sich belegen, wie nachhaltig Emigranten im westlichen Musikleben des Tennoreichs wirkten, wobei es hier hauptsächlich um klassische Musik geht.

Nach Japan emigrierte Musiker

Von Japan wurden – im Vergleich mit Shanghai – relativ namhafte Musiker und Musikerinnen aufgenommen. Sie hielten offizielle Einladungen oder Arbeitsverträge von japanischen Institutionen in den Händen. Obwohl 1940 ca. 2000 Flüchtlinge mit vom japanischen Konsul Sugihara Chiune ausgestellten, gefälschten Transitvisa aus Europa nach Japan kamen, ist unter ihnen bisher niemand bekannt, der als Musiker in Japan arbeiten konnte.[3] Der Grund war, dass anders als in Shanghai Musiker, die keine frühere Karriere in europäischen Musikinstitutionen nachweisen konnten und deshalb als ›nicht nützlich‹ erschienen, kaum Möglichkeiten hatten, nach Japan einzureisen.

Dagegen konnten Leo Sirota und Klaus Pringsheim[4] schon vor 1933 nach Tokio übersiedeln und wurden später zu Emigranten, während für Leonid Kreutzer, Joseph Rosenstock, Robert Pollak, Paul Weingarten oder Manfred Gurlitt nach 1933 Japan als Fluchtort oder als vorübergehender Aufenthaltsort auf dem Weg in die Vereinigten Staaten oder in andere Länder diente.[5]

Eine japanische Pianistin, die bei dem jüdischen Lehrer Leo Sirota studiert hatte, erinnerte sich, dass es in Ostasien vor 1933–1945 keine solche Konzentration musikalischer Prominenter gab.[6] So wie sie nutzten viele japanische Musiker und ihre Institutionen die Kenntnisse der Emigranten, um die westliche Musikkultur im eigenen Land auf- und auszubauen.

---

3   Die Zahl der von Sugihara Geretteten wird häufig überschätzt. Tatsächlich konnte er 2139 Personen helfen, von denen etwa 1500 jüdisch waren. Vgl. Kaneko: *Die Judenpolitik* (wie Fußnote 1), S. 25–33.

4   Vgl. Lee, Kyungboon: *Wohin zurück: Deutschland oder Amerika? Das Schicksal der nach Ostasien emigrierten Musiker.* In: *Feuchtwanger and Remigration.* Hg. von Ian Wallace, Oxford u. a.: Lang, 2013, S. 421–437; Hayasaki, Erina: *Ein jüdisch-deutscher Musiker in Japan während des Krieges: Klaus Pringsheim (1883–1972).* In: *Flucht und Rettung. Exil im japanischen Herrschaftsbereich (1933–1945)* (wie Fußnote 1), S. 254–267.

5   Unter den Genannten gelang es nur dem Geiger Robert Pollak, 1938 nach Amerika weiterzureisen. Auch im Bereich der Unterhaltungsmusik ist nur ein einziger Fall bekannt: Die Berliner Weintraubs Syncopators zogen trotz des Erfolgs in Japan 1937 nach Australien weiter.

6   Hayasaki, Erina: *Berulin Tokyo monogatari. Ongakuka Kurausu Puringusuhaimu* [*Eine Geschichte in Berlin und Tokyo. Der Musiker Klaus Pringsheim*]. Tokio, 1994, S. 262.

Zum Aufbau der Orchester

Das erste professionelle Sinfonieorchester Japans, das Neue Sinfonieorchester (das spätere NHK-Sinfonieorchester), war zwar 1926 von Konoe Hidemaro in Tokio gegründet worden. Es führte mit japanischen Sängern schon 1927 die *Neunte Symphonie* von Ludwig van Beethoven unter der Leitung von Joseph Koenig, der damals Lehrer an der Kaiserlichen Musikschule Tokio war, auf. Jedoch erreichte die Qualität des Orchesters noch keinen europäischen Standard. Erst in der zweiten Hälfte der 1930er-Jahre konnte das japanische Publikum live von einheimischen Musikern Symphonien und Konzerte auf einem professionellen Niveau hören. Dazu trugen jüdische Dirigenten bei: 1936 wurde Joseph Rosenstock zum Chefdirigenten, der durch strenge Disziplin in kürzester Zeit die Qualität des Orchesters erheblich zu erhöhen vermochte.[7] Manfred Gurlitt übernahm die Leitung des Tokio Philharmonie Orchesters und der Fujiwara Yoshies Operntruppe. Joseph Laska betreute das Orchester der Takarazuka-Mädchen-Operettentruppe, das 1935 in Osaka Anton Bruckners *Te Deum* in Japan erstaufführte.[8]

Der Beitrag zur westlichen Musikerziehung in Japan

Auch in der westlichen Musikerziehung in Japan spielten die Emigranten eine entscheidende Rolle. Leonid Kreutzer (Klavier, 1934–1950), Leo Sirota (Klavier, 1931–1944), Klaus Pringsheim (Dirigieren, Komposition und Chor 1931–1937), Robert Pollak (Violine, 1931–1937), Manfred Gurlitt (Komposition, Klavier und Kammermusik, 1939–1943), Paul Weingarten (Klavier, 1936–1938) und weitere lehrten an der Kaiserlichen Musikschule Tokio. In Ostasien hatte diese Musikschule, die mit ausländischen Lehrkräften ausgestattet war, damals einen internationalen Ruf und wurde von chinesischen, koreanischen, taiwanesischen und thailändischen Studierenden besucht.

Einige begabte Studierende konnten nach der Absolvierung ihres Studiums in einer anerkannten deutschen Ausbildungsstätte weiter studieren.[9] An der Berliner Hoch-

---

7 Klaus Pringsheim lobt Rosenstock wie folgt: »Die Musiker des Neuen Symphonie-Orchesters haben einen Meister gefunden, der berufen ist, sie zur Meisterschaft zu führen. Die Meisterwerke der symphonischen Literatur sind in besten Händen«. Pringsheim, Klaus: *Josef [sic] Rosenstock, der neue Führer des Neuen Symphonie-Orchesters* (2. Oktober 1936). Unveröffentlichtes Dokument. (Klaus H. Pringsheim fonds, Archives and Research Collections, McMaster University Library, Canada).

8 Joseph Laska kam 1923 als ehemaliger russischer Kriegsgefangener aus Sibirien nach Japan. Nach seinem Besuch einer Tagung in Moskau 1935 wurde ihm die Wiedereinreise nach Japan verboten. Hegishi, Kazumi: *Joseph Laska (1886–1964): ein österreichischer Komponist und Dirigent in Japan*. Wien: Böhlau, 2014.

9 Miyauchi Shizuyoko z. B. war Schülerin von Kreutzer an der Kaiserlichen Musikschule Tokio und konnte sich anschließend 1937 an der Berliner Hochschule für Musik einschreiben. In:

schule für Musik (heute UdK) wurden zwischen 1930 und 1939 unter den ostasiatischen Bewerberinnen und Bewerbern überwiegend japanische Studierende aufgenommen: Unter 20 Japanern und Japanerinnen waren die meisten Absolventen der Kaiserlichen Musikschule Tokio. Dagegen schrieben sich die ersten beiden chinesischen Studierenden erst 1933 ein, diese Zahl wurde bis zum Beginn des Zweiten Weltkriegs nicht überschritten.[10] Auch aus Korea traten bis 1939 lediglich ein Geiger und eine Pianistin das Studium in Berlin an.[11]

Der Beitrag zur Rezeption der westlichen Musikkultur in Japan

Abgesehen von ihrem Beitrag zur Ausbildung in Japan wirkten die eingewanderten Musiker und Musikerinnen[12] auch durch Konzerte. Klaus Pringsheim z. B. erweiterte das von Suzuki Shinitsi geleitete Streichorchester Tokio im Dezember 1941 zum Kammerorchester Tokio, mit dem er bis zum Mai 1943 zehn Konzerte veranstaltete.[13] Der Geiger Robert Pollak aus Wien war während seines sechsjährigen Aufenthalts in Tokio (1931–1937) vielseitig aktiv als »a highly successful recitalist, concert soloist, sonata player, string quartet leader and symphony conductor«[14]. Mit diesen Worten lobte der Exilant Pringsheim seine »lasting contribution to the progress of Western music in Japan«[15].

Besonders große Beliebtheit beim japanischen Publikum genossen die Pianisten Leo Sirota, der früher mit Ferruccio Busoni in Wien konzertiert hatte, und Leonid Kreutzer, der zuvor Lehrer an der Berliner Hochschule für Musik gewesen war. Nicht zuletzt blieb Kreutzers Wirkung als Dirigent, der anders als Sirota bis zu seinem Tod

---

    58. Jahresbericht der Staatlichen Akademischen Hochschule für Musik in Berlin 1937/1938 (Best, 1 D19). Archiv der Fakultät Musik der UdK.

10   Zwei kamen aus Shanghai, die dritte Person aus Nanjing. In: *60–62. Jahresbericht der Staatlichen Akademischen Hochschule für Musik in Berlin 1938/1941* (Best, 1 D19).

11   In: *57. Jahresbericht der Staatlichen Akademischen Hochschule für Musik in Berlin 35/36* (Best, 1 D19). Beide hatten vorher in Japan studiert.

12   Eine der wenigen emigrierten Musikerinnen in Japan war die jüdisch-deutsche Sängerin Margarete Netke-Löwe, die schon 1924 nach Japan kam und später zur Exilantin wurde. Neben ihr ist die Cembalistin Eta Harich-Schneider, die zwar keine Jüdin, aber gegen die Nazis war, als prominenteste deutsche Musikerin in Japan zu nennen.

13   Erina Hajasaki vertritt die These, dass Omura Takuitsi, der Chef der Südmandschurischen Eisenbahngesellschaft, das Orchester finanziell unterstützt habe. Hajasaki, Erina: *Berulin Tokyo monogatari* (wie Fußnote 6), S. 255–263. Ob Pringsheims Engagement für das neue Kammerorchester direkt vor dem japanischen Angriff auf Pearl Harbor eine kriegsbedingte Unternehmung ist, bleibt zu klären.

14   Pringsheim, Klaus: *Professor Robert Pollak* (12. September 1962). Unveröffentlichtes Dokument (Klaus H. Pringsheim fonds, Archives and Research Collections, McMaster University Library, Canada).

15   Ebd.

(1953) Japan nicht verließ, auch nach dem Krieg nachhaltig. Er dirigierte Beethovens *Neunte* mit dem NHK-Orchester im Dezember 1947. Dieses Konzert stand am Beginn des japanischen Phänomens »*Daiku (Die Neunte)*«[16].

Ausblick

In den 1930er-Jahren betonte Japan seinen Führungsanspruch, der mit fortschreitendem Imperialismus und der Kolonialisierung von Ostasien eng verbunden war. In dieser Hinsicht hatte Tokio einen unklaren Status als Exilort, zumal Japan mit NS-Deutschland verbündet war. Paradoxerweise halfen die Emigranten, den Führungsanspruch Tokios als ein ostasiatisches Musikzentrum zu behaupten.

---

16   Kubota, Keiichi: *Naze Nihonjin wa renmatsu no Daikuga sukinanoka* [*Warum lieben die Japaner die Aufführung der Neunten am Jahresende?*]. In: *Tokyo Gakugei University Repository* 58, 2006, S. 1–8, hier S. 1. ›Daiku-Phaenomen‹ bedeutet die gesellschaftliche Gewohnheit in Japan, die *Neunte Sinfonie* Beethovens wie ein Ritual im letzten Monat des Jahres überall im ganzen Land zu spielen. Z. B. wurde das Werk im Dezember 1981 84-mal in 43 Städten aufgeführt. Junichi, Yano: *Why is Beethoven's Ninth so well loved in Japan?* In: *Japan Quarterly*, 2002, S. 475.

Kurzbiografien der AutorInnen

Anja K. Arend studierte Musik- und Tanzwissenschaft (Bakk. phil.; MA) an der Paris Lodron Universität Salzburg. Ihre Studien ergänzte sie durch die Teilnahme an Kursen des Nordic Masters of Dance Studies (Dänemark, Finnland) und einem Basisstudium in Geschichte und Theologie. Derzeit ist sie Doktoratsstudentin an der Universität in Salzburg. Ihr Forschungsschwerpunkt liegt auf der Tanzgeschichte des 19. und 20. Jahrhunderts. Neben ihrem Promotionsstudium ist sie Lehrassistentin (bei Prof. Claudia Jeschke) für Tanzgeschichte an der Anton Bruckner Privatuniversität in Linz, Redakteurin bei tanznetz.de und Mitarbeiterin in dem Projekt *Tanz und Migration* (FWF) an der Universität Salzburg.

Mirijam Beier hat an der Universität zu Köln im Hauptfach Musikwissenschaft und in den Nebenfächern Historische Hilfswissenschaften sowie Mittlere und Neuere Geschichte studiert. Im Sommersemester 2014 erlangte sie den Magistergrad mit einer Arbeit zur protestantischen Kirchenmusik im 19. Jahrhundert (2015 veröffentlicht). Sie ist seit April 2015 Forschungsassistentin an der Paris Lodron Universität Salzburg im Forschungsprojekt *Die ›Operisti‹ als kulturelles Netzwerk: Einblicke und Kontexte der Pirker-Korrespondenz* (Leitung: PD Dr. Daniel Brandenburg). Mirijam Beier arbeitet in Zusammenhang mit diesem Projekt zurzeit an ihrer Dissertation zu der Opernsängerin Marianne Pirker (ca. 1717–1782). Forschungsschwerpunkte: protestantische Kirchenmusik, Edition, Oper des 18. Jahrhunderts.

Daniel Brandenburg, Priv. Doz. Dr., Studium der Musikwissenschaft, Klassischen Philologie und Romanistik in Bonn und Rom. Nach der Promotion in Bonn und Forschungsstipendien in Rom (Deutsches Historisches Institut) war er Lehrbeauftragter am Institut für Musikwissenschaft der Universität Salzburg sowie wissenschaftlicher Mitarbeiter der Gluck-Gesamtausgabe und der Neuen Mozart-Ausgabe (Salzburg). 2001–2007 Assistent am Forschungsinstitut für Musiktheater der Universität Bayreuth. Habilitation 2005, Gastprofessuren und Lehrtätigkeit an den Universitäten Wien, Salzburg, Klagenfurt, Bayreuth, Ferrara, Turin und Rom. Derzeit Leiter des Forschungsprojekts *Italian Operisti as cultural network* (FWF, Universität Salzburg). Seit 1.1.2011 Mitherausgeber der Österreichischen Musikzeitschrift. Forschungsschwerpunkte: Operngeschichte des 18. und 19. Jahrhunderts, Geschichte des Kunstgesangs und des Sängerwesens vom 17. Jahrhundert bis in die Gegenwart, Reisebeschreibungen als kultur- und opernhistorische Quellen, Interpretationsgeschichte.

Anja Brunner ist Universitätsassistentin für Kulturelle Anthropologie der Musik am Institut für Musikwissenschaft und am Center for Global Studies an der Universität Bern. Ihre Forschungsschwerpunkte sind u.a. afrikanische populäre Musik, Musik im Postkolonialismus und die Veränderung von Musiktraditionen in globalen Kontexten. Neuere Publikationen: *Popular Music and the Young Postcolonial State of*

Cameroon, 1960–1980. In: *Popular Music and Society* 40.1 (2017) sowie mit Andreas Gebesmair und Regina Sperlich: *Balkanboom! Eine Geschichte der Balkanmusik in Österreich*. Frankfurt a. M. u. a.: Lang, 2014.

Sandra Chatterjee studierte Tanz sowie Culture & Performance in Honolulu und Los Angeles. Ihre wissenschaftliche Arbeit (Tanz, Performance, Queer und Postcolonial Studies) ist angesiedelt an den Schnittstellen zwischen Theorie und künstlerischer Praxis. Sie ist Gründungsmitglied des multinationalen, internetbasierten Post Natyam Kollektivs. Jüngste Publikationen *Kulturelle Gleichzeitigkeit – Zeitgenössischer Tanz aus Postmigrantischer Perspektive*. In: *corpusweb.net* (3.3.2017) und (mit Cynthia Ling Lee): ›*our love was not enough*‹: *queering gender, cultural belonging, and desire in contemporary abhinaya*. In: *Meanings and Makings of Queer Dance*. Hg. von Clare Croft. New York: Oxford University Press, 2017.

Marko Deisinger studierte Geschichte an der Universität Klagenfurt und Musikwissenschaft an der Universität Wien. 2004 promovierte er mit einer Arbeit über den Wiener Hofkapellmeister Giuseppe Tricarico (1623–1697). Seitdem liegt ein Schwerpunkt seiner Forschungen auf den musikgeschichtlichen Beziehungen zwischen Italien und dem Wiener Kaiserhof im Barock. Von 2010 bis 2016 war Deisinger Lehrbeauftragter für Musikgeschichte an der Universität für Musik und darstellende Kunst Wien. Seit 2007 ist er Mitarbeiter beim internationalen Editionsprojekt *Schenker Documents Online* und seit 2013 Dozent an den Wiener Volkshochschulen.

Sophie Fetthauer, Studium der Historischen und Systematischen Musikwissenschaft sowie der Neueren Deutschen Literatur an der Universität Hamburg, 2002 Abschluss der Dissertation über *Musikverlage im ›Dritten Reich‹ und im Exil*, u. a. 2005–2014 wissenschaftliche Mitarbeiterin des Projekts *Lexikon verfolgter Musiker und Musikerinnen der NS-Zeit* am Institut für Historische Musikwissenschaft der Universität Hamburg, seit 2014 Arbeit an dem von der DFG geförderten Forschungsprojekt *Das Musikerexil in Shanghai 1938–1949*, Forschung und Publikationen zu Musikindustrie und Institutionengeschichte im ›Dritten Reich‹ und im Exil, Remigration und Displaced Persons in der Nachkriegszeit sowie Musikerbiographien.

Anna Fortunova hat Musikwissenschaft an der Musikakademie Nischni Nowgorod (Russland) studiert. Promotion 2007. Seit dem Sommersemester 2008 ist sie Senior Lecturer für Historische Musikwissenschaft an der Staatlichen Universität für Pädagogik Nischni Nowgorod, 2009–2011 Forschungsstipendiatin der Alexander von Humboldt Stiftung. Anfang des Jahres 2012 Forschungsstipendiatin der Mariann Steegmann Foundation, danach wissenschaftliche Mitarbeiterin im DFG-Projekt *Deutsch-russische Musikbegegnungen 1917–1933: Analyse und Dokumentation* an der HMTM Hannover. Ab Mai 2014 wissenschaftliche Mitarbeiterin am Forschungszentrum *Musik und Gender* an der HMTM Hannover. Forschungsschwerpunkte: Gehalt und Funktionen von Musik; russische Kultur im Berlin der 1920er-Jahre; Rezeption von Musik.

Saeedeh Ghazi wurde in Mashhad (Iran) geboren und schloss 2002 ihr Bachelor-Studium im Fach persische Literatur ab. Im gleichen Jahr begann sie die Ausbildung am akademischen Zentrum (Jahad) im Fach Musiktheorie sowie in den Instrumentalfächern Setar und Klavier. Ab 2004 Mitglied der Chorgruppe im Jahad und Lehrerin im Fach Musiktheorie; zusätzliche Ausbildung im persischen klassischen Gesang bei Parissa in Teheran. 2007 Umzug nach Teheran und Ausbildung für klassischen Gesang. 2010 Privatunterricht im Fach Oper am Konservatorium in Yerevan. 2009 bis 2014 Orchestermanagerin beim iranischen Musikprojekt *Simorq*. 2011 Übersiedlung nach Österreich und Beginn des Studiums Musikmanagement an der Donauuniversität Krems; Abschluss 2015 mit einer Masterarbeit zum Thema »Interkulturelle Aspekte der Musik am Beispiel des Silk Road Ensembles«.

Wolfgang Gratzer wurde in Bad Vöslau/Österreich geboren. Er promovierte 1990 und habilitierte 2001 an der Universität Wien im Fach Musikwissenschaft mit der Studie *Komponistenkommentare. Beiträge zu einer Geschichte der Eigeninterpretation* (vö. Wien: Böhlau, 2003). 2006 war er Mitbegründer des Instituts für Musikalische Rezeptions- und Interpretationsgeschichte an der Universität Mozarteum Salzburg. Div. außeruniversitäre Funktionen. 2010–2014 Vizerektor für Entwicklung und Forschung (Universität Mozarteum Salzburg); Ko-Leiter der Doktorandenkollegs *Kunst und Öffentlichkeit* (2011–2014) und *Die Künste und ihre öffentliche Wirkung* (2015–2018) am interuniversitären Schwerpunkt Wissenschaft & Kunst (Salzburg); 2015 Mitbegründer der interuniversitären *Forschungsinitiative Musik und Migration*. Forschungsschwerpunkte: Musikalische Interpretations- und Rezeptionsgeschichte, Geschichte des Musikhörens, Neue Musik, Musik und Migration. Neuere Veröffentlichungen (Auswahl): (MHg.), *Der Gordische Knoten. Lösungsszenarien in Kunst und Wissenschaft*. München: Lit, 2014; (MHg.), *Komponieren & Dirigieren. Doppelbegabungen als Thema der Interpretationsgeschichte*. Freiburg/Br.: Rombach, 2017; (MHg.) *Salzburg: Sounds of Migration. Geschichte und aktuelle Initiativen*, Wien: Hollitzer, 2016; *Migration und musikalische Initiative*. In: *Neue Zeitschrift für Musik* (2016), H. 3; (MHg.) *Polemische Arien. Zykan, Pirchner und Wisser als Akteure in Kontroversen*, Freiburg/Br.: Rombach, 2018.

Nils Grosch ist Universitätsprofessor für Musikwissenschaft an der Universität Salzburg, wo er zugleich die Abteilung Musik- und Tanzwissenschaft und die Gluck-Forschungsstelle leitet. Er studierte Musikwissenschaft, Geschichte und Germanistik in Bochum und Freiburg i. Br. Promotion an der Universität Freiburg mit einer Arbeit über *Die Musik der Neuen Sachlichkeit*, Habilitation an der Universität Basel mit einer Arbeit über *Lied, Medienwechsel und populäre Kultur im 16. Jahrhundert*. Seine Arbeitsschwerpunkte sind Populäres Musiktheater, Musik und Migration, Musik und Medien.

Paul Harm wurde in St. Pölten geboren. Er studierte Soziologie an der Karl-Franzens-Universität Graz. Forschungsschwerpunkte: Internationale Unterschiede in staatlichen Institutionen; Differenzen und Sozialkonstruktionen in verschiedenen Kulturen.

Marie Louise Herzfeld-Schild ist derzeit Marie-Curie/EURIAS Fellow am *Centre for Research in the Arts, Social Sciences and Humanities* (CRASSH) an der University of Cambridge. 2013 promovierte sie an der FU Berlin über *Antike Wurzeln bei Iannis Xenakis* (2014 veröffentlicht als Bd. 75 der Beihefte zum AfMw). Ihre Forschungsschwerpunkte sind: Musik nach 1945, Musikwissenschaft an den Schnittstellen von Philosophie, Wissen(schaft)s- und Emotionsgeschichte, Musikästhetik der Antike, des 18., 20. und 21. Jahrhunderts sowie Methoden der Musikwissenschaft. Zu ihren jüngsten Veröffentlichungen zählt: *Vergangenheit in der Zukunftsmusik der Gegenwart. Xenakis' ›Epiphanien‹ zu Wagners Meistersingern*. In: *Die Musikforschung* 3, 2016, S. 231–248.

Marie-Anne Kohl ist wissenschaftliche Mitarbeiterin und Geschäftsführerin des Forschungsinstituts für Musiktheater (fimt) an der Universität Bayreuth. Zuvor war sie Kuratorin und Geschäftsführerin der feministischen Galerie alpha nova & galerie futura in Berlin. Ihre primären Forschungsinteressen liegen in den Bereichen Musik und Gender, Postkolonialismus, Transkulturalität, Performancekunst und Stimme. 2015 erschien im transcript Verlag ihre Dissertation *Vokale Performancekunst als feministische Praxis. Meredith Monk und das künstlerische Kräftefeld in Downtown New York, 1964 bis 1979*. Ihr aktuelles Forschungsprojekt zu Castingshows als global gehandeltes Musiktheater wird von der VolkswagenStiftung im Format *Originalitätsverdacht* gefördert.

Kyungboon Lee ist Forschungsprofessorin am Institute for Japanese Studies an der Seoul National University. Sie studierte Musikwissenschaft und Germanistik an der Universität Marburg, wo sie mit der Arbeit *Musik und Literatur im Exil – Hanns Eislers dodekaphone Exilkantaten* promovierte. Ihre Forschungsgebiete sind Musik im Dritten Reich, Exilmusik, Musik und politische Repression, ostasiatisch-westlicher Kulturtransfer. Publikationen: *Die Rezeption der Militärmusik in Korea vor dem Hintergrund des Kulturtransfers im Dreieck Deutschland–Japan–Korea*. In: *Kultur-Kontakte. Szenen und Modelle in deutsch-japanischen Kontexten*. Hg. von Thomas Pekar. Bielefeld: transcript, 2015; *Japanese Musicians Between Music and Politics During WWII. Japanese Propaganda in the Third Reich*. In: ITINERARIO 38/2, 2014, S. 121–138.

Magdalena Marschütz studierte Musikwissenschaft und Internationale Entwicklung an der Universität Wien sowie Angewandte Musikwissenschaft an der Alpen-Adria-Universität Klagenfurt. Von 2015 bis 2018 ist sie Mitglied des interuniversitären Doktoratskollegs *Die Künste und ihre öffentliche Wirkung* (Paris Lodron Universität / Universität Mozarteum Salzburg) mit einem Forschungsprojekt zu musikalischen Aktivitäten im Kontext gegenwärtiger Phänomene der Fluchtmigration. Forschungsinteressen: Musik und Migration, Musik und Politik, Musikethnologie. Veröffentlichungen: ›*It's not a refugees' orchestra. It's Syrian Expat Philharmonic Orchestra*‹. *Analyse eines Gesprächs mit dem Orchestergründer Raed Jazbeh: erste Einblicke*; »*One Peace – ein Chorprojekt als musikalisch-kultureller Interaktionsraum*« (mit Rosemarie Demelmair), beide in: *eJournal p/art/icipate*, o. Jg., Nr. 8/2017. Online unter http://www.p-art-icipate.net/cms/ejournal-8-experiment/.

Gesa zur Nieden ist Juniorprofessorin für Musikwissenschaft an der Johannes Gutenberg-Universität Mainz. Sie forscht zu Bauten und Räumen für Musik sowie zur frühneuzeitlichen und neuzeitlichen Musikermobilität. Von 2010 bis 2016 ko-leitete sie zwei internationale Forschungsprojekte zu europäischen Musikern in Italien (ANR-DFG »Musici«) und zur Musikermigration zwischen Süd-, West- und Osteuropa (HERA »MusMig«) zusammen mit Kolleginnen aus Frankreich, Italien, Kroatien, Polen und Slowenien. Veröffentlichungen: *Musicians' Mobilities and Music Migrations in Early Modern Europe. Biographical Patterns and Cultural Exchanges*. Hg. mit Berthold Over. Bielefeld: transcript, 2016; *Music and the Establishment of French Huguenots in Northern Germany during the 18th Century*. In: *Music Migration in the Early Modern Age: Centres and Peripheries*. Hg. von Jolanta Guzy-Pasiak und Aneta Markuszewska. Warschau: Liber Pro Arte, 2016.

Ulrike Präger ist derzeit Research Fellow am Kulturwissenschaftlichen Kolleg der Universität Konstanz. Zuvor lehrte sie an der University of Illinois und der Boston University. Ihre Forschungsinteressen liegen an den Schnittpunkten von Ethnomusikologie/Musikgeschichte, Migration und kultureller Erinnerungsforschung. Momentan arbeitet sie an einer Monografie mit dem Titel *Songs of Forced Migration. Musical Mobilities and Cultural Memory in the Expulsion of the Germans from the Bohemian Lands*. Sie promovierte in Musikwissenschaft/Ethnomusikologie an der Boston University und hat zudem einen Master und Diplome in Musik- und Tanzpädagogik und Gesangspädagogik von der Universität Mozarteum Salzburg.

Sean Prieske (Doktorand, Humboldt-Universität zu Berlin) studierte Musikwissenschaft, Medienwissenschaft und Germanistische Linguistik an der Humboldt-Universität zu Berlin und der Newcastle University mit Schwerpunkt Musiksoziologie. Als Tutor an der Humboldt-Universität lehrte er unter anderem Musiktheorie und empirische Methoden der Musikethnologie. Forschungsschwerpunkte: Musik und Flucht, sozialsytemische Zusammenhänge von Musik im Alltag, Musikperzeption. Jüngste Veröffentlichung: *Flucht nach Vorne*. In: *BLATT 3000*, (08) Juli 2017, Berlin, 2017.

Christina Richter-Ibáñez ist akademische Mitarbeiterin an der Universität Tübingen. 2009–2014 wissenschaftliche Mitarbeiterin an der Staatlichen Hochschule für Musik und Darstellende Kunst Stuttgart, dort Promotion mit der Arbeit *Mauricio Kagels Buenos Aires (1946–1957). Kulturpolitik – Künstlernetzwerk – Kompositionen* (Bielefeld: transcript, 2014). 2014 Mitarbeiterin im DFG-Forschungsprojekt *Wissenschaftsgeschichte und Vergangenheitspolitik. Musikwissenschaft in Forschung und Lehre im frühen Nachkriegsdeutschland* an der Universität Tübingen. 2015/16 eigene Stelle ebenda gefördert vom Brigitte-Schlieben-Lange-Programm des Ministeriums für Wissenschaft, Forschung und Kunst Baden-Württemberg. 2016 Forschungsstipendium in Oxford/UK im Rahmen des Balzan Research Project *Towards a global history of music*. Forschungsschwerpunkte: Musiktransfer von und nach Lateinamerika, Wissenschaftsgeschichte, Musiktheater. Zuletzt erschienen: *Übergänge: Neues Musiktheater – Stimmkunst – Inszenierte Musik*. Hg. mit Andreas Meyer. Mainz: Schott, 2016.

Cristina Scuderi ist als Universitätsassistentin (Postdoc) an der Karl-Franzens-Universität Graz und als Lehrbeauftragte an der Universität Padua tätig. Nach ihrer Dissertation und Abschlüssen in Orgel, Cembalo und elektronischer Musik arbeitete sie an den Universitäten Fribourg und Stuttgart und in Kollaboration mit den Universitäten Udine, Florenz und Padua. Ihr aktuelles Projekt untersucht und rekonstruiert das Produktionssystem der Oper in Theatern des östlichen Adriaraumes zwischen 1861 und 1918 im Hinblick auf das Netzwerk zwischen Impresari, Theaterdirektionen, Komponisten und Verlegern. Dr. Scuderi befasst sich mit der Musikgeschichte des 18. bis 20. Jahrhunderts. Die historische und philologische Rekonstruktion anhand von Archivmaterial ist der Schwerpunkt ihrer Forschung.

Carolin Stahrenberg ist Juniorprofessorin für Musikwissenschaft/Gender Studies an der Universität der Künste Berlin. Sie studierte Schulmusik, Musikwissenschaft und Germanistik in Hannover und Amsterdam und schloss diese Studien mit der Dissertation im Fach Historische Musikwissenschaft ab. Sie war wissenschaftliche Mitarbeiterin am Forschungszentrum Musik und Gender in Hannover, am Zentrum für Populäre Kultur und Musik in Freiburg/Br., an der Alpen-Adria-Universität Klagenfurt und an der Leopold-Franzens-Universität Innsbruck. Außerdem unterrichtete sie an den Universitäten in Basel und Salzburg.

Melanie Unseld studierte Historische Musikwissenschaft, Literaturwissenschaft, Philosophie und Angewandte Kulturwissenschaften in Karlsruhe und Hamburg. 1999 Promotion. Wissenschaftliche Mitarbeiterin am Forschungszentrum für Musik und Gender (Hochschule für Musik, Theater und Medien Hannover); 2013 ebendort Habilitation (Lise-Meitner-Habilitationsstipendium). 2008–2016 Professorin für Kulturgeschichte der Musik (Carl von Ossietzky Universität Oldenburg), dort u. a. Tätigkeiten als Direktorin des Zentrums für interdisziplinäre Frauen- und Geschlechterforschung sowie als Dekanin der Fakultät III für Sprach- und Kulturwissenschaften. Seit Oktober 2016 Professorin für Historische Musikwissenschaft (Universität für Musik und darstellende Kunst Wien). Forschungsschwerpunkte: Musikwissenschaft als Kulturwissenschaft, Musik und Gender, Biographik. Neuere Veröffentlichungen (Auswahl): *Biographie und Musikgeschichte. Wandlungen biographischer Konzepte in Musikkultur und Musikhistoriographie*, Köln: Böhlau, 2014; (Mhg.), *Wagner – Gender – Mythen*, Würzburg: Königshausen & Neumann, 2015; (Mhg.), *Musikpädagogik der Musikgeschichte. Schnittstellen und Wechselverhältnisse zwischen Historischer Musikwissenschaft und Musikpädagogik*, Münster: Waxmann, 2016.

Anna K. Windisch ist Doktorandin am Institut der Theater-, Film und Medienwissenschaft an der Universität Wien. Teile ihrer Dissertationsforschung absolvierte sie an der University of Alberta und an der University of Minnesota. Von 2014 bis 2016 war sie Stipendiatin der Österreichischen Akademie der Wissenschaften und seit 2016 ist sie wissenschaftliche Mitarbeiterin an der Universität Salzburg. Sie ist Mitherausgeberin (mit Claus Tieber) von *The Sounds of Silent Films. New Perspectives on History, Theory and Practice* (Basingstoke: Palgrave Macmillan, 2014).

Ingeborg Zechner studierte Musikologie und Betriebswirtschaftslehre an der Karl-Franzens-Universität Graz und der Universität für Musik und Darstellende Kunst Graz. 2014 promovierte sie am Institut für Musikwissenschaft Graz mit Schwerpunkt Historische Musikwissenschaft. Seit Juli 2015 ist sie wissenschaftliche Mitarbeiterin der Gluck-Forschungsstelle an der Universität Salzburg. Im März 2017 erschien die Monographie *Das englische Geschäft mit der Nachtigall. Italienische Oper im London des 19. Jahrhunderts* im Böhlau Verlag. Ihre Forschungsschwerpunkte sind neben der Oper des 18. und 19. Jahrhunderts die Kultur- und Sozialgeschichte der Musik, die Filmmusik der 1930er- bis 1960er-Jahre sowie Musik und Migration bzw. Musik und Medien. Weitere Informationen unter www.ingeborgzechner.com.